डॉ. अम्बेडकर:
एक प्रखर विद्रोही

डॉ. अम्बेडकर: एक प्रखर विद्रोही

डॉ. डी.आर. जाटव

ABD

एबीडी पब्लिशर्स

जयपुर ▪ नई दिल्ली

एबीडी पब्लिशर्स

"बोनी रेजिडेन्सी" गेट नं. 2, तिलक पब्लिक स्कूल के पास,
विश्वैश्वरिया नगर, गोपालपुरा रोड़, जयपुर-302018
(राजस्थान) भारत
फोन : 0141-2761280, 2761381
Email: abdpublishersjpr@gmail.com

दिल्ली कार्यालय : 102, प्रथम मंजिल, 'सत्यम हाउस'
4324/3, अंसारी रोड़, दरियागंज, नई दिल्ली – 110 002
फोन : 011-45652440
website: www.oxfordbookcompany.com

प्रकाशन, 2025

ISBN 978-93-6553-075-9

मूल्य : ₹ 1995.00

टाइपसेटिंग : बी.एस. कम्प्यूटर्स, जयपुर
मुद्रक : थॉमसन प्रेस, नई दिल्ली

आमुख

अपने जीवन काल में डॉ. बाबासाहेब अम्बेडकर संभवत: उतने प्रसिद्ध तथा प्रख्यात नहीं थे जितने कि वर्तमान समय में हैं। ऐसा क्यों है? इसका सीधा-साधा उत्तर है कि वह अपने मार्ग से भटके नहीं, भले ही उनके समक्ष अनेक प्रलोभन एवं प्रतिरोध आए हों। वह हर स्थिति, हर समय, अपने हर भाषण तथा ग्रंथों में उन लोगों की हिमायत करते रहे जिन्हें दुनिया ने ठुकराया और उन्हें अलग-थलग रखा। यह मानवीय दृष्टिकोण, इन उत्पीड़ित तथा दलितों के प्रति प्रेम का प्रदर्शन और उन्हें उत्साहित करके, उनका मार्ग-दर्शन करना था ताकि वे भी समाज की मुख्यधारा से जुड़ें, यह डॉ. साहेब के व्यक्तित्व एवं कृतित्व की विलक्षणता रही। उनके जीवन का मुख्य लक्ष्य दलितों, दीन-हीनों तथा पिछड़ों को शिक्षित करना, संगठित करना और उन्हें अपने अधिकारों की प्राप्ति के लिए संघर्षशील बनाना ही था। ऐसे लोगों का मार्ग-दर्शन करना और उन्हें मानवाधिकार दिलाना डॉ. अम्बेडकर के विपुल साहित्य तथा भाषणों का एकमात्र ध्येय रहा। यही कारण है कि उनको मरणोपरांत भी अभूतपूर्व ख्याति तथा मान-सम्मान मिला है। डॉ. साहेब ने एक बार कहा था, ''मुझे आज कुछ भी समझा जाए, परन्तु मेरे बाद मुझे लोग सच्चा इन्सान, राष्ट्रभक्त और देशप्रेमी कहेंगे।'' यह तथ्य आज हमारे समक्ष स्पष्टत: दिखाई देता है।

वस्तुत: डॉ. अम्बेडकर एक प्रखर विद्रोही थे, उनका मार्ग सुगम नहीं था और उन्होंने उन अनेक बुराइयों तथा कुरीतियों की मार को झेला जो हिन्दू धर्म एवं समाज में चारों ओर फैली हुई थीं। बचपन से लेकर अन्त तक वह एक विद्रोही बने रहे ताकि वे प्रथाएं तथा बंधन समाप्त हों जिनके कारण इन्सान को इन्सानियत नहीं मिल पाई। डॉ. साहेब अपने सफर में कभी थक कर नहीं बैठे, भले ही उन्हें अनेक रोगों तथा कष्टों ने घेर लिया था। यही कारण है कि उनका न केवल विद्रोही व्यक्तित्व, बल्कि रचनात्मक सोच, कार्य पद्धति, प्रखर बुद्धि, ये सब मिलकर एक प्रकाश स्तम्भ बने हुए हैं। यह प्रकाश स्तम्भ सबका दिग्दर्शन करता है। इस पुस्तक में डॉ. साहेब के सिद्धान्तों का विश्लेषण उनके सामाजिक, राजनैतिक, आर्थिक, संवैधानिक, नैतिक, धार्मिक एवं मानववादी दृष्टिकोण से किया गया है।

मैंने डॉ. बाबासाहेब अम्बेडकर के सभी पहलुओं पर लिखा है, पाठकों ने मेरी कृतियों को सराहा है, इस पुस्तक में मैंने कुछ ऐसे आलेखों का विवरण दिया है, जिन्हें मैंने समय-समय पर विभिन्न पत्र-पत्रिकाओं में प्रकाशित तथा आकाशवाणी से प्रसारित किया है। ये निबंध रोचक तथा समसामयिक हैं जिन्हें, मुझे पूर्ण विश्वास है, आम पाठक अवश्य ही पसंद करेंगे। मेरे पाठक ही मेरे हम-सफर और डॉ. साहेब एक प्रेरणा स्त्रोत रहे हैं। उन्हीं की प्रेरणा एवं स्नेह मुझे आगे पढ़ते-लिखते रहने की अथाह शक्ति प्रदान करते हैं। मैं उनके प्रति बड़ा ही आभारी हूं। साथ ही, परिजनों का सहयोग और सेवा भी मुझे अपने काम में संलग्न रहने की जीवन-शैली को सशक्त बनाता है। अत: मैं उनका ऋणी और आभारी हूं। मैं उन सभी के प्रति कृतज्ञ हूं जो मुझे किसी न किसी रूप में उत्साहित एवं सबल बनाने में मदद करते हैं।

14 अप्रेल, 2004 — **डॉ. डी.आर. जाटव**

जयपुर

विषय-सूची

प्रस्तावना

यह सुविज्ञात है कि डॉ. बाबासाहेब अम्बेडकर एक प्रखर बुद्धिजीवी, विद्रोही व्यक्तित्व, प्रभावशाली वक्ता, अनन्य लेखक तथा शोध विधिवेत्ता थे। इन सबसे अधिक वह एक अत्यंत महत्वपूर्ण क्रांतिदृष्टा थे। उन्होंने एक सच्चे खोजी के रूप में मानव के अधिकारों तथा मानव के गौरव को उच्च मानवीय सभ्यता की ओर अग्रसर करने के उद्‌देश्य से स्वयं को प्रतिष्ठित किया।

हमारा यह मानना न्यायोचित है कि डॉ. बाबासाहेब अम्बेडकर को हम भारत का सपूत कहने का दावा करें, किन्तु इतिहास उनका, सही अर्थ में, एक विश्व पुरुष के रूप में मूल्यांकन करेगा। उनका जीवन किसी विशेष क्षेत्र के निवासियों के लिए ही नहीं, बल्कि मानव समाज के हर वर्ग की मुक्ति के लिए समर्पित था। उनका संदेश संपूर्ण विश्व के उन सभी स्थानों और स्थितियों के लिए अर्थ रखता है जहां मनुष्य मनुष्य के प्रति अन्याय एवं ऊंच-नीच का व्यवहार करता है।

भारतीय लोकसभा के केन्द्रीय भवन में बाबासाहेब अम्बेडकर की प्रतिमा की स्थापना इस बात का प्रतीक है कि भारतीय जनता तथा इस देश की सरकार भारत की समाज व्यवस्था और राजनीति में उनके द्वारा प्रतिपादित और स्थापित पवित्र मानवीय दृष्टि को अत्यंत महत्वपूर्ण मानते हैं। इस महत्वपूर्ण अवसर पर हम बाबासाहेब

अम्बेडकर को नमन करते हैं तथा उनके द्वारा प्रदर्शित मार्ग के प्रति हमारे समूचे राष्ट्र की प्रतिबद्धता को दुहराते हैं। आज आजादी के पांच दशक बाद भी इस दुःखद और कटु सत्य को भी देख नहीं सकते कि यद्यपि राजनैतिक दृष्टि से हम सब समान और स्वतंत्र हैं। परन्तु हमारा देश न्यायपूर्ण समाज व्यवस्था के मानवीय आदर्शों से अभी भी बहुत दूर है। मानवीय प्रतिष्ठा तथा बुनियादी मानवीय अधिकारों का हनन होता है। वास्तविकता यह है कि मानव अस्तित्व के विवाद रहित बुनियादी पहलुओं के लिए संविधान और कानून में ऊंचे आदर्शपूर्ण प्रावधान अवश्य हैं। लेकिन, समाज के कुछ विशेष वर्ग हमारे क्रूर अत्याचार, दमन और निर्वासन का शिकार होते रहते हैं। जातिवाद का दुष्प्रभाव जिसने शताब्दियों से भारत को कमजोर एवं दुर्बल बनाया है उससे आज भी भारतीय जीवन ग्रसित है।

यह एक महत्वपूर्ण प्रश्न–जाति प्रथा को कायम क्यों रखा जाता है? इस प्रश्न का उत्तर हमें असुरक्षा की उस भावना में मिलेगा जिससे प्रेरित होकर व्यक्ति वंश कुल के रूप में आबद्ध होकर विशिष्ट समूहों में एकत्रित एवं संगठित हो जाते हैं और इसके सदस्यों में सुरक्षा और शक्ति की मिथ्या भावना उदित होती है, किन्तु तथ्य यह है कि जातिवाद से सामाजिक तनाव बढ़ता है, तीक्ष्ण होता जाता है और जिसके परिणाम-स्वरूप समाज में बहुत अस्थिरताजन्य तथा विस्फोटक दबाव बनते हैं।

जातिवादिता बड़े पैमाने पर सामाजिक भेदभाव तथा अलगाववाद को उत्तेजित करती है। वह समय अब दूर नहीं है और यह बिलकुल उचित है कि हम यह भलीभांति पहचानें: जब तक वे जो हिन्दूवाद का दावा करते हैं, किन्तु जातिवाद का व्यवहार कर उसका पालन करते हैं, अपना दृष्टिकोण नहीं बदलते; न केवल वह स्वयं वरन् विश्व मानववाद के आदर्श से पृथक् होकर तथाकथित हिन्दुत्व (यदि बदलता नहीं है), तो पानी के वेगवान पूर के प्रबल आक्रमण के आघात से जैसे कोई पुराना, किन्तु जीर्ण–शीर्ण वृक्ष घिरकर बह जाता है वैसी ही दशा इसकी भी होगी। हिन्दू समाज में फैली जातिवाद अथवा छुआछूत की बीमारी का निदान जरूरी है।

समाज के सबसे कमजोर व्यक्ति के लिए स्वाभाविक रूप से ही डॉ. बाबासाहेब अम्बेडकर एक महान् उद्धारकर्ता, पीड़ा के मुक्तिदाता–एक बोधिसत्व के रूप में हैं। दूसरों के लिए भी–यह समझ लेना चाहिए कि वे ऋणकर्ता ही हैं। बाबासाहेब अम्बेडकर की गिनती हिन्दुत्व और भारतीय समाज के महानतम सुधारकों में की जाएगी। उनके मार्गदर्शन को समझ कर ही यह मिथ्याभिमानी वर्ग अन्यथा आसन्न अपने अपरिहार्य दुर्भाग्य से अपने को बचा सकता है। इसी से वे मानववादी जीवन और शांति की दिशा में बढ़ सकते हैं और व्यावहारिक तथा आध्यात्मिक लक्ष्यों को पा सकते

हैं। वस्तुतः ऐसे विकास से ही राष्ट्रीय पुनर्निर्माण को समुचित सार्थकता मिल सकती है और मानव विकास के सम्यक् कल्याण की दिशा में भारत का आविर्भाव एक शक्ति के रूप में हो सकता है, यही बाबासाहेब का सपना था जिसे अभी साकार होना है।

अम्बेडकरवाद अब एक हकीकत तथा आवश्यकता बन चुका है। आधुनिक भारत की उचित मांगों में अम्बेडकरवाद की व्याख्या एक शुभ संकेत है। समय के विभिन्न पहलुओं से गुजरते हुए आज के भारत ने अम्बेडकर की प्रासंगिकता को नये सिरे से समझने का जो बेहतर प्रयास किया है उसे समयानुकूल तो नहीं कह सकते लेकिन अत्यन्त उपयोगी एवं उत्प्रेरक जरूर है। निस्सन्देह बाबासाहेब डॉ. अम्बेडकर विपरीत परिस्थितियों में पैदा हुए एक अद्भुत मिसाल थे जिनकी रोजमर्रा की चिन्ता ही उन लोगों से घिरी थी जिन्हें पैदा होने का हक तो था, परन्तु जीने का नहीं। अम्बेडकर ने इस सिलसिले को गति प्रदान करते हुए जीने को ससम्मान जीना बताया। उन्होंने कहा था, "आत्मबल, सम्मान और राष्ट्र प्रेम खोकर जीने से बढ़कर अपमान कुछ नहीं है।" यही कारण है कि अम्बेडकरवाद को भलीभांति समझा जाए। दलितों के मसीहा, बाबासाहेब के सपनों का समृद्ध भारत और समतावादी समाज की स्थापना करनी है तो नव पीढ़ी को आगे आना चाहिए। वस्तुतः नव पीढ़ी सभी कठिन समस्याओं से जूझने में समर्थ हो सकती है।

अपने पूर्ण संकल्प तथा ध्येय सहित डॉ. अम्बेडकर ने अपने जीवन में इस भारतवर्ष के अन्दर प्रस्थापित ब्राह्मणवादी तत्वों के विचारों में धंसे दलित, पीड़ित, श्रमजीवी, भोले-भाले लोगों के कल्याण हेतु उनको इन्सान के नाते जीते आना चाहिए, प्रकृति ने जो चित्र या वस्तुएं निर्मित की हैं, उन सबके उपभोग का समान अधिकार सबको होना चाहिए, उनको समाज में विचरण के लिए सामाजिक अधिकार प्राप्त हों; इतना ही नहीं, पूरी दुनिया के सभी देशों को इसका आदर्श स्वीकार कर कार्यान्वित किया जाना चाहिए, जिससे वहां के मनुष्य समुदाय का भी कल्याण हो। इन सारी बातों को सामने रखकर बाबासाहेब ने पुरानी परम्परा, वर्ण व्यवस्था, व्यक्तिवाद या अंधश्रद्धा तथा दैव या ईश्वरवाद के विरुद्ध आजीवन संघर्ष किया। दलित मानवता के जीवन में प्रकाश कायम हो, उनकी आने वाली पीढ़ी स्वस्थ हवा में सांस ले, इस मुद्दे पर डॉ. अम्बेडकर की चिन्ता जगजाहिर थी। अम्बेडकर यह समझते थे कि धर्म विशेष (हिन्दू) की रूढ़ियों, अन्धविश्वासों, आडम्बरों के मकड़जाल में फंसकर समाज के उस दुर्बल घटक का क्या हश्र होगा यह अकल्पनीय है। इनको समूल नष्ट करने का आदर्श विचार ही 'अम्बेडकरवाद' है। बुद्ध के सन्मार्ग पर चलने वाले बोधिसत्व बाबासाहेब ने जो प्रतिमान स्थापित किये, जिन प्रतिकूल धाराओं में अपना संघर्ष जारी रखा, वह सम्पूर्ण

मानव समाज के लिए प्रेरणादायक है। दु:ख के साथ यह कहना पड़ता है कि उन्होंने संवैधानिक अधिकारों को दिलाया तो जरूर, लेकिन आज भी दलितों-शोषितों की बदहाली भी किसी से छिपी नहीं है। उनके संघर्ष को आगे बढ़ाने का दायित्व हर उस सच्चे भारतीय का है जिसे इस देश की मिट्टी की आबो-हवा से प्रेम है। गैर-बराबरी पर खड़ा, चाहे वह समाज हो अथवा राष्ट्र, समृद्ध नहीं हो सकता। अत: समतावादी समाज का निर्माण एकमात्र समाधान है।

डॉ. अम्बेडकर की दृष्टि से, व्यक्तिगत एवं सामाजिक जीवन में धर्म का अत्यधिक महत्व है। लेकिन वह धर्म अंधविश्वासों, कुरीतियों और आडंबरों से मुक्त होना चाहिये। धर्म के महत्व को स्वीकार करते हुए बाबासाहेब ने हिन्दू धर्म में व्याप्त बुराइयों-वर्णवाद, जातिवाद, छुआछूत, ऊंच-नीच-के प्रति विद्रोह किया जिसके कारण उन्हें हिन्दुत्व का विरोधी कहा जाने लगा। परन्तु तथ्य यह है कि अम्बेडकर थोथी परम्पराओं तथा रूढ़ियों के विरुद्ध थे, न कि असली धर्म के प्रतिरोधी। हिन्दू धर्म ग्रंथों में यह स्पष्टत: कहा गया है कि 'धारयति इति धर्म:' अर्थात् धर्म वह है जो मनुष्य को धारण करता है, जीवन को धारण करता है और जो मनुष्य की आस्था, निष्ठा, विश्वास, कर्म और फल को धारण करता है। यहां तक तो धर्म की धारणा सही है, पर डॉ. अम्बेडकर ने धर्म के नाम में वर्णवादी, जातिवादी तथा पुरोहितवादी नीतियों एवं व्यवहारों के प्रति विद्रोह किया। अब हिन्दू कट्टरपंथी भी यह कहते हैं कि अम्बेडकर 'एक प्रखर हिन्दू' थे। अम्बेडकर की मान्यता थी कि स्वतंत्रता, समता, भाईचारा, मान-सम्मान मनुष्य तथा समाज को धारण करते हैं। अत: इनको धर्म से अलग नहीं किया जा सकता। उन्होंने धर्म के साथ ईश्वरवाद, परलोकवाद, नरक-स्वर्ग, आवागमन मरणोपरान्त मोक्ष, कर्मकाण्ड आदि को जोड़ना व्यर्थ माना। अम्बेडकर ने उन सब धार्मिक एवं सामाजिक प्रतीकों के प्रति विद्रोह किया जो आदमी की गरिमा एवं इंसानियत को नष्ट-भ्रष्ट करते हैं। वह चाहते थे कि धर्म को एक जीवन-शैली के रूप में व्यावहारिक बनाया जाए तो उससे अच्छे परिणाम फलित होंगे।

यहां यह उल्लेख करना उचित होगा कि डॉ. अम्बेडकर भाषावाद तथा साम्प्रदायिकता के नाम में भेदभाव करने के विरुद्ध थे। उन्होंने स्वयं कहा था, "... हमारे देश में भाषावाद का दूसरा नाम साम्प्रदायिकता है। जब आप भाषाधारित कोई प्रदेश बनाते हैं तो जो कुछ होता है, वह है कि आप प्रशासन के तार एक ही समुदाय को सौंप देते हैं जिसे बहुमत वाला समुदाय कहा जाता है और मैं अनेक प्रदेशों के उदाहरण दे सकता हूं जहां ऐसा होता है। वह समुदाय स्वयं अपने पवित्र अस्तित्व की भावना से ओतप्रोत हो जाता है। फलत: वह प्रदेश घटिया प्रकार की साम्प्रदायिकता का

व्यवहार प्रारंभ करने लगता है जिसे अन्यथा भेदभाव कहते हैं। भेदभाव अन्याय पैदा करता है और अन्याय दुर्भावना उत्पन्न करता है। यदि हमारा भाषावाद साम्प्रदायिकता के साथ नहीं जुड़ता है, तब अपना भाषावाद किसी के लिए बिलकुल खतरा नहीं होगा।''[1] संक्षेप में डॉ. अम्बेडकर ने बहुत पहले से ही भाषावाद, साम्प्रदायिकता, सामुदायिक प्रभुत्व और धर्माधारित राजनीति के प्रति अपने प्रखर विरोध का इजहार कर दिया था ताकि बहुमत और अल्पमत में रहने वाले लोगों के बीच संतुलन एवं सद्भाव बना रहे; मनमुटाव, दूरी, अन्याय, अत्याचार, भेदभाव आदि का अंत हो जाए और देश की राजनीति, प्रशासन व खुशहाली में सभी नागरिकों की भागीदारी संभव हो सके। अम्बेडकर का प्रखर विरोध निश्चय ही रचनात्मकता और मानव मूल्यों के साथ जुड़ा हुआ था।

---

1. डॉ. बाबासाहेब अम्बेडकर–रायटिंग्स एण्ड स्पीचेज, खण्ड 15, 1997, पृ. 859-60.

अध्याय-1

मूल खोजो: विवाद मिटेगा

यह अध्याय डॉ. बाबासाहेब अम्बेडकर के द्वारा लिखित उस संपादकीय का हिन्दी अनुवाद है जिसे उन्होंने 'मूकनायक' मराठी पत्रिका के लिए अंक 2, 14 फरवरी 1920, में दिया था। उनका यह संपादकीय आज भी उतना ही प्रासंगिक है जितना कि उस समय था। अत: वह यहां सम्पूर्णत: प्रस्तुत है–

"हिन्दुस्तान में जब तक जातिभेद और धर्मभेद जारी रहेगा तब तक हिन्दुस्तान स्वराज के लिए नालायक है, ऐसा कहकर अंग्रेज सरकार स्वराजवादियों का मुंह बंद करती थी। पहले अपने में से जातिभेद, धर्मभेद समाप्त करो तब स्वराज मांगो, ब्रिटिश सरकार ने बार-बार ऐसा बोलकर भारतीयों को निराश किया। जातिभेद की वजह से स्वराज नहीं देना चाहिए। ऐसा हमें कभी भी (औचित्यपूर्ण) नहीं लगा। जिनको स्वराज देना था उनको जातिभेद की अड़चनें दूर करके जातिवार प्रतिनिधित्व देकर स्वराज कभी भी दिया जा सकता था। परन्तु देर से भी हो जिस सरकार को स्वराज देते वक्त जातिभेद एक बड़ी अड़चन लग रही थी वही सरकार स्वराज देते वक्त जातिवार प्रतिनिधित्व देना नहीं भूलेगी ऐसा ब्राह्मणों को डर था। तो गैर-ब्राह्मण और बहिष्कृत आशान्वित थे। परंतु मिस्टर मांटेग्यु साहेब द्वारा अपना मोहनी अस्त्र डालते ही वहीं देश स्वराज के लायक हो गया है।

''इतना ही नहीं जातिवार प्रतिनिधित्व स्वराज के लिए विघातक है, ऐसा अंग्रेज सरकार का मत हो गया है। अचानक अंग्रेज सरकार का यह दृष्टिकोण कैसे बदला? गैर-ब्राह्मणों और बहिष्कृत वर्ग को बहुत आश्चर्य हो रहा है। जातियां जो थीं, वह नष्ट नहीं हुईं। पहले वह आड़े आती थीं। अब किस कारण आड़े नहीं आतीं, ऐसी विचारसारणी से हम अवगत नहीं हैं। जाति, जाति करके चिल्लाने वाली सरकार को जातिवार प्रतिनिधित्व के विरुद्ध हुई प्रबल मान्यताओं से छुड़ाते-छुड़ाते ब्राह्मणेतरों और बहिष्कृत की नाक में दम आ गया है। अब कष्टों की अधिकता के कारण कहीं-कहीं अपवाद करके जातिवार प्रतिनिधित्व देने के लिए सरकार सहमत हुई है। इस प्रकार आंखें बंद रखने वाली सरकार को होश में लाने के लिए जातिभेद की ओर से आंख मिचौली न करके जातिवार प्रतिनिधित्व देकर सम्भावित अनर्थ टाल दिया जाये, ऐसा मंत्र कंठस्थ कर लेने वाले स्वराजवादी लोग देशद्रोही, आत्मघाती इत्यादि शब्दों से सम्बोधित हैं। जो अंग्रेजी नौकरशाही, जातिभेद की वजह से स्वराज के लिए तुम अपात्र हो, ऐसा बार-बार कहती थी, उसी नौकरशाही की ओर से स्वराज विषयक पात्रता यानी हिन्दू लोगों के अधिकार स्वीकार होने का समय आने पर ब्राह्मण ब्राह्मणेतर इत्यादि बिना कारण फूट डालने का प्रयत्न कर रहे हैं। ''ऐसी नासमझी पैदा करके बहुत दिनों से दबा कर क्रोध 'केसरीकार' ने अपने 16 मार्च, 1920 के 'ज्वालामुखी' शीर्षक अग्रलेख में लिखा है। उसमें जो नाटकीय लग रहा है वह यह कि हिन्दी प्रजा स्वराज के लिए पात्र है और स्वराज मिलना चाहिए। इसलिए कांग्रेस ने 'होमरूल' संस्था द्वारा उपस्थित किये हुए आन्दोलन में विशेष भाग नहीं लिया। और लिया तो अंगचोरपन से लिया और कभी-कभी तो स्पष्ट विरोध भी किया। ऐसे लोगों ने इस आन्दोलन को खड़ा करने की शुरूआत की है।'' ब्राह्मण और अन्य लोगों के दृष्टिकोण में जो महत्व का फर्क है उसे यदि 'केसरीकार' पहचानते तो उन्हें इस वाद में भी वैसा ही तमाशा (मौज) लगता। ब्राह्मणों को स्वराज कैसे मिलेगा, यही प्रश्न उनका प्रधान प्रश्न लगता है। मतदान का अधिकार किसको चाहिए और प्रतिनिधि कैसे चुने जायें, इसके लिए एक शब्द भी मुंह खोलकर नहीं कहा। कारण यह कि कुछ भी हो ब्राह्मण प्रतिनिधि तो चुनकर आयेंगे ही दूसरों को मात्र स्वराज मिलेगा। उससे प्राप्त स्वयंसत्ता सभी जातियों में कैसे विभाजित की जायेगी यह उनकी चिंता नहीं। इस कारण स्वराज ब्राह्मण राज नहीं होना चाहिए, यह प्रश्न मुख्य है। इसलिए वह मतदारी के अधिकार और प्रतिनिधि चयन पद्धति पर रात-दिन चर्चा कर रहे हैं। स्वराज नहीं मांगा इसका कारण है कि जब तक जातियां हैं तब तक स्वराज नहीं मिलेगा, ऐसा अंग्रेज सरकार अधिकृत वाणी में कह रही थी। जातिभेद निकाल डालो, यह आग्रह वह ब्राह्मणों से बहुत दिनों से कर रहे

थे परंतु जातिभेद तो गया नहीं और जातिवार प्रतिनिधित्व भी नहीं मिल रहा है। जब ऐसा विकट समय आया है तब ब्राह्मणों की तरह आंखें बंद कर लेने वाले अंग्रेजों को जातिभेद के स्वरूप की जानकारी कराने के लिए हिन्दू समाज के ब्राह्मण, ब्राह्मणेतर और बहिष्कृत ऐसे तीन वर्ग करने पड़े। यह वर्गीकरण एकदम शाब्दिक और कृत्रिम है ऐसा 'केसरीकार' ने साबित करने का ढोंग किया। लोकमान्य 'तिलक' ने भी पूना में 'ब्राह्मण गैर-ब्राह्मण' इस विषय पर एक व्याख्यान दिया। उसमें उन्होंने 'ब्राह्मणेतर में भी एकता की भावना नहीं' ऐसा अज्ञानीपन का विवाद खड़ा किया।

"हिन्दू समाज की रचना जन्मसिद्ध है गुणसिद्ध नहीं। जन्मसिद्ध योग्यता और जन्मसिद्ध पवित्रता इन दो मूल सिद्धांतों की नींव पर समाज की रचना हुई है। यह तो 'केसरीकार' भी स्वीकार नहीं करेंगे। जन्मसिद्ध योग्यता सिद्धांत (तत्व) के अनुसार हिन्दू समाज का वर्गीकरण करें तो उसके तीन वर्ग होते हैं। सर्वश्रेष्ठ व पवित्र कहलाने के लिए ब्राह्मण और जिसकी अयोग्यता और अपवित्रता जन्मसिद्ध है, ऐसा वर्ग बहिष्कृत वर्ग है। इस प्रकार से वर्गीकरण करें तो ब्राह्मण (वेदोक्त वर्ग), अब्राह्मण (शास्त्रोक्त) और बहिष्कृत (पुराणोक्त)वर्ग हैं। इन शब्दों या भावों का निर्णय करना कठिन नहीं होगा। ब्राह्मणेतर और बहिष्कृत वर्ग में समाविष्ट होने वाली जातियों में परस्पर रोटी-बेटी का व्यवहार नहीं होता। तब उनमें एकता भाव कैसे उत्पन्न होगा? और 'जिनमें एकता की भावना नहीं उनमें पृथक् वर्ग करना तर्क-संगत नहीं होगा', ऐसा 'केसरीकार' का आक्षेप है। यदि रोटी-बेटी का व्यवहार नहीं होता तो ऐक्य निर्माण नहीं होता। यह सच है वैसे ही दक्षिण अफ्रीका में बसे हुए हिन्दी लोगों में अनेक जातियों और धर्मों के कारण उनमें परस्पर रोटी-बेटी का व्यवहार नहीं है। फिर भी उनमें एकता की भावना कितनी मजबूत है ऐसा 'केसरीकार' द्वारा अनेक बार लोगों के निर्देशन में लाया गया है। परस्पर रोटी-बेटी का व्यवहार नहीं करने वाले अफ्रीका में एकता की भावना कैसे पैदा हुई। हिन्दी लोगों की एकता के लिए 'केसरीकार' ने अगर शोध न किया होता तो ऐसा विचारशून्य अग्रलेख लिखने की उनकी इच्छा नहीं होती। किसी वस्तु या समाज में भिन्नत्व हो फिर भी उसको सब ओर से आघात पहुंचने पर उसके अन्दर का भिन्नत्व भाव समाप्त होकर एक जिन्सपना आ जाता है। और उसमें एकता बढ़ जाती है। यह समाजशास्त्र का नियम सर्वसम्मत है। रोटी-बेटी के व्यवहार के अभाव में भिन्नता का भाव खत्म करके उसकी जगह एकता उत्पन्न होने के लिए अगर गोरों के जुल्मों के आघात कारणीभूत हो गये होते तब ब्राह्मणेतर और बहिष्कृत वर्ग में परस्पर रोटी-बेटी व्यवहार के अभाव से उत्पन्न होने वाला भिन्नता भाव उसको अयोग्य और अपवित्र कहने वाले ब्राह्मण धर्म शासन के आधार पर आगे टिकेगा। क्या ऐसा

समझना मूर्खता नहीं होगी? हम अमुक जाति के हैं, यह भावना ब्राह्मणेतर और बहिष्कृत में अब पहले जैसी जागृत नहीं है। यह केसरीकार का दुर्देव ही कहना पड़ेगा। हम ब्राह्मण से कम दर्जे के और कम पवित्र हैं, इस भावना को ब्राह्मणेतर और बहिष्कृत वर्ग ने छोड़ दिया है और जैसे-जैसे यह विचार प्रबल होगा वैसे-वैसे ब्राह्मणेतर और बहिष्कृत वर्ग यह शब्दों का ही नहीं भावनाओं का वर्ग होता जायेगा। योग्यता और अपवित्रता जन्म से ही उनमें आ गई है और इसलिए ब्राह्मण गब्बर होकर उद्दंड हो गया है और अयोग्यता और अपवित्रता जन्म से ही ब्राह्मणेतर और बहिष्कृत में समा जाने से उनकी बहुत दुर्दशा हो चुकी है। जैसे-जैसे उन्हें इसकी पहचान होती जायेगी वैसे-वैसे यह भेद दृढ़ होकर राष्ट्र कार्य में विघ्न आयेंगे, यह 'केसरीकार' की तरह हमें भी कबूल है, परंतु जिन कारणों से वाद उत्पन्न होता है वह कारण दूर किये बगैर 'वाद मिटाओ' जैसा कहना और वह मिटता नहीं इसलिए सिर पर खाक डालकर वाद करने वाले को गालियां देना अनुचित है। ब्राह्मण की जन्मसिद्ध योग्यता और पवित्रता की वजह से ब्राह्मणेतर और बहिष्कृत का कितना नुकसान हुआ है इसकी केसरीकार के अतिरिक्त दूसरे किसी को शका होना संभव नहीं। फिर भी यह वाद मिटाकर समाज में एकता होनी चाहिए। ऐसी अगर केसरीकार को प्रमाणिक इच्छा होगी तो ब्राह्मणों ने दूसरों को डुबाया नहीं, ऐसा इतिहास विरुद्ध केसरीकार का मनदेवता के केसरीकार को साक्ष्य देता होगा। फिर भी जिस अर्थ में दूसरे लोग 'वह झूठा है' ऐसा हल्ला कर रहे हैं। इसलिए इन पगले लोगों के कहने में कुछ तथ्य हैं ऐसा लेकर अगर ब्राह्मण, ब्राह्मणेतर और बहिष्कृत इस वादग्रस्त प्रश्न के मूल में होने वाले कारणों को ढूंढ़कर देखने के बाद केसरीकार सज्ञान होकर आगें जो अग्रलेख लिखेगा तो वे अग्रलेख वाद कैसे मिटाना चाहिए इस विषय पर होंगे। तभी ब्राह्मणेतर और बहिष्कृत लोगों में 'केसरी' का सम्मान भी रहेगा और बिक्री भी बढ़ेगी। इसलिए वाद को जितना जल्दी हो खत्म करना चाहिए, ऐसा लिखने से कुछ नहीं होगा। यह जानकर ही 'केसरीकार' इस महंगाई के दिनों में अपनी स्याही, कागज और बुद्धि खर्च करेंगे, ऐसी आशा करना गलत नहीं होगा?"

स्वराज एवं सुराज

"अब तक हमें ज्ञात है कि विश्व के भूगोल की ओर राजकीय दृष्टि से देखने पर हम देश में एक स्वयंशासित तथा दूसरों पर शासित दो वर्ग कर सकते हैं। स्वशासित देश का कार्यभार उस देश के निवासियों के पास होता है। परन्तु परशासित देश की स्थिति वैसी नहीं रहती। उसका राज्य कार्यभार परदेसी लोगों के हाथ में है। हिन्दुस्तान देश का समावेश(अन्तर्भाव)दूसरे वर्ग में होता है। इस देश में रहने वाले हिन्दू, मुसलमान,

पारसी वगैरह हैं। फिर उनको सर्वसाधारण हिन्दी लोगों के नाम से संबोधित कर सकते हैं परन्तु इन हिन्दी लोगों पर राजकीय अमल चलाने वाले लोग हिन्दी नहीं हैं। यानी हिन्दी लोग स्वयं शासित नहीं हैं। बहुत समय से हिन्दुस्तान परकीय अमल के नीचे है। इस उर्वरा(सुपीक)भूमि को काबिज करने के लिए पुराने पाश्चात्य राष्ट्रों ने अनेक बार प्रयत्न किये। रोमन और ग्रीक, लोगों ने भी इस दिशा में प्रयत्न किये परन्तु वे विफल रहे जबकि मुसलमानों द्वारा किये गये प्रयत्नों का उन्हें जबरदस्त फल मिला।

''मुसलमान लोगों द्वारा हिन्दुस्तान पर आक्रमण करने की शुरूआत ई.स. 986 में हुई। फिर भी उनको देश में स्थायित्व प्राप्त होने में बहुत अवधि लगी। पृथ्वीराज जब 1193 की लड़ाई में मृत हुआ तब हिन्दू बादशाही के दिल्ली का तख्त हमेशा के लिए खुल गया। जिन पठान लोगों ने यह गद्दी हड़पी उनको 1526 में पानीपत में मुगल अधिपति बाबर ने पराजित करके दिल्ली के तख्त पर स्वयं को हिन्दुस्तान का बादशाह घोषित कर दिया। परन्तु उनके द्वारा स्थापित किये हुए राज्य पर 200 (दो सौ) वर्ष के अन्दर ही उनकी सार्वभौमसत्ता का पतन होना शुरू हो गया। कुछ काल तक वह सत्ता दक्षिण के मराठा लोगों के पास थी परन्तु अन्ततोगत्वा वह सदैव के लिए अंग्रेजों के हाथों में चली गई और वह सत्ता दैवयोग से अभी अबाधित है। ऐसी इस देश की परतंत्रता की पूर्वपीठिका है।

''राज्यकरण के सर्व साधारण दो आदि हेतु हैं–एक शासन और दूसरा संस्कृति। शासन यानि शिष्टता या शांति रखना। शांति भंग दो प्रकार से हो सकती है-परचक्र से या अंतस्थ अस्वस्थता से–परचक्र का प्रकरण कभी-कभी उदय होता है तब शासन में उसको एक ओर रखा जाये तभी शासन में अंतस्थ व्यवस्था रखना यही प्रधान होकर रहता है। किसी भी राष्ट्र को देखें उसमें वर्ग और गुट होते हैं। इतना ही नहीं जैसे वर्ग से वर्ग के वैसे ही व्यक्ति से व्यक्ति के सामाजिक, आर्थिक, राजनैतिक और धार्मिक हितसंबंध परस्पर विरोधी रहते हैं। ऐसे विरोध के कारण एक व्यक्ति या एक वर्ग को अपना भला करने के लिए दूसरे व्यक्ति या वर्ग पर चढ़ाई करने की शुरूआत करने या जान (प्राण) के साथ धोखा या उसकी आर्थिक हानि करने के लिए अन्य प्रकार के कुप्रयास करने से अन्तस्थ (भीतरी) शांति भंग होने की आशंका रहती है। और शांतत: के बगैर सामाजिक जीवन धोखे में पड़ने से मानव समाज के नित्यप्रति के कार्यक्रम बंद हो जाते हैं। इस वजह से शासन का यह महत्व का हेतु है। फिर भी शासन करने यानी प्रजा को (कहना) कि अमुक करो, वह मत करो, ऐसा करने पर शांति भंग करने के जुर्म में दण्डित किया जायेगा–ऐसी हिदायतें देने वाली राज्य पद्धति को आज के समय में तारतम्य से जंगली कहना पड़ेगा। सुधरे हुए राष्ट्र में राज्य पद्धति का झुकाव

जितना शासन की ओर रहता है प्रजा की उन्नति जो जो वर्तमान है उससे अधिक कैसे हो इसके मार्ग निर्धारित करने उसके सब लोगों को साधन उपलब्ध करके देना। जो उन्नति में सहायक हों ऐसी परिस्थिति को उत्पन्न करना यह राज्य का दूसरा शासन करने का हेतु है अपितु यह इससे भी अधिक महत्व का हो गया है।

''राज्य कार्य के यह दो हेतु परिस्थिति के अनुरूप पृथक्-पृथक् स्थानों पर पृथक्-पृथक् प्रकार से अमल में आते हैं। जहां राज्य कार्य एक विशिष्ट वर्ग का हित साधक होकर बैठता है। तब वह वर्ग स्वकीयों का हो वहां संस्कृति से शासन को ही प्राधान्य मिलता है क्योंकि शांति भंग होने की वजह से उसे अमल में लाने के लिए धोखा होने की संभावना रहती है। यद्यपि शांतत: आवश्यक है फिर भी शांतत: के नाम के नीचे जुल्म होना एकदम स्वाभाविक है क्योंकि शांतत: बनाए रखने के लिए किसी के स्वातंत्र्य को कब निर्बन्ध करना, कब नहीं करना, इसका निर्णय करते समय स्वातंत्र्य और स्वच्छंद ऐसा भेद करना चाहिए। परंतु स्वातंत्र्य कायम रखकर उसको स्वच्छंदता में परिणति न होने देना यह इतना नाजुक कार्य है कि बहुत सारे प्रसंगों में स्वातंत्र्य का उच्छृंखलपन तोड़ने के लिए स्वतंत्रता पर ही आपत्ति आती है। स्वातंत्र्य नष्ट होने पर शांति तो रहती है परन्तु व्यक्ति का विश्वास नहीं रहता। इसलिए शासनातिशयता के कारण नुकसान ही होता है। दूसरा ऐसा आक्षेप है कि परकीयों के अमल के नीचे राज करते अपने जाति-भाई के हितों के लिए प्रजा हित की ओर दुर्लक्ष्य करते हैं और इतना ही नहीं उनकी आहुति भी देते हैं। इसलिए किसी देश पर दूसरे देश की सत्ता होने से उसके अमल में रहने वाले लोगों का किंचित ही लाभ होता है। यह नियम सुविज्ञ सम्मत है परन्तु हिन्दुस्तान में अंग्रेजी अमल की इस बाबत अपवाद करके गणना होंगी। इसमें कोई संशय नहीं। हिन्दुस्तान में उनके परचक्र आये उन्होंने यहां के लोगों को त्राह-त्राह करके छोड़ दिया। उनमें अनेक राजकीय विद्रोहों (बंड़ामुढे) से प्रजा के लिए शांति बहुत दुर्लभ वस्तु हो गई थी। ऐसे इस देश को ब्रिटिश सत्ता की वजह से प्राप्त हुई शांति का लाभ फिजूल है। क्या ऐसा कहा जा सकता है? वैसे हिन्दुस्तान का संस्कृति की दृष्टि से जंगली लोगों में प्रथम अथवा सुधरे हुए राष्ट्रों में आखिरी नम्बर लगा है। आज वह नूतन स्थापित हो रहे राष्ट्र संघ में शामिल होने लायक हो गया है। ब्रिटिश शासन के चलते उनकी (जंगली) संस्कृति की वृद्धि कम हो गई है ऐसा कहना सत्य की कसौटी पर बहुत खरा उतरेगा यह जानकारी नहीं है परंतु स्वकीयों के अमल में जनता संतुष्ट नहीं रहती यह अनुभवसिद्ध है। तब वह परकीयों के अमल के नीचे भी असंतुष्ट है। इसमें बहुत बड़ा आश्चर्य नहीं और परकीय अमल हितकारी हो भी तब भी परकीय परतंत्र्य में अटककर रहने वाले लोगों

का लक्ष्य हमेशा स्वयं पर हुकूमत चलाने वालों के दोषों पर लक्षित रहता है। इस न्याय के अनुसार आज अंग्रेजी अमल के विरुद्ध बहुत सारे आन्दोलन चल रहे हैं। इन आंदोलनों के मूल में जो हेतु है उसकी छानबीन करना एकदम जरूरी है।

'राष्ट्रीय सभा' जिस कांग्रेस को कहते हैं, यही आंदोलन की जननी है। यह सभा प्रतिवर्ष आयोजित होती है। उसका 34वां अधिवेशन गत बड़े दिन अमृतसर शहर में हुआ। यह राष्ट्रीय सभा 1885 में अस्तित्व में आई। वह अस्तित्व में आई इसका कारण एकदम स्वाभाविक है। किसी भी देश की अपनी सच्ची स्थिति क्या है, यह तारतम्य से समझ में आता है। हम अमीर हैं या गरीब हैं, अच्छे हैं या बुरे हैं, ज्ञानवान् हैं या अज्ञानी, गौर वर्णी हैं या कृष्ण वर्णी हैं–यह दूसरे की ओर दृष्टिपात किये बगैर समझ नहीं आता। इसी प्रकार हम किसी एक राष्ट्र को वह दूसरे राष्ट्र की अपेक्षा अगड़ा है या पिछड़ा है, यह प्रतिमान निश्चित करने के लिए हमें दूसरे राष्ट्र का अध्ययन या उसके व्यवहार का परिचय होना चाहिए। इसके अतिरिक्त कोई भी आत्मकेन्द्रित राष्ट्र उक्त तुलना के अभाव में अपनी निकृष्ट स्थिति को ही उत्कृष्ट समझता है और उसी (व्यवस्था) में सड़ते रहकर भी उसे कुछ बुरा नहीं लगता। इस दृष्टि से यहां के लोगों को अपनी सच्ची स्थिति का सापेक्षिक व तुलना के साथ आंकलन करने के लिए हिन्दुस्तान की और अंग्रेजों की प्रजा-राजा के नाते से घटित हुए निकट संबंध बहुत महत्व के हैं। अंग्रेजी विद्या अर्थात् 'शेरनी का दूध' (बाधिणींचे दुध) जिसे पीने को मिला उसमें नया उत्साह, नया तेज, नई स्फूर्ति उत्पन्न हुई। जिनको अंग्रेजी विद्या संपादन (सीखना) आया उन्होंने यूरोपीय देशों के इतिहास का अध्ययन करके अनियंत्रित राज्य सत्ता के कारण होने वाली हानियों के बारे में जाना है और स्वतन्त्रता की कल्पना उनके मन में उमड़ने लगी है। अंग्रेजी विद्या के प्रभाव से उन्हें राजा और प्रजा के अधिकार ज्ञात होने लगे हैं। इस शेरनी का दूध पीकर पुष्ट हुए इन बच्चों (पिलानी) ने अंग्रेजी सत्ता के विरुद्ध प्रजापक्ष की ओर से लड़ाई छेड़ने की जोर-शोर से शुरूआत की है।

"अंग्रेजी राज्य यद्यपि परकीय लोगों का राज्य है फिर भी कुछ सरकारी अधिकारियों को छोड़कर उन्होंने प्रजापक्ष की इस (भारतीय) सभा के प्रति सहानुभूति दर्शायी है। इतना ही नहीं अपितु हिन्दुस्तान के पूर्व गवर्नर 'लार्ड डरफिन' ने इस सभा को खड़ा करने में हाथ बंटाया था। और अपनी सहानुभूति केवल शब्दों में न रखकर उनकी मांगों के अनुसार अपनी राज्य व्यवस्था में सुधार करने से पीछे नहीं हटे। यह उनका शोभनीय कृत्य है। यह प्रजापक्ष जब से उभरा तब से ब्रिटिश सरकार ने शिक्षा के बाबत उदार नीति को स्वीकार किया है। प्राथमिक शिक्षा मुफ्त और अनिवार्य करने का

उपक्रम शुरू किया है। व्यावहारिक और सैद्धान्तिक (शास्त्रीय) शिक्षा के लिए छात्र-वृत्तियां निर्मित की हैं। आरोग्य के बाबत सरकार की ओर से बड़े पैमाने पर धन व्यय किया जा रहा है। दारू जैसे मादक पदार्थों पर 'कर' में वृद्धि करके, 'दारू' के व्यसन में रुकावट डालने के लिए दारू के अड्डे बंद करने के लिए दारू बिक्री नियंत्रित करने की शुरूआत की गई है। लोगों की शिकायतें सुनकर जंगलों के संबंध में और जलाऊ लकड़ी की सहूलियतें दी जा रही हैं। नमक पर 'कर' कम किया गया है और कर प्राप्त करने की न्यूनतम सीमा बढ़ाई है। पुलिस विभाग में वरिष्ठ दर्जे के ओहदे इसी देश के लोगों को मिलने लगे हैं। दीवानी और शिक्षा इत्यादि विभाग की वरिष्ठ प्रकार की नौकरियां इन्हें मिलनी चाहिए, ऐसा (प्रावधान) हाल ही में तय हुआ है। खेती-बाड़ी में सुधार और सहकारिता की स्थापनाओं का कार्य सरकार जोर-शोर से शुरू कर रही है। इतना ही नहीं प्रजा में से लायक व जिम्मेदार लोगों को प्रांतीय व उच्च (केन्द्रीय) कायदे कौंसिल में लेने की पद्धति में सरकार ने उदारता की नीति अपनाई है। प्रथमत: 1861 में जब प्रजापक्ष के व्यक्तियों को सरकारी कायदे कौंसिल में लेने का सिद्धान्त (तत्व) मान्य हुआ है उस समय से 1892 पर्यंत सरकारी चुनाव में प्रजा में से किस आदमी को लेना है यह सरकार की मर्जी पर अवलंबित था परंतु सरकार द्वारा चुना हुआ सभासद हमेशा ही प्रजा के हित को ध्यान में रखता था ऐसी बात नहीं थी। बहुधा वह 'हां' जी, 'हां' जी करने वाला होता था। अधिक समय कौंसिल में अपनी जगह कायम रखने व सरकार की मर्जी रखने के लिए प्रजापक्ष सत्य होने पर भी निहित स्वार्थ के लिए उसकी आहुति देता था। सरकार द्वारा मनोनीत हमारे सभासद जो हुक्म करने वाले होते हैं प्रजा के हितकर्ता नहीं, ऐसी आलोचना के कारण मनोनीत करने के बदले चुनाव का तत्व अमल में लाया गया। ऐसे में ब्रिटिश राज्य पद्धति का झुकाव वर्षों से सुराज पद्धति स्थापित करने की ओर है। यह सत्य उनके कट्टर शत्रु को भी कबूल करना पड़ेगा।

''प्रजापक्ष की इस 'राष्ट्रीय सभा' का जन्म ब्रिटिश राज्य पद्धति से सुराज पद्धति को लाने के लिए हुआ। यदि यह सच है तो ऊपर निर्दिष्ट सुधारों को देखकर उनको संतोष होना चाहिए। परंतु संतोष न होकर उल्टा असंतोष ही अधिक बढ़ गया है ऐसा देखने में आता है। इसका कारण इस राष्ट्रीय सभा के आदि हेतु में जो परिवर्तन हुआ यही है, क्योंकि उसे सुराज नहीं चाहिए। कारण स्वराज की तुलना सुराज से नहीं। इस नवीन सिद्धान्त ने इस पर अपना सिक्का जमाया है। मात्र सिद्धान्त की दृष्टि से हर्ज नहीं अपितु व्यावहारिक दृष्टि से सिद्धान्त की अपेक्षा व्यवहार ही श्रेष्ठ है। स्वराज किसका

और वह किसलिए, यह समझे बगैर इस सिद्धांत की रेखा हम नहीं खींच सकते । फिर कौन खींचेगा, वह बेचारा खींचे।''

विविध विचार

''स्वराज के माता-पिता जैसे ब्रह्म देव को अपनी सृष्टि करने के लिए अथवा विश्वामित्र को मैं प्रति सृष्टि का विधाता हूं, इस कारण अभिमान है वैसे ही मनुष्य कोटि के प्रत्येक प्राणी को 'अमुक एक बात के मूल कारण हमीं हैं', इस कारण अभिमान होना स्वाभाविक है। स्वराजवादियों में हिन्दुस्तान को मिलने वाले स्वराज के मूल कारण (आदिकारण) कौन हैं, इस संबंध में जो बड़ा विवाद खड़ा हुआ है वह न्यायसंगत है। लोकमाता एनीबेसेंट, लोकमान्य तिलक और लोकमान्य शास्त्री इत्यादि अपने-अपने मत में स्वराज सृजकों का स्थान हड़पना चाहते हैं। अपनी-अपनी ओर से सभी संगी अच्छे हैं। 'बरें झालियाचे अवघोचि सांगाती' इस संतोक्ति की दृष्टि से लोकमान्य तिलक द्वारा की गई कोशिश एकदम विपरीत है। 'दिया हुआ स्वराज निराशाजनक और फालतू है' ऐसा अगर लोकमान्य तिलक कहते हैं तब इस कुरूप बच्चे का मैं ही पिता हूं ऐसा साबित करने का क्या अर्थ है? यह कौन जाने कि वासना से ही शील (चरित्र) की कल्पना आती है। क्या लोकमान्य का शील निम्न कोटि का तो नहीं है? लोकमाता बेसेंट (बिझांट) और लोकमान्य शास्त्री इनकी बात निराली है। उन्हें यह बच्चा (स्वराज) पसंद था। इसलिए उन्होंने इसे गोद में उठाने का प्रयत्न किया। यह अश्लाध्य नहीं फिर भी इस बच्चे के माता-माता हम ही हैं ऐसा मानना उनका भ्रम है।

''हमारे मत से स्वराज का बीजारोपण करने वालों की सूची में स्वयंभू नेता इस उपनाम के भार के नीचे दब जाने वाले किसी एक व्यक्ति के नाम गणना नहीं की जा सकती। चिल्ला कर हासिल किया जाने वाला इतना स्वल्प स्वराज कोई दान नहीं है, कितनी भी चिल्लाहट हो उसे स्वराज मिलना ही चाहिए। इससे कोई निश्चिन्तता नहीं होती। स्वराज का दान सत्ता के सयानेपन का जितना भाग है उतना चिल्लाहट करने वालों का खास नहीं स्वराज नहीं देते, ऐसा अगर कहा जाता तब ब्रिटिशों के हाथ से यह छीन लेने की किसी की मजाल नहीं होती, यह निर्विवाद है। कारण सामाजिक बाबत गैर-ब्राह्मणों को गुलामी में रखकर ब्राह्मणों का पेशवाई अत्याचारों जैसा बोलबाला था वैसे ही नहीं बल्कि उससे भी अधिक आतंक (दरारा)में रखकर हिन्दवासियों को स्वराज देने के लिए ब्रिटिश लोगों ने हुकूमत नहीं की है। परंतु यह तो उन्हें दबाव के द्वारा भी मिल सकती थी उसके लिए वह दबाव डालने के इच्छुक नहीं। इसका अर्थ यह नहीं कि उनके ऊपर दबाव है अपितु उसके पीछे उनकी सच्ची ईमानदारी ही है।

स्वराज आरम्भ का यदि इतिहास देखा जाये तो ऐसा दिखेगा कि स्वराज का मूल आधार (पाया)ब्रिटिश लोगों की सिद्धांतप्रियता ने ही स्थापित किया है। स्थानिक स्वराज जैसा ही प्राविंसियल व सुप्रीम काउंसिल की शुरूआत करने के लिए प्रजा की ओर से कोई वकील गया था, यह इतिहास में दर्ज नहीं है। और वर्तमान स्वराज आज ही नहीं जन्मा है। इसकी पांचवीं (छटी संस्कार)हुए आज साठ वर्ष हो गए। इसलिए इस अतिशय प्रिय रेंगने वाले बच्चे को कोई भी गोद में उठाये फिर भी उसके माता-पिता ब्रिटिश लोग ही हैं, इतना मात्र भूलना नहीं चाहिए।

''बुजदिल कहें! विगत माह की 20 तारीख को 'केसरी' के अंक में मुंबई की नेशनल डेमोक्रेटिक कम्पनी की ओर से प्रदर्शित होने वाले 'डेमोक्रेटिक' पत्र का विज्ञापन छपा है। खाना खाने के उपरांत डकार लेने के बाद 'यजमान' को आशीर्वाद देने जैसा अतिथि का कर्तव्य होता है, उसी न्याय के अनुसार 'केसरी' पत्र ने अपनी स्फुट सूचना में इस कंपनी को शेयर्स के रूप में सहायता करने के लिए 'राष्ट्रीय पक्ष' के लोगों से और अपने चंदादाताओं से अपील की है। इसमें कुछ बुरा नहीं है। इसके विपरीत इतने बड़े विज्ञापन के पैसे खाकर उसके संबंध में कुछ भी उद्गार व्यक्त नहीं करता तो 'केसरी' का बर्ताव निन्दास्पद हुआ होता। ''ब्रिटिश साम्राज्यन्तर्गत पूर्ण स्वराज और सब बाबत ब्रिटिश वसाहत के बराबरी के अधिकार संपादन करने के लिए प्रयत्न करना (झटणे) वैसे ही अंदरूनी व्यवस्था में समता के सिद्धान्त पर सूखे भारतीय प्रजा के हित के लिए जाति, वर्ग और लिंग का पक्षपात न करने का प्रयत्न करना, यह इस (डेमोक्रेटिक) पत्र का उद्देश्य है। ऐसा उस प्रकाशित किये गये कंपनी के उद्देश्य पत्रिका में कहा गया है। 'बोले वैसा चले' इस न्याय से अपना उद्देश्य निष्पक्षता सदैव मूर्तिरूप में लाने का इस पत्र ने प्रयत्न किया तो यह लोक आदर का पात्र होगा, इसमें शंका नहीं। परंतु कंपनी के डायरेक्टर की सूची की ओर दृष्टिपात करने से यह पत्र अपने कहे को करेगा, ऐसा सम्भव नहीं। कारण, कुछ डायरेक्टरों को साम्राज्य के अन्तर्गत पूर्ण स्वराज चाहिए परंतु अन्दरूनी व्यवस्था में स्वयं ेंं स्वयं निर्माण का सिद्धान्त अमल में लाने के लिए वह सहमत होंगे, ऐसा उनके आ ı तक के आचार-विचार से नहीं लगता। फिर बारह कोस दूरी की जमीन और आकाश सट गये हैं-ऐसा दिखाकर, अपना हित संबंध एक ही है ऐसा बोलकर (भासबून) बहुजन समाज की आंखों में धूल झोंकने वाले इन लोगों के चरित्र (शील) में क्या फर्क पड़ता? यह भविष्य का अनुभव बतायेगा। फिर भी इस भावी डेमोक्रेटिक पत्र का उद्देश्य व्यक्त करते समय 'केसरी' ने जो लुकाछिपी का खेल खेला है वह चौराहे पर लाने लायक है।

ब्रिटिश वसाहत के साथ पूर्ण बराबरी के अधिकार संपादन करना इस पत्र का उद्‌देश्य है। इसलिए राष्ट्रीय पक्ष के लोगों जैसे चंदादाताओं को इस पत्र की सहायता करने के लिए 'केसरी' ने प्रार्थना की है। अन्दरूनी व्यवस्था में समता सिद्धांत लागू करना, यह इस पत्र का दूसरे महत्व का वैसा ही स्तुत्य उद्‌देश्य है। वह 'केसरी' ने गुलदस्ते में क्यों रखा है? इसका आश्चर्य (नवल बांटते) लगता है। एक वो स्वयं को यह उद्‌देश्य पसंद नहीं अथवा 'राष्ट्रीय पक्ष' के लोग केसरी के चंदादाता (वर्गणीदार) उसको बुजदिल कहेंगे। इसके अलावा तीसरा कोई भी कारण सम्भवतया नहीं है। 'समता' के सिद्धान्त की जिन्हें बुरी गंध आती है अथवा जो उससे डरते हैं, उनको ब्रिटिश मजदूर वर्ग ने गत कांग्रेस को भेजे गये संदेश में जैसा जूते (जाडा) लगाने जैसा नहीं लगा होगा ऐसा लगता है। क्या यह निर्लज्जपन नहीं?''

मुसलमान ब्राह्मण हुए

''मेरठ (मिरत) शहर में 20.01.1920 को जेल से छूटकर आये अली बंधुओं का मुस्लिम वर्ग की ओर से स्वागत किया गया, खिलाफत कमेटी की ओर से स्वागत किया गया। दोनों बंधुओं को मयूरासन पर बिठाकर उन्हें मानपत्र देने के बाद बरफखाना मैदान में लोकमान्य राय साहब पंडित सीताराम की अध्यक्षता में हिन्दू मुसलमानों की एक घोषित बड़ी सभा सम्पन्न हुई। उस सभा को लाला ज्योति प्रसाद ने हिन्दुओं की ओर से दिया जाने वाला मानपत्र पढ़कर सुनाया। उसमें व्यक्त विचार संक्षेप में इतने हैं कि इससे हिन्दू-मुस्लिम एकता बढ़ेगी। परंतु इस एकता की परिणति सहभोजन में होगी, ऐसा किसी को लगना सम्भव नहीं था तथापि असम्भव हो गया। इस सभा की हकीकत के बारे में 'क्रॉनिकल' पत्र के मुख्य संवाददाता ने ऐसा संदेश भेजा है कि अली बंधुओं के स्वागत प्रसंग में मेरठ के रहने वाले लो लाला बु. प्रकाश नामक हिन्दू गृहस्थ के घर में हिन्दू और मुसलमान मण्डली ने थाली से थाली भिड़ाकर खाना खाया। यह हिन्दू धर्म के लिए आवश्यक है। सहभोजन एक जातीयत्व उत्पन्न करने के लिए जरूरी है। हिन्दू मुसलमान हुए कि मुसलमान हिन्दू हुए, यह एक ही प्रश्न है। मुसलमानों के साथ कोई भी भोजन करे उनके धर्म को कोई आपत्ति नहीं है। उसका अर्थ यह है कि मुसलमानों को हिन्दू किया ऐसा विवशत: कहना पड़ रहा है। यह कैसे घटित हुआ यह गूढ़ पहेली (कोडेंच)है। कारण हिन्दू कहने पर हिन्दू कहने वाले के जेहन में यह आए बगैर कोई विकल्प नहीं है। कदाचित 'बकरीद' के दिन 'गो' वध नहीं करें। और मांस नहीं खायेंगे। ऐसा प्रस्ताव मुस्लिम लीग की अपनी मीटिंग में पास करने के कारण उनकी गणना हिन्दुओं में होगी। केवल हिन्दू धर्म के छत्र के तले आने से सहभोजनकर्ताओं में

एक जातियत्व होना आवश्यक है। मुसलमानों को हिन्दू पर उनकी जाति कौन-सी है, यह उनकी पंक्तियों में रहने वाली जातियों पर ठहराया जा सकता है। फिर भी वरिष्ठ वर्ग के हिन्दू थे ऐसा उक्त संवाददाता ने सहभोजन के प्रसंग में कौन-कौन सी जातियां थी यह अवश्य नहीं दिया। फिर भी वे वरिष्ठ वर्ग के हिन्दू थे ऐसा निष्कर्ष निकालने के बाद उसे झूठा नहीं कह सकते। परंतु वह झूठा है ऐसा आक्षेप यदि हो फिर भी मुसलमान ब्राह्मण हुए ऐसा मानने के लिए किसी को कोई आपत्ति नहीं। कारण यह है कि ब्राह्मण के साथ भोजन किसी भी जाति के हिन्दू बड़ी आतुरता के साथ करेंगे यह विशेष बात है।

''मुसलमान ब्राह्मणों की पंक्ति में बैठे इससे बुरा लगने वाला धार्मिक पागलपन हम में नहीं है। परंतु यह देखकर पेट (पोट) दुखने तक की इंसानियत मात्र हममें है और इसलिए घर के अंदर के लोगों को छोड़कर बाहर के लोगों का आलिंगन (मिठी मारंल्याचे) करने से हमें आश्चर्य होता है। हिन्दुओं में शामिल छह करोड़ बहिष्कृत समाज के साथ सह-भोजन न करने वाले ब्राह्मणों का चुपचाप परधर्मियों की पंक्ति में बैठना कितना अधमपना है? इसका मूल ढूंढने पर पता चलेगा कि यह आत्मीयता का प्रश्न खास नहीं क्योंकि मुसलमानों की जैसे वह आत्मीय समझने लगे वैसे 'बहिष्कृतों' को 'हम परधर्मी हैं' ऐसा नहीं कहने देते। 1910 की जनगणना के समय मुसलमान बंधुओं की सूचना के आधार पर और वह सूचना गलत नहीं थी क्योंकि बहिष्कृ त लोगों को हिन्दू लोगों की तरह सर्वसाधारण अधिकार प्राप्त नहीं थे इसलिए उन्हें हिन्दुओं की सूची में नहीं रखना चाहिए ऐसा विचार चल रहा था। उस समय 'बहिष्कृत लोग भी हिन्दू हैं' ये ऐसा बड़े मुक्त कंठ से कह रहे थे। परंतु बहिष्कृत हिन्दू हैं ऐसे कहने वालों ने बहिष्कृत वर्ग के सुप्रसिद्ध क्रिकेटपटु बालू बाबा जी पालवणकर के साथ कुछ वर्ष पूर्व बम्बई के आर्यन ब्रदरहुड के वार्षिक उत्सव में सहभोजन करने की वजह से धर्म डूब गया कहने वाला गीदड़ धमकी का स्वर आज भी थमा नहीं है। जैसा उस प्रसंग में था वैसा ही इस प्रसंग में मूल बात का पता नहीं और स्वयं को बड़ा ज्ञानी समझता हैं। (बीजी बात नहीं ज्ञातने व्हार) ऐसे कर्मठों के मुंह पर यह क्यों आया? इसका सहज अर्थ सहज समझ में आने वाला है। एक धर्म के छत्र के नीचे रहने वाले इनके वैदिक धर्म को शीर्षस्थ मानने वाले अनादि काल से हिन्दुस्तान के मूल निवासी हैं। ऐसे बहिष्कृत समाज के साथ सहभोजन न करके धर्मनिष्ठ कहलाने वाले हिन्दुओं ने 'न नीचो यवनात्परम्' 'न वेदत् यावनीं भाषां प्राणै:' 'कंठ गतैरपि' इतना तिरस्कार मुसलमानों के प्रति इनको था। वह सब भूलकर दिल जोड़कर मुसलमानों की पंक्ति में

बैठकर धर्म नहीं डूबता ऐसा नहीं है। परंतु न डूबने से भी नहीं चलता। पंक्ति में बैठो धर्म डुबाओ परंतु एक हो जाओ और स्वराज मांगो। ब्राह्मण लोग आजकल मुसलमानों से प्रार्थना कर रहे हैं क्योंकि अगर मुसलमानों ने हिन्दुओं के होने वाले स्वराज के विषय में 'न' कहा तो सचमुच स्वराज चला जाएगा। ऐसा उन्हें डर लगा रहा है। एकता के प्रीत्यार्थ सहभोजन जैसी निकटता उत्पन्न करने वाले मार्ग के आड़े आने वाले अनिष्ट आचार को आहुति देना श्रेयस्कर है-ऐसा हमारा निश्चित मत है। परंतु धर्म को डुबाकर मुसलमानों के साथ एकता करने वाले हिन्दुओं को अपने बहिष्कृत भाइयों के साथ एकता करने के लिए धर्म की रुकावट लाई गई। इसमें जो मर्म है वह यह कि 'नाक दबाये बगैर मुंह नहीं खुलता।' इस कहावत से जाहिर है कि मुसलमानों के साथ एकता न की गई तो स्वराज मिलने में बाधा नहीं आती तब वरिष्ठ हिन्दू उनके साथ एकता करने के झंझट में क्यों पड़ेंगे? सहकारिता का जहर पीने के लिए मजबूर नहीं किये जायेंगे तो वह उसे नहीं पियेंगे परंतु इतना बड़ा डर दिखाने के लिए बहिष्कृत(दलित) लोगों को क्या संघ शक्ति उत्पन्न नहीं करनी चाहिए? संगठन शक्ति के बगैर बहिष्कृत लोग तो ब्राह्मण नहीं होंगे।''

उपर्युक्त संपादकीय की भावना तथा दूरदृष्टि की विवेचना से यह स्पष्ट हो जाता है कि डॉ. अम्बेडकर अपनी युवावस्था से ही दलित, पिछड़े, दबे-कुचले स्त्री-पुरुषों के उत्थान तथा हक में बोलते और लिखते गये। डॉ. साहेब ने उन्हें स्वयं आगे आने के लिए, संगठित होने तथा संघर्ष करने के लिए उत्साहित किया। उन्हें सम्मानपूर्वक जीने का पाठ सिखाया और शिक्षित होने की प्रेरणा दी। राष्ट्रीय आन्दोलन में जब मुसलमानों तथा अन्य लोगों को अहमियत दी जाने लगी, तब डॉ. अम्बेडकर ने यह प्रखर विद्रोही स्वर उठाया कि अछूत, दलित या शूद्र सब तरह से अलग-थलग हैं, उन्हें भी एक भिन्न समुदाय मानकर अहमियत दी जाए। उन्हें बराबरी के अधिकार दिये जाएं ताकि वे भी आजादी का अहसास कर सकें। उन्होंने अंग्रेजों को अछूतों की वास्तविक दयनीय एवं पशु-समान स्थिति से अवगत कराया। अंग्रेजी प्रशासन हैरत में रह गया और अम्बेडकर की आवाज को सत्यता की कसौटी माना कि राष्ट्रीय आन्दोलन में वे भी एक भिन्न तत्व हैं। अत: डॉ. अम्बेडकर की यह दलील मानी गई कि दलित तथा पिछड़ों को सामाजिक, आर्थिक तथा राजनैतिक स्वतंत्रता का लाभ अवश्य मिलना चाहिए। वे भी इंसान हैं और उन्हें भी इन्साफ चाहिए।

जैसा कि डॉ. अम्बेडकर ने पढ़ा और यह कहा कि भारतीय समाज रचना शुरूआत से ही भेदभाव जनित हैं। सदियों से चातुवर्णायम के सिद्धान्त से समाज का वर्गीकरण

होना ही भारतीय समाज रचना का कोड है जो आज भी विद्यमान है। इसके साक्षि ईश्वरवाद, स्वर्ग-नरक जैसी हिन्दू धर्म की पुरातन मान्यताओं ने भारतीय समाज को धर्म के नाम की अफीम के नशे में सदियों से चलाए हुए रखा है। ऐसा नहीं कि सामाजिक, आर्थिक, धार्मिक परिवर्तन के लिए सन्त कबीर, नाम देव, गुरूनानक देव, महर्षि दयानन्द के अलावा कई संतों ने सामाजिक परिवर्तन लाने की दिशा में अपने जीवन अर्पित कर दिए। लेकिन सदियों की ब्राह्मणी तथा सामन्तशाही की व्यवस्था पूंजी पर प्राकृतिक सम्पदाओं और चल-अचल सम्पत्ति पर एकाधिकार करने के लिए इस देश के दलित पिछड़े वर्गों के शोषण दमन की प्रक्रिया हजारों वर्षों से चली आ रही है। सामाजिक एवं आर्थिक शोषण के अलावा मानसिक और कपोल कल्पित धार्मिक मान्यताओं और परम्परावादी कर्म काण्डों के कारण दलित पिछड़ों को सामाजिक एवं आर्थिक समता नहीं मिल सकी जो बड़ी ही दुर्भाग्यपूर्ण स्थिति रही। आधुनिक भारत में डॉ. अम्बेडकर ने सामाजिक परिवर्तन को ही प्रमुखता दी। उनका मानना था कि जब तक सामाजिक परिवर्तन नहीं आएगा, तब तक आर्थिक परिवर्तन नहीं आ सकता जैसा कि मार्क्स ने भी साम्यवाद के दर्शन में सामाजिक परिवर्तन का सिद्धान्त प्रदत्त किया। उसी के परिणामस्वरूप एक सुदृढ़ विचारधारा समाजवाद और साम्यवाद की कुछ देशों में हुई तथा सोवियत रूस और चीन में समाजवादी व्यवस्था लागू हुई और इन दोनों राष्ट्रों ने शक्तिशाली राष्ट्र होने का गौरव प्राप्त किया और विश्व की महान् शक्तियां बन कर आज भी विश्व में विद्यमान हैं।

भारत में भी ऐसी स्थितियां थीं। यहां तो 53 वर्षों की आजादी के दौरान पूंजीवाद, एकाधिकारवाद तथा ब्राह्मणवाद का ऐसा जाल बन गया जिसे तोड़ने के लिए यहां के 85 प्रतिशत गरीबों एवं पिछड़ों को संघर्ष करना होगा। डॉ. अम्बेडकर की दृष्टि में पूंजीवादी शासन जिसमें 85 प्रतिशत जनता थी सामाजिक तथा आर्थिक शोषण का शिकार होती आई है जो सदियों से आज तक चल रहा है। यहां समाजवाद और साम्यवाद खत्म हो गया। यहां समाजवादी मनीषी हुए जरूर, लेकिन वे जीवन में तो बहुत सी दिशाएं स्थापित कर गए, उनके अनुयायी उसे आगे नहीं बढ़ा सके। 20 वीं सदी में केवल एक ही महान् समाज सुधारक हुआ जिसने दलितों की रहनुमाई की, कानूनी तौर पर उनको अधिकार दिलाये, उन्होंने जीवन भर संघर्ष किया और आजादी के बाद एक ऐसा संविधान बना कर करोड़ों लोगों को मानवाधिकार दिलाने का काम किया जिसे हजारों वर्षों में किसी ने नहीं किया, वह बाबासाहेब डॉ. अम्बेडकर ने कर दिखाया। उन्होंने जीवनपर्यन्त सामाजिक तथा आर्थिक बदलाव के लिए कठिन से कठिन संघर्ष किया। उनका अन्तिम चरण धार्मिक परिवर्तन की आंधी के रूप में शुरू

हुआ। उन्होंने बौद्ध धर्म स्वीकार कर धार्मिक परिवर्तन का रास्ता प्रशस्त किया और उसके कुछ ही महीनों बाद (6 दिसम्बर, 1956 को) वह क्रांतिकारी युग पुरुष हम से दूर हो गया। लेकिन डॉ. अम्बेडकर का कारवां रुका नहीं है। आज उनका कारवां सामाजिक, आर्थिक, धार्मिक एवं राजनीतिक परिवर्तन की ओर द्रुत गति से दिनों दिन आगे बढ़ रहा है। उनको इस संघर्ष की पूर्ति उनके अपने जीवन में हो जाने का ज्ञान था। वह दु:खी इस बात से थे कि दलित और पिछड़ी जनता जातिवादी अधिक है। इन वर्गों में सवर्णों से भी अधिक भेदभाव ऊंच-नीच का भाव है। वस्तुत: बाबासाहेब को दु:ख था कि जिस वर्ग के लिए वह सामाजिक परिवर्तन की जंग लड़ रहे थे ये दलित जातियां भी जातपांत तोड़ कर समतावादी समाज की रचना करने में संगठित नहीं हुए। निश्चय ही यह दु:खद स्थिति है।

यह तो माना जा सकता है कि उस समय शिक्षित लोग कम थे, परन्तु उनके 'शिक्षित बनो, संगठित रहो, संघर्ष करो' के त्रयी उद्देश्यों की पूर्ति आज भी नहीं हो पाई है। इसका मतलब यह कि इस देश के दलित-शोषित वर्ग के लोग जो काम के अनुसार हजारों वर्गों में जातिगत दृष्टि से विभाजित हैं, आज भी बाबासाहेब के इन मूल मंत्रों पर अमल नहीं कर रहे हैं। यह चिन्ता का विषय है। आज यह दुनिया नये दौर में आ गयी है जिसमें वैज्ञानिक शोधों ने सब कुछ पाना सम्भव कर दिया है। इन वैज्ञानिक शोधों से सभी स्त्री-पुरुष प्रभावित हैं। इस वैज्ञानिक युग में अगर हम जो अपने आपको अम्बेडकरवादी कहते हैं या उनके अनुयायी बनने का गौरव रखते हैं तो उनको क्रांतिकारी परिवर्तन के लिए ईमानदारी से काम करने की नीयत बनानी होगी, ऐसे परिवर्तन के लिए सुदृढ़ संकल्प की आवश्यकता है, हालांकि राजनीतिक बदलाव के साथ-साथ सामाजिक एवं धार्मिक परिवर्तन भी शुरू हो गये हैं जिन्हें और गतिशील एवं सशक्त बनाया जाए तो अच्छे तथा सार्थक परिणाम सामने आयेंगे।

अध्याय-2

सामाजिक समता के क्रांतिदृष्टा

समय परिवर्तन के साथ-साथ अब यह स्पष्ट हो चुका है कि डॉ. बाबासाहेब अम्बेडकर सही अर्थ में एक बहुआयामी व्यक्तित्व के स्वामी थे। उनका लालन-पालन अनुशासन के वातावरण में हुआ था। अतएव यह गुण उनके व्यक्तित्व में पूरी तरह समाविष्ट था। जन्मना वह अस्पृश्य परिवार के थे और इस कारण जीवन में उन्हें प्रायः अपमानजनक स्थितियों का सामना करना पड़ता था। परंतु इन अपमानों और तिरस्कारों से वह जरा भी विचलित नहीं होते थे। उनमें एक अपराजेयता की भावना थी। अतः सारी विपरीत परिस्थितियों के रहते हुए वह अपने निर्धारित मार्ग पर आगे बढ़ते रहे और उच्च शिक्षा प्राप्त करते हुए इंग्लैण्ड, अमेरिका तथा जर्मनी के विख्यात विश्वविद्यालयों से अनेक उपाधियां प्राप्त कीं। पाश्चात्य देशों में अनेक वर्षों तक रहने के बाद भी डॉ. अम्बेडकर पूर्णतः भारतीय बने रहे, अन्य कमजोर भारतीयों की तरह वह पश्चिमी रंग में कदापि नहीं रंगे।

डॉ. बाबासाहेब अम्बेडकर एक अटल देशभक्त तथा राष्ट्रवादी थे। उनके भाषण तथा लेख उनकी देशभक्ति की भावना के प्रमाण हैं। वस्तुतः उन्हें इस बात पर स्वाभिमान था कि अपनी पीढ़ी के अन्य किसी भी व्यक्ति की तुलना में वह एक प्रखर राष्ट्रभक्त थे। इसमें किसी को संदेह नहीं होना चाहिए।

उनका अध्ययन तथा ज्ञान अथाह था। वह विभिन्न विषयों के ज्ञाता थे और उन पर लिखते और व्याख्यान दिया करते थे, उदाहरणार्थ भारतीय जातिप्रथा का मूल, भाषावार राज्य पुनर्गठन, केन्द्र के अल्पसंख्यकों के साथ संबंध, रुपये व ब्रिटिश पौंड के बीच संबंध और भारत में लघु कृषि-भूखण्ड। भारतीय संविधान के रचयिता तो वह थे ही, साथ ही स्वतंत्र चिन्तक भी थे। उनके हर भाषण तथा लेखन में मौलिकता थी। उन्होंने गलत नीति का साथ कभी नहीं दिया और उसमें उन्होंने कभी परिणाम की परवाह नहीं की। वह बड़ी मेहनत से तथ्य तथा आंकड़े इकट्ठा करते थे। तथ्यों और आंकड़ों के लिए उनकी स्मरण शक्ति भी गजब की थी।

वह एक जन्मजात विद्रोही थे। इसीलिए वह अपनी बात दो-टूक कहते तथा लिखते थे। उन्होंने बड़े त्याग व तपस्या के उपरांत जीवन में सफलताएं अर्जित की थीं और इसका उन्हें पूरा भान था। अत: ऐसा प्रतीत होता था कि वह व्यवहारत: घमंडी और असहिष्णु हैं। उनके विचारों व कार्यों में प्रखर स्पष्टता होती थी। उन्हें चापलूसी और दुरंगेपन से भारी चिढ़न थी। उन्होंने स्वयं को कभी भी किसी भी अन्य व्यक्ति से किसी तरह हीन नहीं माना। उनके चरित्र के इन्हीं गुणों के कारण वह प्राय: विवादों के केन्द्र बिन्दु बन जाते थे। वह अपनी बात के धनी थे।

वस्तुत: डॉ. अम्बेडकर एक ऐसे व्यक्ति थे जो अपने विचारानुरूप युग से काफी पहले इस संसार में छा गये थे। शायद यही कारण था कि उन्हें उनके मित्रों और शत्रुओं, दोनों के ही द्वारा प्राय: गलत समझा जाता था। वह जानते थे कि देश के सामने विकराल समस्याएं मुंह बाये खड़ी हैं जिन्हें अविलम्ब हल किया जाना चाहिए। इसीलिए वह प्राय: शीघ्रता और अधीरता प्रदर्शित किया करते थे। इस बात में वह पं. जवाहरलाल नेहरू की ही तरह थे और चाहते थे कि देश का पुनर्निर्माण तेजी के साथ हो और सांस्कृतिक, धार्मिक, जातीय व भाषायी विविधता के रहते हुए भी भारत एक सुगठित व शक्तिशाली राष्ट्र बन जाये। पं. नेहरू की तरह बाबासाहेब अम्बेडकर भी स्वभाव से एकाकी थे। पं. नेहरू की तरह डॉ. अम्बेडकर भी अपने परिवार की ओर समुचित ध्यान नहीं दे पाये। भारत माता के ये दोनों महान् सपूत परिस्थितिवश भिन्न मार्गों पर चल पड़े और अकेले अपने पथ पर चलते हुए इस संसार से विदा हुए। किंतु यदि दोनों देश के निर्माण में साथ-साथ रहे होते तो देश के विकास की एवं समाज की उन्नति की जो तीव्र गति होती उसकी कल्पना की जा सकती है।

बाबासाहेब जीवनभर अनेक विपदाओं में फंसे रहे। डॉ. अम्बेडकर ने स्कूल व कॉलेज के दिनों में बहुत संघर्ष किया और बड़े कष्ट झेलकर देश-विदेश में अध्ययनरत रह कर अनेक विषयों में विशेषज्ञता अर्जित की। अपने छात्र जीवन की बात करते हुए

डॉ. अम्बेडकर ने अपने कटु अनुभव सुनाये और बताया कि "मैंने घोर गरीबी में बचपन बिताया। जब मैं स्कूल जाने लगा, तब यह हाल था कि तन पर एक लंगोटी के अलावा और कुछ पहनने को नहीं होता था। मुझे स्कूल में पीने का पानी तक नहीं मिलता था। खूब प्यास लगी हो तो भी मैं खुद नल खोलकर पानी नहीं पी सकता था क्योंकि जाति से मैं अछूत था। बम्बई के एलफिन्सटन कॉलेज तक में छुआछूत का बोलबाला था।" उन्हें विषय के रूप में संस्कृत नहीं लेने दी गयी, क्योंकि अछूतों को संस्कृत पढ़ने का अधिकार नहीं था। तथापि डॉ. अम्बेडकर ने स्वयं परिश्रम व लगन के साथ संस्कृत भाषा एवं साहित्य का अध्ययन किया और संस्कृत के बड़े भारी विद्वान बन गये। वह कहा करते थे कि "अवसर मिले तो हम किसी से कम नहीं।"

हिन्दू समाज की बुराइयों का अन्त करना उनका ध्येय था। डॉ. अम्बेडकर का दृढ़ निश्चय तथा संकल्प था कि वह भारतीय समाज से अस्पृश्यता का कलंक मिटा कर ही दम लेंगे। अछूत जाति में उत्पन्न होने के कारण वह जीवन भर तिरस्कृत होते रहे थे। अस्पृश्यता निवारण के ध्येय हेतु उन्होंने अनेक ऊंचे पदों पर सेवारत होने के अवसर त्याग दिये और दलितों के मानवीय, सामाजिक तथा राजनीतिक अधिकारों के लिए संघर्ष में स्वयं को पूरी तरह समर्पित किया। उन्होंने घोषणा की कि अछूतों के उद्धार में ही राष्ट्र का उद्धार है। अछूतों की मांग थी कि वर्णाश्रम व्यवस्था समाप्त की जाये और अधिकार, उत्तरदायित्व तथा सामाजिक दर्जा जाति (जो कि मात्र एक अकस्मात् है) के आधार पर नहीं अपितु गुण एवं योग्यता के आधार पर तय होना चाहिए। वह अछूतों को तथा उनके महान् सामाजिक क्रांति के ध्येय को एक नयी सभ्यता के उषा:काल के रूप में देखते थे।

डॉ. साहेब के व्याख्यान तथा लेखन इस बात के प्रमाण हैं कि वह पूर्णतः तर्कवादी थे। जो बात तर्कसम्मत नहीं हो उसे वह कदापि नहीं मानते थे। अंधविश्वासों और कर्मकांडों में उनकी तनिक भी आस्था नहीं थी। स्वभाव से और शिक्षा से भी किसी भी प्रकार की अस्पष्टता से उन्हें चिढ़ थी। तर्क की दृष्टि से उनके वक्तव्य अकाट्य होते थे, भले ही हमें वे कितने ही अप्रिय और कटु क्यों न लगते रहे हों। इस संदर्भ में 'टाइम्स ऑफ़ इंडिया' के 23 मई, 1954 के अंक में छपी टिप्पणी का उद्धरण प्रासंगिक होगा। 'टाइम्स' ने लिखा था कि "डॉ. अम्बेडकर का राजनीतिक जीवन एक ऐसे व्यक्ति की त्रासदी है जो यह सोचता है कि राजनीति तर्कशास्त्र की कायल है। वह सोचते हैं कि वही चीज सही है जो तर्कसम्मत हो। अस्पृश्यता इसलिए गलत है, क्योंकि वह तर्कहीन है। डॉ. अम्बेडकर तर्क को आधारभूत मानते हैं और तर्क के मार्ग से

निष्कर्ष पर पहुंचते हैं। किंतु राजनीतिज्ञों का विशाल झुंड तर्क का कायल नहीं होता। यह झुंड उल्टे रास्ते चलता है। यह अपने निष्कर्ष के अनुसार तर्क गढ़ लेता है।''

बाबासाहेब हरेक स्थिति को अपने देश की जमीनी हकीकत से जोड़कर देखते और मूल्यांकन करते थे। चाहे राजनीति का काम हो या समाज का डॉ. अम्बेडकर सदैव राष्ट्रपरक रहे। उनका कोई भी कार्य कभी राष्ट्रहित के विरुद्ध नहीं रहा। उन्होंने एक बार कहा था, ''अपनी विचारधारा के प्रति मेरी निष्ठा अंतर्निहित है। अपना यह देश प्रचुर संभावनाओं वाला देश है।'' आगे उन्होंने कहा कि मैं श्री गांधी और श्री जिन्ना दोनों को ही नापंसद करता हूं, किंतु मैं उनसे घृणा नहीं करता, क्योंकि मैं भारत को बहुत ज्यादा प्यार करता हूं। हर राष्ट्रवादी का यही सच्चा धर्म है। मैं आशा करता हूं कि कोई दिन आयेगा कि जब मेरे देशवासी यह जानेंगे कि देश लोगों से कहीं बड़ा होता है।

अपने देश की संविधान सभा में 25 नवंबर, 1949 को भाषण देते हुए उन्होंने कहा था, ''धर्मों और जातियों के रूप में हमारे पुराने शत्रु तो मौजूद थे ही, अब उनके साथ जुड़ रहे हैं अनेक राजनीतिक दल जिनकी भिन्न-भिन्न व विरोधी विचारधाराएं होंगीं। क्या भारतीय अपने देश को विचारधारा से बड़ा मानेंगे या विचारधारा को देश के ऊपर तरजीह देंगे? मुझे नहीं मालूम। परंतु इतना तो पक्का है कि यदि राजनीतिक दलों ने अपनी विचारधारा को देश के ऊपर माना तो हमारी स्वतंत्रता न केवल दुबारा खतरे में पड़ जायेगी बल्कि शायद हमेशा के लिए खो जायेगी। हमें सतर्क रहना है ताकि ऐसा कभी न हो पाये। अपने रक्त की आखिरी बूंद तक हमें अपनी स्वतंत्रता की रक्षा के लिए तैयार रहना चाहिए।'' डॉ. अम्बेडकर अपने देश को 'भारत' कहकर ही पुकारते थे, वस्तुत: उन्हें अंग्रेजी नाम 'इंडिया' पसंद नहीं था।

'एनिहिलेशन ऑफ कास्ट' नामक अपनी पुस्तक में डॉ. बाबासाहेब अम्बेडकर ने लिखा है, ''मैं निस्संशय यह कह सकता हूं कि समाज व्यवस्था को बदले बगैर प्रगति संभव नहीं है। इसे किये बगैर समाज रक्षा अथवा अभिक्रमण के लिए भी तैयार नहीं किया जा सकता। जाति प्रथा की नींव पर कुछ भी निर्माण नहीं हो सकता। न तो राष्ट्र का निर्माण हो सकता है और न ही नैतिकता का। जाति प्रथा की नींव पर जो कुछ भी बनाया जायेगा उसमें दरारें पड़ जायेंगी, वह कभी भी पूरा नहीं हो पायेगा।'' [1] उनका मत था कि समाज की रचना समता एवं स्वतंत्रता पर आधारित होनी चाहिए, पारम्परिक वर्ण अथवा जाति व्यवस्था पर नहीं। नैतिकता भी अपने समाज की नींव हो। इस तरह डॉ. अम्बेडकर ने नैतिकता को ही अपने सारे कार्यों का आधार बनाया। वह परिस्थितियों के दास नहीं बने बल्कि हर स्थिति का उपयोग करते हुए लक्ष्य-प्राप्ति की और

आत्मोन्नति की चेष्टा की। वह भाग्य के आगे कभी नहीं झुके। वह भाग्यवादी तथा ईश्वरवादी नहीं थे।

डॉ. अम्बेडकर चापलूसी तथा दुरंगेपन के विरोधी थे और नायक-पूजा (हीरो वर्शिप) को कतई पसंद नहीं करते थे। अपने अनुवर्तकों को भी उन्होंने नायक-पूजा से दूर रहने की सलाह दी, क्योंकि उनका विचार था कि शताब्दियों से चले आ रहे इस दुर्गुण के कारण हमारे देश व समाज को भारी नुकसान हुआ है। उनका कहना था कि "नेताओं के लिए अत्यधिक पूजा-आदर का भाव जनता के आत्म-विश्वास को क्षीण कर देता है। संकट के क्षण में यदि नेतागण किसी कारण से नदारद हो जायें अथवा यदि वे स्वेच्छाचारिता पर उतारू हो जायें तो फिर जनता बेचारी एकदम पंगु हो जाती है।" गीता में यह स्पष्ट लिखा है :

"हिंदू समाज के पतन का एक बड़ा कारण यह है कि कृष्ण ने यह कहा कि जब भी संकट आयेगा, कोई न कोई अवतार आकर जनता की रक्षा करेगा। अवतार की इस अपेक्षा ने हिंदू समाज को मुसीबत के वक्त हमेशा बेसहारा बनाया।" [2]

"मैं नहीं चाहता कि आप ऐसे विनाशकारी उपदेश के चक्कर में पड़ जायें। मैं नहीं चाहता कि अपने उद्धार के लिए आप किसी एक व्यक्ति पर निर्भर होकर रह जायें। आप अपना उद्धार स्वयं अपने प्रयत्नों द्वारा ही करें।" [3]

सारांशत: डॉ. अम्बेडकर की राय में महापुरुष कहलाने का अधिकार उस प्रमुख व्यक्ति को है जो सामाजिक उद्देश्य से प्रेरित होकर काम करता है और समाज की बुराइयों व गंदगी को हटा कर समाज को निर्मल बनाने का यत्न करता है। ऐसा व्यक्ति ही समाज के आदर तथा श्रद्धा का सही पात्र होता है। इस दृष्टि से क्या डॉ. अम्बेडकर महापुरुष कहलाने के अधिकारी हैं? वस्तुत: अपने ही द्वारा निर्धारित कसौटियों पर कसे जाने पर डॉ. अम्बेडकर निस्संदेह महापुरुष सिद्ध होते हैं। वह एक महान् विद्वान, ज्ञानी, विचारक और दृष्टा थे। वह दलितों के मसीहा थे। हमारे समाज के लिए उनका अवदान गुरुतर है। उनका जीवन यह दर्शाता है कि साहसपूर्वक व सेवाभाव से अथक कर्मरत हुआ व्यक्ति ही महान् बनता है, भले ही वह किसी भी जाति, समाज या धर्म का हो। समाज की गंदी अथवा सड़ी-गली बुराइयों एवं प्रथाओं का अन्त करना महान् व्यक्ति का ध्येय होता है।

विशिष्ट परिचय

यह एक कटु तथ्य है कि समाज-सुधार का रास्ता भारत में किसी भी दृष्टि से ऊबड़-खाबड़ रास्ते जैसा कठिनाइयों से भरा है। भारत में समाज-सुधार के मित्र कम और

आलोचक अधिक हैं। भारतीय संविधान के शिल्पी डॉ. भीमराव अम्बेडकर के ये विचार आज भी प्रासंगिक हैं। भारत में सदियों से समाज-सुधार का जब-जब कोई आन्दोलन शुरू होता है या कोई विचारधारा अपनी जमीन खोजती है, तब-तब लोग सुधारों की गति आगे बढ़ने न देने में अपनी शक्ति लगा देते हैं। मार्ग में अनेक कठिनाइयां पैदा कर देते हैं।

विश्व का इतिहास गवाह है जो वर्तमान की जमीन पर खड़ा होकर आने वाले कल के लिए जीता है, 'कल' को रास्ता बताता है, उसका लोग हर तरह से विरोध करते हैं। यहां यह भी सत्य है कि ऐसे समाज सुधारकों का जितना विरोध होता है, उतनी ही शक्ति और गति से समाज-सुधार के कार्य नये मूर्तरूप लेने लगते हैं। नये लोग इन विचारों से जुड़ने लगते हैं और कारवां आगे बढ़ता चला जाता है, भले ही मार्ग में कष्ट एवं कांटे हों।

प्राचीनकाल में समाज के सदस्यों को विभिन्न सामाजिक कार्य सौंपे गये थे। परन्तु ये कार्य विभिन्न वर्गों के प्रतीक बन गये। आगे चलकर समाज के विभिन्न वर्गों ने जाति का रूप लेकर समाज को विभाजित सा कर दिया, इससे दूरियां बढ़ती गईं। जाति का विकृत रूप बस यहीं से शुरू हुआ। इन दूरियों से हिन्दू समाज कमजोर ही नहीं हुआ वरन् एक बहुत बड़ा भाग अपने को उपेक्षित महसूस करने लगा। ऐसा उनका समझना ठीक भी था। इस उपेक्षा, तिरस्कार और यहां तक कि अमानवीय व्यवहारों ने इस वर्ग को चेताया भी और अपने लिए तथा समाज में उचित स्थान प्राप्त करने के लिए प्रेरणा भी दी। इसी श्रृंखला के अग्रणी व्यक्तित्व वीर महार जाति में जन्मे और देश के दलितों के मसीहा कहलाने वाले डॉ. भीमराव रामजी अम्बेडकर की जीवन-यात्रा का उल्लेख हम यहां करेंगे:

अपने पिता रामजी की चौदहवीं संतान भीमराव रामजी अम्बेडकर का जन्म 14 अप्रैल, 1891 में मध्यप्रदेश के इन्दौर जिले की महू छावनी में हुआ था। उनकी माता का नाम भीमाबाई था। उस समय उनके पिता रामजी सिपाही थे। बाद में वह सूबेदार मेजर के पद तक पहुंचे। वह सूबेदार रामजी के नाम से ही जाने जाते थे। धार्मिक विचारों के रामजी, कबीर के प्रशंसक थे। इसका प्रभाव बालक भीमराव पर भी पड़ा। मांस-मदिरा से परहेज करने वाले रामजी के पिता धार्मिक और उदार स्वभाव के थे। इस कारण घर का वातावरण आर्थिक कठिनाइयों के बावजूद भी विवाद रहित था। भीमराव को यह सब विरासत में प्राप्त हुआ।

अम्बेडकर के पिता सूबेदार रामजी 1894 में सेना की सेवा से निवृत्त हुए। वह बम्बई गए, फिर सतारा पहुंचे। वहां उन्हें नौकरी मिल गई। सारा परिवार सतारा चला

गया। रामजी के चौदह बच्चे हुए, जिनमें से बलराम, आनन्दराव तथा बहिन मंजुला, तुलसी ही बचीं। इस बीच सूबेदार रामजी सकपाल का स्थानान्तरण गोरेगांव हो गया। उनका परिवार सतारा में ही रहा। इस बीच लम्बी बीमारी से भीमराव की मां भीमाबाई का निधन हो गया।

डॉ. अम्बेडकर के पूर्वज अम्बावडे गांव के निवासी थे। प्रारंभ में इनका उपनाम अम्बावडेकर था, चूंकि महाराष्ट्र में अधिकांश लोग अपने गांव के नाम के बाद 'कर' शब्द जोड़ते हैं। इस प्रकार भीमराव का उपनाम अम्बावडेकर बन गया परन्तु उच्चारण की सरलता के कारण अम्बेडकर हो गया। सतारा शाला में अध्ययन के दौरान अस्पृश्यता के कारण बालक भीमराव को अनेक कठिनाइयों का सामना करना पड़ा। उस समय बाल-विवाह का अधिक प्रचलन था, इसलिए लगभग 15 वर्ष की उम्र में भीमराव का विवाह वालंगकर की पुत्री रामाबाई से कर दिया गया। विपरीत परिस्थितियों से संघर्ष करते हुए भीमराव ने 1907 में मैट्रिक परीक्षा उत्तीर्ण की। उस जमाने में किसी तथाकथित अछूत का मैट्रिक पास करना बहुत बड़ी बात थी। रामजी ने अपने पुत्र को उच्च-शिक्षा दिलाने के लिए बम्बई के एलफिन्सटन कॉलेज में दाखिला दिलाया।

बालक भीमराव लगन का पक्का था, उसके अध्ययन और परिश्रम से उसके शिक्षक भी उससे प्रभावित थे। इस बीच बड़ौदा रियासत के महाराजा सयाजीराव गायकवाड़ ने उनकी प्रतिभा से प्रभावित होकर 25 रु. प्रतिमाह छात्रवृत्ति स्वीकृत कर दी। भीमराव ने 1912 में बी.ए. पास की। इसके बाद बड़ौदा राज्य की फौज में लेफ्टीनेंट के पद पर नियुक्त हुए। इस पद पर थोड़े समय ही रहे। भीमराव को लगा कि अब कुछ अच्छा समय आने वाला है, तो उनके सिर पर एक और विपत्ति आ पड़ी। पिता रामजी सकपाल का 2 फरवरी, 1913 को निधन हो गया। रामजी सकपाल ने एक आदर्श पिता के रूप में विपरीत आर्थिक परिस्थितियों से जूझते हुए भी अपने पुत्र भीमराव को उच्च शिक्षा देने का संकल्प किया था, उसके अनुसार ही भीमराव आगे बढ़ते गए। शायद उन्हें यह आभास सा हो गया था कि भीमराव भविष्य में भारत के इतिहास की महत्वपूर्ण कड़ी तथा उद्धारक बनेगा।

अम्बेडकर ने 1915 में एम.ए. तथा 1921 में एम.एस-सी. और लगभग 1917 में कोलंबिया विश्वविद्यालय से 'द एवोलूशन ऑफ प्राविन्शियल फायनेन्स इन ब्रिटिश इण्डिया' शोध प्रबन्ध पर पी-एच.डी. उपाधि प्राप्त की। इस बीच उन्होंने अमेरिका की जीवन-शैली का भी अध्ययन किया। अमेरिका की स्वतंत्रता, मानव मूल्यों और उदार-व्यवहार ने डॉ. भीमराव को प्रभावित किया। वह लन्दन गए, जहां उन्होंने बार-एट लॉ की पढ़ाई पूरी की।

संयोगवश विदेशों में रहकर अध्ययन करने के कारण उन्हें नई दिशा प्राप्त हुई। उन्हें भारत में जाति व्यवस्था के नाम पर आदमी-आदमी की दूरी और खलने लगी। पीड़ित वर्ग को समाज में बराबरी का दर्जा दिलाने के लिए 1920 में 'मूकनायक' नामक एक पत्रिका का प्रकाशन प्रारंभ कया। 1927 में उन्होंने 'बहिष्कृत भारत' नामक मराठी पत्रिका भी प्रारंभ की। दोनों में शोषित लोगों को उचित अधिकार दिलाने की मुहिम की शुरूआत की। वह इसके माध्यम से प्रत्येक भारतीय को धार्मिक, राजनीतिक तथा सामाजिक-आर्थिक स्वतंत्रता दिलाना चाहते थे। उन्होंने पीपुल्स एज्यूकेशन सोसायटी भी बनायी जो आज शिक्षण संस्थाएं चलाती है। ये संस्थाएं समूचे महाराष्ट्र में फैली हुई हैं।

यह एक हकीकत है कि ब्रिटिश शासन द्वारा जब भारतीयों को प्रशासन की बागडोर सौंपने की बात चली तब डॉ. अम्बेडकर ने गोलमेज बैठकों में अछूतों का प्रतिनिधित्व किया। उनका मत था कि अछूतों के सर्वांगीण विकास के लिए पृथक् निर्वाचन प्रणाली आवश्यक है, हालांकि महात्मा गांधी तथा अन्य तत्कालीन नेताओं ने इस मांग का विरोध किया। अन्ततः यरवदा जेल में महात्मा गांधी और डॉ. अम्बेडकर के बीच 2 सितम्बर, 1932 को 'पूना पेक्ट' के नाम से एक समझौता हुआ, जिसे यरवदा करार भी कहा जाता है। इसमें दलित वर्गों के समान अधिकार, भेदभाव के विरुद्ध संरक्षण तथा दण्ड की व्यवस्था, प्रतिनिधि सभाओं में समुचित प्रतिनिधित्व और नौकरियों में समुचित प्रतिनिधित्व आदि मुद्दे शामिल थे।

यह सौभाग्य ही था कि डॉ. अम्बेडकर 1937 में बम्बई विधान परिषद् के सदस्य तथा 1942 में वॉइसराय की कार्यकारिणी में लेबर मेम्बर नियुक्त किये गये। स्वतंत्रता के बाद जवाहरलाल नेहरू के मंत्रिमंडल में उन्हें कानून मंत्री बनाया गया। वह स्वतंत्र भारत के लिए बनाये जाने वाले संविधान की प्रारूप समिति के अध्यक्ष भी रहे। उनकी दृष्टि से संविधान समय की स्थिति को देखते हुए एक सर्वोत्तम दस्तावेज था, जिसे भलीभांति संचालित करने का उत्तरदायित्व देश के जन-प्रतिनिधियों का है, उतना ही उत्तरदायित्व देश के नौकरशाहों का भी है।

महाराष्ट्र के येवला शहर में 13 अक्टूबर, 1935 को हुए सम्मेलन में डॉ. अम्बेडकर ने कहा कि "मैं हिन्दू पैदा अवश्य हुआ हूं परन्तु हिन्दू के रूप में मरूंगा नहीं" इस विचारधारा के तहत उन्होंने 14 अक्टूबर, 1956 को नागपुर में अपने अनेक अनुयायियों के साथ बौद्ध धर्म स्वीकार किया जो एक ऐतिहासिक घटना थी। डॉ. अम्बेडकर ने 1951 में नेहरू मंत्रिमंडल से स्तीफा दे दिया। 1952 में राज्यसभा के

सदस्य चुने गए। इस बीच उन्होंने दलितों के उत्थान के प्रचार-प्रसार के लिए दौरे किये। इस कार्य के लिए वह 1953 में रंगून भी गये।

1948 के प्रारम्भ में डॉ. अम्बेडकर ने संविधान का प्रारूप तैयार करने का काम पूरा किया और उसे संविधान सभा में पेश किया। नवम्बर, 1949 में कुछ संशोधनों सहित यह प्रारूप स्वीकार कर लिया गया। संविधान में अनेक प्रावधान किये गये हैं जिनमें अनुसूचित जातियों, जनजातियों एवं पिछड़े वर्गों को सामाजिक न्याय दिलाया जा सके। इस बारे में सवैंधानिक अनुच्छेद 15, 16, 27, 46, 332, 338 और 340 प्रमुख हैं जिनका लाभ अनेक स्त्री-पुरुषों को मिला।

डॉ. अम्बेडकर का मत था कि परंपरागत धार्मिक मूल्यों का परित्याग किया जाये और नये विचारों को अपनाया जाये। उन्होंने संविधान में उल्लिखित प्रावधानों में सभी के लिए सम्मान, एकता, स्वतंत्रता, अधिकारों और नागरिक अधिकारों पर विशेष जोर दिया। डॉ. अम्बेडकर जीवन के हर क्षेत्र–सामाजिक, आर्थिक और राजनैतिक–में लोकतंत्र के पक्षधर थे। उनके अनुसार सामाजिक न्याय का अर्थ ज्यादा से ज्यादा लोगों को अधिक से अधिक खुशियां मिलना था। उन्होंने लोकतंत्र की अपनी अवधारणा में हर व्यक्ति की गरिमा को बहुत महत्व दिया। हरेक व्यक्ति स्वयं में विलक्षण होता है।

डॉ. अम्बेडकर केन्द्र को और शक्तियां प्रदान कर देश की एकता एवं अखण्डता के हित में उसे मजबूत देखना चाहते थे। वह भारत की प्रादेशिक एकता की रक्षा करना चाहते थे। उन्होंने जोर देकर कहा कि भारतीय समाज न केवल जाति और वर्गों में बंटा हुआ है, बल्कि इसमें क्षेत्रीय, भाषायी, परंपरागत संस्कृति और विचारों की भी विभिन्नताएं हैं। इसलिए प्रादेशिक एकता और प्रशासनिक अनुशासन के लिए एक प्रबल केन्द्र अत्यन्त आवश्यक है।

कुशल प्रशासन की दृष्टि से डॉ. अम्बेडकर छोटे-छोटे भाषायी राज्यों के पक्ष में थे। वह बहु-भाषायी राज्यों के समर्थक नहीं थे। भाषायी राज्यों की स्थापना के लिए वह कुछ शर्तें लगाते थे, जैसे (1) एक राज्य की एक ही भाषा हो, (2) भाषायी राज्य आर्थिक तौर पर अपना बोझा उठाने के योग्य हो और (3) प्रत्येक भाषायी राज्य की राजकीय (आफिशियल लेंगवेज) भाषा हिन्दी हो और जब तक हिंदी समर्थ नहीं हो जाती, तब तक अंग्रेजी हो।

इतिहास के पन्नों में उन्हें अब संविधान के 'मुख्य शिल्पकार' के रूप में याद किया जाता है। संसद भवन के प्रांगण में उनकी आदम-कद प्रतिमा इसी रूप में उनकी

याद ताजा करती रहती है। अम्बेडकर ही एक ऐसे महान् युग-पुरुष हैं जिनकी प्रतिमाएं समूचे भारत में जगह-जगह मिलती हैं।

कठिन परिश्रम तथा दूरदर्शिता की दृष्टि से निर्मित हिन्दू कोड बिल को लेकर सरकार से उनका मतभेद हो गया और उन्होंने कानून मंत्री के पद से भी इस्तीफा दे दिया। 1956 में बाबासाहेब अम्बेडकर ने अपनी अंतिम रचना 'बुद्ध और उनका धम्म' का समापन किया। इस ग्रंथ की रचना में उन्होंने कई वर्ष लगाये और बौध धर्म पर सैकड़ों ग्रंथों का अध्ययन किया। इस ग्रंथ में उन्होंने बौद्ध धर्म की शिक्षाओं को मूल रूप से वैज्ञानिक ढंग से पेश किया। यह ग्रंथ अनेक देशी व विदेशी भाषाओं में अनूदित होकर छप चुका है।

भारत में जातिवाद का सूक्ष्म विश्लेषण करते हुए डॉ. अम्बेडकर का कहना था कि "यह न तो श्रम-विभाजन पर आधारित है और न ही प्राकृतिक क्षमताओं पर। जाति व्यक्तियों के लिए पहले से ही काम निर्धारित करती है, उनके प्रशिक्षण और उनकी मौलिक क्षमताओं के आधार पर नहीं। जाति-पांति का निर्धारण जन्म और माता-पिता के सामाजिक दर्जे पर किया जाता है। जाति व्यवस्था जिन विषैले सिद्धान्तों पर आधारित है, उनसे कुंठाएं जन्मती हैं। इसके कारण बदलती परिस्थिति के अनुरूप व्यवसाय और काम- धंधे में परिवर्तन करना असंभव हो जाता है, जिससे बेकारी बढ़ती है। इसके साथ ही यह भ्रांति भी दृढ़ होती है कि सब नियति का खेल है और प्रगति असंभव है। उन्होंने ठोस तर्क देकर सिद्ध किया कि चतुर्वर्ण और जाति प्रथा के कारण ही भारत की बहुत बड़ी जनसंख्या स्थायी रूप से अक्षम हो गयी है"।

डॉ. अम्बेडकर का राष्ट्रवाद दलितों और निर्धनों तथा देश-प्रेम के उद्धार के साथ प्रारम्भ हुआ था। उन्होंने उन्हें समानता और नागरिक अधिकार दिलाने के लिए संघर्ष किया। राष्ट्रीयता संबंधी उनके विचार केवल गुलाम देशों की मुक्ति तक ही सीमित नहीं हैं, वरन् वह प्रत्येक व्यक्ति की स्वतंत्रता चाहते हैं। उनके अनुसार समता के बिना स्वतंत्रता अधूरा लोकतंत्र है और स्वतंत्रता के बिना समता निरी तानाशाही में परिवर्तित हो सकती है। इसलिये वह समता और स्वतंत्रता दोनों का आश्वासन देने वाली समाज व्यवस्था चाहते थे। उन्हें सामाजिक समता अथवा मानववाद के क्रांतिदृष्टा कहना पूर्णतः सत्य होगा।

6 दिसम्बर, 1956 को बाबासाहेब डॉ. भीमराव अम्बेडकर का नई दिल्ली में निधन हो गया। लेकिन उनकी अंत्येष्टि बम्बई में की गई जहां एक विशाल स्तूप चैत्य-भूमि के रूप में बना हुआ है जिसे हर रोज हजारों नर-नारी श्रद्धाभाव से देखने आते हैं।

सामाजिक न्याय और समता

निस्संदेह जब तक भारत का संविधान विद्यमान है, जब तक सामाजिक अन्याय के विरोध में विश्वव्यापी संघर्ष चल रहा है, जब तक अपने अधिकारों से वंचित परन्तु उनके प्रति सचेत दलित समता और न्याय की मांग करते हुए संघर्षरत रहेंगे, तब तक बाबासाहेब डॉ. अम्बेडकर को दी जाने वाली श्रद्धांजलि एक उग्र संदेश के रूप में प्रस्तुत रहेगी। अत: उनके द्वारा उठाये गये क्रांतिकारी कदम सफर करते रहेंगे।

यद्यपि मानव सभ्यता का अतीत शानदार था, लेकिन उसमें अनेक कलंक भी हैं। प्राचीन यूनानी और रोमन राजाओं तथा सामंतों के यहां गुलाम रखने की प्रथा थी। ये गुलाम उनके यहां सभी प्रकार के छोटे और गन्दे काम किया करते थे। अमेरिका में 1860 तक गुलामी की प्रथा विद्यमान थी और वह शायद और अधिक चलती रहती, यदि अब्राहम लिंकन जैसे महान् नेता के नेतृत्व में लड़े गये गृह युद्ध की सफलता के साथ उसे समाप्त न कर दिया गया होता। भारतीय समाज का सबसे बड़ा कलंक अस्पृश्यता अथवा छुआछूत की प्रथा रही है जो कि वर्ण अथवा जाति प्रथा के पतन का परिणाम है। भारतीय संविधान द्वारा कानूनी तौर पर इस कलंकित प्रथा को समाप्त कर दिया है। इसमें हमारे संविधान के जनक बाबासाहेब डॉ. अम्बेडकर की निर्णायक भूमिका रही है। वस्तुत: डॉ. अम्बेडकर भारतीय समाज के शोषित-दलित वर्ग के सबसे सशक्त प्रवक्ता एवं हिमायती रहे हैं। वह जीवनपर्यन्त सभी प्रकार की सामाजिक विषमताओं के विरुद्ध लड़ते रहे। सामाजिक न्याय के लिए तथा दलित और दमित मानवता की स्वतंत्रता के लिए उन्होंने संघर्ष छेड़ दिया था। दलितों के उद्धार के लिए लड़ा गया धर्मयुद्ध ही बाबासाहेब की सबसे बड़ी विरासत है। इस तरह वह सामाजिक एवं आर्थिक न्याय की मूर्ति माने जाते हैं।

डॉ. अम्बेडकर ने अपना संघर्ष तीन दशकों से भी ज्यादा समय तक चलाया। दलितों की मुक्ति के लिए उनका यह संघर्ष कई चरणों में और विभिन्न प्रकार से चला। मोटे तौर पर हम तीन दशकों के इस काल को चार चरणों में विभाजित कर सकते हैं जो इस प्रकार हैं:

1. 1917 से 1930 तक के काम में डॉ. अम्बेडकर ने जन-जागरण की ज्योति जलाई और दलितों के सामाजिक, धार्मिक अधिकारों के लिए लम्बा एवं सशक्त संघर्ष छेड़ा।
2. 1930 से 1940 तक उन्होंने दलितों के राजनीतिक एवं मानवीय अधिकारों के लिए संघर्ष प्रारंभ किया।

3. 1940 से 1950 तक दलित मुक्ति आंदोलन को सुसंगठित बनाया तथा संविधान सभा में रहकर भारतीय संविधान की रचना में मुख्य शिल्पी की भूमिका अदा की। संविधान सभा में रहते हुए उन्होंने कमजोर वर्गों के हितों की रक्षा के लिए संविधान में विभिन्न खण्डों और उपखण्डों का समावेश करवाया ताकि दलित, पीड़ितों का जीवन बेहतर बने।
4. चौथा और अंतिम चरण बौद्ध धर्म के प्रवर्तन का चरण था, जिसमें डॉ. अम्बेडकर ने अपने जीवन के अंतिम वर्ष समर्पित किये और भारत की महान् बौद्ध परंपरा को पुनरूज्जीवित किया। उन्होंने भारतीय संस्कृति को अपनाया ताकि उन्हें राष्ट्र-विरोधी न कहा जा सके।

जन जागृति अभियान

1917 से 1930 तक डॉ. अम्बेडकर ने दलित मुक्ति के लिए व्यापक जन-जागृति अभियान चलाया और देशवासियों को यह बताने का प्रयत्न किया कि दलित वर्गों की दशा कितनी दयनीय है और उनका जीवन कितना कष्टमय तथा हृदय विदारक है। इस दरम्यान उन्होंने न केवल दलितों की समस्याओं को उजागर किया, बल्कि उस दमनकारी सामाजिक व्यवस्था का भी पर्दाफाश किया जिसने करोड़ों दलितों को जानवरों से भी बदतर जीवन जीने के लिए बाध्य कर रखा था। वर्ण, जाति और छुआछूत की व्यवस्था को डॉ. साहेब ने इसके लिए उत्तरदायी ठहराया।

डॉ. अम्बेडकर दलित और शोषित नेता के रूप में 1917 में उस समय उभरे जब वह मताधिकार समिति के समक्ष वक्तव्य देने के लिए गये। मताधिकार समिति मांटेग्यू चेम्सफोर्ड सुधारों के संदर्भ में एक प्रतिवेदन तैयार कर रही थी। उन्होंने मताधिकार समिति के समक्ष इस बात की जोरदार वकालत की कि दलितों को पृथक् मताधिकार दिया जाये और बम्बई के विधान मण्डल में उन्हें उनकी जनसंख्या के अनुपात में प्रतिनिधित्व दिया जाए। हर क्षेत्र में उनकी भागीदारी सुनिश्चित की जाए।

21 जनवरी, 1920 को डॉ. अम्बेडकर ने 'मूकनायक' नामक एक साप्ताहिक पत्र प्रारंभ किया। इस पत्र का उद्देश्य था भारत के दलित वर्ग की समस्याओं के हल के लिए संघर्ष करना। इस साप्ताहिक के प्रथम अंक के संपादकीय में उन्होंने लिखा, "आज जितने भी समाचार-पत्र मौजूद हैं। वे सब किसी न किसी जाति के हितों की रक्षा में लगे हुए हैं। वह अन्य जातियों के हितों की ओर दृष्टिपात नहीं करते हैं। हमारा यह देश विषमताओं की जड़ है। सत्ता और ज्ञान के अभाव में अब्राह्मण तथा दलित वर्ग प्रगति से वंचित है। गरीबी, अयोग्यता और अज्ञान ने विशाल दलित समाज को

गहरे गर्त में डाल रखा है"। उच्च जाति के लोगों ने इनके उभरने के सभी मार्ग अवरुद्ध कर दिये थे।

3 अप्रेल, 1927 को डॉ. अम्बेडकर ने एक अन्य समाचार पत्र शुरू किया। इसका नाम था 'बहिष्कृत भारत'। नये सुधारों के परिप्रेक्ष्य में इस पत्र ने दलित वर्गों की समस्याओं को उठाया। इस पत्र ने जनसंख्या के अनुपात में प्रतिनिधित्व की जोरदार मांग की और इसके लिए अभियान चलाये। इस पत्र के द्वारा डॉ. अम्बेडकर ने समाज से यह मांग की कि सारे मंदिर और जलस्त्रोतों पर अछूतों को प्रवेश एवं उपयोग का अधिकार मिले।

एक सशक्त सामाजिक कार्यकर्ता के रूप में मई, 1920 में नागपुर में अछूतों का एक अखिल भारतीय सम्मेलन डॉ. अम्बेडकर ने संयोजित किया। इस सम्मेलन की अध्यक्षता के लिये महाराजा कोल्हापुर को आमंत्रित किया गया था। सम्मेलन के अंत में डॉ. अम्बेडकर ने एक अंतर्जातीय भोज का आयोजन रखा। इसमें सारी दलित जातियों के लोगों को आमंत्रित किया गया। डॉ. अम्बेडकर स्वयं महार जाति के थे। महार जाति में ही 18 उपजातियां थीं जिनके बीच आपस में रोटी-बेटी का व्यवहार भी न था। डॉ. अम्बेडकर के सामने यह समस्या आ खड़ी हुई कि इन सारी उपजातियों को और अन्य दलित उपजातियों को एक साथ एक जगह बैठकर भोजन करने के लिए कैसे तैयार किया जाये। उपजातियों के लोग एक दूसरे के साथ बैठकर रोटी खाने लिए भी तैयार नहीं होते थे। इस घटना ने डॉ. अम्बेडकर के सामने दो प्रश्न ला खड़े किये-पहला तो यह कि सारे दलित वर्गों को एक संगठित समूह में किस तरह लाया जाये और दूसरा यह कि सारे हिन्दू समाज में कैसे समतापूर्ण एकता उत्पन्न की जाये ताकि सवर्ण हिन्दू और अवर्ण हिन्दू एक साथ आ सकें, और अवर्ण हिन्दुओं को हिन्दू समाज में उनका सही स्थान एवं सम्मान मिल सके।

तत्पश्चात् मार्च, 1924 में डॉ. अम्बेडकर ने बम्बई के परेल क्षेत्र में दामोदर हाल में एक बैठक बुलाई, जिसमें दलित वर्गों की समस्याओं पर विचार किया गया। इस बैठक के बाद 20 जुलाई, 1924 को उन्होंने 'बहिष्कृत हितकारिणी सभा' का गठन किया। इस सभा का यह उद्देश्य था कि दलित वर्गों में शिक्षा का प्रसार किया जाये, उनकी आर्थिक स्थिति को सुधारा जाये और उनके दु:ख-दर्द का प्रतिनिधित्व भी किया जाये।

वस्तुत: हिन्दू धर्म और हिन्दू समाज की जाति प्रथा के प्रति डॉ. अम्बेडकर की अपनी एक अलग दृष्टि थी। जाति प्रथा के अन्तर्गत हिन्दू समाज अस्पृश्यों को समाज की मुख्यधारा से अलग मानता था। हिन्दू धर्म ने यह मिथक बना रखा था कि दलित

लोग स्वाभाविक रूप से हीन हैं और उन्हें समाज के उच्च वर्गों की हर बात चुपचाप माननी चाहिए। पालो फ्रिरे ने ठीक ही कहा है कि चुप्पी की इस संस्कृति के अंतर्गत सर्वहारा सर्वथा मूक है। उन्हें सामाजिक परिवर्तन की प्रक्रिया में रचनात्मक योगदान देने से रोका गया। उन्हें अपनी स्वयं की दशा के बारे में भी विचार करने नहीं दिया जाता। अर्थात् वे सचेत रूप से समाज के सामाजिक-ऐतिहासिक परिवर्तन में भाग नहीं ले सकते। डॉ. अम्बेडकर के अनुसार जाति प्रथा ने राष्ट्र के सामाजिक ताने-बाने को भारी क्षति पहुंचाई है और खास तौर पर कमजोर वर्गों को अत्यधिक नुकसान पहुंचाया है। जाति प्रथा ने भारत की एकता को खंडित कर दिया है और हिन्दुओं को हजारों छोटे-छोटे समाजों में बांट कर रख दिया है। जाति प्रथा के कारण भारतीय जनता का एक बड़ा हिस्सा सामाजिक-आर्थिक परिवर्तन के कार्यों में हाथ नहीं बंटा सकता है। उन्हें अलग-थलग रखा जाता है।

डॉ. अम्बेडकर ने निस्संकोच घोषणा की, ''मैं उस हिन्दू समाज दर्शन को अस्वीकार करता हूं कि जो भगवत गीता में उल्लिखित है। यह समाज दर्शन सांख्य दर्शन के त्रिगुण सिद्धांत पर आधारित है। मेरा यह विचार है कि इसमें कपिल मुनि के दर्शन को क्रूरतापूर्वक तोड़-मरोड़ कर प्रस्तुत किया है, जिससे कि जाति प्रथा और विषमताओं को हिन्दू सामाजिक जीवन का एक सिद्धान्त बना दिया गया है। जब तक ऐसे राक्षसी हिन्दूवाद के जुए के नीचे अछूत लोग पीड़ा पाते रहेंगे, तब तक उन्हें अच्छे जीवन की कोई आशा नहीं रखना चाहिए। इस धर्म ने और इस समाज व्यवस्था ने हमें चौपट कर दिया है। लेकिन बात यहीं खत्म नहीं हो जाती। सच तो यह है कि इससे हिन्दू समाज और अंतत: भारत देश नष्ट हो जायेगा।'' अत: समता एवं एकता के लिए अथक प्रयास किए जाएं।

डॉ. अम्बेडकर ने दलितों का नेतृत्व करते हुए सभी प्रकार के सामाजिक, धार्मिक एवं आर्थिक भेदभावों के विरुद्ध संघर्ष किया। 27 फरवरी, 1927 को बम्बई की विधान परिषद् में भाषण देते हुए उन्होंने कहा, ''शासन को चाहिए कि वह दलितों की हर तरह से सहायता करे।'' डॉ. अम्बेडकर ने इस भाषण में मांग की कि अछूतों को समाज में समान अधिकार मिलें और उन्हें तालाबों, कुओं और नलों से निर्वाध पानी भरने दिया जाये तथा इसमें उनके और सवर्णों के बीच कोई भेदभाव न किया जाये। बम्बई विधान परिषद् के इस भाषण के बाद डॉ. अम्बेडकर ने एक नये संघर्ष की रूपरेखा बनाई। उन्होंने तय किया कि वे महाड नगर के चाउदार तालाब तक एक बड़ा जुलूस ले जायेंगे और इस जुलूस में शामिल दलित वर्ग के लोग तालाब का पानी पियेंगे। इस तालाब पर अछूतों का प्रवेश निषिद्ध था। डॉ. अम्बेडकर ने इस निषेध को तोड़ने का फैसला किया।

इस तरह डॉ. अम्बेडकर ने एक नये अहिंसक सत्याग्रह की शुरूआत की। डॉ. अम्बेडकर के इस संघर्ष को 'मीठा पानी तालाब सत्याग्रह' कहा जाता है।

डॉ. अम्बेडकर के आह्वान पर 19 मार्च, 1927 को 10,000 स्त्री और पुरुष महाड नगर में एकत्रित हुए। अगले दिन से उन्होंने चाउदार तालाब की ओर प्रयाण किया जहां कि उन्हें नगरपालिका के आधिपत्य वाले इस तालाब से पानी पीकर अपना अधिकार सिद्ध करना था। जुलूस का नेतृत्व डॉ. अम्बेडकर ने स्वयं किया। तालाब पर पहुंच कर सबसे पहले डॉ. अम्बेडकर ने पानी पिया और उसके बाद उनके साथ हजारों नर-नारियों ने ऐसा ही करके पानी पीने के अपने अधिकार को सिद्ध कर दिया। यह वास्तव में एक बड़ी ऐतिहासिक घटना थी। इसके पहले अछूतों ने अपने अधिकारों के प्रति ऐसी जागरूकता और ऐसा दृढ़ निश्चय कभी नहीं दर्शाया था।

डॉ. अम्बेडकर ने कहा कि अछूत भी इंसान हैं। 1920 का पूरा वर्ष सामाजिक न्याय को मांगने के संघर्ष में बीता। 25 दिसंबर, 1927 को डॉ. अम्बेडकर ने महाड में एक महती सभा को संबोधित किया। उन्होंने कहा, "मैं सबसे पहले अपने विरोधियों को यह बता देना चाहता हूं कि चाउदार तालाब का पानी पीये बगैर हम कोई मर नहीं गये थे। हम अगर तालाब पर पानी पीने गये तो केवल यह सिद्ध करने के लिए कि दूसरों की तरह हम भी इंसान हैं।"

डॉ. अम्बेडकर ने आगे कहा कि उन्होंने महाड में जो सम्मेलन बुलाया है वह हमारे देश में समाज के एक नये युग का सूत्रपात करने वाला है। उन्होंने फ्रांस के इतिहास से ऐसी ही एक घटना का उदाहरण दिया और कहा कि "वार्साई के फ्रेंच नागरिकों ने यह घोषणा की थी कि ईश्वर ने सभी मनुष्यों को समान पैदा किया है। वार्साई में मानवाधिकारों का एक घोषणा-पत्र भी जारी किया गया था, जिसमें सामाजिक, धार्मिक और राजनीतिक विशेषाधिकारों के विरुद्ध विद्रोह करने को कहा गया था।" संक्षेप में, डॉ. अम्बेडकर ने घोषणा की कि "राजनीति का अंतिम लक्ष्य यही होना चाहिए कि वह मानवाधिकारों की हर हालत में रक्षा करे।"

बाबासाहेब मनुस्मृति के प्रति विद्रोह की भावना रखते थे। इसलिए महाड के सम्मेलन में कई प्रस्ताव पास किये गये जिनमें दलित लोगों के सामाजिक, धार्मिक और राजनीतिक उन्नयन की बात कही गयी थी। इस सम्मेलन में मनुस्मृति के विरुद्ध भी एक कड़ा प्रस्ताव पास किया गया क्योंकि मनुस्मृति में यह कहा गया है कि यदि शूद्र वेदों को पढ़ें या सुनें तो उनके कानों में पिघला हुआ शीशा भर देना चाहिए। सम्मेलन में सिर्फ प्रस्ताव ही पास नहीं किया गया बल्कि मनुस्मृति को चिता पर रखकर उसमें आग भी लगाई गई। धनंजय कीर ने अपनी पुस्तक में लिखा है कि लूथर के जमाने के बाद

रूढ़िवादियों पर इतना कठोर प्रहार पहले कभी नहीं किया गया था। कीर मानते हैं कि अम्बेडकर द्वारा मनुस्मृति जैसा ग्रन्थ जलाने की घटना भारत के इतिहास की एक अद्‌भुत घटना है। डॉ. अम्बेडकर ने इस दिन न केवल इस ग्रन्थ को जलाया बल्कि यह मांग की कि विशाल हिन्दू समाज के लिए एक नई संहिता गढ़ी जानी चाहिए। कीर का कहना है कि महाड नगर इस तरह से भारत का 'विटनबर्ग' बन गया है।

महाड की सफलता के बाद डॉ. अम्बेडकर ने 3 मार्च, 1930 को एक और सत्याग्रह प्रारम्भ किया। गांधीजी का डांडी मार्च इसके 10 दिन बाद हुआ था। डॉ. अम्बेडकर ने अछूतों को संगठित किया और उन्हें इस बात के लिए तैयार किया कि वे उक्त तिथि को नासिक में कालाराम मंदिर के सामने जमा हों और उसमें प्रवेश करें। इस सत्याग्रह के लिए 500 नारियों सहित 15,000 से भी अधिक लोग नासिक में कालाराम मंदिर के सामने जमा हुए। सत्याग्रह छोटे-छोटे समूहों में अंहिसक ढंग से किया गया और सत्याग्रहियों ने गिरफ्तारियां दीं। यह एक ऐतिहासिक कदम था।

डॉ. अम्बेडकर विधि-सम्मत नेता थे। उनका यह अहिंसक आन्दोलन इस तरह एक महीने से भी अधिक चलता रहा। 19 अप्रेल को भगवान् राम की मूर्ति की रथयात्रा निकाली जाने वाली थी। इस रथयात्रा में कोई गड़बड़ी न हो इसलिए मंदिर के न्यासियों और सत्याग्रह के नेताओं के बीच बातचीत चली और यह समझौता हुआ कि अछूतों को रथयात्रा के निकट जाने दिया जायेगा और उन्हें रथ स्पर्श कर लेने दिया जायेगा। परन्तु रथयात्रा शुरू होने पर जब सत्याग्रही भगवान् राम के रथ के निकट जाने लगे, तो कुछ सवर्ण हिन्दुओं ने उन निहत्थे सत्याग्रहियों को घेर लिया और उन पर लाठियों तथा पत्थरों की बरसात कर दी। इस अचानक आक्रमण में डॉ. अम्बेडकर समेत कई सत्याग्रही बुरी तरह घायल हो गये। इस सबके बावजूद डॉ. अम्बेडकर का मंदिर-प्रवेश आंदोलन जारी रहा। परिणामस्वरूप कालाराम मंदिर पूरे साल बन्द रहा।

नासिक सत्याग्रह के कारण कट्टरपंथी हिन्दुओं में बड़े रोष की भावना व्याप्त हुई। विशेषकर गांव में अछूतों के साथ बड़े पैमाने पर दुर्व्यवहार होने लगा और उन्हें तरह-तरह से सताया जाने लगा। तथापि यह सत्याग्रह पांच वर्ष तक लगातार जारी रहा। सत्याग्रह के इतनी लम्बी अवधि तक चलने के बाद भी कट्टरपंथी हिन्दुओं के विचार में कोई परिवर्तन नहीं आया। परिणामत: डॉ. अम्बेडकर ने 13 अक्टूबर, 1935 को निकटस्थ नगर येवला में एक सम्मेलन बुलाया। इस सम्मेलन में यह तय किया जाना था कि नासिक सत्याग्रह के संबंध में भावी कार्यक्रम क्या हो। येवला में इस अवसर पर भाषण देते हुए डॉ. अम्बेडकर ने सभी क्षेत्रों में अछूतों की दुर्दशा का दर्दनाक चित्रण किया और बताया कि हिन्दू समाज का अंग होते हुए भी किस तरह उन्हें अपने न्यूनतम

अधिकारों को प्राप्त करने के लिए भी कितना संघर्ष और त्याग करना पड़ता है। उन्होंने कहा कि अब समय आ गया है कि अछूतों को यह निर्णय लेना पड़ेगा कि क्या वे हिन्दू धर्म में बने रहें अथवा उसे त्याग कर किसी अन्य धर्म को अपनाएं ताकि उन्हें एक सही सामाजिक हैसियत और उचित व्यवहार मिल सके। उन्होंने कहा कि "यह मेरा दुर्भाग्य है कि मैं एक हिन्दू घर में पैदा हुआ। अपने जन्म की घटना को तो मैं बदल नहीं सकता था, परन्तु मैं बडी गंभीरता के साथ यह कहना चाहता हूं कि मैं हिन्दू के रूप में मरूंगा नहीं।"

डॉ. अम्बेडकर का मंदिर-प्रवेश सत्याग्रह कोई आकस्मिक घटना नहीं थी। बल्कि वह डॉ. अम्बेडकर की एक सुविचारित सामाजिक न्याय-प्राप्ति की रणनीति का हिस्सा थी। इस तरह डॉ. अम्बेडकर यह चाहते थे कि दलितों के उद्धार का आंदोलन हमारे स्वतंत्रता-संघर्ष के केन्द्र में आ जाये। गांधीजी ने नमक सत्याग्रह शुरू करके जिस तरह से अंग्रेजी उपनिवेशवाद को चुनौती दी थी उसी तरह, उसके भी कुछ पूर्व, डॉ. अम्बेडकर ने हिन्दू समाज के जातिवादी उपनिवेशवाद को चुनौती दी थी ताकि दलित समाज सवर्ण हिन्दुओं के चुंगल से मुक्ति पा सके। इस तरह डॉ. अम्बेडकर जहां एक ओर देश के स्वतंत्रता-संग्राम से जुड़े हुए थे, वहीं दूसरी ओर वह दलितों के मुक्ति संघर्ष के भी अग्रदूत थे।

डॉ. अम्बेडकर मूर्ति-पूजा में विश्वास नहीं रखते थे। इसलिए यह माना जाना चाहिए कि मंदिर-प्रवेश का उनका कार्यक्रम किसी धार्मिक उद्देश्य से प्रेरित नहीं था बल्कि उसका लक्ष्य सामाजिक न्याय था। 1920 से 1930 तक उन्होंने इसी तरह के सामाजिक-धार्मिक सुधारों के लिए अनेक संघर्ष किये ताकि हिन्दू समाज में दलितों के अधिकारों की स्थापना हो सके। परन्तु 1930 के बाद उन्होंने इस तरह के प्रयत्न को छोड़ दिया। उन्होंने दलितों के सामाजिक उन्नयन के लिए उनके शैक्षणिक और राजनैतिक उत्कर्ष का कार्यक्रम बनाना शुरू किया। डॉ. अम्बेडकर को नासिक सत्याग्रह के बाद शायद यह विश्वास हो गया था कि इस तरह के आन्दोलनों से कट्टरपंथी हिन्दू समाज के दृष्टिकोण को बदला नहीं जा सकता। डॉ. अम्बेडकर ने सारी परिस्थिति पर पूर्ण विचार किया और अपने आन्दोलन के लिए एक नई दिशा निर्धारित की। अब उन्होंने दलितों के लिए पृथक् निर्वाचन क्षेत्र बनाने की मांग प्रस्तुत की। इस काल में डॉ. अम्बेडकर का राजनैतिक दृष्टिकोण पूरी तरह बदल गया।

1928 में उन्होंने सायमन कमीशन के सामने सभी के लिए सामान्य निर्वाचन क्षेत्र तथा वयस्क मताधिकार की मांग की थी। परन्तु 1930 की गोलमेज परिषद् में उन्होंने दलित वर्गों के लिए पृथक् निर्वाचन क्षेत्र की मांग की। दलित वर्ग के प्रतिनिधि के रूप

में डॉ. अम्बेडकर ने लंदन में हुई सभी गोलमेज परिषदों में भाग लिया। पहली गोलमेज परिषद् नवम्बर, 1930 में हुई। इस परिषद् में बोलते हुए डॉ. अम्बेडकर ने भारत में अस्पृश्यों की दशा का वर्णन करते हुए कहा, ''डेढ़ सौ वर्षों के ब्रिटिश शासन में भी अछूतों की दशा में जरा भी सुधार नहीं हुआ है। उन्हें कुओं से पानी नहीं लेने दिया जाता, उन्हें मंदिरों में प्रवेश नहीं करने दिया जाता। ब्रिटिश सरकार उन्हें पुलिस व सेना में भरती नहीं करती, क्योंकि वे अछूत हैं।'' गोलमेज परिषद् में डॉ. अम्बेडकर के भाषण ने सबका ध्यान आकृष्ट किया। डॉ. अम्बेडकर ने दलित वर्गों के मूल अधिकारों का एक घोषणा-पत्र तैयार किया, जिसमें दलितों के धार्मिक, आर्थिक व सांस्कृतिक अधिकारों की रक्षा की बात कही गई थी। यह घोषणा-पत्र गोलमेज परिषद् की अल्पसंख्यक उप समिति को दिया गया। इसमें उन्होंने अस्पृश्यता-निवारण की मांग की और कहा कि सभी नागरिकों के समान अधिकार होने चाहिए।

द्वितीय गोलमेज परिषद् लंदन में 27 अगस्त, 1931 को हुई। इस परिषद् के एक साल बाद, 14 अगस्त, 1932 को, ब्रिटिश शासकों ने साम्प्रदायिक निर्णय (कम्युनल अवार्ड) की घोषणा की। इस पर महात्मा गांधी ने यह निश्चय किया कि वे 20 सितम्बर से कम्युनल अवार्ड के विरुद्ध आमरण अनशन प्रारंभ करेंगे। तब पं. मदनमोहन मालवीय और कुछ अन्य हिन्दू नेताओं ने 19 सितंबर, 1932 को बम्बई में एक सम्मेलन बुलाया जिसका उद्देश्य था कि इस गुत्थी को किसी तरह सुलझाया जाए और गांधीजी की प्राण-रक्षा की जाए। पं. मदनमोहन मालवीय ने डॉ. अम्बेडकर को तार देकर आग्रह किया कि वह भी इस सम्मेलन में भाग लें। सम्मेलन के पूर्व डॉ. अम्बेडकर ने एक वक्तव्य जारी किया। इस वक्तव्य में कहा गया था कि ''भारत में पूर्व काल में बहुत से महात्मा हुए हैं जिनके जीवन का मुख्य उद्देश्य अस्पृश्यता को दूर कर दलितों की दशा में सुधार कर उन्हें समाज का सामान्य अंग बना देना था। लेकिन वे सभी महात्मा अपने उद्देश्य में विफल रहे। महात्मा आये और चले गये, लेकिन अछूत बेचारे ज्यों के त्यों अछूत ही बने रहे।''

महात्मा गांधी द्वारा आमरण अनशन की घोषणा ने पूरे राष्ट्र का ध्यान अछूतों की समस्या की ओर खींचा। डॉ. अम्बेडकर भी अछूतों की दुर्दशा की ओर राष्ट्र का ध्यान आकर्षित करने में सफल रहे।

20 सितम्बर, 1932 को जेल में गांधीजी का आमरण अनशन शुरू हो गया। इसके दूसरे दिन प्रतिनिधि मंडल गांधीजी से मिला। डॉ. अम्बेडकर भी इस प्रतिनिधि मंडल में थे। डॉ. अम्बेडकर की मांग थी कि दलितों को 157 सीटें दी जानी चाहिए जबकि कम्युनल अवार्ड में उनके लिए केवल 71 सीटें रखी गयी थीं। अन्ततः 148

सीटों पर समझौता हुआ। तद्नुसार पुणे के यरवदा जेल में महात्मा गांधी और डॉ. अम्बेडकर के बीच एक ऐतिहासिक समझौते पर हस्ताक्षर हुए। इस समझौते को 'पूना समझौते' के नाम से पुकारा जाता है। इस समझौते के अन्तर्गत दलित वर्गों को पहली बार राजनीतिक आरक्षण प्रदान किया गया।

अपनी बौद्धिक शक्ति तथा बल के आधार पर दलितों की जनतंत्रीय आकांक्षाओं को साकार करते हुए डॉ. अम्बेडकर ने 1942 में शेड्यूल्ड कास्ट्स फेडरेशन की स्थापना की। स्थापना के समय डॉ. अम्बेडकर ने दलित मुक्ति का प्रसिद्ध नारा दिया। इस अवसर पर दलित वर्गों को सलाह देते हुए उन्होंने कहा, "आपको मेरी आखिरी सलाह यह है कि आप शिक्षित हों, संगठित हों और आन्दोलन करें। आप अपने आप पर भरोसा रखें। जो संघर्ष आपके सामने है वह साधारण संघर्ष नहीं बल्कि वह मानवीय व्यक्तित्व के पूर्ण उद्धार का संघर्ष है।" वस्तुत: डॉ. अम्बेडकर अछूतों के लिए आधे-अधूरे कार्यक्रमों में विश्वास नहीं रखते थे। वह चाहते थे कि सारे सुधार परिपूर्णता के साथ कार्यान्वित हों। अछूतों को स्वतंत्रता, समानता और भाईचारा मिले एवं उनका सामाजिक और राजनैतिक उन्नयन हो। उनका विश्वास था कि राजनीतिक और आर्थिक सत्ता मिले बगैर अछूतों का सामाजिक उद्धार निरर्थक होगा।

यह सौभाग्य ही था कि 20 जुलाई, 1942 के दिन डॉ. अम्बेडकर को वॉइसराय की काउंसिल में मेम्बर बनाया गया और उन्हें श्रम विभाग सौंपा गया। इस हैसियत से उन्होंने श्रमिक सुरक्षा के बहुत से कानून बनाये और गर्भवती महिला श्रमिकों के लिए तीन मास की सवैतनिक छुट्टी का प्रावधान कराया। भारत के स्वतंत्र होने पर वह देश के प्रथम विधि मंत्री नियुक्त किये गये। 29 अगस्त, 1947 को उन्हें सर्वसम्मति से संविधान सभा की संविधान मसविदा समिति का अध्यक्ष चुना गया। उन्होंने बड़ी मेहनत-लगन और दूरदर्शिता के साथ आधुनिक भारत का संविधान तैयार किया। उन्हें भारत संविधान के मुख्य शिल्पी के रूप में अंतर्राष्ट्रीय ख्याति मिली। संविधान में उन्होंने ऐसे बहुत से खंडों और उपखडों का प्रावधान कराया जो प्रगतिशील भारतीय समाज के प्रतीक हैं और दलितों के हितों की रक्षा करते हुए सामाजिक न्याय की स्थापना करते हैं। इस संविधान का मसविदा डॉ. अम्बेडकर ने 26 नवम्बर, 1948 को संविधान सभा में प्रस्तुत किया।

अपने जीवन के अन्तिम वर्षों में डॉ. अम्बेडकर इस निष्कर्ष पर पहुंचे कि यदि देश को सामाजिक न्याय और सर्वांगीण प्रगति के मार्ग पर चलना है तो उसे अपनी एक प्राचीन विरासत को पुन: अपनाते हुए भगवान् बुद्ध के उपदेशों का अनुसरण करना होगा। 1935 के नासिक सत्याग्रह की विफलता के बाद से ही हिन्दू धर्म से उनका मन

पूरी तरह उचट गया था। तब से वह सामाजिक न्याय की स्थापना करने वाले किसी तर्कपूर्ण दर्शन की तलाश में थे। 30 मई, 1936 को बम्बई में हुए अछूतों के सम्मेलन में डॉ. अम्बेडकर ने एक अत्यंत प्रभावशाली और लम्बा भाषण अध्यक्ष के रूप में दिया। उन्होंने कहा धर्म परिवर्तन के दो दोहरे पक्ष हैं। एक पक्ष है सामाजिक तथा धार्मिक और दूसरा है भौतिक तथा आध्यात्मिक। लेकिन चाहे कोई पक्ष हो या कोई विचार हो, असली जरूरत इस बात की है कि यह समझा जाये कि अस्पृश्यता कहां से शुरू हुई, किस तरह पनपी और उसका आज क्या स्वरूप है। बिना इस बात के समझे धर्म परिवर्तन की मेरी घोषणा के अर्थ को आप नहीं समझ पाएंगे। मैं चाहूंगा कि अस्पृश्यता का सही मतलब समझने के लिए आप उन सारे अत्याचारों को याद करें कि जो आप पर सवर्णों ने किये थे। यह स्मृति ही दलित-अछूतों को आन्दोलित कर पायेगी।

डॉ. साहेब ने एक सवाल किया: आप लोगों में से बहुत कम यह समझते होंगे कि आखिर इस तरह की घटनाएं क्यों होती हैं? आखिर इस सारी दुष्टता और क्रूरता की जड़ कहां है? हमारे लिए यह जरूरी है कि हम इस बात को समझें कि यह कोई दो आदमियों के बीच का झगड़ा नहीं है। अस्पृश्यता की समस्या वर्ग-संघर्ष का मामला है। यह सवर्णों और अछूतों के बीच चल रहा एक संघर्ष है। यह एक वर्ग द्वारा दूसरे वर्ग के विरुद्ध किये जाने वाले अन्याय का मामला है। वर्ग-संघर्ष का सम्बन्ध सामाजिक हैसियत से है। एक वर्ग द्वारा समानता की मांग किये जाते ही दूसरे वर्ग से उसका संघर्ष छिड़ जाता है।

बीस वर्षों से भी अधिक के गहन विचार-मंथन, चिन्तन और आत्मानुभव के बाद डॉ. अम्बेडकर ने भगवान् बुद्ध के मार्ग पर चलने का निर्णय लिया। 14 अक्टूबर, 1956 को नागपुर में वह अपने लाखों अनुवर्तकों सहित बौद्ध धर्म में दीक्षित हुए। एक बौद्ध के रूप में ही उन्होंने निर्वाण प्राप्त किया। इस तरह उन्होंने 21 वर्ष पूर्व की गयी अपनी उस घोषणा का निर्वाह किया जिसमें कहा था कि वह हिन्दू के रूप में नहीं मरेंगे। डॉ. अम्बेडकर दलितों के मुक्तिदाता और सामाजिक न्याय के मसीहा थे। उन्होंने आधुनिक भारत के करोड़ों दलितों को एक नया आदर्श और एक नई विचारधारा दी। वह समाज-सुधार को उपकार के रूप में मान्यता नहीं देते थे, बल्कि समाज-सुधार उनके लिए एक अधिकार की बात थी। उनका लक्ष्य था कि दलित और शोषित वर्गों में स्वतंत्रता की चेतना हो और वे आत्माभिमानी बन सकें। वह एक नया मानव-एक नया समाज गढ़ना चाहते थे। यह कल्पना भारतीय संविधान में सन्निहित है जिसको साकार बनाने की आवश्यकता है। उनके हृदय में देश-प्रेम, देश-भक्ति और राष्ट्रीय-भावना का अद्भुत संचय था जिसे आज सभी समुदाय स्वीकार करते हैं।

अन्त में यह कहना उचित होगा कि डॉ. अम्बेडकर ने कितनी लम्बी कठिन जीवन यात्रा की और यह पहचाना कि हिन्दू समाज छुआछूत तथा जातिवाद में इतना जकड़ा हुआ है कि उसे सामाजिक असमानता व अन्याय से मुक्त करना आसान बात नहीं है। भगवान् बुद्ध, कबीर, महात्मा फूले, सन्त रविदास, स्वामी अछूतानन्द और अनेक सन्तों से प्रभावित होकर सामाजिक समता एवं न्याय का डॉ. अम्बेडकर ने जो बिगुल बजाया था, वह आज भी अपनी आवाज बुलन्द किये हुए है। इसलिए डॉ. अम्बेडकर 'सामाजिक समता' अथवा 'सामाजिक न्याय' के क्रांतिदृष्टा बने। राजनैतिक सत्ता महत्वपूर्ण होती है, पर यदि उससे सामाजिक क्रांति नहीं हो पाती, समता एवं न्याय पर आधारित समाज का निर्माण नहीं होता, तो वह सत्ता निरर्थक तथा संकुचित है। यही कारण है कि डॉ. अम्बेडकर ने राजनैतिक शक्ति और सामाजिक क्रांति को एक दूसरे का पूरक बतलाया। साथ-साथ उन्होंने यह भी कहा था कि राजनैतिक सत्ता एवं सामाजिक सुधार के बीच 'संवैधानिक नैतिकता' की आधार-शिला भी होनी चाहिए ताकि नई राजनैतिक संस्कृति का उदय हो और भारत एक सशक्त राष्ट्र बने। मात्र खोखले नारों तथा भ्रमित वादों से देश तथा समाज का भला होने वाला नहीं है जैसा कि गत पचपन सालों के अनुभवों से सिद्ध होता है। इसी क्रम में डॉ. अम्बेडकर ने कहा था, "यदि शक्ति और प्रभुत्व का स्त्रोत किसी विशेष समय अथवा किसी विशेष समाज में सामाजिक तथा धार्मिक है, तो सामाजिक सुधार एवं धार्मिक सुधार को आवश्यक सुधार के रूप में स्वीकार किया जाना चाहिए।"[4]

---

1. बी.आर. अम्बेडकर: एनिहिलेशन ऑफ कास्ट, 1944, पृ. 55.
2. गीता: अध्याय 4, श्लोक सं. 7.
3. धनन्जय कीर: डॉ. अम्बेडकर-लाइफ एण्ड मिशन, 1962, (में उद्धृत), पृ. 91-92.
4. डॉ. बाबासाहेब अम्बेडकर-रायटिंग्स एण्ड स्पीचेज, खण्ड 1, 1997, पृ. 24.

अध्याय-3

बहुमुखी व्यक्तित्व एवं संविधानविंद्

14 अप्रेल 1991, भारत रत्न डॉ. भीमराव अम्बेडकर का एक सौ वां जन्म दिवस था। यह उनका जन्म शताब्दी तथा भारत सरकार द्वारा उद्घोषित 'सामाजिक न्याय' वर्ष का अन्तिम चरण था, जिसे चारों ओर बड़ी धूमधाम से मनाया गया था।

डॉ. अम्बेडकर महाराष्ट्र की एक महार अछूत जाति के एक निर्धन परिवार में सन् 1891 में पैदा हुए थे। निर्धन तथा अछूत होने के नाते, उन्हें विद्यार्थी जीवन से लेकर मृत्यु तक अनेक यातनाएं सहनी पड़ीं और निरन्तर कठिनाइयों का सामना करना पड़ा। फिर भी विद्यानुराग उनके जीवन का एक अंग बन गया। वह एक मेधावी छात्र थे। इसलिए उन्हें सरकार से छात्रवृत्तियां भी उपलब्ध हुईं जिनके कारण वह देश-विदेश के शिक्षा जगत् में उच्च स्थान प्राप्त कर सकने में सफल हुए।

बम्बई के एलफिन्सटन कॉलेज से बी.ए. की परीक्षा पास की और अमेरिका के कोलम्बिया विश्वविद्यालय से एम.ए. तथा पी-एच.डी. की डिग्रियां हासिल कीं। लन्दन विश्वविद्यालय से एम.एस-सी., डी.एस-सी. की डिग्रियां लीं और ग्रेज इन (लन्दन) से बॉर-एट-लॉ की उपाधि प्राप्त की। जर्मनी के बॉन विश्वविद्यालय में भी उन्होंने अध्ययन किया। बाद में कोलम्बिया विश्वविद्यालय ने उन्हें एल-एल.डी. की उपाधि से सम्मानित किया, क्योंकि उन्होंने भारतीय संविधान के निर्माण की प्रक्रिया में मुख्य

भूमिका अदा की थी। डॉ. अम्बेडकर को आज 'भारतीय संविधान का जनक' कहा जाता है। उनकी शैक्षणिक योग्यता तथा बौद्धिक क्षमता को देखते हुए, ऑसमानिया विश्वविद्यालय ने भी उन्हें डी. लिट्. की उपाधि से विभूषित किया था। इस प्रकार अनेक उच्च डिग्रियां प्राप्त कर, वह आज भी शिक्षा जगत् में प्रेरणा के सतत स्त्रोत बने हुए हैं। डॉ. अम्बेडकर ने अपना जीवन एक प्रोफेसर के रूप में प्रारंभ किया और बम्बई लॉ कॉलेज के प्रिंसिपल भी रहे। लेकिन वह चूंकि समाज सेवा करना चाहते थे, इसलिए उन्होंने वकालत करना अच्छा समझा जिससे वह दलित-अछूत जनता के निकटतम सम्पर्क में आये। वह दु:खी-पीड़ित लोगों का सामाजिक उद्धार चाहते थे। उनके अथक संघर्ष के फलस्वरूप करोड़ों अछूत-शूद्रों को सामाजिक एवं धार्मिक अधिकार प्राप्त हुए और उन्होंने उन्हें एक मानववादी दृष्टिकोण प्रदान किया। डॉ. अम्बेडकर दलित वर्गों के मार्ग-दर्शक बने और उन्हें यह नारा दिया कि "शिक्षित बनो, संगठित रहो और संघर्ष करो" ताकि उन्हें सम्मानजनक जीवन-स्तर सुलभ हों। डॉ. साहेब का यह निश्चित मत था कि विद्या ही उनके अज्ञान एवं अंधकार को मिटा सकती है, क्योंकि विद्या में अपार शक्ति होती है।

डॉ. अम्बेडकर एक कानूनी मरमज्ञ थे। उन्हें संविधान प्रारूप समिति का अध्यक्ष बनाया गया। इसलिए वह स्वतंत्र भारत के संविधान के मुख्य निर्माता के रूप में प्रख्यात हुए। भारत की प्रथम मंत्री-परिषद् में वह विधि-मंत्री बने तथा श्रम मंत्रालय भी उन्होंने संभाला। जवाहरलाल नेहरू उन्हें 'ज्वैल ऑफ द कैबिनेट' कहा करते थे, क्योंकि वह सबसे योग्य एवं सक्षम व्यक्ति थे। इसके पूर्व वह वॉइसराय की कार्यकारिणी परिषद् के सदस्य थे। फलत: डॉ. अम्बेडकर ने न केवल सरकारी क्षेत्र में अनेक पदों को सुशोभित किया, बल्कि राजनीतिक क्षेत्र में भी अनेक सभाओं के संयोजक तथा अध्यक्ष रहे। उन्हें एक कुशल प्रशासक एवं राजनेता के रूप में माना गया। यह उनकी उच्चशिक्षा तथा विद्वत्ता का ही सुखद परिणाम था कि उन्हें सर्वोच्च उपलब्धियां सुलभ हुईं। जैसे-जैसे डॉ. अम्बेडकर महानता तथा मानव सेवा के उच्च शिखर की ओर बढ़ते गये, वैसे-वैसे उनका जीवन लक्ष्याबद्ध और व्यस्त होता गया। परिवार में आर्थिक कठिनाइयों के बादल छाये रहते थे, क्योंकि वह धन लोलुपता से दूर समाज सेवा में अधिक लीन रहने लगे थे। उनकी धर्मपत्नी रामाबाई ने आर्थिक अभाव को महसूस नहीं होने दिया, क्योंकि जो कुछ धन उन्हें डॉ. साहेब से मिलता था, उसी में वह परिवार का कामकाज चला लिया करती थीं। रामाबाई धार्मिक प्रवृत्ति की महिला थीं, बड़ी सुशील एवं शांत स्वभाव से जीवन-यापन करना उनकी विशेषता थी। यही कारण है कि डॉ. अम्बेडकर के महान् बनने में उनकी अहम भूमिका रही।

आर्थिक अभाव तथा अन्य कठिनाइयों के मध्य रहकर भी डॉ. अम्बेडकर ने विद्याध्ययन और साहित्य-साधना को निरन्तर बनाये रखा। वह एक ठोस साहित्यकार व लेखक के रूप में भी उभरे। उनकी कई महत्वपूर्ण रचनाएं हैं। उनकी अंतिम रचना 'भगवान् बुद्ध और उनका धम्म' है जो बौद्ध साहित्य के क्षेत्र में एक क्रांतिकारी कृति मानी जाती है, क्योंकि उसमें उन्होंने बौद्ध धर्म एवं दर्शन को परम्पराओं तथा रूढ़ियों से हटकर परखा है। आज यह ग्रन्थ विश्व की प्रमुख भाषाओं में अनूदित हो चुका है। उनका मूल लेखन कार्य अंग्रेजी में ही होता था। लेकिन मराठी भाषा में भी उनका साहित्य प्रकाशित होता था। डॉ. साहेब ने मराठी भाषा में कई पत्रिकाएं प्रारंभ कीं जिनमें 'मूकनायक', 'जनता' तथा 'बहिष्कृत भारत' प्रमुख थीं। उनके साहित्य की विशेषता यह है कि वह तथ्यात्मक और यथार्थवादी है। उसमें विश्लेषण तथा मूल्यांकन की अद्‌भुत गरिमा निहित है। उसमें दलित-पीड़ित समाज की समस्याएं और उनके समाधान भी प्रस्तुत किये गये हैं।

डॉ. अम्बेडकर का अध्ययन बहुत ही विस्तृत, गहन एवं गंभीर था। उनमें उदार मस्तिष्क और कुशाग्र बुद्धि थी। वह वकील, प्रोफेसर, शिक्षाविद्, समाज-सुधारक, संसद-सदस्य, संविधान-निर्माता, स्वतंत्रता-सेनानी, राजनीतिक दलों के जन्मदाता, बौद्ध धर्म के समर्थक एवं पुनरुद्धारक, सभी कुछ थे। जीवन के विभिन्न पक्षों के अनुभव तथा चिन्तन ने उनके अन्दर नवीन विचारों को जन्म दिया, जिनके आधार पर आज उनका दर्शन संभव हुआ है। दर्शन को वह कोरी कल्पना नहीं मानते थे। दर्शन मात्र सैद्धान्तिक विवेचन नहीं, वरन् मनुष्य जीवन की वास्तविक समस्याओं से जुड़ा हुआ समझते थे। डॉ. अम्बेडकर ने यह कहा कि "दर्शन एक ऐसा मानदण्ड है जिससे मनुष्य के आचरण का मूल्यांकन किया जाता है।" यही कारण है कि उन्होंने दार्शनिक क्षेत्र में एक यथार्थवादी एवं मानववादी दृष्टिकोण अपनाया। उनके दर्शन पर भारत की सामाजिक स्थिति का अत्यधिक प्रभाव रहा। लेकिन सबसे अधिक प्रभाव एवं प्रेरणा उनके जीवन में कबीर, भगवान् बुद्ध और महात्मा फूले की रही। डॉ. अम्बेडकर ने व्यक्ति की गरिमा को कायम रखते हुए, सामाजिक सुधार तथा आर्थिक प्रगति को प्रमुखता दी। व्यक्तिगत स्वतंत्रता, सामाजिक समता तथा धार्मिक भ्रातृत्व उनके दर्शन के महत्वपूर्ण पक्ष हैं।

डॉ. अम्बेडकर आधुनिक भारत के प्रमुख निर्माताओं में से एक थे। संसदीय प्रजातंत्र के साथ-साथ वह एक ऐसा भारतीय समाज चाहते थे जिसमें व्यक्ति का सम्मान, उसकी गरिमा बनी रहे और उसे शिक्षा, धर्म, राजनीति के क्षेत्रों में समान अधिकार प्राप्त हों। आदमी के मूल्यांकन का मानदण्ड जन्म न होकर, उसकी योग्यता

हो। अपनी इच्छाओं को व्यावहारिक बनाने की दिशा में, डॉ. अम्बेडकर ने महाराष्ट्र में अनेक स्थानों पर स्कूल, कॉलेज तथा छात्रावास स्थापित किये। 'पीपुल्स एज्यूकेशन सोसाइटी' बनाई जिसकी देखरेख में आज अनेक शैक्षणिक संस्थाएं कार्यरत हैं। उनका मानववादी चिन्तन एवं दर्शन क्रियात्मक एवं रचनात्मक भूमिका पर बल देता है चाहे वह भूमिका व्यक्ति की हो, संस्था या पार्टी की, या फिर सरकार तथा राज्य की हो। डॉ. अम्बेडकर ने विद्यार्थियों को सलाह दी थी कि वे अपने विद्याध्ययन को सबसे पहले पूरा करें और राजनीतिक दल-दल से दूर रहकर अपने को सुयोग्य नागरिक बनायें, क्योंकि उन्होंने अपने जीवन के अंतिम दिनों में यह निष्कर्ष निकाला कि राजनीति किसी गटर में रहने के समान है।

डॉ. अम्बेडकर एक सच्चे देशभक्त तथा राष्ट्रवादी थे। उनके नये भारत की कल्पना में भूत एवं वर्तमान का एक सुन्दर समन्वय मिलता है। उन्होंने भारत की बौद्ध सांस्कृतिक धरोहर को संभाला और संविधान की भूमिका में निहित मूल्यों की प्राप्ति पर बल दिया। आधुनिक प्रगति से लाभ उठाया जाना चाहिए। डॉ. साहेब ने अतिवादी दृष्टिकोण को पसन्द नहीं किया। अतीत में जो मूल्यहीन है उसे त्याग दिया जाये और जो आज प्रासंगिक है उसे ग्रहण किया जाए। वह चाहते थे कि जातिविहीन समाज की स्थापना हो जिसमें कौमी एकता, राष्ट्रीय भावना, वैयक्तिक स्वतंत्रता, सामाजिक समता तथा धार्मिक सहिष्णुता जैसे आदर्शों का अनुसरण किया जाये। किसी के साथ छुआछूत तथा ऊंच-नीच का व्यवहार न हो और सभी नागरिक निर्भय होकर शान्ति एवं सद्भावपूर्ण जीवन-यापन करें। 'बहुजन हिताय, बहुजन सुखाय' के बौद्ध सिद्धान्त को वह व्यावहारिक बनाना चाहते थे। डॉ. अम्बेडकर की प्रत्येक रचना तथा भाषण में दीन-हीन, दलित-पीड़ित, लोगों के प्रति प्रगाढ़ प्रेम की अभिव्यक्ति मिलती है। यही कारण है कि प्रतिवर्ष 14 अप्रेल को भारत के कौने-कौने में उनकी जयन्ती मनाई जाती है, जहां करोड़ों नर-नारी उन्हें अपनी भावभीनी श्रद्धांजलियां अर्पित करते हैं।

डॉ. अम्बेडकर ने अपने मानववादी दर्शन में न केवल भारतीय दर्शन, विशेषकर बौद्ध धर्म एवं चिन्तन को आधार बनाया, अपितु पाश्चात्य विचारधारा को भी ध्यान में रखा। वह धर्म तथा दर्शन के रहस्यवादी पक्षों से दूर रहे और विज्ञान तथा धर्म के उन्हीं पहलुओं पर ध्यान केन्द्रित किया जिनसे मानव कल्याण संभव है। उनके दर्शन में नरक-स्वर्ग, मायावाद, भाग्यवाद, आवागमन, ईश्वरवाद, अवतारवाद, दैववाद जैसे विचार नहीं मिलते, क्योंकि उनका चिन्तन पूर्णतः मानव-केन्द्रित है। सामाजिक स्थिति में रहने वाला आदमी उनके अध्ययन का प्रमुख केन्द्र है। मनुष्य तथा समाज का हित ही सर्वोपरि है। इसी जीवन में मानव कल्याण उनके दर्शन का मूलाधार रहा। वह चाहते थे कि मानव

संबंधों के मूल तत्व स्वतंत्रता, समता और भाईचारे की भावना हों। इसलिए आर्थिक दृष्टि से डॉ. अम्बेडकर का चिन्तन समाजवादी था, हालांकि वह उदार समाजवाद के पक्षधर थे। संसदीय सरकार, जनतंत्र तथा समाजवाद के त्रयी आदर्श में उनकी अटूट आस्था थी। वह उन परम्पराओं एवं रूढ़ियों के विरोधी थे, जिनसे मानव सम्मान और आत्म-विश्वास नष्ट होता हो। सम्मानयुक्त जीवन ही उनकी दृष्टि में श्रेष्ठ था। यह इन्सानियत का प्रतीक है।

इस प्रकार डॉ. अम्बेडकर और उनका जीवन एक ऐसा खुला आकाश है जहां सभी मानव प्राणियों को प्रसय तथा प्रेम मिलता है। उनका जीवन उन सभी के लिए प्रेरणा का सतत स्त्रोत है जो मानव सेवा को महत्व देते हैं, शिक्षा एवं विद्वत्ता का सम्मान करते हैं और जनहित तथा मानव कल्याण को अपनी विचारधारा का मुख्य केन्द्र मानते हैं। संक्षेप में, भारत मां के ऐसे सपूत को जो आज भी एक प्रकाश-स्तम्भ, प्रेरणा-स्त्रोत और सेवा-प्रवृत्ति के विधायक के रूप में विद्यमान है, हमारी कोटि-कोटि श्रद्धांजलियां अर्पित हैं। वह महान् व्यक्तित्व के धनी थे जिनके सीने में दलित, पीड़ित तथा शोषित की धड़कन सदैव गूंजती थी।

एक महान् संविधानविद्

एक ऐतिहासिक कालचक्र की धारा से जुड़े भारतीय संविधान के विद्वान् निर्माताओं की निहारिका में एक बहुत चमचमाता उजला नक्षत्र है जिसे लोग डॉ. भीमराव रामजी अम्बेडकर के नाम से जानते हैं। राजनीति को सामाजिक परिवर्तन के औजार के रूप में इस्तेमाल करने के हामी यह अच्छी तरह जानते हैं कि डॉ. अम्बेडकर के विचार आज के जलते हुए परिवेश में कितने प्रासंगिक, तर्कपूर्ण और न्यायसंगत हैं। जो लोग उन्हें सिर्फ दलितों का मसीहा और पिछड़ों का नेता मानते हैं वे उनके समग्र-जीवन और दर्शन के साथ नाइंसाफी करते हैं। उनके हृदय में गहराई तक समाई देश भक्ति की भावना, विकसित समतापूर्ण समाज के लिए उनका आजीवन संघर्ष, शाश्वत मानव मूल्यों के प्रति उनकी दृढ़ प्रतिबद्धता और कानून की अधिनूतन विचार व्याख्या की उनकी अनूठी शैली डॉ. अम्बेडकर के व्यक्तित्व को बहुआयामी बनाती है। उनके चिन्तन की गहराई, भारतीय समाज में व्याप्त विसंगतियों पर उनकी पैनी पकड़ उन्हें देश और काल से कहीं आगे ले जाती है। अपनी दूरन्देशी, गहरी समझ-बूझ और अद्‌भुत कल्पनाशीलता के बल पर उन्होंने अपने समकालीनों के साथ मिलकर भारतीय संविधान का जो ताना-बाना तैयार किया वही अपने अंतर्विरोधों के बावजूद एक देश के रूप में हमें आज भी संभाले हुए है।

भारत की स्वतंत्रता प्राप्ति के पश्चात्, यदि इस देश में संसदीय लोकतंत्र शासन पद्धति के रूप में स्वीकार किया गया तो इसके पीछे किसी व्यक्ति विशेष का आग्रह या राजनीतिक परिदृश्य पर छाये हुए प्रभापुंज का दबाव नहीं था, समूचे देश की सेवा जो संविधान सभा के रूप में पूंजीभूत होकर विचार मंथन के लिए बैठी थी कदाचित उसी ने यह महसूस किया था कि संसदीय लोकतंत्र वस्तुत: इस देश की जीवन शैली है। अपनी लाख विसंगतियों, विरोधाभासों और बुराइयों के बावजूद भारतीय समाज, सुनने और सुनाने की, समझने और समझाने की, मानने और मनाने की जिस भावना के सहज रूप में अनुप्राणित होता आया था उसे पहचान कर संविधान वेत्ताओं ने देश के लिए शासन तंत्र की रचना की। संविधान निर्माताओं की उस प्रबुद्ध टोली में डॉ. अम्बेडकर जैसे तपोनिष्ठ लोग थे जो मानते थे कि हर मनुष्य को एक जीवन दर्शन बनाना चाहिए, जिससे उनका मूल्यांकन हो सके।

वस्तुत: यही नहीं मूल्यांकन का स्तर भी हर मनुष्य को स्वयं तय करना चाहिए। भारतीय संविधान के मौलिक अधिकारों पर मानव-अधिकारों की बड़ी स्पष्ट छाप है। यह मानव अधिकार देश और काल की सीमाओं से कहीं आगे है। भारत के बहुसंख्यक लोग शताब्दियों तक परतंत्र, विवश और गरीबी की मार से पीड़ित रहे। अस्पृश्यता को मिटाने के लिए डॉ. अम्बेडकर ने कड़ा संघर्ष किया था। विज्ञान और औद्योगिक क्रान्ति की दहलीज पर खड़े विश्व से उन्होंने कहा कि कैसा दुर्भाग्य है जो आज भी मानव को मानव छूने तक में संकोच करे। शिक्षा-दीक्षा, खान-पान और इससे बड़ी विडम्बना और क्या हो सकती है? अम्बेडकर के लिए स्वतंत्रता का संघर्ष मात्र राजनीतिक स्वतंत्रता का संघर्ष नहीं था, वह उसे मानव अधिकारों का संघर्ष मानते थे। एक स्थान पर वह कहते हैं, ''यदि बाल गंगाधर तिलक अस्पृश्य जन्मे होते तो वह कदापि नहीं कहते कि स्वतंत्रता हमारा जन्म सिद्ध अधिकार है, और उसे मैं लेकर रहूंगा। वरन् वह तो यह कहते कि अस्पृश्यता को मिटाना मेरा जन्म सिद्ध अधिकार है और मैं तो उसे मिटाकर रहूंगा।'' संविधान सभा में मानवीय बराबरी के लिए और छुआछूत के विरुद्ध अपनी पूरी ताकत से संघर्ष करते हुए अन्तत: वह समतापूर्ण समाज की रचना के उद्देश्य को संविधान में जुड़वाने में सफल हुए।

वस्तुत: भारतीय संविधान में धर्म-निरपेक्षता की अवधारणा बहुत कुछ डॉ. अम्बेडकर के विचारों से अनुप्राणित है। वस्तुत: स्वतंत्र भारतीय समाज में धर्म की भयावह स्थिति को देखकर अम्बेडकर आतंकित थे। उन दिनों धर्म व्यक्ति से, समाज से, यहां तक कि समूची व्यवस्था से बड़ा था। आज स्थिति बिलकुल ही बदल गई है ऐसा तो नहीं है। लेकिन वहां तो धर्म शोषण और विसंगतियों के पक्ष में एक अस्त्र के रूप में

काम में लाया जा रहा था। आल इण्डिया सांई-डिवोटीज की सभा में बोलते हुए डॉ. अम्बेडकर ने बम्बई में कहा था कि "आज हमारे धर्म में न भगवान् है, न सदाचार। मुझे कोई शक नहीं है कि मानव मस्तिष्क की यह एक खतरनाक स्थिति है। आने वाली पीढ़ियों का यह दायित्व है कि वे उसे सुधारें, उसे शुद्ध और अनोखा बनाएं।" धर्म को लेकर उनका महात्मा गांधी से काफी मतभेद था। जहां गांधीजी जाति प्रथा और वर्ण-व्यवस्था के पक्षधर थे वहीं अम्बेडकर इन दोनों के सख्त विरोधी थे। स्थितियों से क्षुब्ध होकर उन्होंने कहा था, "स्वराज से भारत को क्या मिलेगा? भारत के लिए जिस प्रकार स्वराज है उसी प्रकार अछूतों के लिए धर्म परिवर्तन जरूरी है क्योंकि दोनों ही आन्दोलनों के उद्देश्य के पीछे स्वतंत्रता की इच्छा है।" यह अम्बेडकर की तार्किकता और उनका आत्म-बल ही था, जिसने भारत के संविधान को गांधी से भी आगे बढ़कर प्रभावित किया और उसे धर्म-निरपेक्षता और समता का एक मजबूत आधार प्रदान किया।

स्पष्टत: आज समाज और राजनीति में धर्म की जो भी भूमिका हो सांविधानिक दृष्टि से तो हम एक धर्मनिरपेक्ष गणराज्य ही हैं। डॉ. अम्बेडकर के अनुसार धर्म की चार मूलभूत प्रस्थापनाएं हैं। प्रथम, धर्म मनुष्य की आत्मा और उसके मोक्ष से संबंधित एक निजी मामला है। दूसरा, धर्म नीतियों के आधार पर लोगों में आपसी भाई-चारे और सद्संबंधों को बनाए रखता है। तीसरे, मनुष्य उनकी पूजा करता है जो उसकी जीवन-इच्छाओं की पूर्ति में सहायक होते हैं। चौथा, मनुष्य उनकी भी पूजा करते हैं जो विलक्षण और चमत्कृत कर देने वाला कार्य करते हैं। इनमें से तीन प्रस्थापनाओं को छोड़ कर पहली प्रस्थापना ही सांविधानिक धर्म-निरपेक्षता का आधार बनी। इसीलिए यह सम्भव हुआ कि भारत का अपना कोई राजधर्म नहीं है। यहां के निवासियों को अपनी इच्छा, श्रद्धा और विश्वास के मुताबिक किसी भी धर्म को अपनाने की छूट है। राजनीतिक दृष्टि से किसी धर्म-विशेष को राज्य से अलग कर पाना भारतीय समाज के संदर्भ में एक नया प्रयोग था। लोग कह सकते हैं कि यह धर्म-निरपेक्षता, कालान्तर में कागज की जिल्दों में सिमटी रह गई और आज भी हमारी राजनीति को कमोबेश धर्म ही संचालित कर रहा है। लेकिन क्या यह कम बड़ी उपलब्धि है कि आधिकारिक रूप में शासन का किसी धर्म विशेष से लगाव या दुराव नहीं है। हमारा प्रशासन, हमारी सेनाएं और हमारी कार्य शक्ति आज सम्प्रदाय निरपेक्षता की दृष्टि से बहुत आगे बढ़ी है। यहां के नागरिक ही नहीं, विदेशी लोग भी इस बात के कायल हैं कि धर्म के आधार पर भारत में कम से कम किसी को नागरिकता से तो वंचित नहीं रखा जाता। यही नहीं नागरिक अधिकारों का प्रयोग भी आज धर्म से जुड़ा नहीं रहा है। संविधान में प्रदत्त अधिकार सभी धर्मों से अलग तथा अद्भुत हैं।

डॉ. अम्बेडकर का विचार था कि भारत जैसे विशाल और विविधतापूर्ण देश में, जहां अनेक धर्म, भाषाएं और परम्पराएं हैं वहां सामाजिक, आर्थिक और शैक्षणिक स्तर पर अनेक भेद और रूढ़िवादिताएं भी हैं। समाज में जिन वर्गों का सदियों से शोषण हुआ, जिनके अस्तित्व को ही नकारात्मक दृष्टि से देखा गया, जिनको सदा दूसरे दर्जे का नागरिक माना गया, दुर्भाग्य से स्त्रियां उनमें से एक हैं। जिस दौर में संविधान की रचना हुई उसमें लिंग भेद वस्तुत: अन्याय माना ही नहीं जाता था। स्वयं स्त्रियां स्वीकार कर चुकी थीं कि वे पुरुषों की तुलना में कमजोर, कम पढ़ी लिखी और कम बुद्धिमत्ती हैं। महात्मा गांधी के आह्वान पर और नेहरू परिवार की कोशिशों से संभ्रान्त परिवारों की महिलाओं का एक वर्ग जरूर स्वतंत्रता-आन्दोलन से जुड़ा। लेकिन वर्ग के रूप में नारी चेतना उन दिनों सुषुप्त अवस्था में ही रही। पर्दे के प्रचलन को छोड़कर खेतों की मेढ़ों को लांघकर घर की चाट्टा दीवारी को तोड़कर बहुत कम संख्या में ही महिलाएं स्वतंत्रता-आन्दोलन में आगे आ सकीं।

अंग्रेजी शासन के दिनों में जब यूरोप में नारी स्वतंत्रता की लहर उठ चुकी थी, डॉ. अम्बेडकर ने महिलाओं को समाज-रचना की एक बड़ी ताकत के रूप में पहचाना। उन्होंने न सिर्फ कोशिश की, बल्कि उसमें सफल भी हुए। अन्तत: संविधान में किसी भी लिंग भेद को तिलांजलि दे दी गई। स्त्रियों को उनके जन्म के साथ समाज में सम्मानजनक दर्जा दिलाने हेतु डॉ. अम्बेडकर ने स्वतंत्र भारत के प्रथम विधि मंत्री के रूप में प्रचुर प्रयास किये। उन्होंने हिन्दू कोड बिल पर संसद और समाज में अपने व्याख्यान और आग उगलते लेखों द्वारा अपना दृष्टिकोण पूरी तार्किकता के साथ रखा। नारी उद्धार की बात लोगों के गले उतारने के लिए उन्होंने स्वयं अपने जीवन में भी अनेक चुनौतियां झेलीं। संविधान के अनुच्छेद 14 से 16 उनकी दृढ़ इच्छा-शक्ति के जीवन्त प्रमाण हैं।

हमारे देश की महिलाएं परम्परागत रूप में पीड़ित रही हैं। वस्तुत: 1954 से पहले महिलाओं को सम्पत्ति पर अधिकार हासिल नहीं था। तलाक की बात उन दिनों कल्पनातीत थी। न तो स्त्री को दत्तक के रूप में स्वीकार किया जाता था और न ही वे स्वयं किसी को दत्तक के रूप में ले सकती थीं। पिता और पति की सम्पत्ति पर स्त्री को कोई अधिकार प्राप्त नहीं था। अवयस्क बच्चे और स्त्रियां एक जिंस समझे जाते थे जिन्हें आसानी से खरीदा और बेचा जा सकता था, जिनसे बेगार ली जा सकती थी। दक्षिण भारत में देवदासी प्रथा अपने पूरे शबाब पर थी। ऐसे में महिलाओं को मानव अधिकारों से सुसज्जित करने के लिए उन्होंने प्रोफेसर धारपुरे और पंडित टी.आर. व्यंकटरामा शास्त्री जैसे धुरंधरों के साथ मिलकर काम किया। हिन्दू कोड बिल में अनेक ऐसे प्रावधान

उनकी सूझ-बूझ और सलाह से सम्भव हुए, जिनके बारे में लोग बात करने से डरते थे। एक से अधिक पत्नी रखने पर प्रतिबन्ध कुछ अवस्थाओं में पति से तलाक लेने का और उसे अपने भरण-पोषण लेने का अधिकार जैसी चीजें भारतीय स्त्रियों को डॉ. अम्बेडकर का अनुपम उपहार कही जा सकती हैं। इसे भुलाया नहीं जा सकता कि हिन्दू कोड बिल की रचना उनके सर्वाधिक मानसिक संघर्ष का दौर था, जिसमें उन्हें अपने मंत्री-पद से इस्तीफा भी दे देना पड़ा था।

यह सही है कि कानून के माध्यम से सामाजिक परिवर्तन के प्रयोग कुछ देशों में सफल हुए, लेकिन भारतीय समाज की विविधता और बहुरंगेपन के कारण या उन्हीं की रक्षा के प्रति अतिरिक्त आग्रह होने के कारण कानून के माध्यम से सामाजिक परिवर्तन का जो दौर डॉ. अम्बेडकर के समय में प्रारंभ हुआ था वह अधिक दिनों तक जारी नहीं रह सका। संविधान सभा में डॉ. अम्बेडकर बार-बार सामाजिक और आर्थिक विसंगतियों की ओर ध्यान दिलाते रहे थे। वह तो यहां तक कहते थे कि संविधान की रक्षा तभी सम्भव है जब इन विसंगतियों से हम पार पा सकें। उन्हीं के शब्दों में:

"यदि हम संविधान का रक्षण करना चाहते हैं जिसमें हमने जनता के लिए, जनता द्वारा, जनता की सरकार के सिद्धान्त की प्रतिष्ठा करने का प्रयास किया है तो हम इस बात का संकल्प करें कि जो बुराइयां हमारे मार्ग में हैं और जिनके कारण जनता, जनता के लिए सरकार को, जनता द्वारा सरकार से अधिक पसंद करती हैं, उन बुराइयों को समझने में विलम्ब न करें और उन बुराइयों को दूर करने के उपक्रम में दौर्बल्य न दिखाएं। देश की सेवा करने का यही मार्ग है।"[1]

यदि कोई भी संविधान सभा के वाद-विवाद का अध्ययन करे तो यह स्पष्ट हो जाता है कि जो गिने-चुने लोग बहस में तेजस्विता, तत्परता से और गहरे अध्ययन के उपरान्त भाग लेते थे उनमें डॉ. अम्बेडकर का नाम सर्वप्रमुख है। आज देश के विधान मण्डलों में जो प्रक्रिया और कार्य-संचालन के नियम लागू हैं उनका भी मूल खाका डॉ. अम्बेडकर की देन है। विधान मण्डल की कार्यवाही किस प्रकार सुचारू और वस्तुनिष्ठ ढंग से चले? अभिव्यक्ति के निर्बाध अधिकार को बनाये रखते हुए कैसे उसमें न्यायसंगत बंधन लगें जिससे कि वह अनियंत्रित न हो सके, इसका निर्धारण और उसके लिए संतुलित शब्दों में स्वस्थ संसदीय परम्पराओं का निर्वहन करते हुए कैसे प्रावधान किए जाएं? यह सब डॉ. अम्बेडकर ने बड़ी कुशलता से कर दिखाया। मुक्त कण्ठ से प्रशंसा करते हुए डॉ. राजेन्द्र प्रसाद ने उनके बारे में ठीक ही कहा था:

"सभा की अध्यक्षता और वहां की कार्यवाहियों का संचालन करते हुए मैंने महसूस किया है कि जितने उत्साह और समर्पित भावना से प्रारूप समिति के सदस्यों ने और विशेषत: अपनी अस्वस्थता के बावजूद इसके अध्यक्ष डॉ. अम्बेडकर ने काम किया है, वैसा कोई नहीं कर सकता था। हमने उन्हें प्रारूप-समिति में रखा और उन्हें इसका अध्यक्ष बनाया, इससे ज्यादा सही न कोई निर्णय था और न कदाचित हो सकता था। उन्होंने न केवल अपने चयन को सही साबित कर दिखाया बल्कि जो कार्य उन्होंने किया, उसे चमका दिया।" [2]

क्या संविधान विफल रहा?

इस समसामयिक प्रश्न का उत्तर बड़े ही स्पष्ट रूप में देना संभव है। यह कहना उचित होगा कि भारत का एक लोकतांत्रिक गणराज्य के रूप में स्थापित होना निश्चित ही भारत और भारत के करोड़ों लोगों की स्वतंत्रता, समता एवं खुशहाली के लिए एक महत्वपूर्ण और गौरवपूर्ण घटना थी। इसके साथ ही यह एक दूरगामी महत्व की विश्वस्तरीय घटना भी थी। लोग विश्व की शासन-पद्धतियों पर लोकतंत्र की पद्धति के विजयी होने की बात करते हैं। लोकतंत्र की इस विजय में भारतीय लोकतंत्र ने एक सार्थक भूमिका निभायी है। भारतीय लोकतंत्र ने यह भूमिका सैद्धान्तिक शीत-युद्ध में हिस्सा लेने के रूप में नहीं बल्कि विश्व के सामने लोकतन्त्र का एक अभिभूत कर देने वाला उदाहरण पेश करके निभायी है। ब्रिटेन के तत्कालीन प्रधानमंत्री सर एंथनी इडन ने भारत के गणराज्य बनने के समय जो बात कही थी, वह इस संदर्भ में प्रासंगिक है। उन्होंने कहा था, "मैं समझता हूं कि शासन के उन सभी प्रयोगों में से, जो आदिकाल से किए जाते रहे हैं, सर्वाधिक संभावनाओं से परिपूर्ण प्रयोग भारत द्वारा संसदीय प्रणाली का अपनाया जाना है। एक विशाल महाद्वीप अपने करोड़ों लोगों पर एक आजाद लोकतंत्र की प्रणाली लागू करने का प्रयास कर रहा है। इस तरह का प्रयास बहादुरी का काम है। भारत का यह प्रयास हमारी शासन-पद्धति की कोई फीकी सी नकल नहीं, बल्कि यह उसकी एक ऐसी विस्तीर्ण और बहुगुणित प्रतिकृति है जिसकी हमने कभी कल्पना नहीं की थी। यदि यह सफल हो जाती है तो इसका एशिया पर हमेशा के लिए प्रभाव बना रहेगा। परिणाम कुछ भी हो, हमें ऐसा प्रयत्न करने वालों का सम्मान करना होगा।"

जैसा कि हम जानते हैं, अमरीकी संविधान विशेषज्ञ प्रोफेसर ग्रैनविल ऑस्टिन ने जो विचार व्यक्त किए, वे तो और भी महत्वपूर्ण हैं। उन्होंने लिखा है कि भारतीय संविधान ने जो कार्य शुरू किया है, वह 1787 में फिलाडेल्फिया में पहली बार हुए प्रयास के पश्चात् संभवत: सबसे बड़ा राजनीतिक कदम है। डॉ. अम्बेडकर ने भारत के

नये संविधान के लिए ऐसे सार्वजनिक मूल्यों की परिकल्पना की थी जो विशिष्ट रूप में भारतीय परिस्थितियों पर लागू होते हैं। बहुत पहले 1931 में उन्होंने लिखा था, ''मैं एक ऐसे संविधान के लिए प्रयत्न करूंगा जो भारत को सभी प्रकार की दासता और संरक्षणों से छुटकारा दिला दे। मैं एक ऐसे भारत के लिए कार्य करूंगा जिसमें गरीब से गरीब लोग भी यह महसूस करें कि यह देश उनका है और इसके निर्माण में उनकी आवाज बहुत अहमियत रखती है, वह एक ऐसा भारत होगा जहां लोगों की कोई उच्च या निम्न श्रेणी नहीं होगी और जहां सभी समुदाय पूरी समरसता और सौहार्द के साथ रहेंगे। ऐसे भारत में अस्पृश्यता के अभिशाप के लिए कोई जगह नहीं होगी। हम शेष विश्व के साथ शान्तिपूर्वक रहेंगे, न दूसरों का शोषण करेंगे और न अपना शोषण होने देंगे। चाहे विदेशी हित हो या अपने, उनका हमारे लाखों साधारण लोगों के हितों से कोई टकराव न हो तो हम उनका ईमानदारी के साथ सम्मान करेंगे। व्यक्तिगत रूप से मुझे देशी और विदेशी के भेद से नफरत है। यह है मेरे सपनों का वह भारत जिसके लिए मैं संघर्ष करूंगा।''

हमारे संविधान के मूल में जो सामाजिक न्याय और सामाजिक लोकतन्त्र की बात है, वह डॉ. अम्बेडकर के इसी स्वप्न का सार है। प्रो. ग्रैनविल ऑस्टिन ने भारत के संविधान का वर्णन करते हुए कहा है कि ''यह सर्वोपरि एक सामाजिक दस्तावेज है।'' उन्होंने बात स्पष्ट करते हुए आगे कहा कि भारत के अधिकांश संवैधानिक उपबन्ध या तो प्रत्यक्ष रूप से सामाजिक क्रान्ति के उद्देश्य को प्रोत्साहन देने के लिए बनाये गये हैं या फिर इनका उद्देश्य इस लक्ष्य की उपलब्धि के लिए अपेक्षित वातावरण बनाकर इस क्रान्ति को पोषित करना है। डॉ. अम्बेडकर और पण्डित नेहरू ने इसी बात को प्रभावपूर्ण तरीके से विस्तार में बताया है। हमारे संविधान की जो बात इसे भारत और विकासशील विश्व की परिस्थितियों और समस्याओं की दृष्टि से प्रासंगिक बनाती है वह वास्तव में इसका सामाजिक-आर्थिक आधार है। इसका अनूठापन यह है कि इसने सामाजिक-आर्थिक आधार का पश्चिम के लोकतांत्रिक देशों द्वारा कल्पित उदार-अधिकारों और स्वतन्त्रता के साथ सामंजस्य बिठाया है।

संविधान के प्रारूप पर बोलते हुए डॉ. अम्बेडकर ने यह दावा किया था कि यह व्यावहारिक है, यह लचीला है और यह शान्तिकाल में ही नहीं, युद्ध काल में भी देश को एकजुट रखने में सक्षम है। वास्तव में साफ कहूं तो, यदि संविधान के अधीन स्थिति बिगड़ जाए तो उसका कारण यह नहीं होगा कि हमारा संविधान खराब था। इस स्थिति में हमें यह कहना पड़ेगा कि आदमी ही दुष्ट है। आज जबकि संविधान की समीक्षा किए जाने और यहां तक कि एक नया संविधान लिए जाने की बातें की जा रही हैं, हमें

इस बात पर विचार करना होगा कि क्या हम संविधान की वजह से विफल हुए हैं या कि संविधान को हमने विफल किया है। संविधान सभा के अध्यक्ष के रूप में डॉ. राजेन्द्र प्रसाद ने कहा था, "यदि निर्वाचित लोग चरित्रवान्, निष्ठावान और योग्य व्यक्ति हुए तो वे दोषपूर्ण संविधान का भी बढ़िया इस्तेमाल कर सकेंगे। परन्तु यदि उनमें ये कमियां हुई तो संविधान देश की सहायता नहीं कर सकेगा।" मैं समझता हूं कि ये विवेकपूर्ण बातें हैं जिन पर हमें ध्यान देना चाहिए।

संसदीय लोकतन्त्र की शासन-पद्धति को हमारे संस्थापकों ने गहन चिन्तन तथा विचार-विमर्श करने के पश्चात् ही चुना। संविधान सभा में डॉ. अम्बेडकर ने बताया था कि प्रारूप समिति ने भारत के लिए संसदीय प्रणाली चुनते समय अधिक स्थिरता की तुलना में अधिक दायित्व वाली पद्धति को अधिमान्यता दी है। यह एक ऐसी पद्धति है जिसके अन्तर्गत सरकार हर रोज कसौटी पर कसी जाएगी। उन्होंने कहा था कि फिर भी रोजमर्रा के आधार पर जवाबदेही हासिल करना कठिन है। इस प्रकार संसदीय प्रणाली संविधान सभा की एक सोची समझी और सुविचारित पसन्द थी। इसे ब्रिटिश प्रणाली की नकल पर या उपनिवेश के दौरान भारत के इसके साथ अभ्यस्त होने की वजह से नहीं चुना गया। गांधीजी ने संसदीय प्रणाली की सरकार के सम्बन्ध में ब्रिटेन के प्रति अपना आभार व्यक्त करते हुए यह टिप्पणी की थी कि इसकी जड़ें भारत में सदियों पुरानी ग्राम पंचायत प्रणाली में विद्यमान थीं। डॉ. अम्बेडकर ने संविधान सभा में बताया था कि बौद्ध संघ भी संसदीय किस्म की संस्थाएं थी और उनके कार्यकरण में संकल्पों, मत विभाजनों, सचेतकों आदि जैसे आधुनिक साधनों का प्रयोग होता था।

हमारी विरासत में इन तत्त्वों के होने की वजह से भारत के लिए लोकतन्त्र की संसदीय प्रणाली को अंगीकार करना संभव भी हो सका और आसान भी। इसके अतिरिक्त अम्बेडकर ने संविधान सभा को यह बताया कि प्रारूप समिति ने इस प्रणाली को इसलिए चुना, क्योंकि स्थिरता शक्ति के सत्तावादी प्रयोग के पक्ष में जा सकती है। एक दूसरी बात जो ध्यान में रखने योग्य है वह है कि भारत का असीम होना, देश की जटिल विभिन्नता और विविधता, इसकी विशाल जनसंख्या और इसकी सामाजिक तथा विकास सम्बन्धी समस्याओं की पेचीदगी। ऐसी दशा में एक लेखक ने इसका वर्णन 'दस लाख गदर' के रूप में करते हुए कहा था कि राजनीतिक निकाय में असन्तोष और नैराश्य के निकास के लिए द्वार होना चाहिए ताकि समाज में बड़े-बड़े विस्फोटों को टाला जा सके। अन्य प्रणालियों की तुलना में, जो स्थिरता को उत्तरदायित्व और जवाबदेही के मुकाबले अधिमान्यता देती है, संसदीय प्रणाली इस तरह का बेहतर

निकास द्वार प्रदान करती है। सरकार में अस्थिरता का हमारा हाल का अनुभव सम्भवत: इस बात के लिए पर्याप्त कारण नहीं है कि संसदीय प्रणाली को राष्ट्रपति प्रणाली अथवा किसी अन्य प्रणाली के पक्ष में दरकिनार कर दिया जाए।

डॉ. अम्बेडकर के अनुसार, हमें अपनी शासन प्रणाली में बहुत अधिक कठोरता से बचना चाहिए, क्योंकि किसी कठोर प्रणाली में यह डर बना रहता है कि समाज में कोई बड़ा विस्फोट न हो जाए। सरकार में किसी परिवर्तन की सांत्वना और सुविधा स्वयं ही दीर्घकाल में राजनीतिक प्रणाली को स्थिरता प्रदान करती है, क्योंकि उस समय लोग एक ऐसी राजनीतिक स्थिरता को सहन करने के लिए तैयार होंगे जिसे वे पसन्द नहीं करते या जिसके साथ काफी समय तक चलने में कठिनाई महसूस करते हैं। जैसा कि डॉ. राजेन्द्र प्रसाद ने कहा कि कुछ भी हो, ऐसे लोगों की खामियों का, जिन्हें एक प्रणाली चलाने का काम सौंपा गया है, संवैधानिक परिवर्तनों या उपबन्धों द्वारा निराकरण नहीं किया जा सकता। संविधान में संशोधन किए जाने की बात अलग है। संविधान के संस्थापकों ने संविधान में संशोधन की प्रक्रिया को जानबूझकर आसान बनाया, ताकि संसद द्वारा बिना ज्यादा मुश्किल के संविधान में व्याप्त कमियों और कमजोरियों को ठीक किया जा सके। कुछ और परिवर्तन भी हैं जो लाये जा सकते हैं, यथा निर्वाचन विधि में परिवर्तन या राजनीतिक दलों के कार्यकरण में परिवर्तन। हम जो कुछ भी करते हों, हमें राजनीतिक और आर्थिक प्रणाली में आवश्यक परिवर्तन लाने का अधिकार है। हमें यह सुनिश्चित करना चाहिए कि संविधान के पीछे का मूल दर्शन और संविधान का मूलभूत सामाजिक-आर्थिक आधार पवित्र और अलंघ्य बना रहे। हमें नहाने के पानी के साथ बच्चे को नहीं फेंक देना चाहिए कि जिससे शेक्सपीयर के त्रासद पात्र ओथेलो की तरह इस रूप में पछताना पड़े कि 'दीन भारतीय की तरह मोती फेंक दिया-जो उसके पूरे कबीले से मंहगा था।'

सारांशत: यह कहना उचित होगा कि भारतीय संविधान हर स्थिति को अच्छी तरह से संभाल सकता है, यदि उसका संचालन करने वाले–जनप्रतिनिधि और लोक-सेवक– 'संवैधानिक नैतिकता' का ईमानदारी तथा अच्छे ढंग से अपने-अपने कर्तव्यों का पालन करें। वे अपने उत्तरदायित्व को जानें और वे उन कानूनों का परिपालन करें जिनका निर्माण वे स्वयं करते हैं। अत: संविधान विफल नहीं होता, बल्कि राजनेता, लोक प्रशासक, जनप्रतिनिधि, राजनीतिज्ञ अथवा सत्ताधारी वर्ग अपने-अपने निहित स्वार्थों की सम्पूर्ति के प्रति अधिक तत्पर रहते हैं और आम जनता के हितों को नजर-

अंदाज कर धनलोलुपता के अथाह सागर में डूब जाते हैं। इसलिए डॉ. अम्बेडकर ने कहा था कि संविधान तो एक संहिता है जिसका निर्वाह उसके संचालकों की निष्ठा तथा कार्य-कुशलता पर निर्भर करता है। खेद है कि जनप्रतिनिधियों की जातिगत एवं संकुचित मानसिकता आज की स्थिति में प्रबल हो गई है। इसमें संविधान का कोई दोष नहीं, अपितु उसके संचालकों का दुराचरण है।

---

1. डॉ. बाबासाहेब अम्बेडकर-रायटिंग्स एण्ड स्पीचेज, खण्ड 13, 1994, पृ. 1214-1218.
2. वही., पृ. 1219.

अध्याय-4

त्रयी सिद्धान्त के निर्माता

डॉ. अम्बेडकर के त्रयी सिद्धान्त भारतीय संविधान में ही निहित हैं। यद्यपि डॉ. अम्बेडकर के चिन्तन, दर्शन एवं जीवन में अनेक त्रयी विचार तथा दृष्टिकोण मिल सकते हैं, पर मुख्य त्रयी सिद्धान्त तीन ही हैं जिनमें प्रत्येक की अपनी पृष्ठभूमि है, प्रत्येक का अपना ऐतिहासिक महत्व, सामाजिक सन्दर्भ और अन्तर्निहित अर्थ है। डॉ. अम्बेडकर ने इनका जो चुनाव किया वह अत्यधिक गम्भीर एवं गूढ़ है, क्योंकि उन्होंने किसी भी देश-काल में उन्हें अंगीकार किया हो, उनमें अर्थ एवं ध्येय दोनों की निरन्तरता है। तीनों त्रयी सिद्धान्तों में अन्तःसंबंध है। उन्हें पृथक्-पृथक् देखना एक भारी भूल होगी।[1]

स्पष्टतः डॉ. अम्बेडकर के जीवन-दर्शन का महत्वपूर्ण पक्ष यह है कि उनके विचार ऊपरी दृष्टि से बिखरे हुए दिखाई भले ही दें, पर उनमें स्थितियां भिन्न-भिन्न होते हुए भी एकता एवं समरसता है। कोई यह शंका कर सकता है कि प्रथम त्रयी सिद्धान्त अर्थात् स्वतंत्रता, समानता एवं भ्रातृत्व का स्रोत वस्तुतः फ्रांस की क्रान्ति है अथवा बुद्ध की शिक्षाएं। बुद्ध की शिक्षाएं प्रसारित हुईं प्राचीन युग में और फ्रांस की क्रान्ति हुई 1879 में, और डॉ. अम्बेडकर ने उसे संभाला 1936 में। भला इनमें क्या तारतम्य हो सकता है? कोई यह भी सोच सकता है कि द्वितीय त्रयी सिद्धान्त अर्थात् शिक्षा, संगठन एवं संघर्ष का प्रथम से क्या संबंध हो सकता है? यह त्रयी सिद्धान्त तो डॉ. अम्बेडकर द्वारा 1942

में संचारित किया गया था। इसी प्रकार कोई यह कह सकता है कि तृतीय त्रयी सिद्धान्त अर्थात् बुद्ध, धम्म एवं संघ की झलक डॉ. अम्बेडकर के मन में 1907 में आई और वह झलक भटकते-भटकते 1956 में साकार हुई। क्या इनमें भी तार्किकता तथा प्रासंगिकता है? अतः यह देखना आवश्यक है कि डॉ. अम्बेडकर ने इन त्रयी सिद्धान्तों को यों ही राह चलते-चलते धारण कर लिया अथवा उन्होंने किसी विचार-तंत्र के अन्तर्गत उन्हें सोच-समझकर चुना। उनके मन में कौन से विचार थे जो उन्हें इनकी ओर ले गये?

क्या है डॉ. अम्बेडकर का विचार-तंत्र अथवा दर्शन? एक शब्द में, 'मानववाद' और दो शब्दों में, 'सामाजिक मानववाद'। मानववाद वह विचारधारा अथवा दर्शन है जो मनुष्य तथा उनकी स्थितियों को अपने अध्ययन का मुख्य केन्द्र बिन्दु मानता है। मानववाद एक ऐसा सतत चिन्तन है जो मानव प्राणियों की समस्याओं और उनके समाधानों में अत्यधिक रुचि प्रदर्शित करता है। मानववाद उन क्षेत्रों की खोज करता है, चाहे वे सामाजिक हों या प्राकृतिक, जहां आदमी-आदमी के साथ योग्य संबंध स्थापित करे, और वे परस्पर मिलकर उन प्राकृतिक संपदाओं को अपने कल्याण हेतु शोधित एवं नियंत्रित करें। इसका अर्थ है मनुष्य और प्रकृति की सामूहिकता से मानव समाज को लाभान्वित करना। मानववाद लौकिक तथा सांसारिक, अनुभवपरक एवं बोधगम्य, पक्षों को अधिक महत्व देता है अर्थात् मानववाद के विचार-तंत्र में अति-प्राकृतिक शक्तियों, अंधविश्वासों, देवी-देवताओं, करिश्मावादी विधियों आदि का कोई स्थान नहीं। मानववाद मनुष्य, प्रकृति एवं समाज के अध्ययन तथा महत्व तक ही सीमित है, उसका विचार तंत्र निरीश्वरवादी है। मनुष्य स्वयं समाज में रहकर प्रकृति से समन्वय स्थापित करते हुए, अपना निर्माता है। संक्षेप में, मानववाद नरक-स्वर्ग, पूजा-पाठ, देवी-देवता, ईश्वरीय धर्म की जटिलताओं, आत्मा के आवागमन, आदि से भिन्न विचार रखने वाला पूर्णतः मनुष्य, समाज तथा प्रकृति तक ही सीमित है।

'सामाजिक मानववाद' फिर क्या है? यह डॉ. अम्बेडकर के दर्शन की आधारशिला और समग्र मानववाद का एक प्रमुख पक्ष है अर्थात् सामाजिक मानववाद वह सिद्धान्त है जो यह मानता है कि मनुष्य का मुख्य आधार समाज है और मनुष्य-मनुष्य के बीच सामाजिक संबंध उसकी स्थिति, चाहे वह सुखद हो अथवा दुःखद, के लिए उत्तरदायी है। डॉ. अम्बेडकर के अनुसार, मनुष्य का अध्ययन, उसकी सामाजिक स्थिति से ही संभव है। उनके सामाजिक मानववाद का उदय मानव अधिकारों के लिए किए गये संघर्ष में हुआ। उनकी दार्शनिक प्रज्ञा एवं मानव भावना लोह जंजीरों से जकड़ी हुई मानवता को देख न सकी। अत्याचार एवं अन्याय के विरुद्ध संघर्षरत जीवन में ही उनके समाज-दर्शन की आधारशिला दृढ़ हुई। उनका सामाजिक मानववाद मानव

सम्मान, स्वतंत्रता, समता, सत्य, न्याय, एकता, भ्रातृत्व, प्रजातंत्र के मूल्यों पर आधारित है। संक्षेप में, यह उन समस्त प्रथाओं, परम्पराओं, अधंविश्वासों, व्यवस्थाओं तथा विचारों का प्रतिरोधी है जो मानव व्यक्तित्व की गरिमा को धूमिल एवं ध्वस्त करते हैं।

उपर्युक्त दृष्टि से यह कहना प्रासंगिक होगा कि मानववाद तथा सामाजिक मानववाद, जो डॉ. अम्बेडकर के विचार-तंत्र का मूल स्वरूप है, आदमी तथा उसकी सामाजिक स्थिति को अध्ययन एवं कर्म का केन्द्र मानते हैं। आदमी न तो भौतिक शरीर ही है, न अहंकार अथवा मनस या बुद्धि ही; आदमी न पशु ही है, न देवता या असुर, आदमी न तो प्रारंभिक पापी है, न ही कोरा कागज-ये सब तो उसकी अपूर्ण झलकियां हैं जिनमें होकर मानवता का विलक्षण एवं विशद विकास हो रहा है। मानववादी, आदमी के सच्चे स्वरूप का सृजन तो अभी होना बाकी है। मानववाद अथवा डॉ. साहेब का सामाजिक मानववाद एक मंजिल नहीं है, अपितु एक मार्ग है जिसका अनुकरण उन सभी व्यक्तियों, समूहों तथा देशों को करना चाहिए जो मानव मूल्यों अर्थात् न्याय, स्वतंत्रता, समता एवं बंधुत्व के समर्थक हैं। यही डॉ. अम्बेडकर के विचार-तंत्र या दर्शन का सार-तत्व है।

स्पष्टत: डॉ. अम्बेडकर द्वारा समयानुसार, मानव की सामाजिक स्थिति की दृष्टि से, विभिन्न त्रयी सिद्धान्तों का चयन एवं उपयोग भिन्न-भिन्न कालों में किया गया, परन्तु यह पक्ष बड़ा ही महत्वपूर्ण है कि इन सभी त्रयी सिद्धान्तों के मूलांश अर्थात् स्वतंत्रता, समता, भ्रातृत्व, शिक्षा, संगटन, संघर्ष, बुद्ध, धम्म, संघ उनके विचार-तंत्र में शत-प्रतिशत उपयुक्त बैठते हैं, क्योंकि इन सबका मूल रूप मानववादी है, और उनकी उत्पत्ति एवं विकास सामाजिक स्थितियों में ही हुआ। इनका अतिप्राकृतिक शक्तियों या देवी-देवताओं से कोई सरोकार नहीं रहा। यदि उनका कोई अस्तित्व है तो ये मानववादी दर्शन के मूल तत्व हैं जिनका सीधा सम्बन्ध आदमी और उसकी स्थितियों से है। डॉ. अम्बेडकर के विचार-तंत्र से उनका कोई विरोध नहीं है। यदि वास्तविक दृष्टि से परखा जाए तो तीन त्रयी सिद्धान्तों के नौ मूलांश डॉ. अम्बेडकर के दृष्टिकोण तथा विधियों के विविध आयाम हैं जिन्हें पृथक्-पृथक् ढंग से जाना जा सकता है और समग्र रूप में भी उन्हें समझना सम्भव है। उनका समग्र रूप ही डॉ. अम्बेडकर के विचार-तंत्र का मूल स्वरूप है, क्योंकि त्रयी सिद्धान्तों तथा उनके सामाजिक मानववाद दोनों में ही मनुष्य केन्द्र बिन्दु है और उसकी स्थितियां उनमें सम्मिलित हैं अर्थात् दोनों में प्रकृति के प्रपंच के अलावा ऐसा कुछ नहीं है जो उन्हें मानववादी होने से वंचित करे। दोनों में मानव कल्याण ही सर्वोपरि है और वह भी स्वयं मानव द्वारा, न कि किसी दैवी कृपा या अतिप्राकृतिक चमत्कार द्वारा।

सर्वप्रथम डॉ. अम्बेडकर का स्वतंत्रता, समता एवं भ्रातृत्व का त्रयी सिद्धान्त लिया जाए जिसे उन्होंने, जैसा कि वह स्वयं मानते हैं, फ्रांस की क्रांति से नहीं, अपितु बुद्ध की शिक्षाओं से ग्रहण किया। यह संभव है, क्योंकि डॉ. अम्बेडकर ने सबसे पहले बुद्ध की जीवनी एवं आदर्शों का अध्ययन 1907 में किया जब उन्हें केलुस्कर ने संबंधित पुस्तक भेंट की। बुद्ध द्वारा भारत में सामाजिक क्रान्ति उस युग में की गई जब निम्न जाति के नर-नारियों की सामाजिक स्थिति दयनीय थी। बुद्ध ने ही शूद्रों को स्वतंत्र रूप से बोलने का अवसर प्रदान किया और उन्हें समता का स्तर सुलभ कराया। डॉ. अम्बेडकर ने बुद्ध युगीन सामाजिक स्थिति और अपने समय की अछूत-दलितों की स्थिति की तुलना अवश्य की होगी। तभी तो इस त्रयी सिद्धान्त की उत्पत्ति एवं महत्व को वह भली-भांति समझ पाये और अकेले ही 1936 में उसे उद्घोषित किया ताकि अछूत-दलित उसके अर्थ तथा सन्दर्भ को समझकर आगे बढ़ सकें। फ्रांस की क्रांति तो बहुत बाद की घटना है जिसे डॉ. अम्बेडकर ने गम्भीरता से पढ़ा-समझा, पर उनकी मूल प्रेरणा बुद्ध और उनकी शिक्षाएं ही रहीं। बुद्ध और अम्बेडकर के जन्मों, उनके द्वारा छेड़े गये आन्दोलनों, के बीच शताब्दियों का अन्तराल अवश्य रहा, पर सामाजिक स्थितियों में कुछ समानता निश्चित रूप से मिलती है। बुद्ध ने वर्णाधारित समाज व्यवस्था को चुनौती दी, पशु-बलियों तथा ब्राह्मणी प्रवृत्तियों का तिरस्कार किया और यही अम्बेडकर ने अपने युग में किया। यही कारण है कि बुद्ध के मानववाद का दूसरा रूप हमें डॉ. अम्बेडकर के सामाजिक मानववाद में मिलता है। फ्रांस की क्रांति के विद्वान, भले ही स्वतंत्रता, समता एवं बंधुत्व के समर्थक थे, पर वे ईश्वरवादी थे अर्थात् ईश्वरीय मानवतावाद में उनकी आस्था थी। यही तत्व अम्बेडकर को फ्रांस की क्रान्ति के दर्शन से दूर और बुद्ध की सामाजिक क्रान्ति के निकट ले गया। अन्य शब्दों में, स्वतंत्रता, समता एवं भ्रातृत्व बुद्ध और अम्बेडकर दोनों के मानववाद के विचार-तंत्र से, न कि फ्रांसीसी विद्वानों के मानवतावाद के दर्शन से मेल खाते हैं। अत: यह निष्कर्ष न्यायसंगत होगा कि अम्बेडकर ने इस त्रयी सिद्धांत का बुद्ध की शिक्षाओं से अनुकरण आज की स्थितियों में उपयुक्त बनाया।

द्वितीय त्रयी सिद्धान्त अर्थात् शिक्षा, संगठन एवं संघर्ष विशेष सामाजिक स्थिति से उद्भूत हुआ। निश्चय ही, यह त्रयी अथवा उसके मूलांश डॉ. अम्बेडकर के विचार-तंत्र (सामाजिक मानववाद) से शत-प्रतिशत मेल खाते हैं, क्योंकि दलित या अन्य लोग स्वतंत्रता, समता एवं भ्रातृत्व को तभी सार्थक एवं उपयोगी बना सकते हैं जब वे शिक्षित बनें, अपनी सामाजिक स्थितियों को समझें, उनका समाधान ढूंढें, संगठित होकर अपनी शक्ति पहचानें, और तद्नुरूप संघर्ष करें। डॉ. अम्बेडकर ने जिन मानवाधिकारों की

वकालत की, क्या उन्हें शिक्षा, संगठन के बिना प्राप्त किया जा सकता है? कतई नहीं। अथवा उनके सामाजिक मानववाद के तंत्र को शिक्षा, संगठन तथा संघर्ष के बिना प्रसारित या सुदृढ़ बनाया जा सकता है? पुनः कतई नहीं। अतएव डॉ. साहेब द्वारा इस त्रयी सिद्धान्त की खोज एवं अभ्यास कोई आकस्मिक तथा विसंगत घटना नहीं थी। उन्होंने बड़े ही चिन्तन-मनन करने के पश्चात् व्यथित दशा में दलितों के समक्ष इसे सशक्त हथियार के रूप में प्रस्तुत किया। यह उनके मानववादी दृष्टिकोण की ही एक परिणति है। राष्ट्रीय आन्दोलन के दौरान जब सभी वर्ग तथा सम्प्रदाय अपने-अपने लिए सत्ता से संबंधित अधिकारों की मांग कर रहे थे और अपनी-अपनी पहचान बना रहे थे, तब डॉ. अम्बेडकर ने आठ करोड़ अछूत-दलितों को पुरातन निद्रा से जगाया ताकि वे भी अपनी पहचान बनाकर अपने राजनीतिक, नागरिक तथा सामाजिक अधिकारों को प्राप्त करें। डॉ. अम्बेडकर का 1942 में दिया गया यह नारा कि "शिक्षित बनो, संगठित रहो और संघर्ष करो", बहुत सोचा-समझा उद्घोष था जिससे उद्भूत होने वाली सम्प्रेरणा आज भी सार्थक है।

तृतीय त्रयी सिद्धान्त अर्थात् बुद्ध, धम्म एवं संघ की गूंज डॉ. अम्बेडकर के मन-मन्दिर में 1907 से ही अविरल बनी रही जिसकी अधिकृत अभिव्यक्ति 14 अक्टूबर, 1956 के दिन नागपुर में तीन लाख से अधिक नर-नारियों के समक्ष हुई। उपर्युक्त दो त्रयी सिद्धान्तों की भांति, इसके मूलांश भी डॉ. अम्बेडकर के विचार-तंत्र से मेल खाते हैं, क्योंकि बुद्ध का अर्थ है ज्ञान, धम्म का अर्थ है धारण करना या नैतिक कर्तव्य और संघर्ष का अर्थ है सामूहिकता तथा संगठन। ये तीनों ही मानववाद के मूलाधार हैं। जब डॉ. अम्बेडकर के सम्मुख धर्म परिवर्तन का प्रश्न आया तो उनके कई वैकल्पिक धर्म थे जैसे ईसाई धर्म, मुस्लिम धर्म, सिक्ख धर्म तथा बौद्ध धर्म भी। उन्हें स्वयं किसी नये धर्म की स्थापना तो करनी नहीं थी, इसलिए विद्यमान धर्मों में से ही किसी एक को चुनना था। यह मूलतः वैचारिक, साथ ही, एक व्यावहारिक प्रश्न भी था। वह नहीं चाहते थे कि उनके विचार-तंत्र में कोई विसंगति पैदा हो अर्थात् वह कोई ऐसा धर्म चुनें जो उनके सामाजिक मानववाद को ध्वस्त कर दे। बौद्ध धर्म के अलावा सभी धर्म ईश्वरवादी तथा कट्टरपंथी थे जो उनकी विचारधारा से कतई मेल नहीं खाते थे। उन्होंने इस तथ्य को कई स्थानों पर स्पष्ट किया है। अन्ततोगत्वा डॉ. साहेब बुद्ध, धम्म एवं संघ रूपी त्रिरत्न के तंत्र में शरणागत हुए, क्योंकि यह त्रयी उनके जीवन दर्शन से शत-प्रतिशत मेल खाती है। अतः इसके चुनाव का निर्णय उनके व्यापाक दृष्टिकोण तथा अन्तःकरण की समग्रता का परिचायक है।

अब यह बिलकुल स्पष्ट है कि उपर्युक्त त्रयी सिद्धान्त न केवल डॉ. अम्बेडकर के विचार तंत्र से मेल खाते हैं, अपितु उनके 'सामाजिक मानववाद' के मूल तत्व भी हैं। इनको एक दूसरे से पृथक् नहीं किया जा सकता, नौ मूलांश एक दूसरे पर आश्रित हैं। एक दूसरे में अन्तर्निहित हैं:

1. इससे स्पष्ट है कि इन नौ तत्वों में सभी कोणों से सम्बन्ध दर्शाया गया है। प्रत्येक त्रयी के तीनों मूलांशों में सीधा सम्बन्ध है अर्थात् स्वतंत्रता समता की ओर ले जाती है और दोनों मानव प्राणियों को बन्धुत्व (भ्रातृत्व) के लिए प्रेरित करते हैं, शिक्षा, संगठन की ओर ले जाती है और दोनों संघर्ष की दिशा में चाहे वह संघर्ष किसी स्तर पर या क्षेत्र में हो। इसी प्रकार ज्ञान (बुद्ध) कर्तव्य (धम्म) की ओर ले जाता है और दोनों संघीय जीवन की स्थिति में ताकि वैयक्तिक साधना हो और सामूहिक नेतृत्व के निर्देशन का लाभ भी मिले। यह त्रयी सिद्धान्तों के अन्त: सम्बन्ध का एक पक्ष तथा दृष्टिकोण है।
2. यदि हम नीचे की ओर चलें तो हमें उनके अन्त: सम्बन्ध का दूसरा पक्ष तथा दृष्टिकोण मिलता है। अर्थात् जब स्वतंत्रता होगी, तभी कोई शिक्षित बनकर, ज्ञान (बुद्ध) की प्राप्ति कर सकता है अन्यथा स्वतंत्रता के अभाव में, न तो शिक्षा मिलेगी, न ही ज्ञान, जैसा कि भारतीय समाज, विशेषकर हिन्दू वर्ण या जाति व्यवस्था में हुआ। यदि किसी समाज के सदस्यों के बीच समता भाव तथा व्यवहार है तो वहां निश्चित ही संगठन होगा, और सभी लोग अपने-अपने कर्तव्य (धम्म) निभा पायेंगे। अत: समत्व की भावना संगठन की ओर ले जाती है, चाहे वह संगठन-संतुलन व्यक्तित्व में हो अथवा समाज में और दोनों कर्तव्य के लिए प्रेरित करते हैं, क्योंकि समता एवं संगठन एक पक्षीय न होकर, समग्रता तथा सामूहिकता की अभिव्यक्ति करते हैं। इस प्रकार इन तीनों तत्वों को एक दूसरे से पृथक् नहीं कर सकते। भ्रातृत्व है तो संघर्षमय तथा संघीय जीवन भी संभव है अर्थात् कोई भी संघर्ष संघ से संचालित होने पर अवश्य ही सफल होगा। इन तीनों तत्वों में सामूहिकता का जीवन-दर्शन मिलता है जहां त्याग एवं संतोष भी भरपूर मिल सकते हैं।
3. इन त्रयी सिद्धान्तों के मूलांशों के अन्त: सम्बन्ध का एक तीसरा पक्ष और है। यदि हम उन्हें तिरछा करके देखें तो भी उनमें घनिष्ठ सम्बन्ध है अर्थात् जहां नागरिकों को स्वतंत्रता है, वहां संगठन सम्भव है और उनका संघीय जीवन भी निर्मित हो सकता है। हिन्दू जैसे रूढ़िवादी समाज में जब अछूत-दलितों को पढ़ने-लिखने, घूमने-फिरने की स्वतंत्रता मिली तो उनमें संगठित होने की भावनाएं उदय हुईं।

फलतः आज उनकी अनेक संस्थाएं तथा संगठन हैं। सामान्यतः स्वतन्त्रता तो संगठन तथा संघ को जन्म देती है चाहे समाज कहीं का भी हो। इसी भांति यदि ज्ञान (बुद्ध) है तो भी संगठनों का उदय तथा विकास होता है, क्योंकि कभी-कभी ज्ञान सामूहिक रूप से ही हितकारी होता है। ज्ञान तथा संगठन मिलकर भ्रातृत्व-भाव पैदा करते हैं अर्थात् बन्धुत्वपूर्ण संबंध आदमी-आदमी के बीच प्रस्फुटित होते हैं। यही कारण है कि डॉ. अम्बेडकर ने ज्ञानवान् होने के पश्चात् स्वयं के व्यक्तित्व को संगठित व संतुलित किया और फिर अछूत-दलितों के विभिन्न समुदायों में बंधुत्व की भावनाएं जाग्रत कीं। फलतः वे संघर्ष के लिए तैयार हो गए और अपने मान-सम्मान एवं अधिकारों को प्राप्त किया।

उक्त तीनों दृष्टिकोणों को किसी भी ढंग से यदि देखा जाए तो नौ तत्वों में परस्पर घनिष्ठ संबंध है जो डॉ. अम्बेडकर के मानववादी दर्शन की समग्रता का निर्माण करते हैं। डॉ. अम्बेडकर की बुद्धि तथा दूरदृष्टि को स्वीकार करना पड़ेगा कि भले ही उन्होंने त्रयी सिद्धान्तों के चुनाव एवं व्यवहार में देश-काल का अन्तर रखा हो, पर उनमें जो अन्तः संबंध है, निकटता एवं लक्ष्यों की एकता है, वह अद्वितीय है। कहीं भी इन नौ मूलांशों में बिखराव तथा टकराव नहीं मिलते और डॉ. साहेब के विचार-तंत्र, सामाजिक मानववाद के साथ न केवल मेल खाते हैं, अपितु वे उसके मूलाधार भी बन जाते हैं। ये उनके दर्शन के स्तम्भ हैं जिन पर समस्त अछूत-दलित समूहों की आकांक्षाओं एवं प्रेरणाओं का महल डॉ. साहेब ने बड़ी मेहनत से निर्मित किया है।

इन त्रयी सिद्धान्तों के मूलांश अर्थात् स्वतंत्रता, समता, भ्रातृत्व, शिक्षा, संगठन, संघर्ष, ज्ञान (बुद्ध), कर्तव्य (धम्म) तथा संघ, शाश्वत आदर्श हैं जिनसे वे मानव मूल्य उद्भूत होते हैं जो न केवल अछूत-दलितों, अपितु समस्त मानव प्राणियों के लिए, हितकारी व कल्याणकारी हैं। भले ही डॉ. अम्बेडकर ने इन त्रयी सिद्धान्तों को निश्चित काल व स्थितियों में अछूत-दलितों के सन्दर्भ में अंगीकार किया हो, पर उनकी व्यापकता अनंत है, उनकी उपयोगिता सभी स्थितियों एवं कालों में सभी के लिए है और जो उनको अंगीकार करेगा, वह निश्चय ही उच्च स्तर तथा प्रबुद्ध व्यक्तित्व प्राप्त करेगा। इसी प्रकार जो जाति या समुदाय अथवा देश इनको व्यवहार में लायेगा, वहां के सदस्य उदार तथा मानववादी बनेंगे। सभी के हित साधन की व्यवस्थाएं वे बनायेंगे। यही अन्तर्भाव इन त्रयी सिद्धान्तों में है जिसे डॉ. अम्बेडकर जैसे मनीषी ने समझा और ग्रहण किया।

डॉ. अम्बेडकर के सामाजिक मानववाद या दार्शनिक विचार-तंत्र की तारतम्यता तथा समग्रता, उनके निष्ठावान एवं निस्वार्थ चरित्र की अभिव्यक्ति है जिसके लिए वह

जीवनपर्यन्त स्वयं शिक्षित होते रहे तथा उत्पीड़ित दलितों को शिक्षित करते रहे। उन्हें संगठित किया और फिर संघर्ष की वह प्रवृत्ति उनमें संचारित की जो मुश्किल से ही उनके अन्दर आती, क्योंकि उन्हें सदियों से परतंत्र, असमान, तिरस्कृत, अशिक्षित, असंगठित, संघर्षविहीन, अज्ञान, अकर्तव्य तथा विघटित अवस्था में रखा गया था। यदि शूद्र, अछूत, दलित, नीच, अन्त्यज, जैसे मृत समान नर-नारी जाग्रत हो जाएं और अपने अस्तित्व एवं अधिकारों के लिए सजग व संघर्षशील हो जाएं तो क्या यह अचम्भा नहीं है? लेकिन काल, स्थिति, बुद्धि ने डॉ. अम्बेडकर जैसे उद्धारक का साथ दिया, उनमें सामर्थ्य उत्पन्न की और साहस दिया कि वह इन त्रयी सिद्धान्तों को अंगीकार करके, कुछ ऐसा मानवता के लिए कर गये जो गत कई शताब्दियों में नहीं हुआ और न ही आने वाली शताब्दियो में उसकी कोई सम्भावना है।

यह कहना उचित होगा कि डॉ. अम्बेडकर अनेक विषम परिस्थितियों में से गुजरते, यात्रा करते, कई मोर्चों पर संघर्षरत होते हुए, उस विचार तंत्र, मानववादी दर्शन को, बुद्ध युगीन परम्परा व संस्कृति से जोड़ते हुए, दे गये जो आज भी उतना ही प्रासंगिक है जितना कि वह त्रयी सिद्धान्तों के रूप में कभी रहा होगा। यही कारण है कि यद्यपि डॉ. अम्बेडकर की देह-काया का अन्त 1956 में हो गया, पर उनकी विचार-काया आज भी विद्यमान है। यह विचार-काया गहराई में अथाह, व्यापकता में अनंत, यात्रा में शाश्वत तथा उपयोगिता में सतत है। संक्षेप में, बोधिसत्व बाबासाहेब की विचार-काया निराकार किन्तु नित्य है अर्थात् सदैव शुभ करने के लिए सम्प्रेरित करने वाली मानवीय अन्तर्भावना है। चाहे वह शुभ व्यक्ति तथा परिवार के हित में हो अथवा समाज एवं सम्पूर्ण जगत् के प्राणियों की भलाई के लिए हो। यहां वे सारांश उल्लेखनीय हैं जो डॉ. अम्बेडकर के त्रयी सिद्धान्तों के विश्लेषण से अवतरित एवं स्पष्ट होते हैं:

1. वस्तुतः बाबासाहेब ने दुःख की सामाजिक स्थिति को अत्यधिक महत्व दिया। उन्होंने बार-बार उसकी चर्चा की और उससे समाज में रहने वाले अछूत-दलितों को अपनी दुर्दशा से अवगत होने तथा उभरने का अवसर मिला, क्योंकि डॉ. साहेब उनके लिए सतत रूप से उत्साह एवं बल का स्रोत बने रहे।
2. इतना ही नहीं कि डॉ. अम्बेडकर ने दुःख की सामाजिक स्थिति का ही चित्रण किया हो। उन्होंने मानव प्राणियों की भौतिक आवश्यकताओं की सम्पूर्ति पर भी बल दिया ताकि वे सुख भोग सकें, क्योंकि सुख उतना ही वास्तविक है जितना कि दुःख। डॉ. साहेब ने जीवन की दोनों स्थितियों अर्थात् दुःख-सुख में अविचलित तथा असन्तुलित न होने की शिक्षा दी।

3. डॉ. अम्बेडकर जैसे मनीषी ने नव-रत्नों के दर्शन का प्रतिपादन सैद्धान्तिक वाद-विवाद के लिए नहीं, प्रत्युत व्यावहारिक जीवन में मनुष्य का मार्ग दर्शन करने के लिए ही किया है। स्वयं बाबासाहेब ने अपने चरित्र तथा आचरण को अधिक उत्कृष्ट बनाने का प्रयत्न किया और उन्होंने अपने को निश्चित एवं संतुलित व्यवहार में ढाला। फलत: दलित तथा अन्य लोग उनसे प्रभावित हुए।
4. त्रयी सिद्धान्त वैयक्तिक रूप में मानव प्राणियों की शारीरिक, मानसिक तथा बौद्धिक आवश्यकताओं की तृप्ति के लिए उनका समुचित मार्गदर्शन करने के साथ-साथ उन्हें अपने पारिवारिक तथा सामाजिक उत्तरदायित्व का भी स्पष्ट बोध कराते हैं। त्रयी सिद्धान्तों का यथासम्भव अनुसरण करते हुए, सभी मनुष्य, चाहे वे दलित हों अथवा अन्य, अधिक सार्थक, संतुलित एवं आनन्दमय जीवन व्यतीत कर सकते हैं। इन सिद्धान्तों का व्यावहारिक जीवन से घनिष्ठ सम्बन्ध है। ये कर्तव्यनिष्ठा एवं पवित्र आचरण की ओर मनुष्य को प्रेरित करते हैं।
5. वर्तमान युग में मानव-जीवन की नवीन परिस्थितियों तथा आवश्यकताओं को दृष्टिगत रखकर, डॉ. अम्बेडकर ने बुद्ध द्वारा प्रतिपादित नैतिक आदर्शों तथा शिक्षाओं की बहुत व्यापक व्याख्या की। डॉ. साहेब ने यह प्रमाणित किया कि आधुनिक राजनीतिक, आर्थिक, सामाजिक तथा धार्मिक व्यवस्थाओं में बुद्ध के नैतिक आदर्श, स्वयं के नव-रत्नों को सम्मिलित करते हुए, मानव प्राणियों के लिए उतने ही उपादेय एवं श्रेयस्कर हैं, जितने कि वे पूर्व काल में थे। ये सिद्धान्त मानते हैं कि मनुष्य को संसार का परित्याग करने की आवश्यकता नहीं है। सभी मनुष्य संसार में रहते हुए, अपने सामाजिक उत्तरदायित्वों की पूर्ति तथा दीन-दुखियों, उपेक्षित-पीड़ितों की सेवा करके उत्कृष्ट जीवन प्राप्त कर सकते हैं।
6. डॉ. अम्बेडकर ने विचारों तथा आचरण की पवित्रता एवं संतुलन, सभी मनुष्यों की समता, स्वतंत्र चिंतन और स्वयं निर्णय करने की क्षमता तथा सभी दृष्टियों से मनुष्य के स्वावलम्बी होने की आवश्यकता को विशेष महत्व प्रदान कर भारतीय समाज तथा मानव व्यवस्था का समुचित मार्ग-दर्शन किया। इसके साथ ही, डॉ. साहेब ने उस वर्ग या जाति प्रथा का दृढ़तापूर्वक विरोध किया जिसके कारण एक मनुष्य दूसरे मनुष्य से अलग हो गया, एक नीच दूसरा उच्च बन गया। उनका निश्चित मत था कि समाज में, भिन्नताएं होते हुए भी, सभी मनुष्य समान रूप से मान-सम्मान के हकदार हैं, भले ही कोई अपने निकृष्ट आचरण से पतित बने।
7. मनुष्य का अच्छा या बुरा होना इस बात पर निर्भर करता है कि वह बाबासाहेब के नव-रत्नों के प्रति क्या दृष्टिकोण अपनाता है और अन्य मानव प्राणियों के साथ

कैसा व्यवहार करता है। वह अपने अनुयायियों से अपेक्षा करते थे कि वे उनके द्वारा बतलाये मार्ग पर चलें। सबको स्वतंत्रता दें और सबको समान समझें। यही कारण है कि डॉ. साहेब बुद्ध, धम्म एवं संघ में शरणागत हो गये। इस भावना का उन्होंने जो प्रचार किया उसका प्रभाव केवल दलितों तक ही सीमित न रहा, न अपने युग तक ही उनके विचार सीमित रहे, अपितु उनके नव-रत्न देश-काल की सीमाओं से निकल कर सार्वभौम मूल्य हो गये हैं।

8. डॉ. साहेब वैयक्तिक जीवन से ही प्रारंभ होते हैं, क्योंकि व्यक्ति स्वयं अपना स्वामी है। उसकी अपनी वैयक्तिकता है और वह स्वयं अपने तन-मन को नियंत्रित कर, दुर्लभ स्वामित्व तथा व्यक्तित्व प्राप्त कर सकता है। फलतः वह परिवार, क्षेत्र एवं समाज का निश्चित तथा दृढ़-संकल्पित होकर, मार्गदर्शन एवं सहायता कर सकता है। मनुष्य का सबसे बड़ा शत्रु है, अशिक्षित, परतंत्र, असंगठित आदि रहना। अपने आपको सम्भालो, उठाओ तथा अपनी आत्म-परीक्षा करो। हीन-भाव अथवा आत्म-घाती प्रवृत्तियां अपने में मत उगने दो। उत्कृष्ट लक्ष्यों का अनुसरण करो जो मानव प्राणियों के हित में हों। यही डॉ. साहेब के त्रयी सिद्धातों का मूल-मंत्र है।
9. चूंकि डॉ. अम्बेडकर के नव-रत्न अपने में उत्कृष्ट एवं शुभ हैं, उनकी प्राप्ति हिंसा व अन्याय के साधनों द्वारा संभव नहीं हो सकती। शुभ की प्राप्ति शुभ से ही होती है, अशुभ से कदापि नहीं, भले ही वह मार्ग लम्बा एवं श्रम-साध्य हो। यही व्यक्ति एवं समाज दोनों के कल्याण का उत्कृष्टतम मार्ग है जो बुद्ध और अम्बेडकर दोनों में हमें समान रूप से मिलता है।
10. अन्त में, यह कहना प्रासंगिक होगा कि डॉ. अम्बेडकर के विचार अर्थात् नव-रत्न मनुष्य को संसार से पृथक् रहकर कुछ शुभ या उत्कृष्टतम करने की शिक्षा नहीं देते। वह वैयक्तिक कल्याण (निर्वाण) के लिए एकांत में साधक बने रहने की सलाह नहीं देते, अपितु पीड़ित एवं अभावग्रस्त मनुष्यों की सेवा के लिए, जैसा कि स्वयं उन्होंने किया, निःस्वार्थ और सतत प्रयास में जुटे रहने को वह बहुत अच्छा मानते हैं। मानव जीवन की सार्थकता और उत्कृष्ट लक्ष्य की अन्तर्भावना समाज व संसार से विरक्ति में नहीं, वरन् प्राणी मात्र की सेवा के प्रति संलग्नता में ही है। बाबासाहेब के नव-रत्नों का यही सार-तत्व है जिसने उसे समझा तथा माना वह धन्य हो गया, मानववादी आध्यात्मिकता से ओत-प्रोत वह धनी बन गया। मनुष्य को इससे अधिक और क्या चाहिए?

इस प्रकार, यह स्पष्ट है कि एक अद्‌भुत सम्मोहन भरा अनुभव होता है बाबासाहेब के उक्त त्रयी आदर्शों की गहराइयों में से होकर गुजरना। इस अनुभव के क्षण वे मात्र शब्द नहीं हैं, बल्कि एक ऐसी 'ऋषि-दृष्टि' का विस्तार है उनमें जो देश एवं काल की सीमा को लांघकर, हम बाबासाहेब के अन्तरंग संसार में प्रवेश कर जाते हैं जिसका तंत्र इतना व्यापक बनाया जा सकता है जितना संभव हो। उस वक्त की हमारी राष्ट्रीय, सामाजिक, राजनीतिक चेतना, बाबा के संवेदनशील अंतःकरण की भावनात्मक अनुभूतियां, उनकी तार्किक शंकाएं और मानव चेतना की सार्वजनिकता सम्बन्धी धारणाएं, हममें कौतूहल और अदम्य आकर्षण का कारण बनती हैं। ये त्रयी आदर्श, ऐसे अन्तःसंबंधों की श्रृंखला है, जो हमारे अपने ही राष्ट्रीय जनजीवन और व्यक्तियों को समझने की जागरूक मुद्रा हमें देते हैं।

विद्रोह का सफर

जैसा कि पूर्व में बताया गया है, भारतरत्न डॉ. बाबासाहेब अम्बेडकर का जन्म 14 अप्रेल, 1891 को मध्यप्रदेश के महू नामक नगर में हुआ था। उनके पिता रामजी और पितामह मालोजी सैनिक सेवा में थे। उनके पिता धर्मप्राण व्यक्ति थे। डॉ. अम्बेडकर का परिवार कबीर का अनुयायी था। कबीर ने जाति प्रथा की बहुत भर्त्सना की थी, इसलिए जाति प्रथा के कारण जिन अछूत माने जाने वाले लोगों को असंख्य यातनायें भोगनी पड़ी थीं, वे कबीर पंथ में शामिल हो गए थे।

यह सर्वविदित है कि अपने छात्र जीवन में अम्बेडकर को जाति प्रथा के कारण बहुत भेदभाव सहना पड़ा था। अपनी प्राथमिक शिक्षा उन्होंने स्कूल के दरवाजे के बाहर बैठकर ही ग्रहण की थी। अछूत होने के कारण उन्हें संस्कृत पढ़ने की मनाही थी और विवश होकर हाईस्कूल में उन्हें दूसरी भाषा के रूप में फारसी लेनी पड़ी थी। अपनी बी.ए. की परीक्षा उन्होंने बंबई के एलफिन्सटन महाविद्यालय से 1912 में उत्तीर्ण की थी और उनके विषय राजनीति विज्ञान, अर्थशास्त्र और फारसी भाषा थे। वह अपने समाज के पहले बी.ए. उपाधिकारी युवा थे। उनकी प्रतिभा को परखकर बड़ौदा के महाराजा श्री सयाजीराव गायकवाड़ ने उन्हें सन् 1913 में उच्च शिक्षा के लिए एक विदेशी छात्रवृत्ति प्रदान की। बाबासाहेब ने अपना उच्च अध्ययन कोलंबिया विश्वविद्यालय और लंदन स्कूल ऑफ इक्नॉमिक्स से 1916 में पूरा किया था। इस अवधि में वह 18 घंटे रोज के हिसाब से पढ़ते थे। विविध रूप में अध्ययन करने में उनकी बड़ी रुचि थी।

वस्तुतः डॉ. बाबासाहेब अम्बेडकर भारत के महान् नेता थे। भारत के दलित पीड़ित वर्गों के लाखों व्यक्तियों की नियति का निर्माण करने में उन्होंने युगांतरकारी योगदान किया था। डॉ. अम्बेडकर ने दलित लोगों को एक नई विचारधारा और एक नई

सोच दी थी। यह नई विचारधारा थी कि "शिक्षित बनो, संगठित हो और सामाजिक न्याय एवं समता के लिए संघर्ष करो।" वह सामाजिक सुधारों को परोपकार के रूप में नहीं, वरन् अधिकार के रूप में चाहते थे; उनकी इच्छा भी थी कि अछूत समाज में स्वाधीनता और आत्मगौरव की चेतना जागृत हो। वह नया मनुष्य, एक नया समाज निर्माण करने के अभिलाषी थे। डॉ. अम्बेडकर के मत में एक आदर्श समाज को गतिशील होना चाहिए। उसमें सामाजिक समागम का सतत प्रवाह रहना चाहिए। डॉ. अम्बेडकर के मतानुसार जाति-व्यवस्था ने समाज की विशेषकर समाज के पिछड़े वर्गों की बहुत हानि की। जाति-व्यवस्था ने भारत को विभाजित किया और हिन्दुओं को छोटे-छोटे हजारों समुदायों में विभक्त कर दिया जो भ्रातृत्व की भावना को विकसित नहीं होने देते। इसलिए डॉ. अम्बेडकर ने जाति-व्यवस्था की संस्था की भर्त्सना की और उसकी समाप्ति का आह्वान किया। उन्होंने हिन्दू शास्त्रों को भी जाति प्रथा के लोकाचारों को चिरस्थायी बनाये जाने संबंधी धार्मिक अनुमति देने के लिए चुनौती दी।

अपने विद्रोही सफर के दौरान डॉ. अम्बेडकर ने जब यह देखा कि अछूत लोगों के साथ समाज में उच्च जातियों के लोगों द्वारा उनका दमन करके उन्हें पराधीन करके निम्नतर व्यक्तियों जैसा व्यवहार किया जाता है तो इस प्रथा के प्रति उन्होंने विद्रोह किया और 23 अक्टूबर, 1935 को उन्होंने येवला में यह संकल्प लिया था कि "यद्यपि मेरा जन्म एक हिन्दू की भांति हुआ था जो मेरे हाथ में नहीं था, किन्तु मैं हिन्दू की तरह मरूंगा नहीं।" उनका यह संकल्प उस समय साकार हुआ जब उन्होंने 14 अक्टूबर, 1956, के दिन अपने लाखों अनुयायियों के साथ नागपुर में बौद्ध धर्म को अंगीकार किया। यह एक ऐतिहासिक घटना थी।

दलितों के कल्याण के लिए वह उनके सच्चे समर्थक बने, सभी प्रकार के सामाजिक-आर्थिक भेदभावों के विरुद्ध उन्होंने संघर्ष किया। बंबई लेजिस्लेटिव काउंसिल में भाषण करते हुए उन्होंने 27 फरवरी, 1927 को कहा था कि सरकार को दलितों की सहायता अवश्यमेव करनी चाहिए और इस तरह उन्होंने अस्पृश्यता की समस्या को महत्वपूर्ण रूप से रेखांकित किया। अस्पृश्यता उन्मूलन के लिए उन्होंने अपना पहला आंदोलन आरंभ किया। इसके लिए उन्होंने 19 मार्च, 1927 को महाड में पानी जैसे प्राकृतिक संसाधनों की पूर्ति के लिए, अछूतों के लिए समान अधिकारों की मांग की, जो उस समय तक अछूतों के लिए निषिद्ध थे। यह आंदोलन 'मीठा पानी तालाब सत्याग्रह' के नाम से प्रसिद्ध है। 28 मार्च, 1928 को डॉ. अम्बेडकर ने बंधुआ मजदूर प्रथा के खिलाफ अपना दूसरा आन्दोलन आरंभ किया। महाड की सफलता के

पश्चात् उन्होंने 2 मार्च, 1930 को 'कालाराम मन्दिर' नासिक में 'मन्दिर प्रवेश' नामक आन्दोलन शुरू किया।

दलित वर्गों के हितों का प्रतिनिधित्व करने के लिए डॉ. अम्बेडकर ने लंदन में आयोजित सभी गोलमेज सम्मेलनों में भाग लिया। 27 अगस्त, 1931 को लंदन में दूसरी गोलमेज कान्फ्रेंस आयोजित हुई थी। इस सम्मेलन के पश्चात् ब्रिटिश हुकूमत द्वारा 20 अगस्त, 1932 को 'कम्युनल अवार्ड' की घोषणा की गई थी। इसी प्रश्न पर महात्मा गांधी ने अपना आमरण अनशन शुरू किया था और दलित लोगों को पृथक् निर्वाचन क्षेत्र देने का विरोध इस आधार पर किया था कि दलित स्त्री-पुरुष हिन्दू समाज के ही अंग हैं। अंततः इस समस्या का समाधान दो महान् नेताओं डॉ. अम्बेडकर और महात्मा गांधी के बीच यर्वदा जेल पूना में सम्पन्न 'पूना समझौता' के रूप में हुआ। इस योजना के अंतर्गत 'कम्युनल अवार्ड' के बदले दलित वर्गों को राजनीतिक संरक्षण प्रदान किया गया।

अपने संकल्प के अनुसार दलितों की प्रजातांत्रिक इच्छाओं को मुखरित करने के लिए डॉ. अम्बेडकर ने 1942 में 'अनुसूचित जाति संघ' का गठन किया। इसी साल 20 जुलाई को वह वॉइसराय की काउंसिल में श्रम मंत्री के रूप में नियुक्त हुए। इस हैसियत में उन्होंने श्रमिकों की सुरक्षा और महिलाओं के लिए तीन महीने का प्रसूति अवकाश संबंधी अनेक सुधारमूलक विधेयक शुरू किए। जब 15 अगस्त, 1947 को भारत स्वतंत्र हुआ तो वह स्वतंत्र भारत के पहले कानून मंत्री नियुक्त हुए। इसी वर्ष 29 अगस्त को वह संविधान सभा की प्रारूप समिति के अध्यक्ष सर्वानुमति से निर्वाचित हुए और 26 नवम्बर, 1948 को उन्होंने संविधान का प्रारूप प्रस्तुत किया। आधुनिक भारत के संविधान निर्माण में उन्होंने महान् योगदान दिया। इसी के कारण भारतीय संविधान के प्रमुख निर्माता के रूप में उनकी लोक प्रसिद्धि हुई।

अपने जीवन के अंतिम वर्षों में वह इस निष्कर्ष पर पहुंचे कि समग्र देश की स्वतंत्रता और प्रगति का एकमात्र रास्ता भगवान् बुद्ध की महान् शिक्षाओं का अनुकरण है। तद्नुसार 14 अक्टूबर, 1956 को नागपुर में अपने लाखों अनुयायियों के साथ उन्होंने बौद्ध धर्म को अंगीकार किया था जो एक अद्‌भुत ऐतिहासिक घटना बन चुकी है।

भारत माता के इस महान् सपूत की मृत्यु 6 दिसंबर, 1956 को हुई थी। डॉ. अम्बेडकर को श्रद्धांजलि अर्पित करते हुए पंडित जवाहरलाल नेहरू ने कहा था कि "वह हिन्दू समाज के समस्त उत्पीड़क लक्षणों के विरुद्ध विद्रोह के प्रतीक थे, लोगों की पीड़ा की उनकी अनुभूति अत्यंत गहन और निबिड़ थी; लेकिन कभी-कभी इसमें वह

अति कर देते थे। डॉ. अम्बेडकर ने आत्मतुष्टि के विरुद्ध गहरा विद्रोह किया; अपमान, अमर्यादा, अश्लीलता, आतंक और अन्याय के विरुद्ध वह हमेशा संघर्षरत रहे। यद्यपि वह निर्ममतापूर्वक बोलते थे किन्तु किसी व्यक्ति के विपरीत उन्होंने अश्लील वाणी का प्रयोग भी नहीं किया, और आजीवन वह समता, स्वंतत्रता और बंधुत्व के आदर्शों के लिए विद्रोह करते रहे, वह महान् राष्ट्रवादी और विवेकशील महापुरुष थे।"[2] आज डॉ. अम्बेडकर की विलक्षणता हम सभी को प्रभावित एवं प्रेरित करती है कि हम समाज के हित में कुछ नेक काम करें। उक्त त्रयी सिद्धान्तों में अन्तर्निहित बाबासाहेब निम्नांकित निष्कर्षों पर बल देते हैं:

1. अच्छा आदमी वह है जो स्वतंत्रता, समता तथा भाईचारे के आधार पर दूसरों के प्रति व्यवहार करता है; वह सच्चा एवं संतोषी होता है; वह दानी तथा सदाचारी होता है; और वह अपना और अन्यों का भला करता है।
2. मनुष्य बौद्ध धर्म के प्रति आस्था रखकर व्यवहार करे तो वह झूठ, अन्धविश्वास, शराब, धोखा, व्यभिचार, कुकर्म, ईर्ष्या, लोभ-लालच आदि से बच सकता है और कुशल कर्म करने लगता है जो सम्पूर्ण समाज के लिए लाभदायक और हितकारी होते हैं।
3. वही मनुष्य श्रेष्ठ होता है जो दु:खी, दीनहीनों तथा शोषितों की सहायता करता है। जो मनुष्य दूसरों के प्रति दुर्भावना रखता है उसे कभी मन की शांति तथा संतोष नहीं मिलता और कुप्रवृत्तियों का शिकार बन जाता है। अत: ऐसे व्यक्ति को करुणा एवं मैत्री का व्यवहार करना सीखना चाहिए।
4. त्रयी सिद्धान्तों के अनुरूप व्यवहार करने से मनुष्य 'अपना दीपक आप बनो' की ओर बढ़ता है; वह संकट की घड़ी में भयभीत, चिन्ताग्रस्त, दु:खी, तनावयुक्त, भ्रष्ट तथा व्यभिचारी नहीं होता है; और अपनी अपार इच्छाओं तथा इन्द्रियों को नियंत्रित करके विजय प्राप्त करता है।
5. वही मनुष्य 'प्रखर विद्रोही' हो सकता है जो न केवल दूसरों के दोषों तथा बुराइयों की समीक्षा करता है, बल्कि अपनी स्वयं की भूलों और कमियों की समीक्षा करने में पीछे नहीं रहता। सच्चा प्रखर विद्रोही साहसी, निर्भीक, स्पष्टवादी, आत्म-विश्वासी, ईमानदार तथा समतावादी होता है। साथ ही वह गतिशील तथा प्रगतिशील भी होता है।

---

1. यह अध्याय लेखक की पुस्तक-डॉ. अम्बेडकर के त्रयी सिद्धान्त, 1993 पर आधारित है।
2. द हिन्दुस्तान टाइम्स, 6 दिसम्बर, 1956.

अध्याय-5

दर्शन एवं साहित्य

भीमराव रामजी अम्बेडकर महू छावनी में एक महार अछूत जाति में 14 अप्रेल, 1891 में पैदा हुए थे। उनके पिता रामजी सकपाल सेना में एक शिक्षक के रूप में काम करते थे। उनकी आर्थिक स्थिति अच्छी नहीं थी, किन्तु अपने बच्चों की शिक्षा में उनकी बड़ी रुचि थी। निर्धन एवं अछूत होने के नाते, भीमराव को विद्यार्थी जीवन से मृत्यु तक अनेक कठिनाइयों एवं समस्याओं का सामना करना पड़ा। आर्थिक अभाव उनके प्रारम्भिक जीवन में जितने ही विकट रहे, वह विद्याध्ययन और ज्ञानार्जन के प्रति उतने ही सजग एवं सजीव बने रहे। वह अभावग्रस्त स्थिति में भी मेधावी छात्र के रूप में उभरे। इसलिए भीमराव को महाराजा बड़ौदा से छात्रवृत्तियां सुलभ हुईं जिनके कारण वह शिक्षा जगत् में उच्च स्थान प्राप्त कर सकने में सफल हुए।

1908 में, भीमराव ने बम्बई के एलफिन्सटन हाई स्कूल से मैट्रिक की परीक्षा पास की, जो उस समय समस्त अछूत समाज के लिए एक गौरव की बात थी। उनके पिता सेवा-निवृत्त हो चुके थे, किन्तु उन्होंने भीमराव की पढ़ाई-लिखाई का भरपूर प्रबंध किया ताकि वह प्रगति के पथ पर निरन्तर अग्रसर होता रहे। कड़ी मेहनत के पश्चात् भीमराव ने 1912 में बम्बई के एलफिन्सटन कॉलेज से बी.ए. की परीक्षा पास कर ली। एक ओर हाई-स्कूल की परीक्षा उत्तीर्ण करने के बाद उनका विवाह हो चुका था, तो दूसरी ओर

बी.ए. करने के बाद उनके पिता का 12 फरवरी, 1913 के दिन देहान्त हो गया। फलतः भीमराव ऐसी आर्थिक एवं पारिवारिक स्थिति में आ पहुंचे कि उनका उच्च शिक्षा की दिशा में बढ़ना असम्भव सा हो गया। लेकिन महाराजा बड़ौदा द्वारा प्रस्तावित विदेशी छात्रवृत्तियों में से भीमराव को भी अमरीका में शिक्षा पाने हेतु एक छात्रवृत्ति मंजूर हो गई। इस छात्रवृत्ति की अवधि 15 जून, 1913 से लेकर 14 जून, 1916 तक निश्चित हुई। इस प्रकार उन्हें तीन वर्ष तक विदेश में शिक्षा ग्रहण करने का अवसर प्राप्त हुआ।

अमरीका जाने का प्रबंध तो हो गया, किन्तु भीमराव को परिवार के खर्च की बड़ी चिन्ता थी। उनका भाई आनन्दराव एकमात्र कमाने वाला व्यक्ति था, जबकि दस-बारह खाने वाले पारिवारिक सदस्य थे। भीमराव ने बड़ौदा के शिक्षा विभाग से कुछ धनराशि पेशगी के रूप में ली और उसमें से कुछ धनराशि आनन्दराव को घर खर्च के लिए दे दी। तत्पश्चात् भीमराव ने 21 जुलाई, 1913 को न्यूयार्क पहुंचकर कोलम्बिया विश्वविद्यालय में प्रवेश लिया। उन्हें विश्वविद्यालय के होस्टल में ही ठहरना पड़ा, जहां का खाना उन्हें पसन्द नहीं आया। बाद में एक अन्य स्थान में उन्होंने भोजन का प्रबंध किया। वहां अधिकतर भारतीय विद्यार्थी रहते थे। वह शीघ्र ही अध्ययन में जुट गये। वह चाहते थे कि समयावधि में ही अपना अध्ययन समाप्त कर भारत वापस आ जाएं ताकि स्वयं परिवार के भरण-पोषण का भार संभाल लें। भीमराव 20 घण्टों का समय, अध्ययन-मनन में लगाते थे। 2 वर्ष की अवधि के पश्चात् सफलता ने उनका आलिंगन प्रारम्भ कर दिया। 1915 में उन्हें अपने 'एन्शेण्ट इण्डियन कामर्स' नामक प्रबन्ध पर कोलम्बिया विश्वविद्यालय से एम.ए. की उपाधि प्राप्त हुई। भीमराव ने मई 1916 में डॉ. गोल्डिनवीजर की एन्थ्रोपोलॉजी सेमिनार के समक्ष अपना शोधपूर्ण लेख 'कास्ट्स इन इण्डिया-देअर मेकेनिज्म, जेनेसिस एण्ड डिवेलपमेण्ट' पढ़ा। साथ ही साथ उन्होंने 'नेशनल डिविडेण्ड ऑफ इण्डिया-ए हिस्टोरिक एण्ड एनेलिटिकल स्ट्डी' पर एक अन्य शोध-प्रबन्ध तैयार किया, जिस पर कोलम्बिया विश्वविद्यालय ने उसे जून, 1916 में पी-एच.डी. की उपाधि के लिए स्वीकृत किया। इस प्रकार भीमराव ने एम.ए., पी-एच.डी. तक की शिक्षा अमरीका में प्राप्त कर ली।

अमरीकी समाज में भीमराव को स्वतंत्र एवं स्वच्छ वातावरण देखने को मिला। वहां उन्हें बुकर टी. वाशिंगटन तथा अब्राहम लिंकन जैसे लोगों के बारे में विशेष जानकारी मिली, जिन्होंने सभी की स्वतंत्रता, समानता और अधिकारों के लिए संघर्ष किया था। भीमराव इनसे प्रभावित हुए बिना नहीं रह पाए, और संकल्प किया कि वह भी भारत में पद्दलित एवं कमजोर लोगों के मान-सम्मान तथा अधिकारों के लिए संघर्ष करेंगे। अपनी उच्च शिक्षा की दौड़ में वह न्यूयार्क से जून, 1916 में लंदन रवाना हो गए,

जहां डॉ. अम्बेडकर ने अक्टूबर, 1916 में बैरिस्टरी के लिए ग्रेज-इन और अर्थशास्त्र की पढ़ाई के लिए लंदन स्कूल ऑफ इक्नॉमिक्स एण्ड पॉलिटिकल साइंस में प्रवेश लिया। कड़ी मेहनत के बाद डॉ. अम्बेडकर बैरिस्टर-एट-लॉ तथा एम.एस-सी. (अर्थशास्त्र) की उपाधियों को भी प्राप्त करने में सफल हुए। उस समय एक अछूत द्वारा इतनी उच्च शिक्षा प्राप्त करना एक गौरवमयी घटना थी। न केवल इतना ही, अमरीका तथा लंदन में पढ़ने के पश्चात् डॉ. अम्बेडकर जर्मनी के बॉन विश्वविद्यालय में भी विद्याध्ययन के लिए गये, किन्तु आर्थिक अभाव के कारण, वह वहां अधिक समय तक नहीं रह पाये। कालान्तर में उन्होंने लंदन से डी.एस-सी. की उपाधि भी हासिल की थी। उन्हें उनके गम्भीर एवं व्यापक बौद्धिक योगदान के कारण दो सर्वोच्च उपाधियां एल-एल.डी. (कोलम्बिया) और डी.लिट्. (ऑस्मानियां) सम्मानार्थ प्रदान की गईं। इस प्रकार की उपलब्धियों ने न केवल डॉ. अम्बेडकर के व्यक्तित्व को एक व्यापक शैक्षणिक आधार प्रदान किया, अपितु इनसे उन्हें एक शिक्षक बनने की प्रेरणा मिली। उनका यह शैक्षिक व्यक्तित्व आज भी शिक्षा जगत् में एक दीपक के समान अपनी रोशनी से सभी में शक्ति तथा ऊर्जा संचारित करता आ रहा है।

डॉ. अम्बेडकर ने अपना जीवन एक प्रोफेसर के रूप में प्रारम्भ किया। वह बम्बई गवर्नमेण्ट लॉ कॉलेज़ के प्रिंसिपल भी रहे। किन्तु वह समाज-सेवा करना चाहते थे। इसलिए उन्होंने वकालत करना अच्छा समझा ताकि वह पद्दलित एवं कमजोर जनता के निकटतम सम्पर्क में आएं। डॉ. अम्बेडकर उनके सामाजिक स्तर को सम्मानजनक बनाना चाहते थे। उनके अथक संघर्ष के फलस्वरूप करोड़ों पद्दलित, अछूत एवं शूद्रों को सामाजिक एवं धार्मिक अधिकार प्राप्त हुए। वह उनके निष्ठावान मार्ग-दर्शक बने, और विद्वान डॉक्टर ने उन्हें यह शिक्षा दी की 'शिक्षित बनो, संगठित रहो और संघर्ष करो' ताकि वे सम्मानजनक जीवन की राह में अग्रसर होते चलें। उनका यह कहना था कि विद्या ही उनके अज्ञान एवं अंधकार को मिटा सकती है, संगठन उन्हें सामूहिक शक्ति और संघर्ष उन्हें न्यायोचित अवसर सुलभ करवा सकते हैं।

राष्ट्रीय आन्दोलन में अपनी रचनात्मक भूमिका अदा करने के पश्चात्, डॉ. अम्बेडकर ने संविधान सभा में भी अपनी लगन, कड़ी मेहनत, देशभक्ति तथा राष्ट्रप्रेम का प्रदर्शन किया। वह कानून के मरमज्ञ और संवैधानिक विधि के विशेषज्ञ थे। संविधान सभा में प्रारूप समिति के वह अध्यक्ष रहे। उन्होंने वहां भी अपनी प्रतिभा एवं रचनात्मक भूमिका निभाई। संविधान सभा के अध्यक्ष, डॉ. राजेन्द्र प्रसाद और अन्य सदस्यों ने संविधान निर्माण में डॉ. अम्बेडकर के परिश्रम, त्याग, योग्यता, क्षमता, सहयोग एवं सहभागिता की भूरि-भूरि प्रशंसा की। यह निर्विवाद है कि डॉ. अम्बेडकर ने संविधान के

निर्माण, संशोधन प्रक्रिया और आधारभूत संरचना के निर्धारण में आश्चर्यजनक एवं संतुलित भूमिका का प्रमाण दिया। संविधान के आलोचकों एवं समीक्षकों ने भी विरोधी स्वरों में डॉ. अम्बेडकर के संवैधानिक योगदान की प्रशंसा की, उनकी चहुंमुखी प्रतिभा को पहचाना और उन्हें 'आधुनिक मनु', 'मुख्य शिल्पकार' तथा 'संविधान के मुख्य निर्माता' की संज्ञाओं से अलंकृत किया जो हम सबके लिए गौरव की बात है।

जैसे-जैसे डॉ. अम्बेडकर महानता तथा समाज सेवा के क्षेत्र में आगे बढ़ते गये, वह वैसे-वैसे अति व्यस्त होते गये। पारिवारिक स्थिति से जूझते हुए, सामाजिक, आर्थिक तथा राजनीतिक समस्याओं का सामना करते हुए भी, वह विद्याध्ययन एवं साहित्य-साधना में निरन्तर लगे रहे। फलतः डॉ. अम्बेडकर एक वैचारिक लेखक, ठोस साहित्यकार और यथार्थवादी विचारक के रूप में उभरे। उनकी अनेक रचनाएं अंग्रेजी भाषा में प्रकाशित हुईं जैसे शूद्रों की खोज; अछूत कौन और कैसे; जाति- उत्पत्ति एवं स्वरूप; रुपये की समस्या; जाति-प्रथा का उन्मूलन; पाकिस्तान अथवा भारत का विभाजन; कांग्रेस और गांधी ने अछूतों के लिए क्या किया; मि. गांधी और अछूतों का उद्धार; साम्प्रदायिक गतिरोध और उसका समाधान; भाषाई राज्य; और उनकी अन्तिम रचना 'भगवान् बुद्ध और उनका धम्म' थी, जो बौद्ध साहित्य के क्षेत्र में एक क्रान्तिकारी कृति मानी जाती है। यह ग्रन्थ बौद्ध धर्म एवं दर्शन की रूढ़िवादी परम्पराओं से हटकर है। वह विश्व की प्रमुख भाषाओं में अनूदित हो चुका है। डॉ. अम्बेडकर ने मराठी भाषा में कई पत्रिकाएं प्रकाशित कीं, जिनमें 'मूकनायक', 'जनता' तथा 'बहिष्कृत भारत' बहुत ही लोकप्रिय बनीं। इस प्रकार उन्होंने अंग्रेजी तथा मराठी भाषाओं के माध्यम से अपने विपुल साहित्य को हमें भेंट किया। उनका साहित्य काल्पनिक नहीं है, बल्कि तथ्यात्मक तथा यथार्थवादी है, जिसमें दलित-पीड़ित, कमजोर-दरिद्र, स्त्री-बच्चों की करुण कथाएं मिलती हैं। उनकी दयनीय स्थितियों के विवरण के साथ-साथ, संबंधित समस्याओं और समाधानों का उनके साहित्य में सजीव चित्रण मिलता है।

जीवन के विभिन्न क्षेत्रों के अनुभव एवं चिन्तन ने डॉ. अम्बेडकर के मन में नवीन विचारों को जन्म दिया। उनकी दृष्टि में, दर्शन को मात्र तात्त्विक व्याख्या तक सीमित नहीं रखना चाहिए, न ही उसे कोरी कल्पना अथवा विशुद्ध सिद्धान्तों के साथ जोड़ना चाहिए। उन्होंने अपने दर्शन को मनुष्य एवं समाज की समस्याओं से जोड़कर समस्त मानव स्थिति को बदलने पर जोर दिया। डॉ. अम्बेडकर ने कहा कि दर्शन एक ऐसा मानदण्ड है, जिससे मनुष्य के आचरण का मूल्यांकन किया जाता है। दार्शनिक ज्ञान को व्यवहार में प्रभावी होना चाहिए। यही कारण है कि उनका दर्शन यथार्थवादी था। उनका दृष्टिकोण पूर्णतः मानववाद के दर्शन की अभिव्यक्ति था। डॉ. अम्बेडकर के दर्शन एवं

साहित्य में हमें भगवान् बुद्ध, संत कबीर, महात्मा फूले आदि का व्यापक प्रभाव मिलता है। उनकी भांति, डॉ. अम्बेडकर ने व्यक्तित्व की गरिमा, सामाजिक सुधार और धार्मिक उन्नति को प्रमुखता प्रदान की, जो मानव स्थिति में सदैव प्रासंगिक है।

डॉ. अम्बेडकर आधुनिक भारत के प्रमुख निर्माताओं में से एक थे। वह ऐसा नया समाज चाहते थे, जिसमें प्रत्येक नागरिक को शिक्षा, न्याय, स्वतंत्रता, समता जैसे बहुमूल्य अधिकार प्राप्त हों। इस उद्देश्य की प्राप्ति हेतु, डॉ. अम्बेडकर ने देश के राजनीतिक ढांचे को संसदीय लोकतंत्र से जोड़ा और उसी के अनुरूप सामाजिक ढांचे को भी पुनर्गठित करने पर जोर दिया। उनकी राय में राजनीतिक और सामाजिक स्थितियां एक दूसरे की पूरक होती हैं। न केवल इतना ही, सामाजिक ढांचा कहीं अधिक प्रभावी होता है। सामाजिक ढांचा, देश की समस्त आर्थिक एवं राजनीतिक क्रियाओं को निर्णायक मोड़ देता है। इसलिए विद्वान डॉक्टर ने कहा था कि संविधान में वर्णित राजनीतिक एवं कानूनी ढांचा ही पर्याप्त नहीं है। हमारे यहां सामाजिक लोकतंत्र का होना भी परमावश्यक है। यही कारण है कि उन सभी सामाजिक बुराइयों जैसे छुआछूत, जाति-प्रथा, बाल-विवाह, दहेज-प्रथा, ऊंच-नीच में निहित भेदभाव तथा जन्माधारित प्रतिष्ठा को समाप्त कर देना चाहिए, जो हमारी राजनीतिक व्यवस्था को दूषित करती हैं। डॉ. अम्बेडकर ने चाहा कि भारत के प्रत्येक नागरिक, दल या संस्था की भूमिका क्रियात्मक और रचनात्मक होनी चाहिए ताकि देश का समुचित विकास हो सके।

संविधान निर्माण की प्रक्रिया को देखने से यह प्रमाणित होता है कि डॉ. अम्बेडकर ने देश की एकता एवं सुदृढ़ता के लिए कई बातों को स्वीकार करवाया। उन्होंने सम्पूर्ण भारत की एक ही नागरिकता पर जोर दिया था ताकि सभी नागरिकों में भारतीयता की निर्द्वन्द्व भावना पैदा हो। सभी के बीच व्यापक सम्पर्क और आदान-प्रदान हो, इसके लिए डॉ. अम्बेडकर ने एक ही शासकीय या राजभाषा को अपनाने पर बल दिया। उनकी दृष्टि में हिन्दी भाषा ही एक ऐसी भाषा है, जो व्यापक रूप में बोली जाती है। उसे ही राष्ट्र की 'राजभाषा' के रूप में विकसित किया जाना चाहिए। एक नागरिकता, एक भाषा, एक संविधान की श्रृंखला में ही, डॉ. अम्बेडकर ने देश को संघ या यूनियन कहने की बजाय, 'भारत' (इण्डिया) कहना अधिक पसंद किया, क्योंकि भारत शब्द सभी को अपने में समाहित करता है। देश की एकता एवं सुदृढ़ता के लिए डॉ. अम्बेडकर ने केन्द्र को मजबूत बनाने की वकालत संविधान सभा में की थी, जिसे सभी सदस्यों ने स्वीकार किया था। वैसे राज्यों को काफी स्वायत्तता है, वे कानून बना सकते हैं और अपने हिसाब से प्रशासन भी चला सकते हैं। किन्तु जहां देश की एकता व अखंडता का मुद्दा आयेगा अथवा कोई संकटकालीन स्थिति होगी, वहां केन्द्र का हस्तक्षेप अनिवार्य होगा। डॉ.

अम्बेडकर ने केन्द्र तथा राज्यों के अधिकार क्षेत्रों को केन्द्र सूची, राज्य सूची तथा संवर्ती सूची में विभाजित करने पर जोर दिया था, जिसे माना गया। किन्तु 'अवशिष्ट शक्तियां' केन्द्र के अधीन ही रखने पर बल दिया था ताकि संकट या युद्ध की स्थिति में केन्द्र समस्त हालातों को संभाल ले। इस प्रकार डॉ. अम्बेडकर ने अपनी देशभक्ति, राष्ट्र-प्रेम, नागरिकों की एकता एवं बन्धुत्व और अपने रचनात्मक योगदान का परिचय दिया, जिसकी आज व्यापक रूप में प्रशंसा की जाती है।

डॉ. अम्बेडकर ने अपने आर्थिक विचारों में वैसे समाजवादी समाज, योजनाबद्ध विकास, कृषि-उद्योग, औद्योगीकरण तथा सीमित राष्ट्रीयकरण पर बल दिया था, किन्तु भावी पीढ़ी को समाजवाद, पूंजीवाद या साम्यवाद जैसी किसी एक विचारधारा के साथ नहीं बांधा। उन्होंने कहा था कि सामाजिक तथा आर्थिक स्थितियां बदलती रहती हैं और जो बदलता है, उसे स्थाई बनाना आदमी की स्वतंत्रता के हनन के समान है। प्रत्येक पीढ़ी को यह स्वतंत्रता हो कि वह अपने समय, उभरती परिस्थितियों के अनुकूल, जो सामान्यत: हितकर हो, उसे अपनाए और विद्यमान समस्याओं का समाधान ढूंढे। यही कारण था कि डॉ. अम्बेडकर ने संविधान में राजनीतिक ढांचे को तो निर्धारित करने पर बल दिया था, किन्तु आर्थिक मॉडल को निर्मित करने का भार भावी पीढ़ी को सौंपा था। फिर भी यह कहा जा सकता है कि स्वतंत्रता के पश्चात् सरकार ने जो नीतियां लागू कीं, उन सबमें डॉ. अम्बेडकर की विचारधारा स्पष्ट परिलक्षित होती है। बीमा कम्पनियों तथा बैंकों का राष्ट्रीयकरण, कृषि एवं उद्योगों पर राज्यों का नियंत्रण, केन्द्र की मजबूती, हिन्दी भाषा का प्रसारण, स्वतंत्र न्यायपालिका सम्बन्धी प्रशानिक दृष्टिकोण, अल्प-संख्यकों के प्रति समानता, कमजोर एवं पिछड़े वर्गों की आर्थिक सुरक्षा, सामाजिक सुधार आदि सभी में डॉ. अम्बेडकर के विचारों की अभिव्यक्ति मिलती है। वह एक महान् नेता, राजनीतिज्ञ, समाज-सुधारक, विधिवेत्ता तथा महान् विचारक थे। सही अर्थ में वह एक क्रान्तिकारी तथा युग-निर्माता थे। यदि संविधान में अन्तर्निहित, डॉ. अम्बेडकर की भावना को निष्पक्षत: पहचाना जाए तो जाति-प्रथा से जुड़े हुए पूर्वाग्रह, धर्म एवं सम्प्रदाय में रंगे संकुचित विचार, समग्र-भारतीयता की धारा में विसर्जित हो जायेंगे।

डॉ. अम्बेडकर ने अपने मानववादी दर्शन में, न केवल भारतीय संस्कृति, बल्कि पाश्चात्य विचारधारा को भी समुचित स्थान दिया। एक ओर वह बुद्ध और उनके दर्शन से प्रभावित थे, तो दूसरी ओर पाश्चात्य व्यवहारवाद, उपयोगिता तथा अनुभववाद का उन्होंने अपने चिन्तन में प्रयोग किया। वह पूर्व के बौद्ध धर्म और पाश्चात्य के वैज्ञानिक दृष्टिकोण के अत्यधिक निकट थे। दोनों के बीच कोई अन्तर्विरोध नहीं है। डॉ.

अम्बेडकर दर्शन या धर्म के रहस्यवादी पक्ष से दूर रहे और विज्ञान तथा धर्म के उन्हीं पक्षों पर अधिक ध्यान केन्द्रित किया, जिनसे मानव कल्याण सम्भव है। उनके दर्शन में नरक-स्वर्ग, आत्मा का आवागमन, ईश्वरीय अवतारवाद, अलौकिक देववाद जैसी बातों का नितान्त अभाव मिलता है। उनका चिन्तन पूर्णतः मानव-केन्द्रित है। मनुष्य और समाज का हित ही उसमें सर्वोपरि है। इसी जीवन में सुख-शान्ति मिले, यही डॉ. अम्बेडकर के दर्शन का मुख्य केन्द्र है। आदमी और ईश्वर के मिलन में, आत्मा की मोक्ष में, उनकी कोई रुचि नहीं थी। उनके मानववादी दर्शन में पद्दलित, दरिद्र, पीड़ित-दुःखी मनुष्य की सामाजिक एवं आर्थिक स्थिति सुधारने की गूंज मिलती है। यही कारण है कि डॉ. अम्बेडकर ने सम्यक् सामाजिक संबंधों की स्थापना को प्राथमिकता दी ताकि मानव मूल्यों को व्यावहारिक बनाया जा सके। वह उन परम्पराओं और रूढ़ियों के कट्टर विरोधी थे, जिनसे आत्म-सम्मान, व्यक्तित्व की गरिमा और आत्म-विश्वास नष्ट होता हो।

यहां यह कहना उचित होगा कि डॉ. अम्बेडकर की सम्पूर्ण विचारधारा मानव उत्थान की हिमायती है, चाहे वह उत्थान सामाजिक तथा राजनीतिक हो, अथवा आर्थिक, नैतिक या धार्मिक। किन्तु वह उत्थान स्वयं आदमी का ही दायित्व होगा, न कि किसी देवी-देवता का। आदमी को अपनी स्वतंत्रता एवं व्यक्तित्व की सुरक्षा करते हुए, सहयोग, सद्भाव और सहभागिता को लेकर चलना चाहिए। उसे उदार एवं लोकतांत्रिक होना चाहिए ताकि आदमी वैयक्तिक तनाव और सामाजिक कलह से मुक्त होकर प्रगति के पथ पर निर्भयपूर्वक चल सके। डॉ. अम्बेडकर ने सामाजिक न्याय के लिए मानव मूल्यों-स्वतंत्रता, समता, करुणा, मैत्री, शान्ति, परोपकारिता और बंधुत्व को अत्यधिक महत्व दिया। गरीब और अमीर दोनों को ही सामाजिक न्याय और बंधुत्व की जरूरत है। संविधान के आमुख में डॉ. अम्बेडकर के व्यापक उदारवादी और मानववादी विचारों की छाप अंकित है। इस प्रकार उनका जीवन एवं दर्शन एक ऐसी व्यवस्था के द्योतक हैं जहां सभी मानव प्राणियों को प्रसय तथा स्नेह मिल सकता है। उनका जीवन उन सभी के लिए प्रेरणा का स्रोत है, जो मानव सेवा, पीड़ित-दुःखी के उत्थान, को महत्व देते हैं। उनका दर्शन एक ऐसी विचारधारा का स्रोत है, जो शिक्षा, विद्वत्ता, प्रज्ञा, शक्ति तथा सम्मान को सर्वोत्तम समझती है। आदमी आदमी के हित में काम और समता का व्यवहार करे, यही डॉ. अम्बेडकर के जीवन एवं दर्शन का सार है। वह आज भी एक प्रकाश-स्तम्भ, एक प्रेरणा-स्रोत के रूप में सजीव हैं। उनकी विचार-काया विभिन्न रूपों में सक्रिय तथा गतिशील है जो यथार्थ स्थिति से जूझने की शक्ति का मानव प्राणियों में संचारण करती है।

सारांशत: डॉ. अम्बेडकर द्वारा लिखित साहित्य मात्र तथ्य ही नहीं है और न ही कोरा चिन्तन। डॉ. साहेब ने जो लिखा वह उनके अनुभव की अभिव्यक्ति है। उसमें दर्शन की एक छाप है। उन्होंने जो कुछ हमें दिया, वह एक सशक्त मानववादी दर्शन का प्रतीक है, क्योंकि वह आदमी को आदमी से बेहतर रिश्तों में जोड़ना चाहते थे ताकि समाज में छुआछूत, जातिवाद, वर्णवाद आदि पर आधारित समाज के स्थान पर एक नया प्रगतिशील समाज बने। उनके इस दर्शन की नींव समता, स्वतंत्रता तथा भाईचारे की भावना से जुड़ी है, न कि धर्मान्धता, संकीर्णता, ऊंच-नीच, अन्याय आदि पर। डॉ. साहेब की किताबों में विद्रोही स्वर, जड़ता के विरुद्ध युद्ध, अन्याय के प्रति संघर्ष के साथ-साथ एक प्रबल धारा सन्निहित है जिसे मानववादी दर्शन कहा जाता है। अत: उनका विपुल साहित्य एक अन्तर्निहित मानववादी दर्शन और उदार मूल्यों का परिचायक है।[1]

---

1. लेखक द्वारा लिखा एवं पढ़ा गया यह आलेख आकाशवाणी, जयपुर से 14 अप्रेल, 1995 की पूर्वसंध्या पर प्रसारित हुआ था।

अध्याय-6

धर्म-दर्शन का आधार

डॉ. बाबासाहेब अम्बेडकर एक महान् दार्शनिक थे जिन्होंने विश्व धर्मों जैसे हिन्दूइज्म, इस्लाम, क्रिश्यनिटी, जैनिज्म, बुद्धिज्म और सिक्खिज्म के मूल सिद्धान्तों की भारत में विद्यमान सामाजिक स्थिति की दृष्टि से समीक्षा की। डॉ. साहेब ने धर्म को वैयक्तिक आत्माओं के आध्यात्मिक मोक्ष के एक साधन के रूप में नहीं देखा, अपितु एक 'सामाजिक आदर्श' समझा जो मानव-मानव के बीच सम्यक् संबंध स्थापित करने का एक सशक्त माध्यम बने। डॉ. अम्बेडकर का धर्म-दर्शन न तो धर्मशास्त्र है और न ही धर्म। धर्मशास्त्र ईश्वर के स्वरूप, गुणों एवं कार्यों का एक अध्ययन है, जबकि धर्म दैविक चीजों के साथ जुड़ा हुआ है। धर्मशास्त्र और धर्म परस्पर संबंधित हो सकते हैं; किन्तु दोनों ही दर्शन नहीं कहे जा सकते। जब हम धर्म-दर्शन की बात करते हैं, तो उसका तात्पर्य सामान्यत: विद्यमान धर्मों का आलोचनात्मक मूल्यांकन करना है और विशेषत: प्रत्येक धर्म की शिक्षाओं एवं सिद्धान्तों की समीक्षा करना उसका मुख्य ध्येय होता है। चाहे वह हिन्दू धर्म हो, मुस्लिम अथवा ईसाई धर्म हो। कोई भी धर्म समीक्षा की परिधि में आ सकता है, क्योंकि जैसा कि मैं स्वयं सोचता हूं, यदि कोई धर्म मनुष्य एवं समाज की सांसारिक आवश्यकताओं की अनदेखी करता है, तो वह धर्म डॉ. भीमराव अम्बेडकर जैसे मनीषी की आशा-आकांक्षाओं के अनुरूप नहीं हो सकता। यह

उनके प्रति बहुत ही उपयोगी विचार एवं समुचित सम्मान होगा, यदि हम उनके धर्म-दर्शन को सही परिप्रेक्ष्य में जानें, भले ही वह हम में से अनेक लोगों को अरुचिकर लगे।

इसके पूर्व कि मैं मुख्य विषय की ओर आने का साहस करूं, मैं आपके समक्ष दर्शन, धर्म, धर्मशास्त्र तथा धर्म-दर्शन के बीच मौलिक भिन्नताओं का चित्र प्रस्तुत करना चाहूंगा। इन पदों का स्पष्टीकरण, मुझे आशा है कि डॉ. अम्बेडकर के धर्म-दर्शन को समझने में आपकी सहायता करेगा। आप विश्वास करें अथवा नहीं, इस आलेख की विषय-वस्तु, मुझे आशंका है, आपको एक प्रकार के आश्चर्य में डुबा देगी उस सीमा तक जहां तक आप सोच भी नहीं पाये हों, क्योंकि इसके अन्तर्गत उन विचारों की समीक्षा है जिन्हें आप अभी तक तिलांजलि नहीं दे पाये हैं।

अब हमें व्याख्या की ओर आगे बढ़ना चाहिए।[1]

दर्शन क्या है?

दर्शनशास्त्र की विभिन्न प्रकार से व्याख्या की गई है। फिर भी उसकी निश्चित परिभाषा देना कठिन है। अधिक से अधिक उसका स्पष्ट वर्णन किया जा सकता है। बहुत पहले प्लेटो ने उसे 'वस्तुओं के सारभूत दृष्टिकोण' के रूप में देखा। दर्शनशास्त्र जगत् को उसके विभिन्न रूपों में जानने की जिज्ञासा है। जैसा कि प्रो. प्रिंजिल पेट्टिसन ने कहा, "दर्शन वस्तुओं को साथ-साथ देखने-जगत् की मुख्य विशेषताओं को दृष्टि में रखने और उन्हें एक दूसरे के संबंध में एक सम्पूर्ण के अंशों के रूप में समझने का प्रयास है।" दर्शनशास्त्र 'विश्व के स्वरूप और उसके अन्तर्गत मनुष्य की स्थिति एवं संभावनाओं' की व्याख्या करता है। कॉर्ल मार्क्स की दृष्टि में दर्शनशास्त्र का मुख्य ध्येय, "विश्व के स्वरूप की व्याख्या करना ही नहीं है, अपितु उसे परिवर्तित करना भी है।" डॉ. अम्बेडकर के अनुसार, "दर्शनशास्त्र मनुष्य के आचरण का मूल्यांकन करने के एक मानदण्ड के अलावा कुछ नहीं है।" उन्होंने दर्शनशास्त्र को 'मानव अनुभव' के रूप में भी लिया जो मनुष्य के संदर्भ में जगत्-प्रक्रिया तथा जगत्-आधार का अध्ययन एवं विश्लेषण करता है। वह प्रो. पेट्टिसन से सहमत हैं, जब वह यह कहते हैं कि "दर्शनशास्त्र उस संबंधित अनुभव का विश्लेषण एवं व्याख्या है जो मनुष्य तथा जगत् के बारे में, जिसमें वह रहता है, हमारे दृष्टिकोण को प्रभावित करता है।" संक्षेप में, दर्शनशास्त्र मानव आचरण एवं अनुभव का ऐसा मूल्यांकन है जो मनुष्य के जीवन को सांसारिक क्षेत्रों में रहने योग्य बनाने में उपयोगी सिद्ध होता है।

धर्म क्या है?

धर्म की अनेक रूपों में व्याख्या की गई है, और दर्शनशास्त्र की भांति, धर्म की निश्चित परिभाषा देना कठिन है। अधिक से अधिक उसका वर्णन किया जा सकता है। 'स्वयं से परे किसी शक्ति में मनुष्य की आस्था' अथवा 'एक ऐसे नित्य ईश्वर में विश्वास' धर्म है, जो जगत् की व्यवस्था करता है और प्रत्येक को कर्मानुसार पारितोषिक या दण्ड प्रदान करता है। यह भी कहा जाता है कि "धर्म लोगों के मन में उन बाह्य तत्वों के बारे में एक काल्पनिक चिन्तन है जो उन पर दिन प्रतिदिन के जीवन में हावी रहता है, एक ऐसा चिन्तन जिसमें जागतिक तत्व अजागतिक तत्वों का रूप ग्रहण कर लेते हैं।" डॉ. अम्बेडकर ने एक विशेष संदर्भ में, "धर्म को दैविक शासन की एक आदर्श व्यवस्था को स्थापित करने के अर्थ में लिया जिसका उद्देश्य सामाजिक व्यवस्था को, जिसमें मनुष्य रहते हैं, एक नैतिक व्यवस्था बनाना होता है।" प्रो. बेट्टनी ने धर्म की परिभाषा इस प्रकार दी है, "व्यापक रूप में, मनुष्य का अदृश्य के प्रति रुख, और उसका विश्वास या रुख उसके आचरण या साथी-मनुष्यों के साथ उसके संबंधों पर जो कुछ भी प्रभाव डालते हैं, वह धर्म हैं।" संक्षेप में, धर्म जैसा कि दैविक सत्ता से एक अवतरण के रूप में समझा जाता है, एक सामाजिक शक्ति बन गया है, जो पवित्र एवं अकाट्य स्वरूप की पूजा-अर्चना, अनुष्ठान तथा समारोहों की संस्थाओं में सन्निहित हो गया है।

धर्मशास्त्र क्या है?

धर्मशास्त्र धर्म नहीं है। वह एक ऐसा विषय है जो 'दैविक वस्तुओं से संबंधित सिद्धान्त अथवा एक प्रवचन है।' 'वह अब सामान्यत: उन सिद्धान्तों की व्यवस्था के अर्थ में समझा जाता है जिसका संबंध ईश्वर के व्यक्तित्व, गुणों एवं कार्यों से होता है।' फिर भी जैसा कि डॉ. अम्बेडकर ने देखा धर्मशास्त्र को धर्म से जोड़ा जा सकता है। यद्यपि धर्मशास्त्र विभिन्न प्रकार का होता है जैसे पौराणिक धर्मशास्त्र, नागरिक धर्मशास्त्र, प्राकृतिक धर्मशास्त्र, उद्घाटित धर्मशास्त्र; लेकिन डॉ. अम्बेडकर की दृष्टि से, धर्मशास्त्र में निम्नलिखित तीन मौलिक विचार सन्निहित हैं:

1. "ईश्वर का अस्तित्व;
2. ईश्वर द्वारा विश्व की दैविक व्यवस्था; और
3. ईश्वर द्वारा मानव जाति की नैतिक व्यवस्था।"

धर्म-दर्शन क्या है?

सर्वप्रथम, यह कहा जा सकता है कि धर्म-दर्शन न तो दर्शनशास्त्र है और न ही धर्म अथवा धर्मशास्त्र। धर्म-दर्शन इनसे कुछ भिन्न अध्ययन है। उसमें वह भाषा सन्निहित है जो धार्मिक विचार-विमर्श, धार्मिक चिन्तन, से संबंधित है। वह धर्म-विरोधी भी हो

सकती है। धर्म-दर्शन धार्मिक अनुभव भी नहीं है और न ही उसका संबंध किसी आस्था, पूजा तथा अनुष्ठान से है। धर्म-दर्शन उन सब बातों की समीक्षा करता है, जिनका धर्म या धर्मशास्त्र प्रचार-प्रसार करता है जैसे ईश्वर के अस्तित्व में विश्वास, सांसारिक जीवन से परे कोई तात्विक अंश, सामाजिक विकास की लम्बी प्रक्रिया में उद्भूत अनुष्ठान एवं समारोह, नैतिक मान-दण्डों पर दैविक सत्ता का आधिपत्य, पवित्र ग्रंथों की अकाट्यता, आत्मा की अमरता, और उसका आवागमन। धर्म-दर्शन किसी धर्म का उपांग अथवा अनुबंध नहीं है। मनुष्य और समाज की वर्तमान स्थितियों की दृष्टि से, वह किसी विशेष समुदाय के धार्मिक जीवन एवं चिन्तन का एक मूल्यांकन है। वस्तुतः धर्म-दर्शन विद्यमान धर्मों की पूर्व-मान्यताओं, आदर्श तथा व्यवहार, अनुष्ठान एवं आचरण के संदर्भ में एक 'समीक्षात्मक चिन्तन' है। उनका मूल्यांकन करते समय, वह व्यापक रूप में मानव हित को ध्यान में रखता है। धर्म-दर्शन का मुख्य विषय धर्म विशेष के सामाजिक एवं नैतिक नियमों एवं सिद्धान्तों की प्रासंगिकता की समीक्षा करना है।

विशेषतः यहां यह कहा जा सकता है कि डॉ. अम्बेडकर ने 'दर्शन शास्त्र' शब्द को उसके द्वय-पक्षीय मूल भाव में लिया अर्थात् (1) "जब लोग सुकरात के दर्शन या प्लेटो के दर्शन की बात करते हैं, तब उसका अर्थ शिक्षाएं होता है।" और (2) "दूसरे भाव में, जब वस्तुओं एवं घटनाओं के बारे में निर्णय दिये जाते हैं, तब उसका अर्थ आलोचनात्मक बुद्धि के रूप में लिया जाता है।" इस दृष्टि से, डॉ. साहेब ने कहा, "धर्म-दर्शन, मेरे लिए, मात्र एक वर्णनात्मक विज्ञान नहीं है। मैं उसे वर्णनात्मक तथा नियामक दोनों मानता हूं। जब वह किसी धर्म की शिक्षाओं का विवेचन करता है, तब धर्म-दर्शन एक वर्णनात्मक विज्ञान बन जाता है। जब वह उन शिक्षाओं पर निर्णय देते समय आलोचनात्मक बुद्धि का प्रयोग करता है, तब धर्म-दर्शन एक नियामक विज्ञान का रूप ले लेता है।"

डॉ. अम्बेडकर के अनुसार, धर्म-दर्शन के अध्ययन के अन्तर्गत तीन आयामों (पक्षों) का नियतीकरण निहित है। प्रथम, धर्मशास्त्र के अर्थ में, दोनों का ही सर्वोच्च तात्विक अमूर्त तथा दैवकृत अभिव्यक्तियों से संबंध होता है। द्वितीय, धर्म-दर्शन उस आदर्श व्यवस्था को जानने का प्रयास करता है जिसे धर्म स्थापित करके न्यायोचित ठहराता है। तृतीय, धर्म-दर्शन, दैवकृत शासन की आदर्श व्यवस्था का मूल्यांकन करने के लिए कोई मानदण्ड अपनाता है। समय-समय पर किसी धर्म को निश्चित कसौटी पर परखना चाहिए। "फिर कौन सी कसौटी अपनाकर ऐसा निर्णय किया जाए?", डॉ. अम्बेडकर ने पूछा।

वह कसौटी, उनकी दृष्टि में, एक प्रकार की क्रान्ति है जो विज्ञान, दर्शन तथा धर्म के क्षेत्रों में घटित होती है। वस्तुतः कोई क्रान्ति किसी धर्म की सत्ता एवं विषय-वस्तु को बदल सकती है। मध्य-युग में, वैज्ञानिक स्वरूप की क्रान्तियों ने धर्म की पवित्रता और चर्च की सत्ता को कम कर दिया। एक समय ऐसा भी था जब धर्म ने ज्ञान के प्रायः सभी क्षेत्रों पर जैसे जीव-विज्ञान, मनोविज्ञान, भू-विज्ञान, चिकित्सा-विज्ञान पर अपना आधिपत्य स्थापित कर लिया था। धर्म ने जो कुछ भी शिक्षा दी, उस बारे में अकाट्यता का दावा किया गया और अपने को दैविक सत्ता के साथ जोड़े रखा। किन्तु शनैः शनैः धर्म का विस्तृत साम्राज्य नष्ट होता गया, क्योंकि धर्मों के इतिहास में अनेक धार्मिक क्रान्तियां घटित हुईं जिन्होंने उन्हें मौलिक रूप में प्रभावित किया। उदाहरण के लिए, कॉपरनिकस क्रान्ति ने धर्म के आधिपत्य से खगोल-विज्ञान को स्वतंत्र करवाया और डार्विनियन क्रान्ति ने जीव-विज्ञान तथा भू-विज्ञान को धर्म की उलझनों से मुक्त किया। कोई धार्मिक क्रान्ति कभी-कभी एक महान् आशीर्वाद बन जाती है, क्योंकि वह 'विचार तथा अभिव्यक्ति की स्वतन्त्रता' लेकर आती है। वह समाज को स्वयं अपना नियंत्रण करने के लिए सक्षम बनाती है। साथ ही उन अनेक भय एवं अंधविश्वासों को दूर करती है जिनसे लोग पीड़ित तथा दुःखी रहा करते हैं। विभिन्न प्रकार की क्रान्तियों में, डॉ. अम्बेडकर ने 'धार्मिक क्रान्ति' को अत्यधिक महत्वपूर्ण तथा व्यापक माना, क्योंकि "वह क्रान्ति मनुष्य के साथ ईश्वर के शासकीय संबंधों की अवधारणाओं के स्वरूप तथा विषय को छूती है....वह धर्म के स्वरूप में पूर्ण परिवर्तन लाई है जैसा कि असभ्य समाज से सभ्य समाज की ओर विकास में देखा जाता है, हालांकि बहुत कम लोग उससे अवगत हुए प्रतीत होते हैं।" अन्य शब्दों में, धार्मिक क्रान्ति निश्चय ही व्यापक परिवर्तनों में घटित होती है, क्योंकि वह क्रान्ति, जैसा कि डॉ. अम्बेडकर ने समझा, लोगों के सामाजिक तथा नैतिक नियमों एवं मान्यताओं में भारी बदलाव लाती है।

अब हमें सीधे मुख्य विषय की ओर आना चाहिए, अर्थात्-डॉ. अम्बेडकर का धर्म-दर्शन अपने अध्ययन-क्षेत्र में क्या सम्मिलित करता है? वह आलोचनात्मक बुद्धि के माध्यम से किस प्रकार समीक्षा करता है? डॉ. अम्बेडकर का धर्म-दर्शन, मेरे विचार में, निम्नलिखित विचारों का अध्ययन एवं समीक्षा करता है:

1. सभी धर्म सच्चे तथा समान रूप से अच्छे हैं;
2. ईश्वर धर्म का आवश्यक तत्व है;
3. धर्म को अनिवार्यतः दैविक अभिशासन की व्यवस्था का पोषण करना चाहिए, वह आदर्श जिसका समाज अनुसरण करे;
4. दैविक सत्ता के रूप में धार्मिक ग्रंथों की अकाट्यता स्थापित रहनी चाहिए;

5. व्यक्ति के जीवन का एकमात्र ध्येय आत्मा की मोक्ष प्राप्त करना है;
6. ईश्वर और धर्म के साथ नैतिकता का संबंध अनिवार्य है;
7. किसी धर्म की प्रासंगिकता के विषय में मूल्यांकन करने के लिए, न्याय एवं सामाजिक उपयोगिता की कसौटी लागू करनी चाहिए; और
8. किसी धर्म का आधार नियम अथवा आदर्श होने चाहिए।

अब डॉ. अम्बेडकर के धर्म-दर्शन की दृष्टि से, उपर्युक्त बिन्दुओं की व्याख्या एवं समीक्षा प्रारम्भ करें:

1. रूढ़िवादी दार्शनिक डॉ. भगवानदास ने जिन्होंने 'एसेन्सियल यूनिटी ऑफ ऑल रिलीजन्स' ग्रन्थ की रचना की, यह मत प्रचारित किया कि सभी धर्म सच्चे और समान रूप से अच्छे हैं। लेकिन डॉ. अम्बेडकर की दृष्टि में, यह मत सकारात्मक एवं प्रदर्शनात्मक रूप में एक दोषपूर्ण विश्वास है। तुलनात्मक धर्म के अध्ययन ने उद्‌घाटित तथा अभिव्यक्त धर्मों के इस दावे एवं धृष्टता को गलत साबित कर दिया है कि वे ही केवल सच्चे और अच्छे धर्म हैं। डॉ. साहेब ने यह बतलाया कि "यह सही है कि एक ओर तुलनात्मक धर्म ने सच्चे तथा गलत धर्मों के बीच पूर्णत: ऐच्छिक एवं प्रागनुभविक विचारों पर आधारित काल्पनिक भेद को निरस्त किया है, दूसरी ओर वह धर्म के बारे में विद्यमान गलत धारणाओं को भी प्रकाश में लाया है। जैसा कि मैंने बतलाया है, उनमें एक हानिकारक धारणा यह है कि सभी धर्म समान रूप से अच्छे हैं और उनमें भेद करने की कोई आवश्यकता नहीं है। इससे अधिक बड़ा दोष और कोई नहीं हो सकता। सभी सामाजिक प्रभावों एवं संस्थाओं के समान, धर्म भी एक प्रभाव या संस्था है। वह उस समाज को, जो उसकी गिरफ्त में है, लाभ दे सकता है या फिर नुकसान पहुंचा सकता है।" इस दृष्टिकोण का भलीभांति समर्थन किसी धर्म द्वारा अपने सामाजिक तथा राष्ट्रीय जीवन में उत्पन्न परिणामों से किया जा सकता है। धर्म राष्ट्रों का निर्माण अथवा विगठन कर सकता है, अमानवीय संस्थाओं तथा पाशविक परम्पराओं को जन्म दे सकता है, वह युद्ध, उत्पीड़न, विद्रोह तथा क्रान्ति का कारण भी बन सकता है, किन्तु वह करोड़ों लोगों के लिए, स्वतंत्रता, शान्ति तथा खुशहाली भी ला सकता है। कोई धर्म प्रगति, विज्ञान और कला का शत्रु हो सकता है; किन्तु पुनर्जागरण, अच्छी सभ्यता अथवा सांस्कृतिक धरोहर का मित्र भी बन सकता है। यह सब कुछ हिन्दू धर्म, इस्लाम, ईसाई धर्म, बौद्ध धर्म आदि के इतिहासों का गहन अध्ययन करने के पश्चात् जाना तथा प्रमाणित किया जा सकता है कि किसने मानवता को कितनी हानि या लाभ पहुंचाया। कोई प्रो. बर्ट्रेण्ड रसैल से सहमत हो

अथवा नहीं, पर उनके इस कथन में थोड़ा-सा सत्यांश तो है ही कि "सभी धर्म न केवल असत्य हैं, किन्तु हानिकारक भी हैं।"

डॉ. अम्बेडकर के अनुसार, धर्म विचित्र अन्तर्विरोधी परिणाम पैदा कर सकते हैं। फिर उन्हें समान रूप से सत्य एवं अच्छा कैसे माना जा सकता है? प्रत्येक धर्म ने अपने-अपने सामाजिक अभिशासन की दैविक व्यवस्था तथा नैतिक आदर्श दिये हैं जिन्होंने आचरण के भिन्न-भिन्न ढंग स्थापित कर दिये हैं। तुलनात्मक धर्म के अध्ययन ने धर्मों के इस पक्ष की ओर कोई ध्यान नहीं दिया है। इससे भी अधिक तथ्य यह है कि सभी धर्म आस्तिक नहीं हैं अर्थात् ईश्वरवादी नहीं हैं; उनमें से कुछ निरीश्वरवादी भी हैं; और जहां तक ईश्वर, आत्मा, पूजा, अर्चना, अनुष्ठान तथा समारोहों का प्रश्न है, धर्मों के बीच उनके स्वरूप तथा विधियों को लेकर मौलिक भिन्नताएं हैं। यद्यपि धर्म अनेक हैं; लेकिन उन्हें समान स्तर पर रखना संभव नहीं है। उनके विचार तथा व्यवहार की भिन्नताओं की दृष्टि से, यह कहना कि सभी धर्म समान रूप से सत्य और अच्छे हैं, बहुत ही हानिकारक विचार है। यही कारण है कि डॉ. अम्बेडकर ने अपने धर्म-दर्शन में इस विचारधारा को स्वीकार नहीं किया।

2. ईश्वरवादी धर्म सामान्यतः यह मानते हैं कि ईश्वर के अस्तित्व में आस्था रखना, धर्म का आवश्यक तत्व है। लेकिन डॉ. अम्बेडकर ऐसा नहीं मानते हैं। उनके विचार में, असभ्य समाज के धर्म में ईश्वर का कोई प्रत्यय नहीं था अर्थात् असभ्य समाज में धर्म की मान्यता ईश्वर के बिना थी। तब फिर धर्म में ईश्वर का प्रवेश किस प्रकार हुआ? डॉ. साहेब ने कहा, "यह हो सकता है कि ईश्वर का प्रत्यय समाज में महान् आदमी अर्थात् हीरो की पूजा की उत्पत्ति के साथ आया हो, जिसने अपने जीवित ईश्वर में आस्था के रूप में ईश्वरवाद को जन्म दिया। यह भी हो सकता है कि ईश्वर का विचार जीवन की सृष्टि किसने की इस समस्या पर शुद्ध दार्शनिक चिन्तन के फलस्वरूप अस्तित्व में आया हो जिससे विश्व के सृष्टिकर्ता के रूप में ईश्वर में विश्वास-तटस्थेश्वरवाद स्थापित हुआ। जो भी हो, ईश्वर का प्रत्यय धर्म का अनिवार्य अंग नहीं है।"

धार्मिक क्रान्ति दो प्रकार की होती है-आन्तरिक और बाह्य। आन्तरिक धार्मिक क्रान्ति स्वतः धर्म विशेष में कुछ परिवर्तन लाती है, किन्तु बाह्य धार्मिक क्रान्ति वास्तव में धार्मिक क्रान्ति नहीं होती। वह किसी धर्म द्वारा अपने से अलग उस क्षेत्र में आधिपत्य स्थापित करने के विरुद्ध विज्ञान का विद्रोह है जिससे उसका कोई संबंध नहीं है। फिर भी, जैसा कि देखा गया है, फ्रेन्च तथा रूसी

जैसी क्रान्तियां दैविक अभिशासन की व्यवस्था में परिवर्तन लाती हैं और उसे संशोधित तथा पुनर्निर्मित करती हैं। आन्तरिक धार्मिक क्रान्ति समय-समय पर स्वत: धर्म के संरचनात्मक एवं कार्यात्मक ढांचे में मौलिक बदलाव लाती है। डॉ. अम्बेडकर ने यह उद्घोषित किया कि "इस क्रान्ति से ईश्वर का किसी समुदाय का सदस्य होना समाप्त हो गया है....मनुष्य का भी ईश्वर का अंध-पुजारी होना समाप्त हो गया है जो उसकी आज्ञाओं का पालन करने के सिवाय कुछ नहीं करता था... इस क्रान्ति द्वारा ईश्वर के समाज के मात्र संरक्षक होने की स्थिति का अन्त हो गया है और मूल सामाजिक हित दैविक व्यवस्था का अब केन्द्र नहीं रहा। समाज और मनुष्य ने इस दैविक व्यवस्था के केन्द्रों से स्थान बदल लिए हैं। वह मनुष्य है जो अब धर्म का केन्द्र बन चुका है।"

महावीर तथा बुद्ध द्वारा जो धार्मिक क्रान्तियां हुईं उन्होंने भारत तथा अन्य देशों में व्यापक रूप से लोगों की मन:स्थिति को बदला, और उन्होंने इस बात पर बल दिया कि ईश्वर में आस्था रखना उनके धर्म का अनिवार्य अंग नहीं है। उनके धर्म में पूजा-पाठ तथा अनुष्ठानों का कोई स्थान नहीं है। डॉ. अम्बेडकर ने भगवान् बुद्ध के धम्म के रूप में ऐसे धर्म को एक सच्चाई स्वीकार किया, क्योंकि किसी ने ईश्वर को देखा नहीं है। ईश्वर अज्ञात है, मात्र एक तात्त्विक कल्पना है। कोई भी यह सिद्ध नहीं कर सकता कि ईश्वर ने जगत् की सृष्टि की, हालांकि सामान्यत: ऐसा ही माना जाता है। जगत् का विकास हुआ है, न कि किसी ईश्वर या सचेत शक्ति ने उसकी सृष्टि की है। ईश्वर के प्रति आस्था ने अनेक प्रकार की भ्रान्तियों एवं अन्ध-विश्वासों को ही जन्म दिया है। इसलिए, डॉ. अम्बेडकर की दृष्टि में, यदि काई धर्म ईश्वर पर आधारित है तो वह मनुष्य द्वारा धारण करने योग्य नहीं है।

3. धर्म सामान्यत: सामाजिक अभिशासन की दैवकृत व्यवस्था को निर्धारित करता है जैसा कि वैदिक धर्म अथवा बाद में कहे जाने वाले हिन्दू धर्म में मिलता है। उसने हमें वर्णाधारित दैविक समाज-व्यवस्था प्रदान की जिसमें चार मुख्य जातियां हैं– ब्राह्मण, क्षत्रीय, वैश्य तथा शूद्र। जगत् के संरक्षक प्रजापति ने मानवता की भलाई के लिए वर्ण-व्यवस्था की सृष्टि की। यह दैविक वर्ण-व्यवस्था समाज के हित में एक आदर्श रूप बन गई ताकि लोग उसका अनुसरण कर सकें। यद्यपि इसका कोई अस्तित्व नहीं था, किन्तु उसे हिन्दू धर्म के पवित्र ग्रंथों में दैविक रूप से स्थापित होने के दावे के कारण यथार्थ माना जाता है।

डॉ. अम्बेडकर ने चातुर्य-वर्ण व्यवस्था के अन्तर्गत दैविक सामाजिक अभिशासन को स्वीकार नहीं किया, क्योंकि उसमें स्वतंत्र व्यवसाय चुनने का कोई प्रावधान नहीं है। उसमें न तो आर्थिक स्वतंत्रता है, और न ही आर्थिक सुरक्षा। वह विभिन्न जातियों की स्तरीय अर्थात् ऊंच-नीच पर आधारित एक कठोर व्यवस्था बन गई है जिसमें गम्भीर रूप की अनेक असमानताएं एवं पीड़ाएं निहित हैं। वस्तुत: इस व्यवस्था ने मनुष्य को शक्तिहीन बना दिया है विशेषकर शूद्र-दलितों को। वह मनुष्य को नपुंसक बनाने की एक व्यवस्था है। वह अपने ही सदस्यों को धन, शिक्षा, शस्त्रादि के अधिकारों से वंचित रखती है। डॉ. अम्बेडकर की दृष्टि में, वर्ण-व्यवस्था सामाजिक उपयोगिता की कसौटी पर खरी नहीं उतरती। उसका दैवकृत सामाजिक अभिशासन समाज को टुकड़ों में बांटता है, कार्य को रुचि से अलग करता है, श्रम को बुद्धि से असम्बद्ध बनाता है और मनुष्य को जीवन के लिए अनिवार्य अधिकारों से वंचित रखता है। यह व्यवस्था संकट के समय सामान्य क्रिया को संचारित करने वाले संसाधनों को रोकती और नष्ट करती है। क्या वह सामाजिक उपयोगिता की कसौटी को संतुष्ट करती है?, डॉ. अम्बेडकर ने पूछा। नहीं, कतई नहीं। अत: उन्होंने इस दैविक व्यवस्था में स्वतंत्रता, समानता तथा भ्रातृत्व का अभाव होने के कारण उसे पूर्णत: अस्वीकार कर दिया।

4. दैविक सत्ता के स्रोत के रूप में, धर्म ग्रंथों की अकाट्यता का विचार भी डॉ. अम्बेडकर ने स्वीकार नहीं किया इस आधार पर कि वह धार्मिक विश्वासों एवं व्यवहारों के स्वतंत्र अन्वेषण तथा परीक्षा की विधि को लोगों द्वारा अपनाए जाने से रोकता है। जब विद्वान डॉक्टर ने देखा कि वर्ण-व्यवस्था के अन्तर्गत हिन्दू लोग अन्तर-जातीय भोज तथा विवाह से कतराते हैं, तब उन्होंने पाया कि यह सब कुछ हिन्दू शास्त्रों की अकाट्यता में विश्वास के कारण होता है। शास्त्रों में ऐसे नियम हैं जो हिन्दुओं को अन्तर-जातीय भोज एवं विवाह से रोकते हैं। लोगों के मन में ईश्वरीय भय बना रहता है कि उन्होंने दैविक नियमों का उल्लंघन किया तो वे पाप के भागीदार होंगे और नरक की यातनाएं झेलनी पड़ेंगी। हिन्दू लोग न केवल दैविक सत्ता से भयभीत रहते हैं, अपितु शास्त्रों की अकाट्यता ने उन्हें सामाजिक मामलों में आलोचनात्मक बुद्धि का प्रयोग करने से भी रोका है। इसलिए, डॉ. अम्बेडकर ने यह कहा, ''वास्तविक समाधान शास्त्रों की पवित्रता में विश्वास को नष्ट करना है...प्रत्येक नर-नारी को शास्त्रों की दासता से मुक्त करो, शास्त्रों पर आधारित हानिकारक विचारों को दूर कर उनके मन को शुद्ध करो, और वह, स्त्री या पुरुष, अन्तर-जातीय भोज एवं विवाह करने को तैयार हो जाएंगे...'' अन्य

शब्दों में, डॉ. अम्बेडकर की दृष्टि से, कुछ भी अकाट्य नहीं है। प्रत्येक वस्तु या विचार की आलोचनात्मक बुद्धि से समीक्षा होनी चाहिए। यहां तक वेद भी, सत्ता एवं दैविकता की दृष्टि से, अन्तिम नहीं हैं। यह तो वास्तव में एक पहेली है कि कब और कैसे वेदों तथा अन्य हिन्दू शास्त्रों को अकाट्य घोषित किया गया।

5. हिन्दू जैसे ईश्वरवादी धर्मों में सामान्यत: यह माना जाता है कि व्यक्ति के जीवन का एकमात्र लक्ष्य आत्मा की मोक्ष प्राप्त करना है। क्या डॉ. अम्बेडकर ने इस विचार में विश्वास किया? नहीं, उन्होंने विश्वास नहीं किया, क्योंकि एक बौद्ध होने के नाते, उन्होंने 'अमर आत्मा' के अस्तित्व को, जो हिन्दू धर्म का मूल सिद्धान्त है, स्वीकार नहीं किया। अमर आत्मा का प्रत्यय कुछ विचित्र है। वह अपने कर्मानुसार एक जन्म से दूसरे जन्म में घूमती रहती है। जब तक आत्मा को मोक्ष नहीं मिल जाता तब तक वह आवागमन की प्रक्रिया में बनी रहती है। आत्मा, कर्म तथा आवागमन का त्रिपक्षीय सिद्धान्त हिन्दू धर्म का मुख्य विचार है। डॉ. अम्बेडकर ने इस सिद्धान्त को नहीं माना, क्योंकि वह बौद्ध धर्म के सिद्धान्त–अनात्मवाद को स्वीकार कर चुके थे। प्रत्येक वस्तु अनित्य है, तब फिर नित्य आत्मा का अस्तित्व कैसे संभव हो सकता है? इससे भी अधिक यह देखा गया कि हिन्दू धर्म का कर्म सिद्धान्त प्रतिशोधात्मक विचार पर आधारित है जिसे डॉ. साहेब ने अन्यायपूर्ण मानकर अस्वीकार कर दिया। इस प्रतिशोधात्मक कर्म सिद्धान्त का, जैसा कि हिन्दू शास्त्रों ने उसे नियोजित किया, एक ही उद्देश्य था कि समाज या राज्य को निर्धन तथा निम्न जातियों के लोगों की दुर्दशा के उत्तरदायित्व से बचाया जा सके। किसी धर्म के मूल्यांकन में न्याय की कसौटी मानते हुए, डॉ. अम्बेडकर ऐसे अमानवीय तथा निरर्थक सिद्धान्त को किस प्रकार स्वीकार करते? स्पष्टत: डॉ. अम्बेडकर ने आत्मा और उसके आवागमन जैसी तात्विक सत्ताओं का निषेध किया।

बौद्ध व्याख्या से पूर्णत: सहमत होने के पश्चात्, डॉ. अम्बेडकर ने मानव मन में विश्वास किया जो आत्मा से बिलकुल भिन्न है। मन कार्य करता है, पर आत्मा कोई कार्य सम्पन्न नहीं करती। अमर आत्मा में विश्वास करना, अलाभप्रद है, और वह अंधविश्वासों को जन्म देती है। ब्राह्मणी धर्म का समस्त ढांचा नित्य आत्मा के विचार पर आधारित है जिसे डॉ. अम्बेडकर ने अज्ञात एवं अदृष्ट कहकर अस्वीकार कर दिया। नित्य आत्मा के विचार ने उनकी बौद्धिक दृष्टि को संतुष्ट नहीं किया। उनके अनुसार, जिस प्रकार ईश्वर धर्म का अनिवार्य अंग नहीं है, उसी प्रकार नित्य आत्मा भी नहीं है। इसलिए, यह प्रश्न ही नहीं उठता है कि

व्यक्ति के जीवन का एकमात्र ध्येय ईश्वर की कृपा से मोक्ष प्राप्त करना है, हालांकि अनेक रामानुज जैसे भारतीय दार्शनिक व्यक्ति के कल्याण एवं मोक्ष के लिए, ईश्वरीय अनुकम्पा को सर्वोपरि मानते हैं।

6. नैतिकता का ईश्वर तथा धर्म के साथ क्या संबंध है, इस बारे में डॉ. अम्बेडकर के स्वयं अपने बड़े रोचक विचार हैं। वह इस विचार से सहमत नहीं थे कि नैतिकता ईश्वर के अस्तित्व में विश्वास का प्रतिफल है अथवा नैतिकता धर्म का अनिवार्य अंग है।

डॉ. अम्बेडकर के अनुसार, ईश्वर तथा नैतिकता के बीच संबंध बिलकुल अनिवार्य नहीं है, जबकि नैतिकता एवं धर्म के बीच है। वस्तुत: नैतिकता का धर्म में कोई स्थान नहीं है, क्योंकि आज धर्म का अर्थ सामान्यत: ईश्वर में विश्वास, आत्मा में विश्वास, ईश्वर की पूजा, पापमयी आत्मा का उद्धार, अर्चना, अनुष्ठान अथवा यज्ञादि से ईश्वर को प्रसन्न करना, स्वर्ग की कामना करना, रह गया है। ईश्वरवादी धर्मों में नैतिकता, वास्तव में प्रभावशाली नहीं है, क्योंकि उनमें मुख्य बातें पूजा-अर्चना, अनुष्ठान, समारोह, बलि आदि हो गई हैं। एक अन्य दृष्टिकोण से, डॉ. अम्बेडकर ने कहा, "धर्म और नैतिकता दोनों ही मानव अस्तित्व के प्रारम्भिक तथ्यों से संबंधित हैं अर्थात् जीवन, मृत्यु, जन्म तथा विवाह। धर्म इन जीवन प्रक्रियाओं को पवित्र बनाता है, जबकि नैतिकता उनके संरक्षण के नियम प्रदान करती है। धर्म जीवन के प्रारम्भिक तथ्यों एवं प्रक्रियाओं को पवित्र बनाते समय, समाज द्वारा उनके संरक्षण के लिए बनाये गये नियमों को भी पवित्र बनाता है। इस दृष्टिकोण से, यह आसानी से विश्लेषित हो जाता है कि धर्म और नैतिकता के बीच संबंध ने क्योंकर जन्म लिया। धर्म तथा ईश्वर के बीच संबंध की बजाय, यह संबंध कहीं अधिक घनिष्ठ तथा प्राकृतिक है।"

डॉ. अम्बेडकर के विचार से, नैतिकता का प्रश्न उसी समय उठता है जब मनुष्य मनुष्य के संबंध में आता है, और यदि कोई धर्म ईश्वर के अस्तित्व में विश्वास नहीं करता, तो नैतिकता ईश्वर का स्थान ग्रहण कर लेती है जैसा कि बुद्ध के धम्म में मिलता है। "धम्म में अर्चना, तीर्थ, अनुष्ठान, समारोह या बलि के लिए कोई स्थान नहीं है। नैतिकता धम्म का सार है। उसके बिना, कोई धम्म नहीं है। धम्म में नैतिकता मनुष्य द्वारा मनुष्य के प्रति प्रेम की सीधी आवश्यकता से जन्म लेती है। उसे ईश्वर की आज्ञा की आवश्यकता नहीं है। यह ईश्वर को प्रसन्न करने के लिए नहीं है कि आदमी को नैतिक बनना है। यह स्वत: अपनी ही भलाई के लिए है कि आदमी आदमी से प्रेम करे।" स्पष्टत: डॉ. अम्बेडकर ने

निरीश्वरवादी बौद्ध धर्म को नैतिकता के साथ जोड़ा। नैतिकता बौद्ध धर्म का अनिवार्य अंग है। डॉ. साहेब की दृष्टि में, प्रत्येक ईश्वरवादी धर्म नैतिकता का प्रचार करता है; किन्तु नैतिकता उसकी जड़ नहीं है। वह केवल इतना ही प्रचार करता है कि अपने पड़ोसी की भलाई करो, क्योंकि तुम दोनों गॉड, ईश्वर या अल्लाह के बंदे हो।

7. वर्तमान युग में धर्म कहां तक प्रासंगिक है? यह एक महत्वपूर्ण प्रश्न है। यद्यपि किसी धर्म विशेष की इस प्रकार परीक्षा करना बहुत ही कठिन है, फिर भी आदमी को इस प्रश्न पर विचार करना चाहिए, क्योंकि प्रत्येक व्यक्ति किसी न किसी धर्म से संबंधित है। इस उद्देश्य की पूर्ति के लिए, डॉ. अम्बेडकर ने न्याय की कसौटी और सामाजिक उपयोगिता की कसौटी को किसी धर्म की प्रासंगिकता की जांच करने के लिए समुचित पाया। यह वांछनीय भी है कि धर्म की समय-समय पर समीक्षा की जाये ताकि उसमें व्याप्त जड़ता एवं अंधता को समाप्त किया जा सके।

डॉ. अम्बेडकर ने यह स्वीकार किया कि धर्म की एक सामाजिक शक्ति के रूप में उपेक्षा नहीं की जा सकती। साथ ही, धर्म दैविक अभिशासन की व्यवस्था भी प्रदान करता है, जो यद्यपि अस्तित्वहीन होती है, पर उसे यथार्थ माना जाता है जैसा कि हिन्दू समाज व्यवस्था के संबंध में पाया जाता है। डॉ. अम्बेडकर द्वारा निर्धारित न्याय एवं सामाजिक उपयोगिता की कसौटी क्या है? यह कसौटी स्वतंत्रता, समानता एवं भ्रातृत्व के महान् त्रयी आदर्शों में निहित है। क्या हिन्दू धर्म उन्हें मानता तथा व्यवहार में लाता है? नहीं, कतई नहीं जैसा कि डॉ. अम्बेडकर ने अनुभव किया। इसलिए उन्होंने हिन्दू धर्म का परित्याग किया और बुद्ध, धम्म तथा संघ की शरण में चले गये। बुद्ध का धम्म स्वतंत्रता, समानता और भ्रातृत्व के ही आदर्शों में निहित है। डॉ. अम्बेडकर ने हिन्दू समाज व्यवस्था के मूल तत्वों की परीक्षा की और यह पाया कि ये तत्व सामाजिक न्याय तथा उपयोगिता के प्रतिकूल हैं। संक्षेप में, "... हिन्दू धर्म समता का शत्रु, स्वतंत्रता के प्रतिकूल और भ्रातृत्व का विरोधी है", जैसा कि डॉ. अम्बेडकर ने अनुभव किया।

8. डॉ. अम्बेडकर के विचार में, धर्म एक सामाजिक शक्ति है, और वह मनुष्य तथा समाज के लिए आवश्यक है। वह एडमण्ड बर्क से सहमत थे जिसने यह कहा, "सच्चा धर्म समाज की नींव है, वह आधार जिस पर समस्त सत्यनिष्ठ शासन आश्रित है, और उनकी स्वीकृति भी।" लेकिन साथ ही, डॉ. अम्बेडकर ने नियमों पर आधारित धर्म की आलोचना की, और आदर्शों पर आधारित धर्म को पसन्द किया जो 'एक सच्चा धर्म होने का दावा कर सकता है।' उनकी दृष्टि में, नियम

तथा आदर्श के बीच भेद यथार्थ एवं सारगर्भित है। उन्होंने दोनों प्रकार के धर्मों के बीच सुन्दर एवं स्पष्ट भेद किया जो निम्नलिखित है, "नियम व्यावहारिक होते हैं; वे निर्धारित प्रक्रिया के अनुसार कार्य करने के आदतन ढंग हैं। लेकिन आदर्श बौद्धिक होते हैं; वे कार्यों का मूल्यांकन करने में उपयोगी विधियां हैं। नियम किसी कर्ता को मात्र यह कहते हैं कि कार्य करने का कौनसा मार्ग अपनाना है। आदर्श कार्य करने का निश्चित मार्ग निर्धारित नहीं करते। नियम, जैसा कि पकाने वाली सामग्री के बारे में होते हैं, केवल इतना बतलाते हैं कि क्या करना है और किस प्रकार करना है। कोई आदर्श जैसे न्याय किसी संकेत द्वारा मुख्य बात कहता है जिसके आधार पर कर्ता को अपनी इच्छाओं तथा उद्देश्यों के प्रभाव पर विचार करना होता है। वह उसे उसके चिन्तन में उसका मार्ग-दर्शन करता है यह सुझाते हुए कि वह महत्वपूर्ण विचार को ध्यान में रखे। नियम तथा आदर्श के बीच यह भेद दोनों की अनुपालना में किए हुए कार्यों को गुण एवं विषय में भिन्न बना देता है। किसी नियम के अधीन कोई शुभ काम करना और किसी आदर्श के अनुसार कोई शुभ काम करना, दोनों भिन्न बातें हैं। आदर्श गलत हो सकता है, किन्तु कार्य सचेत एवं उत्तरदायित्व से परिपूर्ण है। नियम सही हो सकता है, किन्तु कार्य यांत्रिक है। कोई धार्मिक कर्म भले ही सही कार्य न हो, किन्तु कम से कम उत्तरदायित्वपूर्ण कार्य तो होना चाहिए। इस उत्तरदायित्व की अनुमति देना है तो धर्म को मुख्यत: केवल आदर्श का ही विषय होना चाहिए। वह नियमों का विषय नहीं हो सकता। उस क्षण जब वह नियमों में अवनत हो जाता है, तब वह धर्म नहीं रहता, क्योंकि वह उत्तरदायित्व को समाप्त कर देता है, जो एक सच्चे धार्मिक कर्म का सार-तत्व है।"

अब यह बिलकुल स्पष्ट है कि डॉ. अम्बेडकर का धर्म-दर्शन समाज में धर्म की आवश्यकता को स्वीकार करता है। सामाजिक विकास की लम्बी अवधि के दौरान, मनुष्य वास्तव में एक 'धार्मिक प्राणी' बन गया है। वर्तमान में, धर्म का मानवजाति पर आधिपत्य छाया हुआ है। उसके आध्यात्मिक पक्षों के साथ-साथ, 'धर्म हमें कुछ लौकिक आदर्श प्रदान करता है, और उसकी शक्ति इस पर भी निर्भर है कि वह मानवता को कहां तक तथा कितने लाभ पहुंचाता है। यद्यपि डॉ. अम्बेडकर ने यह माना कि "धर्म की उपेक्षा करना एक बिजली के जीवित तार की उपेक्षा" करने के समान है; किन्तु साथ ही, उन्होंने इस बात पर भी बल दिया कि किसी धर्म को आज्ञाओं तथा निषेधों का एक पुंज नहीं होना चाहिए, क्योंकि ऐसा धर्म स्वतंत्रता तथा स्वेच्छा के नैतिक जीवन से आदमी को वंचित कर देता है और उस जीवन को न्यूनाधिक रूप में, बाह्य ढंग

से थोपे गये नियमों की मान्यता के लिए, चिन्तित एवं दास बना देता है। डॉ. साहेब ने कानून अथवा विधियुक्त वर्ग नैतिकता के रूप में धर्म को पसन्द नहीं किया जैसा कि वर्तमान में हमें कुछ विद्यमान धर्मों में मिलता है।

डॉ. अम्बेडकर का धर्म-दर्शन, जहां तक मैं समझ पाया हूं, निम्नलिखित आधारवाक्यों पर आश्रित है:

1. मानव जाति के लौकिक एवं नैतिक मामलों के सुप्रबंध की दृष्टि से, आदमी और समाज के लिए, धर्म आवश्यक है; किन्तु यह मानना कि सभी धर्म समान रूप से सच्चे तथा अच्छे हैं, एक गलत विश्वास का पोषण करना है;
2. विद्यमान धर्मों में अधिकतर ईश्वरवादी एवं तात्विक हैं; किन्तु यह स्थापित करना कि ईश्वर किसी धर्म का अनिवार्य अंग है, एक दोषपूर्ण आस्था का पोषण करना है;
3. सभी धर्म अपनी पसन्द की सामाजिक व्यवस्थाएं विकसित करना चाहते हैं ताकि लोगों को शान्तमय ढंग से प्रगति के लिए साथ-साथ लाया जा सके; किन्तु उन पर दैवकृत अभिशासन थोपना एक उदार खुली समाज की गति को अवरुद्ध करना है;
4. लोगों को सही दिशा में निर्देशित करने के लिए, धर्मों को चाहिए कि वे अपने मूल-ग्रंथों को सुरक्षित बनाये रखें; किन्तु उनकी अकाट्यता एवं दैविक सत्ता में विश्वास करना स्वतंत्र अन्वेषण एवं आलोचनात्मक बुद्धि एवं दृष्टि की प्रगति को नष्ट करना है;
5. नित्य आत्मा अज्ञात एवं अदृष्ट है, मात्र एक तात्विक कल्पना है और यह स्थापित करना कि व्यक्ति के जीवन का एकमात्र लक्ष्य मोक्ष प्राप्त करना है, उस सामाजिक उत्तरदायित्व से बचना है जो आदमी पर समाज का एक सदस्य होने के नाते आ पड़ता है;
6. सभी धर्म किसी न किसी प्रकार की पूजा-अर्चनाएं, तीर्थ-यात्राएं, अनुष्ठान-समारोहों को, आदमी के धार्मिक कर्तव्य के रूप में, विकसित कर लेते हैं जो सामान्यत: किसी धर्म के कुछ उपांग होते हैं; किन्तु किसी धर्म का सबसे महत्वपूर्ण अनिवार्य अंग उसकी वह नैतिकता है जिसका वह मानव कल्याण के लिए प्रचार करता है;
7. धर्म का केन्द्र मनुष्य है, नैतिकता उसका आधार, मानव जाति का लौकिक कल्याण इसका मुख्य उद्देश्य, और साधन वह सम्यक् आचरण है जो सामाजिक उत्तरदायित्व में निहित है और जिसे मानव समाज में रह रहे सभी मानव प्राणियों के प्रति निभाना है; और

8. किसी धर्म की प्रासंगिकता का मूल्यांकन करने के लिए, न्याय तथा उपयोगिता की कसौटी का प्रयोग करना चाहिए और वह कसौटी स्वतंत्रता, समता एवं भ्रातृत्व के त्रयी आदर्शों में निहित है जो किसी धर्म के क्रूर तथा दमनात्मक स्वरूप के सामाजिक नियमों में आवश्यक परिवर्तन के लिए प्रभावशाली सिद्ध होंगे।

डॉ. अम्बेडकर के धर्म-दर्शन का क्षेत्र जो कुछ मैंने पूर्व पृष्ठों में विश्लेषित किया है, वह उससे कहीं अधिक व्यापक है। वह बड़ा ही विस्तृत एवं वृहद् है। उसके सभी पक्षों को सम्मिलित करने के लिए एक सम्पूर्ण ग्रंथ की आवश्यकता है। मैंने तो डॉ. साहेब के धर्म-दर्शन की एक रूपरेखा प्रस्तुत की है और विचारोत्तेजक स्वरूप के कुछ निष्कर्षों तक पहुंच पाया हूं।

इस विश्लेषण से यह स्पष्ट कि डॉ. अम्बेडकर का 'प्रखर विद्रोही स्वर' धर्म की समीक्षा करता है, जो इस विचार पर आधारित है कि धर्म का सीधा संबंध आदमी और उसकी खुशहाली पर टिका रहना चाहिए, इसी जगत् में, न कि ईश्वर, अमर आत्मा, परलोक, स्वर्ग अथवा मोक्ष पर, जिनके अस्तित्व के बारे में अभी तक हमें कोई ठोस प्रमाण नहीं मिले हैं। डॉ. अम्बेडकर का धर्म-दर्शन उत्कृष्ट मानववाद की नींव पर निर्मित है। वह आदमी को जीवनोपरान्त किसी भी प्रलोभन तथा आनन्द से दूर रखता है, क्योंकि इस जगत् के अलावा कोई 'ईश्वरीय साम्राज्य' नहीं है। यदि हर आदमी इन्सानियत का व्यवहार करे तो यही दुनिया उत्तम खुशहाली का जीता-जागता स्थल बन सकता है। मानवीय संसाधन-मित्रता, समता, उदारता, सहअस्तित्व की भावना, करुणा, स्वतंत्रता, भाईचारा, सहयोग, सहायता जैसे ही सद्गुण धर्म की असली नींव का निर्माण करते हैं। यही संसाधन मानववादी दर्शन की आधारशिला हैं।

सारांशत: डॉ. अम्बेडकर के धर्म-दर्शन में वर्णित विचार सांगोपांग समतावादी समाज की स्थापना का आधार हैं जो स्वाभिमान से जीने के हरेक कदम पर आदमी को संघर्ष करने की प्रेरणा देता है, कुरीतियों को मिटाने को उत्साहित करता है और स्वयं को भाग्यनिर्माता मानने के लिए सबल बनाता है। इस प्रकार डॉ. अम्बेडकर का मिशन आदमी को इन्सानियत का पाठ पढ़ाता है। यदि किसी व्यक्ति को उसकी इन्सानियत से वंचित कर दिया जाए तो वह सम्मानपूर्वक कभी जी नहीं सकता। डॉ. अम्बेडकर ने जो धर्म, अर्थात् बौद्ध धर्म, अपनाया वह आदमी की गरिमा, स्वतंत्रता तथा समता की संरक्षा करता है जो हिन्दू धर्मशास्त्रों के द्वारा असंभव है।

---

1. डॉ. बाबासाहेब अम्बेडकर--रायटिंग्स एण्ड स्पीचेज, खण्ड 3, 1987, में अध्याय एक 'फिलॉसफी ऑफ हिन्दूइज्म' पर आधारित है, पृ. 3-92.

अध्याय-7

स्वतंत्रता संग्राम में सार्थक भूमिका

प्रारम्भ में ही यह कहना उचित होगा कि महात्मा गांधी के हाथों कांग्रेस का नेतृत्व आने के दिनों में ही तुर्की ने ब्रिटिश हुकूमत के विरुद्ध 'खिलाफत आन्दोलन' छेड़ दिया। यह आन्दोलन आनन-फानन मुस्लिम जगत् में व्यापक रूप से फैल गया। भारत में भी 'खिलाफत आन्दोलन' ने जोर पकड़ा। कांग्रेस अब तक 'सुराज्य' के मुद्दे पर काम कर रही थी, खिलाफत आन्दोलन 'स्वराज्य' के लिए कटिबद्ध था। गांधीजी ने भारत में खिलाफ़त आन्दोलन से पैक्ट करते हुए 'सुराज्य' के स्थान पर 'स्वराज्य' का नारा अपना लिया। इस प्रकार दोनों पक्षों का मिला-जुला आन्दोलन भारत में स्वराज्य-आन्दोलन के रूप में चल पड़ा। डॉ. अम्बेडकर ने कहा कि स्वराज्य के स्थान पर भारत के लिए शब्द 'लोकतन्त्र' ही अधिक उपयुक्त है। अत: 'लोकतन्त्र' हासिल करने के लिए निरन्तर संघर्ष करना चाहिए।[1]

दिसम्बर, 1941 में दक्षिण-पूर्व मोर्चे पर जापानियों के सामने ब्रिटिश फौजें टिक नहीं पा रही थीं। ब्रिटिशर्स को भय व घबराहट थी कि कहीं भारत उनकी कमजोरी से रूस या किन्हीं अन्य देशों से कोई समझौता न कर ले। ब्रिटिश सरकार के भारत-मंत्री ऐमरी ने 'कामन्स सभा' में घोषणा की कि मार्च 1942 का प्रस्ताव सिद्धान्तों पर आधारित है। ब्रिटिश साम्राज्य के स्वतन्त्र साझीदारी की हैसियत से या उससे अलग

होकर भी अपने भविष्य का निर्णय करने की भारत की स्वतंत्रता पर कोई पाबन्दी नहीं लगाई गई है। हम भारत पर अपना शासनाधिकार केवल ऐसी सरकार या सरकारों को हस्तांतरित कर सकते हैं जो इसे संभालने में समर्थ हों। हम भारत में अराजकता अथवा गृह युद्ध को शासनाधिकार हस्तांतरित नहीं कर सकते। भारत की जनता के प्रति और विश्व शांति के प्रति हमारी जिम्मेदारी हमें ऐसा करने से रोकती है।

लियोपोल्ड ऐमरी के सुझाव के अनुसार, कांग्रेस व लीग में कुछ ऐसी वार्ता हुई कि जिसमें अप्रत्यक्ष रूप से 1940 में ही पाकिस्तान की मांग स्वीकृत थी। दूसरे भारत के सामंतों, रजवाड़ों व अंग्रेजों ने मिलकर ऐसी योजना बनाई कि जिसमें ब्रिटिश शासन के स्थान पर भारत के राजा-महाराजाओं के हाथ में सत्ता सौंपने की बात थी। डॉ. अम्बेडकर ने अंग्रेजों की इस कुटिल नीति का पर्दाफाश करते हुए 'फेडरेशन वर्सेज फ्रीडम' पुस्तक लिखकर इस योजना की धज्जियां उड़ाते हुए सिद्ध कर दिया कि यदि सत्ता इन रजवाड़ों को सौंपी गई तो इनकी व अंग्रेजों की फौजें मिलकर देश को कभी आजाद न होने देंगी। सम्भवत: ऐसा ही विचार भारत की स्वतंत्रता के महान् नायक नेताजी सुभाष चन्द्र बोस के दिमाग में आया होगा और उन्होंने ब्रिटिशर्स के विरुद्ध भारत की स्वतंत्रता हेतु युद्ध स्तर की 'आजाद हिन्द' फौज गठित कर ली। डॉ. अम्बेडकर ने हालात का जायजा लेते हुए 1940 में ही अपनी पुस्तक 'थाट्स ऑन पाकिस्तान' प्रकाशित करा दी जिससे अच्छा खासा विवाद उठ खड़ा हो गया।

वस्तुत: डॉ. अम्बेडकर के हृदय में दलित व शोषित समाज के प्रति जो दर्द-पीड़ा व अपनत्व था वह गांधीजी में नहीं था। आखिर गांधीजी ने अपना अगला जन्म किसी भंगी के घर में लेने की बात क्यों कही? अम्बेडकर द्वारा अंग्रेजों व कांग्रेस दोनों से आश्वासन की बातें बार-बार करने के कारण भी बिलकुल स्पष्ट हैं। 1917 से मांटेग्यू-चेम्सफोर्ड की घोषणा के बाद ब्रिटिश सरकार बराबर ऐलान करती रही कि भारतीय शासन की बागडोर देने से पूर्व अछूतों की सम्मति भी आवश्यक होगी। किन्तु यह कोरा प्रचार मात्र ही रहा। बाबासाहेब की क्रान्ति का शिकार सीधे-सीधे ब्रिटिश सत्ता थी। गांधीजी की पूना पैक्ट में हुई इस शर्त पर कि 1932 से दस वर्ष के भीतर अछूतों की समस्त समस्याओं का समाधान हो जाएगा। दस वर्ष यानी जुलाई, 1942 के पूर्व तक डॉ. अम्बेडकर ने इस नैतिकता को बखूबी निभाया। ब्रिटिश हुकूमत व कांग्रेस दोनों से निराश होकर डॉ. अम्बेडकर ने 18-19 जुलाई, 1942 को अपनी लड़ाई अपने आप लड़ने के लिए 'शेड्यूल्ड कास्ट्स फेडरेशन' नामक राजनैतिक संस्था स्थापित की। काश कि कांग्रेस ने 'भारत छोड़ो' आन्दोलन का प्रस्ताव इससे पूर्व पारित कर लिया होता या उसमें शेड्यूल्ड कास्ट्स फेडरेशन को भी शामिल कर लिया होता तो स्वतंत्रता की लड़ाई डॉ.

अम्बेडकर को अलग से क्यों लड़नी पड़ती? गांधीजी के नेतृत्व में कांग्रेस ने 9 अगस्त, 1942 को 'भारत छोड़ो आन्दोलन' का प्रस्ताव पारित किया। डॉ. अम्बेडकर की लन्दन की गोलमेज परिषद् में 1930 में भले ही अकेली आवाज थी, पर उन्होंने ब्रिटिश हुकूमत को उसी के घर में ललकारते हुए यह स्पष्ट कर दिया:

"भारत को विदेशी शासन की मुक्ति के साथ ही यहां के गुलामों के गुलामों की स्वतंत्रता चाहिए। हर नागरिक को समान वोट के अधिकार के साथ ही हर 18 वर्ष के बालिग को बालिग मताधिकार चाहिए। सिक्खों, मुसलमानों, क्रिश्चियनों के आरक्षण की भांति ही अछूतों को आरक्षण चाहिए। दलितों को अपना प्रतिनिधि चुनने के लिए पृथक् निर्वाचन चाहिए। आई.सी.एस. के स्थान पर सेवाओं का भारतीयकरण चाहिए। ब्रिटिश नौकरशाही की कटु आलोचना करते हुए कहा कि जब हम अपनी वर्तमान स्थिति की तुलना ब्रिटिश राज्य के पूर्व वाले भारतीय समाज से करते हैं तो हमें मालूम पड़ता है कि हम प्रगति के बजाय केवल समय व्यतीत कर रहे हैं। ब्रिटिश शासन ने अपनी प्रतिनिधि सरकार के अधिकारों को बढ़ाने के लिए जब-जब कदम उठाया है, दलितों को सदा ही उससे वंचित रखा गया है। ब्रिटिश राज्य के पूर्व छुआछूत के कारण हम बहुत ही सोचनीय अवस्था में थे। क्या ब्रिटिश सरकार ने इसे मिटाने के लिए कुछ किया है? ब्रिटिश राज्य के पूर्व हम मंदिरों में प्रवेश नहीं कर सकते थे, क्या अब हम प्रवेश कर सकते हैं? ब्रिटिश शासन से पूर्व हमें पुलिस और फौज में भरती नहीं किया जाता था, क्या अब पुलिस व फौज में हमारे लिए भरती के द्वार खोल दिये गये हैं? भारत में दलित वर्ग को बलपूर्वक नीच बनाकर समस्त मानवीय व्यवहारों व अधिकारों से वंचित कर दिया गया है। इनकी आबादी समूचे इंग्लैण्ड अथवा समूचे फ्रान्स की आबादी के बराबर है। इसलिए भारत की स्वतंत्रता पर विचार के साथ ही अछूतों की समस्या पर भी विचार होना चाहिए। भारत में आज जो नौकरशाही की सरकार है उसके स्थान पर वहां एक ऐसी सरकार की स्थापना होनी चाहिए जो कि जनता की, जनता के द्वारा स्थापित जनता के हित के लिये हो। अछूत समाज भी मौजूदा राज्य के स्थान पर जनता की भलाई के लिए जनता द्वारा संचालित जनता का राज्य चाहता है। वह जमाना बीत गया जब आप फैसला करते थे, भारत उसे मानता था, वह जमाना अब कभी नहीं आयेगा।"[2]

डॉ. बाबासाहेब का मानना था कि यदि विदेशी तत्वों को निष्कासित कर आर्थिक परिवर्तनों को वरीयता दी जाए तो सशक्त प्रशासन आसानी से दूरगामी समाज सुधार ला सकता है। इस प्रकार 'भारत छोड़ो आन्दोलन' की भूमिका बाबासाहेब डॉ. अम्बेडकर ने 1930-31 में ही तैयार कर दी थी। गोलमेज परिषद् में अंग्रजों के रुख को देखते हुए

उन्होंने चाहा था कि भारत का संविधान तैयार कर यहीं पर ब्रिटिश प्रधानमंत्री को दे दिया जाये किन्तु बाबासाहेब का यह सुझाव नहीं माना गया।

'भारत छोड़ो आन्दोलन' के चलते बाबासाहेब डॉ. अम्बेडकर ने गोलमेज परिषद् लन्दन में दिये गये भाषण के अनुसार अपने देश की स्वतंत्रता का संग्राम बराबर जारी रखा। फरवरी, 1942 में 'बैंगल हाल' बम्बई में भाषण देते हुए बाबासाहेब अम्बेडकर ने कहा कि यदि पाकिस्तान बनता है तो भारत की खैर नहीं है। मुसलमान अपने साम्राज्य को भारत की सीमाओं में विस्तृत करने का प्रयास करेंगे। यह सही है सवर्ण हिन्दुओं से कतिपय बिन्दुओं पर मेरा मतभेद है, किन्तु मैं शपथपूर्वक कहता हूं कि जहां भारत की रक्षा का प्रश्न उठेगा, मैं अपने जीवन का उत्सर्ग करने को प्रस्तुत हूं। कांग्रेस व गांधीजी ने जब बाबासाहेब डॉ. अम्बेडकर के सुझाव के अनुसार, स्वतंत्र भारत की शक्ल व उसके संविधान का मसविदा स्वीकार नहीं किया, तो उन्होंने मुस्लिम नेता जिन्ना से वार्ता की, उन्हें सुझाव देते हुए कहा कि यदि वह कांग्रेस को ब्राह्मण-बनियों की पार्टी मानकर उससे नाराज हैं तो मुसलमान, अछूत, पिछड़ा वर्ग, मिलकर एक संगठित शक्ति से कांग्रेस का मुकाबला करें। लेकिन जिन्ना को हिन्दूवाद से इतनी घृणा थी कि उन्हें पाकिस्तान के सिवाय कुछ और दिखाई नहीं देता था। पाकिस्तान बनने की सच्चाई जानते हुए कि वह स्वीकार हो चुका है, उन्होंने अपना एक सुझाव दिया कि "पाकिस्तान बनाये जाने का समर्थन इस शर्त के साथ स्वीकार किया जाए कि पाकिस्तान के सभी हिन्दू हिन्दुस्तान चले आएं और हिन्दुस्तान के सभी मुसलमान पाकिस्तान चले जाएं। आबादी का यह विनिमय दोनों देशों के लिए सुखद होगा।" कांग्रेस व गांधीजी ने जब बाबासाहेब की कोई बात नहीं मानी तो उन्होंने साफ शब्दों में कहा कि "कांग्रेस देश के लिए नहीं, बल्कि सत्ता हथियाने के लिए सत्याग्रह कर रही है। यदि ऐसा ही करना था तो 'डिफेन्स ऑफ इण्डिया एक्ट' जब पास हुआ था तभी गांधीजी ने सत्याग्रह क्यों नहीं किया?"

वस्तुतः इतिहास के आइने में जो तस्वीर दिखाई पड़ी वह यही है कि ब्रिटिश हुकूमत, कांग्रेस व मुस्लिम लीग के मध्य जो भी समझौता हुआ हो उसका परिणाम यही निकला कि युद्ध में फंसे अंग्रेजों की सहायता भारत ने की, अंग्रेजों ने उसके बदले कांग्रेस व लीग को स्वराज्य (अपना-अपना राज्य) दे दिया। अछूतों को कुछ नहीं मिला।

संयोग ही था कि 1945 में ब्रिटेन में जो आम चुनाव हुए उसमें एटली के नेतृत्व की 'लेबरपार्टी' की जीत हो गई। लेबर पार्टी ने अपने चुनाव घोषणा-पत्र में कहा था कि यदि उसकी जीत हो गयी तो विश्व के वे सारे देश जो अंग्रेजों के अधीन रहे हैं, आजादी

चाहने पर आजाद कर दिये जाएंगे। कांग्रेस आन्दोलन को लेबर पार्टी के इस घोषणा-पत्र का लाभ हुआ, जिससे कि उसका 'स्वतंत्रता-संग्राम आन्दोलन' सफल हो गया। जहां दूसरे देश आजाद हुए भारत भी आजाद हो गया। 1946 में भारत में आम चुनाव हुए। इस चुनाव में मुस्लिम लीग द्वारा खुला साम्प्रदायिक उभार इतना जबर्दस्त हुआ कि भारत हिन्दू मुसलमान दो खेमों में दिखाई पड़ने लगा। लोकसभा में कांग्रेस को 55 हिन्दू सीटें व लीग को 30 सीटें प्राप्त हुईं। कांग्रेस ने अपनी पूरी ताकत इस बात पर लगा दी कि डॉ. अम्बेडकर किसी भी कीमत पर विजयी बनकर लोकसभा में न पहुंचें।

3 फरवरी, 1946 को बाबासाहेब डॉ. अम्बेडकर ने दिल्ली के गांधी मैदान में भाषण देते हुए कहा था कि "मैं गत पच्चीस वर्षों से अपने अछूत भाइयों की सेवा कर रहा हूं। अभी हमारा संघर्ष समाप्त नहीं हुआ है। यह तब तक जारी रहेगा जब तक कि मेरी जनता सभी दृष्टिकोणों से उन्नति करने के लिए सारे साधन और भारतीय शासन में सम्मान पूर्ण स्थान नहीं पा लेती। भारत थोड़े ही समय में आजाद होगा। जहां तक देश की स्वतंत्रता का सवाल है, मैं अपने संघर्ष के प्रारम्भिक दिनों से ही विदेशी शासन के विरुद्ध बोलता रहा हूं। हम स्वतंत्र भारत में पारस्परिक सम्बन्धों से अपने दुःखों को दूर करेंगे। लेकिन इसके लिए मैं ब्रिटिश सरकार व कांग्रेस के कर्णधारों से अपने लोगों के संबंध में आश्वासन चाहता हूं कि स्वतंत्र भारत में हमारा कौन सा स्थान होगा? पिछला इतिहास बताता है कि चाहे वह मुगल शासन हो या ब्रिटिश शासन या इसके पहले का हिन्दू शासन हो सभी ने हमारे साथ धोखा किया है। यही कारण है कि हम मानव दौड़ में पिछड़ गये।"

डॉ. अम्बेडकर तो अपने विद्यार्थी जीवन काल से ही लोकतंत्र प्रणाली के समर्थक रहे हैं। स्वतंत्रता-संघर्ष की दौड़ में दलित कभी पीछे न रहें, इसलिए इन्होंने उसे बराबरी पर लाने का संघर्ष छेड़ा। इस संघर्ष में मेरी समझ में गांधीजी व डॉ. अम्बेडकर के मध्य केवल नेतृत्व का विभेद रहा। गांधीजी ने लन्दन की गोलमेज परिषद् में बाबासाहेब डॉ. अम्बेडकर को दलितों का नेता मानने से इन्कार करते हुए स्वयं अपने को उनका नेता बताया था। उसके उत्तर में डॉ. अम्बेडकर ने कहा था कि वह हर हालत में इस परिषद् में दलितों के अधिकारों का प्रतिनिधित्व व नेतृत्व कर रहे हैं। भारत से लगभग 50 प्रस्तावों के तार ब्रिटिश प्रधानमंत्री को मिले कि बाबासाहेब डॉ. अम्बेडकर दलितों के नेता हैं। गांधीजी ने एक दूसरे व्याख्यान में खुले आम स्वीकार किया कि "कानून से भी अधिक शक्तिशाली रूढ़ियों ने अछूतों को इतना नीचे गिरा दिया है कि प्रत्येक विचारवान हिन्दू को उससे लज्जित होकर प्रायश्चित करना चाहिए। अतएव मैं ऐसे कठोर कानून के

पक्ष में हूं, जो मेरे इन देश-भाइयों पर उच्च कहलाने वाली जातियों द्वारा किये जाने वाले तमाम अत्याचारों को 'जुर्म' करार दें।''

महात्मा गांधी स्वयं कहते हैं कि ''जब तक अस्पृश्यता हिन्दू धर्म को दूषित कर रही है, तब तक स्वराज्य प्राप्त करना मुझे असम्भव लगता है। यदि यह मान लिया जाये कि स्वराज्य एक उपहार है, जो कि टेन, डाउनिंग स्ट्रीट (ब्रिटिश प्रधान-मंत्री का सरकारी निवास-स्थान)से हिन्दुस्तान को भेजा जा सकता है, तो मैं कहूंगा कि बिना अश्पृश्यता निवारण के वह उपहार देश के लिए अभिशाप होगा।'' ऐसी स्थिति में यदि डॉ. अम्बेडकर ने ब्रिटिश हुकूमत से दलितों की स्वतंत्रता की मांग की तो उनकी यह मांगें दलितों को नीच समझने वालों को क्यों अखरीं? उन्होंने यही तो कहा था कि अछूत हिन्दू समाज में दास है, उसे दासता से मुक्ति अथवा स्वतंत्रता चाहिए। यह एक वास्तविक, पूर्ण सच्चाई है कि ब्रिटिश राज्य में भारत राजनैतिक तौर पर गुलाम था, लेकिन भारत के बहुसंख्यक दलित-पिछड़े राजनैतिक के साथ ही सामाजिक व आर्थिक तौर पर भी गुलाम थे।

महात्मा गांधी देश में स्वतंत्रता का स्वराज्य चाहते थे। बाबासाहेब लोकतांत्रिक भारत के साथ लोकतांत्रिक समाज चाहते थे। जिसमें कि स्वतंत्रता, समता, बंधुता, जीवन के अभिन्न अंग हों। समाजवाद में समता का उच्च स्थान प्राप्त होता है। तानाशाही में समता व बंधुता उसके नीचे रहते हैं। पूंजीवाद में स्वतंत्रता ऊपर, समता नीचे रहती है। लोकतांत्रिक समाज में राजनीतिक, सामाजिक व आर्थिक विषमता का अंत होता है। इसका अंत ही दलित व पिछड़े समाज की अपने को छोटा समझने की भावना का अंत होता है। यही कारण है कि बाबासाहेब सामाजिक प्रजातंत्र के साथ आर्थिक प्रजातंत्र चाहते थे, जहां हर हाथ को अर्थ की प्राप्ति हो। राष्ट्रीय एकता के लिए आवश्यक बंधुत्वमय एकताभाव हो।

मुसलमानों को आखिरी बात समझाते हुए डॉ. साहेब ने कहा कि वे पाकिस्तान बनाने के बजाय 'संयुक्त राज्य अमेरिका' की भांति 'संयुक्त भारत' नाम से सुलह समझौते का फार्मूला निकाल लें। दूसरी तरफ हिन्दुओं से भी अपील की कि यदि वे वर्णगत अधिकार का अंतकर सामाजिक समता के आधार पर संगठित हो जाएं तो मुसलमान भी अखण्ड राष्ट्र के निर्माण में शरीक हो जाएंगे। इससे भारत एक समृद्ध राष्ट्र बनेगा। उनका बेबाक विचार था कि सरकार के निर्माण के साथ ही समाज का निर्माण होना अत्यन्त आवश्यक है। उन्होंने कहा कि ''कांग्रेस केवल राजनैतिक स्वतंत्रता की बात करती है जब कि मैं दो हजार वर्षों से मानवीय अधिकारों से वंचित दासता का जीवन जीने वाले दलितों की स्वतंत्रता व उनके मानवाधिकारों की बात करता हूं। मैं

सम्पूर्ण भारत में अहिंसात्मक व लोकतांत्रिक आन्दोलन प्रारम्भ कर सही रूप में नया इन्कलाब लाऊंगा। भारत की स्वतंत्रता के साथ यहां लोकतंत्र की स्थापना तथा समाजवाद लाने के लिए उन्होंने पूंजीवादी व जमींदारी प्रथा का विरोध किया। भूमि व उद्योगों के राष्ट्रीयकरण पर जोर इसलिए दिया कि पूंजीपति व जमींदार मजदूरों का शोषण न कर सकें। बाबासाहेब ने चन्द लोगों के कब्जे में कैद सत्ता या धन व सम्पत्ति पर बापौती रखने वालों से इन्हें छीनने का अभियान चलाया। जब तक राजनीतिक, सामाजिक, आर्थिक विषमता का अंत नहीं कर लूंगा, चैन से नहीं बैठूंगा। लोकतंत्र के स्थायित्व के लिये आवश्यक है कि जाति विहीन व वर्ग विहीन समाज की स्थापना हो।''

जब विद्यार्थी अम्बेडकर अमेरिका के कोलम्बिया विश्वविद्यालय में विद्याध्ययन कर रहे थे तब उन्होंने वहां देखा कि काले लोगों के स्वतंत्रता संग्राम में कुछ गोरे भी उनका साथ दे रहे हैं। ऐसा देखकर मन में भाव जगा कि यदि भारत के दलित अपनी स्वतंत्रता के लिए उठ खड़े हों तो कुछ न कुछ सवर्ण उनका साथ अवश्य देंगे। विद्यार्थी अम्बेडकर की देशभक्ति व स्वतंत्रता आन्दोलन की साक्ष्य, उनकी थीसिस 'ईस्ट इण्डिया कम्पनी का प्रशासन एवं वित्त' है, जो कि 24 वर्ष की आयु में कोलम्बिया विश्वविद्यालय में एम.ए. के विद्यार्थी की हैसियत से 1915 में प्रस्तुत की जो चौंका देने वाले तथ्यों से परिपूर्ण थी। उन्होंने रहस्योद्‌घाटन किया कि ईस्ट इण्डिया कम्पनी पर युद्धों के कारण लगभग 7 करोड़ पौण्ड तथा स्वतंत्रता संग्राम को दबाने के लिए 4 करोड़ पौण्ड का कर्ज भारत की गरीब जनता पर मढ़ दिया गया, जबकि इसे ब्रिटिश सरकार को वहन करना चाहिए था। उन्होंने 1858 के इण्डिया एक्ट को 'ब्रिटेन के लाभ व भारत के हर्जाने' की संज्ञा दी। उन्होंने रैयतवाड़ी प्रथा की आलोचना करते हुए कहा कि इसके कारण ही 90 प्रतिशत भूमि आज भी उनके कब्जे में है, जो कि हल की मूठ को पकड़ना अधर्म या पाप समझते हैं। एम.ए. के बाद उन्होंने 1924 में 'ब्रिटिश भारत में प्रांतीय वित्त का इतिहास' नामक शोधग्रंथ पर पी-एच.डी. की डिग्री हासिल की। उन्होंने इस ग्रन्थ में ब्रिटिश नौकरशाही की प्रामाणिक तथ्यों के आधार पर भण्डाफोड़ करते हुए साम्राज्यवादी इरादों की निन्दा की। उनका डी.एस-सी. का विषय था 'प्रॉब्लम ऑफ द रुपी' (रुपये की समस्या)। उनका मत था कि भारतीय रुपये का आधार सोना होना चाहिए न कि चांदी। वह 'गोल्ड रिजर्व फण्ड' के विरोधी थे। वह रुपये के मूल्य को उसकी आंतरिक क्रय क्षमता से जोड़ने तथा उसके नियंत्रित प्रचलन के पक्षधर थे। उनका सुझाव था कि रुपये का मूल्य सोने के रूप में रखा जाए तथा कागज के नोट चलाये जाएं। इस प्रकार उन्होंने अंग्रेजों को लुटेरा सिद्ध करने का प्रयास किया।

वस्तुतः सारा देश जानता है कि भारत ने इससे पहले बहुत से स्वतंत्र युगों का शासन-सुख भोगा है। इनके स्वतंत्र युग में दास, राक्षस, दैत्य, दनुज, असुर, पिशाच आदि नामों से दलित समाज ने अथाह दुःख, पीड़ाएं, अपमान, तिरस्कार व बहिष्कार आदि के अमानुसिक कृत्यों को झेला है। ऐसे समाज के एक महान् व्यक्ति को हजारों साल बाद शत्रु के घेरे बन्दी में जब काम करने का अवसर मिला, तो उसके कार्यों की प्रशंसा की कौन कहे कंकड़, पत्थर जैसे शब्दों की मार, जहर बुझे तीर और बयानों की गोलियां दागना किसी शोषक समाज के व्यक्ति का हथियार बन गया। उस समय के वॉइसराय थे-लार्ड लिनलिथगो। बाबासाहेब के विभाग थे पी.डब्ल्यू.डी. और लेबर। जिस किसी के आंखें हों, दिल्ली में जाकर देख ले और यदि आंखें न हों तो किसी से पूछ ले कि दिल्ली में क्या कोई वॉइसराय लार्ड लिनलिथगो के नाम की सड़क है। उत्तर होगा कोई नहीं। बाबासाहेब ने लार्ड लिनलिथगो का नाम ही दिल्ली के मानचित्र से निकाल दिया। सवाल आया स्वतंत्रता संग्राम के प्रमुख सत्याग्रही नेताओं के काला पानी की सजा का। बाबासाहेब ने देश की स्वतंत्रता के लिए सत्याग्रह आन्दोलन को उचित ठहराते हुये इसे अपराध मानने से इन्कार कर दिया तथा काला पानी भेजने के सुझाव का कड़ा विरोध करते हुए प्रमुख नेताओं को यह सजा नहीं होने दी। मि. जिन्ना सरकार में मुसलमानों की पचास प्रतिशत हिस्सेदारी की मांग कर रहे थे जिसका बाबासाहेब डॉ. अम्बेडकर ने कड़ा विरोध किया। कांग्रेस ने जल्दबाजी में भारत-विभाजन को उचित प्राप्ति समझा। बाबासाहेब ने विभाजन का विरोध किया। अपने संबंध में उन्होंने स्वयं कहा कि "यदि वह वॉइसराय की एक्जीक्यूटिव में रहकर दलितों का भला न कर सके तो त्याग पत्र दे देंगे।" दलितों को सरकारी सेवाओं में 8.5 प्रतिशत आरक्षण स्वीकार कराया व अन्य सुविधाएं दिलवाईं। दलित विद्यार्थियों को निःशुल्क शिक्षा की व्यवस्था कराई। 1892 में अछूतों की फौजी बटालियनें समाप्त कर दी गयी थीं, बाबासाहेब ने 'महार बटालियन' पुनः स्थापित करा, इनकी फौजी भरती प्रारम्भ कर दी। 10 मई, 1943 को 'इण्डियन फेडरेशन ऑफ लेबर' की सभा में बम्बई में उन्होंने कहा कि "मजदूरों को भारत में मजदूर सरकार बनाने के लिए संघर्ष करना चाहिए। संसार युद्ध का अभ्यस्त है और वह तीन रोगों से पीड़ित है-एक कौम का दूसरी कौम पर साम्राज्यवाद, रंग-भेद, गरीबी। समानता लाने के लिए दुर्बल देशों व दुर्बल कौमों को मजबूत करने की आवश्यकता है।" अमेरिका और ब्रिटेन युद्ध में 14 करोड़ रुपये प्रतिदिन व्यय कर रहे हैं, वे शांति के समक्ष इसकी आधी रकम गरीबी दूर करने के लिए क्यों नहीं खर्च करते?

डॉ. अम्बेडकर का कहना था कि भारतीय प्रशासनिक सेवा और सेना में अंग्रेजों के बजाय हिन्दुस्तानियों को भरती किया जाए। ट्रेड यूनियन नियमों में संशोधन करके उन सभी यूनियनों को मान्यता देना उचित ठहराया, जो एक पंजीकृत यूनियन के रूप में एक वर्ष की अवधि से काम कर रही हों और लेबर ब्यूरो अर्थात् मजदूर कार्यालय स्थापित किया। मजदूरों को सामाजिक सुरक्षा और उनके लिये बीमा योजना कार्यकारिणी में प्रस्तुत की। सफाई मजदूरों की भलाई के लिए 'म्युनिसिपल कामगार यूनियन' नाम की संस्था गठित करवाई। मजदूरों के वेतन की सुरक्षा के लिए 'लेबर डिपो' खुलवाया ताकि मजदूर खान मालिकों के शोषण से बच सकें। वर्कमैन कम्पनसेशन का कानून बनवाया। स्त्रियों को प्रसूति सुविधायें प्राप्त करवाने का नियम बनवाया। साधारण आदमी भी पी.डब्ल्यू.डी. में ठेके ले सके इसलिए पांच सौ रुपये जमानत जमा करके उसे ठेकेदारी का अधिकार दिलवाया। भारत भर में इम्प्लायमेंट एक्सचेंज के दफ्तर खुलवाए।

30 जून, 1946 को बाबासाहेब डॉ. अम्बेडकर ने एक्जीक्यूटिव काउंसिलर पद से त्याग पत्र दे दिया। आल इण्डिया शेड्यूल्ड कास्ट्स फेडरेशन की ओर से सरकार के सामने एक स्मृति पत्र पेश किया कि स्वतंत्र भारत के संविधान में अल्पसंख्यक शेड्यूल्ड जातियां व उनके अधिकार उन्हें कैसे प्राप्त हों। साम्प्रदायिकता की समस्या कैसे सुलझे। यदि इस स्मृति पत्र को मान लिया जाता तो बहुत कुछ संभव था कि भारत विभाजन से बच जाता।

डॉ. बाबासाहेब की देशभक्ति, योग्यता व सद्गुणों को देखते हुए उनके सम्बन्ध में दिवंगत प्रधानमंत्री जवाहरलाल नेहरू ने कहा था कि "डॉ. भीमराव अम्बेडकर का नाम भारत की स्वतंत्रता और उनके संविधान के साथ इस प्रकार जुड़ा हुआ है कि एक दूसरे से अलग नहीं किये जा सकते। भारतीय समाज में प्रचलित अन्याय और अत्याचार के विरुद्ध संघर्ष करने वाले वह विद्रोही थे। उनका विद्रोह प्रभावशाली और युग-परिवर्तन करने वाला था।"

गांधीजी को भी कहना पड़ा कि अम्बेडकर में त्याग-शक्ति है, कुर्बानी करने की क्षमता है। हम हिन्दू यदि सच्चे होंगे तो यरवदा समझौता (पूना पैक्ट) को तो स्वर्ण भस्म बना सकेंगे, नहीं तो चार करोड़ अछूत सारे हिन्दुस्तान का भक्षण कर जाएंगे। भारत के इतिहास में डॉ. अम्बेडकर ने मानव सभ्यता के इतिहास में पहली बार मानवता के बन्धुत्व की पहचान कराई। बाबासाहेब ने सुझाव दिया कि जब भारत विभाजन का निर्णय होना ही है तो संविधान बनाने से पहले ही विभाजन हो जाए वही अच्छा है। यदि ऐसा न हुआ तो भारी गड़बड़ियां व भीषण विप्लव की सम्भावनाएं बढ़ सकती हैं।

उन्होंने 'भारत छोड़ो' आन्दोलन व उसके परिणाम का जिक्र मात्र करते हुए अलबत्ता राजगोपालाचार्य के सूत्र का विरोध अवश्य किया। स्वतंत्रता प्राप्त करने में यदि आप हमारी सहायता करेंगे तो हम भी आपके पाकिस्तान प्रस्ताव पर सहर्ष विचार करेंगे।

लोग लांछन लगाने लगे हैं कि डॉ. अम्बेडकर ने संविधान नहीं बनाया। ऐसे लोग यह क्यों भूल जाते हैं कि भारत को इससे पहले भी संविधान बनाने के अवसर मिले पर वे असफल क्यों रहे? 1927 में जब लार्ड ब्रिकेन हेड ने भारतीयों को चुनौती दी कि वह भारत के लिए एक संविधान बनाकर सामने लाएं। यह चुनौती स्वीकार कर ली गई थी। एक संविधान बनाने की कमेटी बनाई गई। संविधान बनकर सामने आया। बाबासाहेब के अनुसार उसका नाम था 'नेहरू संविधान', पर उसे भारतीयों ने ही स्वीकार नहीं किया। वह बिना आंसू बहाये दफना दिया गया। दूसरा अवसर अपने आप भारतीयों को 1930-31 में मिला जब वे गोलमेज सम्मेलन लन्दन में एकत्रित थे। वहां भारतीय फिर अपनी भूमिका में असफल हुए और अपना संविधान न लिख सके। तीसरा प्रयास सप्रू कमेटी ने किया। इस कमेटी का प्रस्ताव भी औंधे मुंह गिर पड़ा था। बाबासाहेब डॉ. अम्बेडकर को संविधान बनाने का अवसर मिला तो उन्होंने इसे समय से पूर्व तैयार कर प्रस्तुत कर दिया। संविधान को प्रस्तुत करते हुए उन्होंने कहा:

"संविधान कितना भी अच्छा क्यों न हो, यदि उस पर अमल करने वाले अच्छे न हों, तो उससे जनहित नहीं होगा, और यदि अमल करने वाले अच्छे हों तो बुरा संविधान भी हितकारी हो सकता है। यह नहीं कहा जा सकता कि इस संविधान पर अमल करने वाले लोग कैसे होंगे।" "...स्वतंत्रता, समता और बंधुता के आधार पर स्थापित सामाजिक जीवन 'लोकतंत्र' कहलाता है। स्वतंत्रता तो मिली पर समता का अभाव है। यहां के सामाजिक व आर्थिक जीवन पर विषमता का बोलबाला है। हमें इसे शीघ्र मिटा देना चाहिए, अन्यथा बड़े परिश्रम और त्याग से निर्मित यह लोकतंत्र का मंदिर मिट्टी में मिल जाएगा।" उसकी रक्षा होना जरूरी है।[3]

"संविधान के नीति निर्देशक सिद्धान्त ही उसकी जान हैं। संविधान सरकार की राजनैतिक, सामाजिक और आर्थिक शिक्षा के निर्देशन का स्रोत है। हमने संविधान के रूप में एक आश्चर्यजनक देव मंदिर बनाया लेकिन देवताओं की प्रतिष्ठा के पूर्व ही शैतानों ने इस पर कब्जा कर लिया। ...हजारों जातियों में बंटे लोग एक राष्ट्र कैसे हो सकते हैं। ये जातियां और वर्ण राष्ट्र-विरोधी हैं। जिस संविधान में हमने 'जनता के लिए, जनता का, जनता के द्वारा' तत्व निहित किए हैं वे दीर्घकाल तक बने रहें, इसके

लिए हमें उपस्थित संकटों के समझने और उन्हें दूर करने में देर नहीं करनी चाहिए। अपने भारत के स्त्री-पुरुषों की सच्ची सेवा का यही मार्ग है।''[4]

उक्त क्रम में यह कहना सार्थक होगा कि इस गुलाम समाज की मुक्ति के लिए बाबासाहेब अथक प्रयास कर केवल कुछ क्षेत्रों में ही थोड़े से अधिकारों का संवैधानिक प्रावधान करा सके, शेष क्षेत्रों में मालिक की मर्जी पर ही छोड़ दिया गया। इसी स्थिति के कारण बाबासाहेब बहुत दुःखी रहने लगे थे। लेकिन दुःख और चिन्ताओं के बीच भी उनका चिन्तन जारी रहा। इस चिन्तन की अवधि में बाबासाहेब ने पाया कि सामाजिक, धार्मिक व सांस्कृतिक गुलामी की जड़ें आर्थिक व राजनैतिक गुलामी की जड़ों से कई गुना अधिक गहरी होती हैं। इसलिए बाबासाहेब ने गुलामी के इस पहलू पर व्यावहारिक कदम उठाया और अपने पांच लाख अनुयायियों के साथ हिन्दू धार्मिक व सांस्कृतिक दासता से मुक्ति के लिए हिन्दू धर्म से अलग होकर वैज्ञानिक बौद्ध धर्म स्वीकार किया। मूलवासी दलित, शोषित और अनुसूचित समाज की आजादी के लिए सबसे पहली आवश्यकता इस वर्ग के स्वाधीन और स्वाधीन समाज की स्थापना है, जो हिन्दू धर्म में बने रहकर कभी भी सम्भव नहीं। बाबासाहेब के मतानुसार बौद्ध धर्म ग्रहण करना धर्म परिवर्तन नहीं, बल्कि अपने मूल घर वापसी है।

सामाजिक, धार्मिक तथा सांस्कृतिक दासता से मुक्ति का मार्ग तय करने के बाद बाबासाहेब ने आर्थिक व राजनैतिक दासता से मुक्ति का मार्ग तय करना शुरू किया। बाबासाहेब ने पाया कि भारत में वामपंथी, मध्यमार्गी व दक्षिण पंथी आदि सभी राजनैतिक दलों की बागडोर सवर्ण समाज अपने हाथ में रखता है और हर दल में इसी समाज का वर्चस्व है, जबकि इनकी आबादी केवल 15 प्रतिशत है। इसलिए इन दलों के माध्यम से राजनैतिक व आर्थिक गुलामी की जंजीरों को तोड़ पाना सम्भव ही नहीं है। ऐसी परिस्थितियों में दलित-शोषित बहुजन समाज का अपना राजनैतिक दल होना अनिवार्य है। इस निष्कर्ष पर आने के बाद बाबासाहेब रिपब्लिकन पार्टी के निर्माण में जुट गए, लेकिन पार्टी स्थापना के पहले ही उनका परिनिर्वाण हो गया। बाद में बाबासाहेब के अनुयायियों ने इस कार्य को पूर्ण किया। इस तरह बाबासाहेब डॉ. अम्बेडकर अपने जीवन के अन्तिम समय तक भारत के मूलवासी इस विशाल वर्ग को सभी प्रकार की गुलामी से मुक्त कराने के कार्य में जुटे रहे। आज उनके लाखों अनुयायी इस लक्ष्य में लगे हुए हैं। मालिक समाज का मीडिया और उनके प्रतिनिधि धोखा देने और भ्रम उत्पन्न करने में लगे हैं ताकि हमारे आजादी-संग्राम की धार कुन्द हो जाये; हमारे समाज के समाजसेवियों, साहित्यकारों, प्रबुद्धजनों व राजनेताओं को सवर्ण मालिक

समाज की इस नीति को अच्छी तरह समझना होगा और इससे बचने का प्रभावी उपाय करते हुए आजादी-संग्राम की धार को तेज करना होगा ताकि बाबासाहेब डॉ. अम्बेडकर के पवित्र आजादी लक्ष्य को अब शीघ्र प्राप्त किया जा सके और देश को सही अर्थों में लोकतांत्रिक महान् भारत बनाया जा सके। संक्षेप में, डॉ. अम्बेडकर भारत की राजनैतिक गुलामी के साथ-साथ सामाजिक आजादी को बहुत महत्व देते थे। यह काम अधूरा पड़ा है।

एक विद्रोही मुसाफिर डॉ. अम्बेडकर ने कहा था, ''मैं कायर नहीं हूं, मैं एक बहादुर सैनिक पिता का बेटा हूं, जो हो, मौत के भय से मैं अपने स्थान से नहीं हट सकता। दूसरे को खतरे में डालकर मैं अपनी जान बचाऊं, यह मैं नहीं कर सकता।'' ये शब्द अम्बेडकर ने महाड के चाउदार तालाब से पानी पीने के सत्याग्रह के उस अवसर पर कहे थे जब तथाकथित अभिमानी, उच्चवर्णी लोगों ने अछूतों पर अस्त्र-शस्त्रों से घातक प्रहार किया था। सत्याग्रह का कारण महाड के इस मीठे पानी के सरोवर से अन्यों की भांति पानी-पीने के लिए अछूतों का अहिंसात्मक प्रयास था। इस क्रांतिकारी घटना के बाद डॉ. बाबासाहेब के प्रयास से यह तालाब अछूतों के लिए भी खुल गया। उनके एक अनुयायी शंकरानन्द शास्त्री के शब्दों में, ''महाड तालाब का यह सत्याग्रह वास्तव में भारत में दलित-मुक्ति आन्दोलन का प्रारम्भ था।'' डॉ. अम्बेडकर भारत के दलित, अछूत और शोषित-पीड़ित लोगों को अन्य लोगों के समान स्तर पर लाकर देश को विश्व में, एक सुदृढ़ राष्ट्र बनाना चाहते थे। उनकी दृष्टि में सामाजिक विषमता और भेदभाव देश की शक्ति को खोखला करने वाले तत्व हैं। इसलिए इन्हें दूर कर समता, स्वतंत्रता और भ्रातृत्व पर आधारित समाज स्थापित होना आवश्यक है। वह कहते थे, ''मेरा समाज दर्शन तीन शब्दों में निहित है समता, स्वतंत्रता और भ्रातृत्व। लेकिन किसी को यह नहीं समझना चाहिए कि मैंने इन शब्दों को फ्रांस की क्रांति से लिया है। मैंने ऐसा नहीं किया। मेरे दर्शन की जड़ें धर्म में हैं, न कि राजनीति विज्ञान में, मैंने उन्हें अपने गुरु बुद्ध से सीखा है।''[5]

ब्राह्मणवादी तथा विषमतावादी नीति और दलित उत्पीड़न तथा उनकी स्थिति का स्पष्ट चित्रण करते हुए बाबासाहेब ने अपने ग्रंथ 'मि. गांधी और अछूतोद्धार' में कहा है कि ''देशभक्त बनने के लिए आवश्यक है कि आदमी किसी देश को 'अपना देश' कह सके। जिस देश के सार्वजनिक स्थानों से मुझे पानी तक नहीं पीने दिया जाता, उस देश को मैं 'अपना देश' कैसे कह सकता हूं। तो भी मैं 'अपने देश' के हित के विरुद्ध कोई

भी काम न करके अछूतों के हित में जो कुछ भी मुझ से हो सकेगा, वह सभी कुछ मैं करूंगा।''

स्पष्टतः उन्हें अपना देश सबसे ज्यादा प्यारा था, जिस समय विश्वनाथ दास उत्तर प्रदेश के महामहिम राज्यपाल थे उस समय उन्होंने कहा था कि ''मैंने एक ही व्यक्तित्व–डॉ. अम्बेडकर को ऐसा देखा जिन्होंने देश हो अथवा विदेश कहीं भी अपने राष्ट्र के विरुद्ध एक शब्द सहन नहीं किया। यदि कहीं किसी ने कोई ऐसा शब्द कहा तो उन्होंने तुरन्त उसका मुंहतोड़ जवाब दिया। जिस समय नासिक सत्याग्रह के बाद येवला में उन्होंने हिन्दू धर्म को त्यागने की घोषणा की, उस समय ईसाई, इस्लाम और सिख तीनों धर्मों ने उन्हें अपने-अपने धर्म में लाने के लिए प्रयास किया। कुछ ने तो प्रति व्यक्ति कुछ रुपये देने का भी लालच दिया। वह देश भक्ति की परीक्षा का अवसर था लेकिन वह भ्रमित नहीं हुए।

आधुनिक भारत, प्राचीन तथा मध्यकालीन भारत से भिन्न एक लम्बे स्वतंत्रता संग्राम का परिणाम है। यह कहना कि उसमें डॉ. अम्बेडकर की कोई रचनात्मक भूमिका नहीं थी, कोरी मूर्खता होगी। उन्होंने वही चाहा जो सभी चाहते थे अर्थात् 'राजनैतिक आजादी', लेकिन अपने विद्रोही अन्दाज में कि इसके साथ 'सामाजिक आजादी' भी जोड़ी जाए उन करोड़ों बेघर, बेरोजगार, गरीब अछूतों के लिए जो भारत के मूल निवासी थे। उनका जायज हक मिले, अधिकार मिलें, छुआछूत से निजात हॉसिल हो और उन्हें इन्सान माना जाए। डॉ. अम्बेडकर ने जो भी कुछ स्वतंत्रता संग्राम में बोला, लिखा तथा मांगा इन्हीं लोगों के लिए था, न कि अपने लिए। अछूतों की भागीदारी सभी क्षेत्रों में हो। यही उनकी स्वतंत्रता संग्राम में सार्थक भूमिका थी। यह सच है कि डॉ. अम्बेडकर का विद्रोही स्वर अवश्य था, पर वह विद्वेषी तथा राष्ट्रविरोधी नहीं था। वह एक श्रेष्ठ देशभक्त और प्रखर राष्ट्रवादी थे। राष्ट्रीय स्वयंसेवक संघ (आर.एस.एस.) के कट्टरपंथी हिन्दू तो डॉ. अम्बेडकर को एक 'प्रखर हिन्दू' ही मानते हैं और यह भी कहते हैं कि ''डॉ. अम्बेडकर हिन्दुत्व की राजनीति के समर्थक थे'' जो बिलकुल भ्रामक, झूठ और मनगढ़ंत प्रचार करना है। कोई भी समझदार अम्बेडकरवादी ऐसी बातों को स्वीकार नहीं करेगा।

सारांशतः यहां यह कहना उचित होगा कि डॉ. अम्बेडकर को जो आशंका थी कि भारत के लोग, विशेषकर मनुवादी हिन्दू, राजनैतिक स्वतंत्रता प्राप्त करने के पश्चात् सामाजिक सुधार को दरकिनार कर देंगे, वैसा ही हुआ। कोई भी नेता तथा राजनेता, कुर्सी एवं धन-संचय की दौड़ में संलग्न होकर, समाज की बात करना ही अनावश्यक

मानता है। आज राजनीति, धन और माफिया की तिकड़ी सबके मन को प्रभावित कर रही है। समाज सुधार तथा संवैधानिक नैतिकता की ओर किसी का ध्यान नहीं है। जनप्रतिनिधि, नौकरशाह (लोक प्रशासक) और धनी समुदाय, धन-सम्पत्ति को लूटने, आलीशान कोठियां बनाने और शाम होते ही शराब के नशे में डुबकी लगाने लगते हैं। जब धन बोलता है तब सत्य शांत हो जाता है। ऐसी स्थिति में डॉ. अम्बेडकर का समाज सुधार का सपना भला किस तरह साकार हो सकता है। युवा पीढ़ी भी साथ नहीं दे पा रही, क्यों कि वह तो बेरोजगारी, अनेक मनोरोगों एवं निराशाओं तथा चिन्ताओं से पीड़ित है। डॉ. साहेब का नये भारत का सपना, कैसे साकार होगा, यह अत्यंत सार्थक एवं सोचनीय विषय है।

---

1. विस्तृत अध्ययन के लिए लेखक की पुस्तक-राष्ट्रीय आन्दोलन में डॉ. अम्बेडकर की भूमिका, 1993, पढ़ें।
2. वही., पृ. 60-61.
3. विस्तृत अध्ययन के लिए लेखक की पुस्तक-डॉ. अम्बेडकर: संविधान के मुख्य निर्माता, 1996, पढ़ें।
4. वही., पुस्तक।
5. धननूजय कीर: डॉ. अम्बेडकर-लाइफ एण्ड मिशन, 1962, (में उद्धृत), पृ. 456.

अध्याय-8

नारी वर्ग के उत्थान का संकल्प

यह कहा जाता है कि आदिकाल में स्त्री और पुरुष दोनों स्वतंत्र थे। कोई किसी के अधीन नहीं था। केवल मैत्री हो जाया करती थी। साथ में रहकर स्त्री और पुरुष अपना-अपना आहार स्वयं अर्जित करते थे। सामाजिक जीवन आरंभ होते ही दोनों में अधिकारों के लिए संघर्ष हुआ। इस कशमकश में स्त्रियां विजयी हुईं। उन्होंने अपने रूप-लावण्य और चातुर्य से पुरुषों पर विजय प्राप्त की। पुरुषों ने स्त्रियों की अधीनता स्वीकार कर ली। स्त्रियां आदेश करती थीं और पुरुष उनके आदेश के अनुसार काम करते थे। सन्तान उत्पन्न करना स्त्रियों की इच्छा पर निर्भर था। सन्तान पर स्त्रियों का अधिकार हुआ करता था। इस प्रकार स्त्री प्रधान परिवार की प्रथा आरम्भ हुई। दक्षिण भारत में आज भी मातृ प्रधान कुटुम्ब की प्रथा प्रचलित है जो अनार्य (द्रविड़) प्रथा है। स्त्रियों के अधीन रहते हुए कालान्तर में पुरुषों के मन में विद्रोह की भावना जागृत हुई। पुरुषों ने संगठित होकर स्त्रियों के विरुद्ध युद्ध (संग्राम) आरंभ किया। स्त्री-पुरुषों का युद्ध काफी समय तक चलता रहा। स्त्रियां प्राकृतिक रूप से कमजोर होती हैं इसलिए युद्ध में पराजित हो गईं। पुरुष विजयी हुए।

शारीरिक रूप से सक्षम पुरुषों ने निर्बल पराजित स्त्रियों को बन्दी बना लिया और घरों में कैद कर लिया। उनके पैरों में कड़े, तोड़े, रूल छड़े आदि बेड़ियां डाल दी गईं।

हाथों में गोल्हेटा, छन्नी, पहुंची, मस्तूरा, पटली, चूड़ी आदि हथकड़ियां डाल दी गईं। कमर में करधन के रूप में जंजीर, गले में हंसली, नाक छेद कर नथनी के रूप में नकेल, कान छेदकर बालियां डाल दी गईं। जेल के ये उपकरण लोहा, सीसा, कथिल, गलिट, पीतल, ताम्बा आदि के होते थे ताकि वे भाग न सकें। यदि वे भागने की चेष्टा करें तो कैद में इन उपकरणों से होने वाली आवाज से पकड़ी जा सकें। कालान्तर में कैद के इन उपकरणों ने जेवर (आभूषण) का रूप धारण कर लिया और लोहा, सीसा, कथिल, गलिट, पीतल, ताम्बा आदि के बन्दी उपकरण, चांदी सोने के आभूषण (जेवर) बनकर फैशन के अनुसार बदलते गये और छोटे होते गये। तब नारी ने चोर-डाकुओं से सुरक्षा पाने की भावना से पुरुष की स्वेच्छा से अधीनता स्वीकार कर ली जिसकी पुष्टि हिन्दू धर्म ग्रंथों से की गई है।

लेकिन समय बदलते ही अब नारी आभूषणों की अभ्यस्त बन गई है और पुरुष के लिए भोग-विलास की वस्तु तथा बच्चे पैदा करने की मशीन बन गई है। इस प्रकार प्राचीन काल से ही पुरुषों ने नारी जाति पर अपना प्रभुत्व कायम कर लिया है। वैदिक काल, सूत्रकाल से लेकर स्मृतिकाल तक के समय में स्त्रियों को कठोर नियम बनाकर जकड़ लिया था। मनु द्वारा संविधान के रूप में लिखी गई मनुस्मृति ने तो नारी को गुलाम बनाने में कोई कसर बाकी नहीं छोड़ी। मनुस्मृति का आदेश है कि पुरुषों को चाहिए कि वे अपनी स्त्री को कभी भी स्वतंत्रता न देवें।

मनुस्मृति के अध्याय 9 के अनुसार:

अस्वतन्त्राः स्त्रियः कार्याः पुरुषैः स्वैर्दिवानिशम्।
विषयेषु च सज्जन्त्यः संस्थाप्या आत्मनो वशे ॥ 2 ॥

अपने पति रात दिन स्त्रियों को स्वतंत्रता से न रहने दें; आनन्दित विषयों में लगी हों तो भी उन्हें अपने वश में रखें ॥ 2 ॥

पिता रक्षति कौमारे भर्ता रक्षति यौवने।
रक्षन्ति स्थविरे पुत्रा न स्त्री स्वातन्त्र्यमर्हति ॥ 3 ॥

बाल्यावस्था में पिता, युवावस्था में पति और वृद्धावस्था में पुत्र स्त्रियों की रक्षा करे; स्त्री कभी स्वतंत्र न रहे ॥ 3 ॥ नारी जाति के लिये मनुस्मृति का अन्य फरमान देखिये:

नैता रूपं परीक्षन्ते, नासां वयसि संस्थितिः।
सरूपं वा विरूपं वा पुमानित्येव भुञ्जते ॥ 14 ॥

स्त्रियां न रूप की परीक्षा करती हैं, न अवस्था विशेष पर ध्यान देती हैं; परन्तु सुरूप वा कुरूप चाहे जैसे पुरुष को पाकर उसके साथ संभोग करती हैं ॥ 14 ॥ मनुस्मृति का एक और फरमान देखिए:

पौंश्चल्याच्चलचित्ताच्च नैस्नेह्याच्च स्वभावतः ।
रक्षिता यत्नतोऽपीह भर्तृष्वेता विकुर्वते ॥ 15 ॥

ये स्त्रियां, पुरुष के देखते ही भोग की इच्छा, चित्त की चंचलता और स्वाभाविक स्नेहहीनता के कारण स्वामी से उत्तम रीति से रक्षित होने पर भी पति के विरुद्ध आचरण करती हैं ॥ 15 ॥ मनुस्मृति द्वारा सारे दोष स्त्री के ही माथे मढ़ दिये गये हैं और पुरुष को निर्दोष सिद्ध करने की चेष्टा की गई है।

ऋग्वेद में, जो आर्यों का मौलिक और प्राचीन धर्मग्रन्थ है, हिन्दू नारी की स्थिति का जो चित्रण किया गया है वह इस प्रकार है। ऋग्वेद मंडल 10 ऋचा 15 पृष्ठ 1360 में कहा गया है कि स्त्रियों की प्रेम और मैत्री स्थायी नहीं होती। इन पर कभी भी विश्वास नहीं करना चाहिए। स्त्रियों का हृदय भेड़िये के समान होता है। जिस प्रकार भेड़िये पर कभी विश्वास नहीं किया जा सकता, उसी प्रकार स्त्रियां भी विश्वास करने के लायक नहीं होतीं। इस प्रकार ऋग्वेद तथा अन्य वेदों में भी स्त्रियों के विरुद्ध अनेकों प्रकार के लांछन लगाकर उसे जलील किया गया है। इस काल में नारी का अपना व्यक्तिगत कोई अस्तित्व नहीं होता था। वह पति के नाम से ही जानी जाती थी। पति की मृत्यु के पश्चात् विधवा होने पर किसी भी शुभ कार्य के अवसर पर उसका दर्शन अशुभ माना जाता था। उसे किसी भी शुभ कार्य में शरीक होने से वंचित कर दिया जाता था। पति की मृत्यु के पश्चात् उसका सिर मूंड़ दिया जाता था और उसे रंगीन वस्त्र तथा सभी प्रकार के आभूषणों का उपभोग करने से वंचित कर दिया जाता था। वह जीवित अवस्था में भी मृतक जैसा जीवन जीने के लिए बाध्य थी। तब से यह प्रथा वर्तमान काल तक विद्यमान है जिसे आज तक स्त्रियां भोग रही हैं।

भगवान् बुद्ध के प्रादुर्भाव होने के पूर्व भारत में नारी की दशा अत्यन्त दयनीय थी। उसे भोग की वस्तु मानकर चाहे जैसा उपभोग किया जाता था। डॉ. बाबासाहेब अम्बेडकर के शोध के अनुसार आर्यों की यौन अनैतिकता को जानकर आश्चर्य होता है। ऐसा अनैतिक समाज आज अपने को श्रेष्ठ समाज कहने का दावा कैसे कर सकता है? उस समय में बहुपति प्रथा प्रचलित थी। एक ही परिवार के कई पुरुष एक ही स्त्री से सहवास करते थे। कुन्ती, द्रोपदी, तारा, अहिल्या, मन्दोदरी आदि महिलाएं इसका ज्वलन्त प्रमाण हैं। आर्यों में औरतों के साथ खुले स्थान पर लोगों के सामने सहवास करने में कोई आपत्ति नहीं थी। ऋषि एक धार्मिक अनुष्ठान किया करते थे, जिसे वामदेव्या व्रत कहा जाता था। यह अनुष्ठान यज्ञ भूमि पर किया जाता था। उस काल में किसी ऋषि या ब्राह्मण से संभोग (सहवास) करवाना और सन्तान प्राप्त करना पुण्य का काम समझा जाता था। बड़े-बड़े राजा-महाराजा और श्रेष्ठ जन उत्तम पुत्र की प्राप्ति के

लिए ऋषि या ब्राह्मण से अपनी पत्नी के साथ संभोग करवाया करते थे। यज्ञभूमि पर यदि कोई स्त्री अपने पति के आदेश से वामदेव्या अनुष्ठान के किसी ऋषि या ब्राह्मण से उत्तम पुत्र की प्राप्ति के लिए सहवास की इच्छा व्यक्त करती थी। तब उसी समय यज्ञ भूमि पर ब्राह्मण उस स्त्री से सहवास करता था। श्रेष्ठ पुत्र की प्राप्ति के लिए इस कार्य को पुण्य का कार्य समझा जाता था। उस काल में नियोग प्रथा का आम प्रचलन था। पाण्डु ने अपनो पत्नी कुन्ती को नियोग द्वारा सन्तान उत्पन्न कराने की अनुमति यह कहकर दी थी कि हमारे ग्रंथों में नियोग द्वारा सन्तान उत्पन्न कराने की व्यवस्था है। कुन्ती ने अलग-अलग पुरुषों से नियोग द्वारा पाण्डु के आदेश से बाध्य होकर पांच पुत्रों को उत्पन्न किया था। द्रोपदी को अपनी सास कुन्ती की आज्ञा से पांच पतियों को स्वीकार कर उनके बलात्कार को सहना पड़ा, क्योंकि वह स्त्री थी। यह कैसी व्यवस्था है जो निरीह स्त्री पर ही लागू की गई है जिसका धर्म ग्रन्थों ने तथा धर्म के ठेकेदारों ने कभी कोई विरोध नहीं किया, बल्कि उसे वैध घोषित किया और वैध मान लिया। इतना ही नहीं आर्यों में कुछ समय के लिए स्त्री को भाड़े पर देने की भी प्रथा थी जैसे नारी का उसका अपना व्यक्तिगत कोई अस्तित्व ही न हो।

माधवी राजा ययाति की पुत्री थी। ययाति ने अपनी पुत्री माधवी को अपने गुरु गालव को भेंट में दे दिया था। गालव ने माधवी को तीन राजाओं को अलग-अलग अवधि के लिए भाड़े पर दे दिया। उसके बाद उसने उसे विवाह रचाने के लिए विश्वामित्र को दे दिया। वह पुत्र उत्पन्न होने तक उसके साथ रही। उसके बाद गालव ने माधवी को वापस लेकर पुन: उसके पिता ययाति को लौटा दिया। उस काल में कुमारी के लिए कौमार्य का कोई नियम नहीं था (डॉ. बाबासाहेब अम्बेडकर संपूर्ण वाङ्मय खंड 7 पृष्ठ 21)। भारतीय समाज व्यवस्था की प्राचीन स्थिति को देखते हुए यह कहना पड़ेगा कि प्राचीन काल से आज तक नारी जाति का जो उत्पीड़न अथवा शोषण हुआ है तथा हो रहा है, भारतीय नारी ने बड़ी-बड़ी पीड़ाओं, उपेक्षाओं, अपमानों और वर्जनाओं को झेला है फिर भी उफ तक नहीं कह सकी है, यह उसकी सहनशीलता की अग्नि परीक्षा ही कही जा सकती है।

रामायण काल में भारतीय नारी की दशा अत्यन्त दयनीय व शोषण की चरम सीमा तक पहुंच चुकी थी। गोस्वामी तुलसीदास नारी स्वतंत्रता के प्रबल विरोधी थे ऐसा प्रमाणित होता है। वह रामचरित मानस में कहते हैं:

अतिवृष्टि जिमि फूटही क्यारी, तिमि स्वतंत्रता हुयी बिगरही नारी।
(किष्किंधा कांड, 16-4)

भारी वर्षा होने पर जिस प्रकार क्यारियां (बन्धिया) फूट जाती हैं, उसी प्रकार यदि नारी को स्वतंत्रता मिल जाये तो वह बिगड़ जाती है। तुलसीदास ने नारी स्वतंत्रता के विरुद्ध अनेकों प्रतिबन्ध रामचरित मानस में लगाए हैं। तुलसीदास की क्या मजाल जो इतना साहस कर सकता था, यह तो हिन्दू धर्मग्रन्थियों की आज्ञा है जिसका उल्लंघन बेचारे तुलसीदास कैसे कर सकते थे? जिस देश की नारी स्वतंत्र नहीं होगी परतंत्र रहेगी, वह देश स्वतंत्र कैसे कहा जा सकता है? यदि कहा भी जाये तो वह कभी स्वतंत्र रह नहीं सकेगा।

अवगुण मूलशूल प्रद, नारी सब दुःख खान।
(अरण्य कांड-77)

तुलसीदास ने राम के मुख से कहलवा दिया जब नारद मुनि विवाह करना चाहते थे। राम कहते हैं स्त्रियां अवगुणों की जड़, पीड़ा देने वाली और दुःखों की खान होती हैं। प्रश्न उपस्थित होता है कि यदि स्त्रियां सब अवगुणों की मूल, पीड़ा देने वाली और दुःखों की खान होती हैं, तब रामचन्द्र एक स्त्री सीता (अपनी पत्नी) की खोज में वन-वन क्यों भटकते फिर रहे थे? तुलसीदास ने एक नारी अनुसूईया के मुख से कहलवा दिया।

वृद्ध रोगवश जड़ धन हीना, अन्ध बधिर क्रोधी अति दीना।
ऐसे हूं पति कर किय अपमाना, नारी पाय यमपुर दुःख नाना।।

चाहे पति बूढ़ा हो, रोगी हो, मूर्ख हो, जड़ बुद्धि हो, दीन-हीन हो, अन्धा, क्रोधी हो, तो भी स्त्री को ऐसे पति का अपमान नहीं करना चाहिए। यदि पत्नी ऐसे पति का अपमान करती है तो उसे नरक में जाकर नाना प्रकार से दुःख भोगना पड़ेगा। वस्तुतः तुलसीदास ने नारी निंदा की पराकाष्ठा कर दी है। तुलसीदास का नारी जाति पर यह आरोप नारी जाति को दी गई बहुत बड़ी गाली तथा अवमानना है।

काहु न पावक जारि सकै, काहु न सिन्धु समाय।
काह न अबला करि सकै, काह काल नहीं खाय।।

आग में क्या नहीं जल सकता। समुद्र में क्या नहीं समा सकता। संसार में काल किसे नहीं खा सकता और प्रबल-अबला नारी क्या नहीं कर सकती? नारी जाति पर तुलसीदास का झूठा आरोप है, क्योंकि वह तो बेचारी प्रत्येक काल में पराधीन रहते आई है। ढोल गंवार शूद्र पशु और नारी (स्त्री) ये सब ताड़न के अधिकारी हैं। ढोल और पशु के साथ ही गंवार, शूद्र और नारी, ताड़ना के अधिकारी क्यों हैं?

दलित नारी की सामाजिक स्थिति

दलित नारी दो प्रकार से गुलाम है, प्रताड़ित है। पहला कारण है, उसका नारी (स्त्री) होना। जैसी इस देश की ब्राह्मणवादी समाज व्यवस्था के अनुसार जिस प्रकार हिन्दू नारी प्रताड़ित है, गुलाम है, उसी प्रकार वे भी गुलाम हैं, प्रताड़ित हैं। जिस प्रकार भारतीय नारी पर जुल्म एवं अत्याचार होते हैं, उसी प्रकार दलित नारी पर भी होते हैं। दूसरा कारण वे दलित हैं, अछूत हैं, अस्पृश्य हैं। इसलिए उसका जाति के आधार पर अधिक उत्पीड़न होता है। प्राचीन काल से आधुनिक काल तक उसका शोषण होता रहा है। सत्यार्थ प्रकाश पृष्ठ 192 में महर्षि दयानन्द सरस्वती ने तंत्रकाल में प्रचलित प्रथा का उदाहरण देते हुए लिखा है कि तंत्रकाल में दलित नारियों के साथ कैसा व्यवहार किया जाता था। तंत्र ग्रंथों में दलित स्त्रियों से बलात्कार करने के लिए किस प्रकार आम लोगों को प्रोत्साहित किया जाता था। उसका ज्वलन्त उदाहरण इस प्रकार है।

रजस्वला प्रष्करं तीर्थं, चाण्डा ली तु काशिका।
चर्मकारी प्रयागः स्याद्र जकी मथुरा मता,
अयोद्धा वारि वधु प्रोक्तः मायातु नापिता स्त्री।।

रजस्वला स्त्री से संभोग करना पुष्कर स्नान के समान है। चाण्डाली से सम्भोग करना काशी तीर्थ के समान, चमारिन से सहवास करना प्रयाग तीर्थ के समान, धोबिन से मैथुन करना मथुरा तीर्थ के समान और वैश्या से सहवास करना अयोध्या तीर्थ के समान है और नाई की स्त्री से संभोग करना हरिद्वार तीर्थ के समान है। क्या यह दलित नारियों के साथ खुल्लमखुल्ला बलात्कार करने के लिए लोगां को प्रोत्साहित करने जैसी बात नहीं है? आज भी स्वतंत्र भारत में दलित नारियों के साथ बलात्कार की निरंतर घटनाएं हो रही हैं, तथा दिनोंदिन अप्रत्याशित वृद्धि हो रही है। क्या यह इसी बात का परिणाम नहीं है? इसके लिए जिम्मेदार कौन है? हिन्दू धर्म के धर्म ग्रंथ या स्वतंत्र भारत की जातिगत समाज व्यवस्था।

दलित उत्पीड़न

प्राचीन काल से नारी वर्ग के ऊपर जो बंधन लगाये गये उनके प्रति डॉ. अम्बेडकर का ध्यान गया और उनके उत्थान का संकल्प लिया। सदियों से शोषित पीड़ित भारतीय नारी को मिले संवैधानिक अधिकारों की ब्राह्मणी मानसिकता से ग्रसित यहां के मनुवादी लोगों ने उपेक्षा कर उसको उसके वास्तविक अधिकारों से वंचित कर दिया है. परिणामस्वरूप उनके वास्तविक अधिकारों को प्राप्त करने के लिए 33 प्रतिशत आरक्षण की मांग बड़े जोर–शोर से भारत की संसद के दोनों सदनों में उठाई जा रही है। किन्तु अनुसूचित जाति, अनुसूचित जनजाति, पिछड़ा वर्ग और अल्पसंख्यक वर्ग की महिलाओं को

आरक्षण देने में भेदभाव किया जा रहा है। उनको आरक्षण के अधिकार से वंचित किया जा रहा है, यदि दलित वर्ग की महिलाओं को आरक्षण नहीं दिया गया तो जैसा कि सत्तापक्ष द्वारा इंकार किया जा रहा है, आरक्षण के द्वारा केवल उच्च वर्गीय सवर्ण महिलाएं ही विधानसभा और संसद तथा अन्य संस्थाओं में पहुंचकर वर्चस्व बना लेंगी और उपरोक्त दलित महिलाएं पुन: उपेक्षित होकर पीछे रह जाएंगी। इस दलित वर्ग की नारियों के सर्वांगीण विकास का मार्ग अवरुद्ध हो जायेगा और दलित नारी आज जहां पर खड़ी है, वहां से भी नीचे गिरा दी जाएगी। अत: दलित नारी के सर्वांगीण उन्नति के लिए उसे आरक्षण मिलना ही चाहिए। ऐसी विकट परिस्थिति में भारत की अनुसूचित जाति, जनजाति और पिछड़े वर्ग की नारियों को संघर्ष करने के लिए तैयार हो जाना चाहिए। यही डॉ. साहेब का सपना था।

एक ऐतिहासिक मोड़

यह कहना हमारे लिए एक गौरव की बात है कि भारत रत्न डॉ. अम्बेडकर सही अर्थों में भारत रत्न ही थे, क्योंकि वह भारत के हर उस वर्ग के लिए संघर्षशील रहे जो मानवीय अधिकारों से वंचित था, और वही वर्ग असली भारत है। जब भी राष्ट्रीय महत्व का कोई मुद्दा सामने आता है और हम कहते हैं कि उसे सुलझाने में बाबासाहेब का सक्रिय योगदान रहा है, तो कुछ कट्टर हिन्दू लोग कह उठते हैं कि उन्होंने आम लोगों की किसी समस्या का समाधान नहीं किया, केवल अछूतों की समस्याओं को ही सुलझाया या सुलझाने का प्रयत्न किया। ऐसा कहने वाले या तो अज्ञानी हैं या फिर ऐसा जानबूझकर कहते हैं। लेकिन वास्तविकता यह नहीं है। वे अम्बेडकर के महान् व्यक्तित्व का परिचय कम करके दिखाने का केवल दु:साहस करते हैं, क्योंकि डॉ. अम्बेडकर के लिए केवल अछूत ही 'दलित' नहीं थे, बल्कि हर वह व्यक्ति व वर्ग दलित था जिसे मानव अधिकारों से वंचित रखा गया था, चाहे यह भी एक न झुठलाई जा सकने वाली कड़वी सच्चाई है कि अछूत दलितों में सबसे नीची और दरिद्र स्थिति में थे। उनकी दृष्टि में दलित वर्ग में वे सभी वर्गों के लोग आते हैं जो निर्धन तथा अशिक्षित हैं, चाहे वे ब्राह्मण हों या क्षत्रिय, वैश्य हों या शूद्र अथवा कोई भी इंसान जो अपने मान-सम्मान से वंचित रहता है। इन सब जातियों की नारी के अधिकारों के लिए डॉ. अम्बेडकर का संघर्ष करना, बाबासाहेब आजीवन मानव मात्र के अधिकारों के लिए संघर्षशील रहे। उनका यह संघर्ष मानववाद पर आधारित सिद्धान्तों, अधिकारों का संघर्ष था और इसके लिए वह बड़ी से बड़ी कुर्बानी देने के लिए भी सदा तत्पर रहते थे।

बाबासाहेब के दलित वर्ग की एक महत्वपूर्ण इकाई है–भारतीय नारी, वह चाहे किसी जाति या वर्ग की हो, यह दोबारा कहने की आवश्यकता नहीं। उन्होंने इसके

उद्धार के लिए कठिन संघर्ष किया जिसे वह कभी नहीं भुला सकती। यह संघर्ष न केवल भारतीय नारी की मुक्ति के इतिहास में, बल्कि दुनिया भर की नारी मुक्ति के इतिहास में स्वर्णाक्षरों में लिखने योग्य है। वह नारी को पुरुषों के समान अधिकारों के पक्षधर थे। बाबासाहेब ने अपनी पत्नी श्रीमती सविता को 6.2.1948 को लिखे एक पत्र में कहा था, ''मैं स्त्रियों की उन्नति और उनकी मुक्ति के लिए लड़ने वाला महान् सेनानी रहा हूं और मैंने स्त्री के स्थान को बढ़ाने के लिए पर्याप्त संघर्ष भी किया है जिसका मुझे गर्व है।''

डॉ. अम्बेडकर ने देखा कि हिन्दू समाज में औरत को अपनी इच्छानुसार शादी का अधिकार नहीं था। वह अपनी जाति व धर्म के बाहर शादी नहीं कर सकती थी। अगर कोई ऐसा करने का साहस करती तो वह गैर कानूनी होता था और उसके बच्चे अवैध (हरामी) माने जाते थे। यहां तक कि इन्दिरा गांधी (जो कि बाद में देश की प्रधानमंत्री बनीं) व फिरोज गांधी की शादी भी उस समय के मुताबिक गैर कानूनी थी। एम.ओ. मथाई ने अपनी पुस्तक–रेमिनीसेन्स ऑफ द नेहरू एज–पृष्ठ 94 में लिखा है कि ''उस समय अन्तर-धर्म और अन्तर्जातीय विवाह वैदिक संस्कारों के अनुसार वैध नहीं थे। इन्दिरा गांधी केवल एक रखैल थी और उसके बच्चे अवैध हैं।''

औरत का एक बार हुआ विवाह उसे सदा के लिए उसके पति का गुलाम बना देता था। वह पति चाहे शराबी, जुआरी हो या व्यभिचारी, उसे खाने के लिए दे या न दे, उसे मारे-पीटे या किसी भी तरह की बदसलूकी क्यों न करे पत्नी को उसी की बनकर रहना पड़ता था। वह उसके घर की दहलीज लांघकर जीवित बाहर नहीं आ सकती थी। वह उसे छोड़ नहीं सकती थी, क्योंकि उसे तलाक का अधिकार प्राप्त नहीं था। इस तरह वह जीवित होते हुए भी मुर्दों से बदतर जीवन जीने को मजबूर थी। औरत यदि विधवा हो जाती थी तो उसे पति या संयुक्त परिवार की सम्पत्ति में से कोई हिस्सा नहीं मिलता था और न ही उसके भरण-पोषण का किसी पर उत्तरदायित्व होता था जबकि उसको तड़के से आधी रात तक घर के काम में लगाये रखा जाता था। उसकी हालत खरीदे गये गुलाम से भी अधिक दयनीय थी। नि:सन्तान होने पर वह किसी बच्चे को गोद लेकर अपना नहीं बना सकती थी। संक्षेप में, उसे कोई मानवीय अधिकार प्राप्त नहीं था। बाबासाहेब ने ऐसा हिन्दू शास्त्रों में पाया।

महिलाओं को कानूनी संरक्षण प्रदान करने के लिए बाबासाहेब ने बम्बई विधानपरिषद् में महिलाओं को प्रसव अवकाश देने सम्बन्धी बिल का जोरदार शब्दों में समर्थन किया था। बिल के पक्ष में उन्होंने बोलते हुए कहा था, ''मैं चाहता हूं कि

माताओं को प्रसव काल के समय और उसके पश्चात् आराम के लिए अवकाश मिलना चाहिए। इसी में राष्ट्र का हित है।''

नारी वर्ग की दुर्दशा को बदलने के लिए डॉ. अम्बेडकर के मन में बहुत सी बातें थीं। उन दिनों उनकी शारीरिक हालत अच्छी नहीं थी। वह न ज्यादा काम कर सकते थे और न ज्यादा तनाव झेल सकते थे, फिर भी वह भारतीय नारी के कल्याण की तीव्र भावना से हिन्दू कोड बिल का मसौदा तैयार करने में दिन रात एक करते रहे। उनके अथक परिश्रम के परिणामस्वरूप तैयार किया हुआ हिन्दू कोड बिल 5 फरवरी, 1951 को संसद में पेश हुआ। इस बिल में उत्तराधिकार (मां-बाप व पति की जायदाद में हिस्सा, संयुक्त परिवार की सम्पत्ति में हिस्सा), गुजारा, भरण-पोषण, विवाह, तलाक, गोद लेना आदि जैसे मुद्दों पर हिन्दुत्व की एकता तथा गतिशीलता की दृष्टि से विचार किया गया था। इस बिल के बारे में संसद में बड़ा हंगामा खड़ा हुआ था। बिल को तार्किकता की दृष्टि से परखते हुए व इसके औचित्य पर प्रकाश डालते हुए संसद में उन्होंने कहा था, ''यदि आप हिन्दू व्यवस्था, हिन्दू संस्कृति और हिन्दू समाज की रक्षा करना चाहते हैं तो उसमें जो दोष पैदा हो गये हैं, उनको सुधारने में आपको तनिक भी झिझक नहीं होनी चाहिए। हिन्दू कोड बिल हिन्दू व्यवस्था के केवल उन्हीं अंशों का सुधार चाहता है जो विकृत हो गये हैं, उनसे अधिक कुछ नहीं।''

यह एक दु:खद स्थिति थी कि हिन्दू समाज व हिन्दू नारी के तथाकथित हितैषी सरदार पटेल, डॉ. राजेन्द्र प्रसाद और संविधान के कट्टर हिन्दू नेता इस बिल के सख्त विरोधी थे। बिल के इन विरोधियों ने प्रचार किया कि नारी को यदि सम्पत्ति का अधिकार दे दिया जाए तो उसका प्रबन्ध नहीं कर सकेगी। इस विषय में बाबासाहेब की सन्तराम बी.ए. से हुई बातचीत उल्लेखनीय है, जिसमें उन्होंने कहा था कि जो लोग हिन्दू कोड बिल का विरोध करते हैं, वे किसी भी तर्क अथवा दलील का सहारा न लेकर केवल भावना में बह जाते हैं, एक ओर तो वे कहते हैं कि स्त्री को जायदाद की मालकिन होने का अधिकार नहीं होना चाहिए, क्योंकि उसमें जायदाद का प्रबन्ध करने की ताकत नहीं, किन्तु उसके साथ ही कहते हैं कि 'स्त्रीधन' उसकी निजी जायदाद होना चाहिए। स्त्रीधन पर उसके ससुराल वालों का कोई अधिकार नहीं होना चाहिए। ऐसे लोगों से पूछा जा सकता है कि यदि स्त्री में अपना स्त्रीधन सम्भालने की काबलियत है, तो वह फिर दूसरी जायदाद का प्रबन्ध क्यों नहीं कर सकती?

पटेल तथा राजेन्द्र प्रसाद जैसे कट्टरपंथियों ने बिल को पास न होने दिया, तो बाबासाहेब ने 17 सितम्बर, 1951 को दोबारा यह बिल संसद में पेश किया, परन्तु इन कट्टरपंथियों के आगे तथाकथित धर्म निरपेक्ष प्रधानमंत्री नेहरू को भी घुटने टेकने पड़े

और वह बिल पास हुए बिना ही रह गया। डॉ. बाबासाहेब अपने सिद्धान्त पर अड़े रहे। प्रधानमंत्री नेहरू व अन्य लोगों के दकियानूसी व पुराणपंथी व्यवहार को देखकर उन्होंने अपना विरोध प्रकट करने के लिए और उसकी तरफ न केवल भारत, बल्कि सारे विश्व का ध्यान आकर्षित करने के लिए स्वतंत्र भारत के प्रथम कानून मंत्री पद को ठोकर मार दी, हालांकि वह नारी वर्ग के सुधार, समता एवं कल्याण के प्रति बड़े ही उत्सुक थे।

हिन्दू कोड बिल के सम्बन्ध में स्वयं बाबासाहेब ने कहा था, "हिन्दू कोड बिल इस देश में विधानसभा द्वारा हाथ में लिया गया सबसे महत्वपूर्ण समाज सुधार है। कोई भी कानून जो इस देश में पास हुआ अथवा जो सम्भवत: पास होगा, महत्व की दृष्टि से, हिन्दू कोड बिल की तुलना में कहीं नहीं ठहरता, वर्ग-वर्ग, लिंग-लिंग के बीच असमानता की उपेक्षा करके, जो हिन्दू समाज का मूलाधार है, आर्थिक समस्याओं के सम्बन्ध में कानून बनाया जाना, हमारे संविधान का उपहास और गोबर के ढेर पर महल बनाने के समान है। हिन्दू कोड बिल का इतना महत्व है, जिसे मैं उसके साथ जोड़ता हूं। अन्य मन्त्रियों से मतभेद होते हुए भी मैं इसी बिल की खातिर मंत्रिमण्डल में बना रहा। मैंने मंत्रिमण्डल में बने रहने की गलती इस आशा से की कि शायद कोई अच्छा परिणाम निकल आये।" [1]

यहां यह बात विशेष तौर पर उल्लेखनीय तथा विचारणीय है कि डॉ. अम्बेडकर ने इतना बड़ा कदम अछूतों के लिए नहीं उठाया, किसी एक जाति के लिए नहीं उठाया, किसी वोट बैंक को पक्का करने के लिए नहीं उठाया, बल्कि सम्पूर्ण हिन्दू नारी के लिए उठाया। यह नारी केवल अछूत नारी नहीं थी, केवल शूद्र नारी नहीं थी, बल्कि यह ब्राह्मण नारी थी, क्षत्रिय नारी थी और वैश्य नारी भी थी। आज भारतीय अथवा हिन्दू नारी को जो अधिकार प्राप्त हैं, आज यदि जीवन के हर क्षेत्र में नारी मानवीय अधिकारों का आनन्द मना रही है, तो यह सब उन्हीं डॉ. अम्बेडकर साहेब की कुर्बानी के फलस्वरूप है। संक्षेप में, नारी मुक्ति का आज जो महल खड़ा दिखाई दे रहा है और भविष्य में भी जो महल बनेंगे, उनकी नींव की ईंट बाबासाहेब अम्बेडकर हैं और यह कहने की आवश्यकता नहीं कि इस मुक्ति महल पर अछूत नारी की अपेक्षा दूसरी जातियों की नारियों का ज्यादा अधिकार है।

डॉ. साहेब ने लुधियाना में एक बार स्त्रियों को संदेश देते हुए कहा था, "प्राचीनकाल से ही स्त्रियों पर घोर अत्याचार होते चले आ रहे हैं। भारत में आदर्श समाज कायम करने के लिए मैं पूरे जोर से लड़ाई लड़ रहा हूं, हिन्दू अभी तक शास्त्रों के कानून को खुदाओं और देवताओं का बनाया हुआ कानून मानते हैं। वेदों और शास्त्रों के

कानून को नष्ट करना होगा...पढ़ी-लिखी औरतों को हाथ पर हाथ धर कर नहीं बैठना चाहिए। उन धर्म ग्रन्थों के विरुद्ध आवाज बुलन्द करनी चाहिए जिनमें औरतों को जलील करने के आदेश दिये गये हैं...संसार की कोई भी ताकत आपके अधिकारों को हड़प नहीं कर सकती। मैं चाहता हूं भारतीय नारी जागृत हो और संगठित होकर अपने अधिकारों के लिए संघर्ष करे।''

निःसंदेह उनका कथन आज भी उतना ही प्रासंगिक और महत्वपूर्ण है जितना तब था, क्योंकि बाद में टुकड़े करके और अनेक परिवर्तनों के साथ जो हिन्दू कोड बिल पास हुआ, वह अभी परम्परावाद, अन्धविश्वास, कानूनी अज्ञानता, पारिवारिक दबावों आदि के कारण किताबों में ही ज्यादा बन्द पड़ा है, उसे क्रियान्वित करने के लिए और भारतीय नारी के जीवन में उत्कृष्ट परिवर्तन लाने के लिए अभी बहुत कुछ करना बाकी है। बाबासाहेब के पूर्वोक्त शब्द भारतीय नारी के लिए प्रकाश स्तम्भ की तरह मार्ग दर्शन करते रहेंगे। हमें उनके इन क्रान्तिकारी तथा मानववादी विचारों के प्रति अपने आपको पुनः समर्पित करना होगा, तभी नारी वर्ग स्वयं आगे आकर अपना स्थान बना पायेगा।

जन-जागृति एवं संघर्ष

बाबासाहेब डॉ. अम्बेडकर का विचार-दर्शन भारत को जीवन्त व प्राणवान् बनाने की संजीवनी है। राष्ट्र इस संजीवनी को आत्मसात् करने में जितना समय लगायेगा उतना ही पीछे रहेगा। उन्होंने ब्राह्मणीय तथा स्थितिवादी धार्मिक व सामाजिक मान्यताओं की बखिया उधेड़ कर रख दी थी। सैकड़ों वर्षों से हम जिस धर्म, संस्कृति व सामाजिक व्यवस्था के गुणगान करते चले आ रहे थे उनमें अन्तर्निहित मूल विकृतियों को उन्होंने अपनी पैनी दृष्टि से पकड़ कर हमारे सामने बेनकाब करके रख दिया। अन्याय, असमानता और अज्ञान पर आधारित इस देश की धार्मिक व सामाजिक व्यवस्था हमारी मर्यादाएं बन गईं और मर्यादा पुरुषोत्तम राम के भक्त इस देश के निवासियों ने उन्हीं गलत मर्यादाओं की रक्षा करना अपना धर्म समझा। राम-राज्य में स्वयं राम को भी इसका अहसास नहीं हुआ कि एक ब्राह्मण को जीवित करने के लिए तपस्या में लीन एक शूद्र का बध करके व एक नागरिक की झूठी आलोचना से डर कर अपनी निरपराध पतिव्रता पत्नी का त्याग करके आखिर वह कौनसी मर्यादा की रक्षा कर रहे हैं। ऐसी ही झूठी, थोथी और अमंगलकारी मर्यादाएं जिनमें जातिप्रथा, अस्पृश्यता व ऊंच-नीच का भाव तथा स्त्री व शूद्र के प्रति असहिष्णुता हमारी संस्कृति व सामाजिक व्यवस्था का पर्याय बन गईं और उनकी रक्षा करना हमारा परम धर्म बन गया। यथास्थिति को बनाये रखने की यह साजिश राम-राज्य से अब तक बराबर इस देश में चली आ रही है।

वस्तुतः यह साजिश इस देश को बड़ी मंहगी पड़ी। जातियों और सम्प्रदायों में बंटे-बिखरे इस विवेकहीन व निष्प्राण राष्ट्र को हम अधिक समय तक बचाये नहीं रख सके । बाहर से आये मुट्ठी भर लोगों के सामने हमें घुटने टेकने को विवश होना पड़ा। जाति व्यवस्था, अस्पृश्यता व ऊंच-नीच की विकृत मानसिकता ने इस देश को कहीं का नहीं रखा। हममें राष्ट्रभाव का उदय होना तो दूर, सही नागरिकता का भाव भी पनप नहीं पाया। स्त्री व शूद्र जो इस देश की जनसंख्या का 85 प्रतिशत भाग था उसके लिए ज्ञान के दरवाजे बंद कर दिये गये और उसे अंधेरे में जीने को विवश कर दिया गया। पुनर्जन्म, कर्म और मोक्ष के चक्कर में फंसा यहां का जन-समुदाय उदासीन सा चेतना हीन पशुतुल्य जीवन जीता रहा। बृहत् मानव समुदाय के कल्याण से उसे कुछ लेना देना नहीं था। उनके धर्म में अन्तर्निहित आडम्बर, अन्याय व मिथ्याचार उसे दिखाई नहीं दिया। समाज में स्त्री व शूद्र की दयनीय स्थिति को कोई समझ नहीं पाया और ब्राह्मणीय दर्शन के कर्मफल व कर्मकांड में फंसा मूक दर्शन सा वह यह सब देखता रहा।

हिन्दू ग्रंथों द्वारा यथास्थिति को बनाये रखने की साजिश का भंडाफोड़ करने का काम डॉ. अम्बेडकर ने किया था। एक सच्चे राष्ट्रभक्त की तरह निडर होकर वह उस महाशक्ति के विरोध में उठ खड़े हुये जो सैंकड़ों हजारों वर्षों से इस देश के मन और मस्तिष्क को गुलाम बनाये हुए थी। राजनैतिक आजादी हासिल करने के काम में तो सैंकड़ों हजारों लोग लगे हुए थे, परन्तु सामाजिक आजादी हासिल करने की लड़ाई डॉ. अम्बेडकर लड़ रहे थे। डॉ. अम्बेडकर जानते थे कि इस देश के धर्म व सामाजिक व्यवस्था में परिवर्तन लाये बिना राजनैतिक आजादी का विशेष महत्व नहीं है। अधिकांश राजनेता ऊंची जातियों के थे और ब्राह्मणीय कुंठाओं के शिकार थे। आजादी के पश्चात् सत्ता उन्हीं के हाथों आयेगी तो वे शूद्रों पर उसी तरह जुल्म ढाते रहेंगे जैसे पहले ढाते रहे थे। शूद्रों के लिए अंग्रेजी राज और देशी राज में विशेष अन्तर नहीं आएगा। इसीलिए डॉ. अम्बेडकर ने इस देश के संविधान में इस बात की विशेष व्यवस्था की कि स्त्री व शूद्र के अधिकारों की सुरक्षा हो सके तथा दलित जातियों पर अत्याचार नहीं हो पाएं। परन्तु आजादी के पश्चात् भी जिस तरह इन जातियों पर अत्याचार हो रहे हैं उससे स्पष्ट होता है कि यथास्थिति की यह साजिश ज्यों की त्यों चली आ रही है।

यही कारण था कि डॉ. अम्बेडकर ने समाज सेवा को विशेष महत्व दिया। उनका मानना था कि राष्ट्र के निर्बल वर्ग को जब तक प्राणवान् व चेतनाशील नहीं बनाया जाता तब तक इसमें प्राणवायु का संचार होना कठिन है। वह कहते थे कि देश की आजादी के लिए काम करने वालों के सामने उतनी बाधाएं नहीं आतीं जितनी समाज में परिवर्तन लाने वालों के सामने आती हैं। देश की आजादी के लिए तो उसके साथ हजारों व्यक्ति

जुड़ जाते हैं, परन्तु सामाजिक परिवर्तन के लिए बिरले ही आगे आते हैं। राजनैतिक आजादी के लिए काम करने वालों की तो जय-जयकार होती है और आजादी मिलने के पश्चात् उन्हें सत्ता व सम्मान का सुख भी मिलता है। परन्तु सामाजिक क्रांति के लिए काम करने वालों को पग-पग पर बहिष्कार, तिरष्कार, प्रताड़ना और अपमान झेलना पड़ता है। समाज की शक्ति राज की शक्ति से भी अधिक दुर्दमनीय और भयानक होती है और उसकी मार के आगे बिरले ही टिक पाते हैं। इसीलिए डॉ. अम्बेडकर सामाजिक क्रांति में लगे व्यक्तियों को अधिक व सच्चा राष्ट्र भक्त मानते थे, क्योंकि उसके सामने सत्ता-सुख का प्रलोभन नहीं रहता।

यह कहना उचित होगा कि डॉ. अम्बेडकर की राष्ट्र की परिभाषा बड़ी व्यापक थी। उनका राष्ट्र एक निश्चित भौगोलिक क्षेत्र तक ही सीमित नहीं था, वरन् उसमें रहने वाले मानव समुदाय के बृहत् कल्याण का संचयी भाव था। राष्ट्र में रहने वाले सबसे कमजोर उपेक्षित और प्रताड़ित जन-समुदाय की सेवा ही उनका राष्ट्र धर्म था। देश की आजादी का जितना महत्व था उससे कम महत्व इस देश में रहने वालों को मानसिक गुलामी से मुक्त कराने का नहीं था। डॉ. अम्बेडकर ने यही महत्वपूर्ण कार्य हाथ में लिया। वह अनवरत दलित जातियों के उत्थान में लगे रहे। वह न केवल एक महान् चिंतक, विद्वान और ज्ञानवान् थे, वरन् पद्दलितों को अधिकार दिलाने के लिए सक्रिय रूप से प्रयत्नशील भी रहे। उन्होंने उनके उत्थान की ऐसी बृहत् योजना बनाकर प्रस्तुत की कि जिसका अनुसरण कर वे अपनी गुलामी की जंजीरों से मुक्त हो सकते हैं। वह इन लोगों के लिए इतना कुछ कर गये कि उनके आविर्भाव से पूर्व जो पद्दलितों का बृहत् समुदाय निष्प्राण व चेतनाशून्य पशुतुल्य जीवन जी रहा था वह उठ खड़ा हुआ। आज उस वर्ग का डॉ. अम्बेडकर की संजीवनी ने कायाकल्प कर दिया है। वह अपने अधिकारों की प्राप्ति के लिए संगठित होकर संघर्षरत हो गया है। डॉ. अम्बेडकर के शंखनाद ने सबको जगा दिया-सोने वालों को भी तथा सुलाने वालों को भी। उनकी रणभेदी चारों दिशाओं में इस देश में दूर-दूर तक गूंज रही है तथा भविष्य की वादियों में उसकी गूंज और भी तेजी से सुनाई देती रहेगी।

डॉ. अम्बेडकर का नारी वर्ग के उत्थान का संकल्प सभी के लिए था। अतः ऐसा सोचना भारी भूल होगी कि उन्होंने जो कुछ सोचा और किया वह केवल एक वर्ग विशेष के लिए न कि समग्र जनसमुदाय के कल्याण के लिए। ऐसा सोचना उसी तरह की भूल होगी जिस तरह यह सोचना कि भगवान् बुद्ध ने तत्कालीन सामाजिक व धार्मिक विकृतियों के स्थान पर जो बौद्ध धर्म के रूप में नयी सोच व व्यवस्था दी वह केवल एक वर्ग विशेष के लिए थी। जिस तरह भगवान् बुद्ध का धर्म समस्त मानव-कल्याण के

लिए था उसी तरह डॉ. अम्बेडकर का दर्शन समस्त मानव-कल्याण के लिए है। यथास्थिति बनाये रखने वाले निहित स्वार्थ वाले लोग भले ही उनके बारे में कुछ भी सोचें, डॉ. अम्बेडकर आज के युग के एक ऐसे चिंतक, शक्ति पुंज व युगदृष्टा थे जिनके विचारों व कार्यों का महत्व दिन दूना रात चौगुना बढ़ता ही जाएगा। जो भी पूर्वाग्रहों से मुक्त होकर अपने मस्तिष्क के कपाट खुले रखकर डॉ. अम्बेडकर के विचारों व कार्यों का अध्ययन करेगा उसका मानसिक रूप से एक स्वस्थ व समृद्ध मनुष्य के रूप में नया जन्म होगा। इस दृष्टि से डॉ. अम्बेडकर के विचारों व दर्शन की प्रासंगिकता जितनी पद्दलित व उपेक्षित वर्ग वालों के लिए है उससे भी अधिक उस वर्ग के लिए है जो हमारे समाज में उच्च वर्ग के माने जाते हैं। भारतीय सामजिक व्यवस्था में चाहे उच्च वर्ग के हों चाहे निम्नवर्ग के दोनों ही अपनी-अपनी कुंठाओं और पूर्वाग्रहों से ग्रस्त आधे अधूरे व्यक्ति होते हैं। दूसरे देशों की तरह मानव-मूल्यों व अधिकारों का ज्ञान रखकर तदनुसार आचरण करने की शिक्षा दीक्षा की व्यवस्था हमारी समाज व्यवस्था में नहीं है। डॉ. अम्बेडकर का साहित्य हमें उसी धरातल पर पहुंचा देता है जहां हमें इस देश की धड़कन सुनाई पड़ती है तथा जहां हमें इस देश के साथ भी साक्षात्कार होता है। उनका साहित्य जहां उच्च वर्ग के अहं व दंभ को कम करेगा वहां दलितों को अपने अधिकारों की प्राप्ति के लिए संघर्ष करने की शक्ति प्रदान करेगा। इससे दोनों ही वर्ग सशक्त व प्राणवान् होंगे और फलस्वरूप एक सही प्रजातन्त्र का उदय होगा। अन्य शब्दों में सभी नर-नारी एकजुट होकर ही भारतीय समाज को उन्नतशील एवं सशक्त बना सकते हैं।

जैसा कि कहीं न कहीं हिन्दू ग्रंथों में नारी वर्ग का स्थान आदिकाल में सर्वोपरि तथा पूज्यनीय माना गया था, तथा वेदों की एक ऋचा में 'यत्र नारी पूज्यन्ते, तत्र देवता वसति' उल्लेख किया गया है, अर्थात् जहां नारी को पूज्य माना जाता है वहां देवता निवास करते हैं। जिन देवियों की शक्ति का स्वरूप व अवतार मान कर पूजा की जाती है वह नारी का ही तो रूप है, नारी का रूप अथवा देवी का स्वरूप, शक्ति का अवतार कोई अलग बात नहीं है। तथाकथित अवतारों के नाम के संबोधन में भी नारी के नाम को प्राथमिकता देते हुए सम्बोधित किया जाता रहा है। जैसे राम से पहले सीता-सीताराम तथा कृष्ण से पहले राधा-राधाकृष्ण आदि-आदि तथा पहले परिवार में पिता से अग्रणी कुलदेवी स्वरूप माता को ही मान्यता प्राप्त थी। इसलिए नारी को ही गृहस्थी की संचालनकर्ता ही नहीं अपितु वंश चलाने वाली माना गया है। कालान्तर में परिस्थितियां परिवर्तित हुईं तथा पुरुष के अहम् ने नारी को दूसरे दर्जे की बनाकर रख दिया तथा माता के स्थान पर पिता प्रथम पुरुष माना जाने लगा। पुरुष को इतने में ही संतोष नहीं हुआ, बल्कि आधुनिक काल में नारी को पैरों की जूती, चरणों की दासी बनाकर रख दिया गया

तथा नारी को उपेक्षित कर उसका शोषण किया जाने लगा। तथाकथित हिन्दू धर्माचार्यों, विशेष कर मनुस्मृति के रचियता मनु ने नारी को पद्दलित, अन्त्यज बनाकर छोड़ा। उसका विकास, समान भाव, उच्चता को अवरुद्ध कर दिया गया। इसमें कोई अतिशयोक्ति नहीं। भारत के स्वतंत्र होने से पूर्व तक नारी की दशा में कोई विशेष परिवर्तन नहीं आ सका, नारी समाज इतना दीन-हीन पंगु बनाकर रख दिया गया था कि वह अपनी आवाज नहीं उठा सका तथा पुरुष पर ही अवलम्बित होकर रह गया।

यदि हम एक ऐतिहासिक मोड़ की दृष्टि से देखें तो बाबासाहेब डॉ. अम्बेडकर शोषित पीड़ित समाज के उद्धारक के रूप में अवरित हुए तथा दलितों के लिए एकता व समानता व उनके अधिकारों के लिए संघर्ष करने लगे, उसके साथ-साथ वह नारी समाज की दशा को देखकर भी अत्यन्त द्रवित थे। उन्होंने समय-समय पर अंग्रेजी शासन-काल में नारी-उत्थान के लिए भी भरसक प्रयास किया तथा उनके विकास एवं अधिकारों की आवाज को बुलन्द किया। उन्हें पुरुष के समान अधिकारों की सशक्त वकालत की जिसे सभी ने सराहा था।

गुलाम भारत को स्वतंत्रता मिली तथा जब संविधान निर्मात्री-सभा द्वारा संविधान बनाने का गुरुत्तर भार बाबासाहेब डॉ. अम्बडकर को सौंपा गया तो उन्होंने संविधान के अन्तर्गत नारी-उत्थान व समानता के हित में उसके चहुंमुखी विकास हेतु धाराओं का समावेश किया। यही नहीं, नारी के सम्मान व समानता, शिक्षा व नौकरी परिवार में पुरुष तुल्य नारी का दर्जा प्रतिष्ठापित करने हेतु मंत्रिमंण्डल में विधि मन्त्री के पद पर रहते हुए अलग हिन्दू कोड बिल ससंद में रखा तथा हिन्दू समाज द्वारा नारी की उपेक्षा व शोषण के विरुद्ध अपने प्रखर विचार सदन में रखे तथा जोरदार वकालत की। बाबासाहेब नारी को पूर्ण सम्मान का दर्जा देना चाहते थे। एक बार उन्होंने यहां तक कहा कि मैं पुरुष के रूप में राम के लिए नहीं देवी स्वरूप नारी सीता को नतमस्तक कर सकता हूं। देश में हिन्दू कोड बिल के विरुद्ध हिन्दू धर्माचार्यों व राजनेताओं ने आवाज उठाई। उनका विचार था कि हिन्दू कोड बिल के द्वारा हिन्दू संस्कृति का वर्तमान ढांचा जो आदिकाल से चला आ रहा है, चरमरा जायेगा। अन्ततोगत्वा उन पर दबाव डाला गया तथा सदन में हिन्दू कोड बिल पारित नहीं हो सका और बाबासाहेब ने द्रवित होकर मंत्रिमंडल से इस्तीफा दे दिया। बेशक हिन्दू कोड बिल जिस रूप में बाबासाहेब ने पेश किया उस रूप में न होकर टुकड़ों में उसके बहुधांश को कानूनी मान्यता दे दी गई। बाबासाहेब के विचारों तथा नारी के उसको समान अधिकार, शिक्षा का, नौकरी का तथा पारिवारिक सम्पत्ति में पुत्र की भांति पुत्री को हिस्सा प्राप्ति का अधिकार देने का प्रावधान मान्य हुआ।

यह कहना उचित होगा कि बाबासाहेब द्वारा नारी-उत्थान के लिए किये गये कार्यों के निमित्त संघर्ष का परिणाम है कि आज नारी शिक्षा में, नौकरी में पुरुष से कन्धे से कन्धा मिलाकर अपनी प्रगति की ओर अग्रसर है। नारी-समाज, बाबासाहेब की ऋणी है कि उनके अधिकारों के लिए नारी समाज में चेतना व जागृति का प्रादुर्भाव हुआ। बाबासाहेब हिन्दू कोड बिल के अतिरिक्त मुस्लिम कोड के भी पक्षधर थे ताकि मुस्लिम समाज में नारी के प्रति फैली हुई विसंगतियां भी समाप्त हो जाएं। बाबासाहेब पूर्णरूपेण नारी समाज के उत्थान व विकास, उनके अधिकारों के प्रबल पक्षधर थे। आज नारी की वर्तमान स्थिति कि जहां नारी अपने पूर्ण विकास की ओर अग्रसर हो रही है वहां देश की एकता, अखण्डता व उसके बहुमुखी विकास की भागीदार बन रही है। यह बाबासाहेब की अनुकम्पा तथा उनके द्वारा नारी समाज के निमित्त किया गया संघर्ष का फल है।

सारांशत: नारी समाज के उत्थान के निमित्त जो भी विसंगतियां शेष हैं, उन्हें दूर करने के लिए बाबासाहेब के विचारों पर आज चलने की आवश्यकता है। वर्तमान में धर्माचार्यों व राजनेताओं में सद्‌बुद्धि आए तथा वे नारी को पैरों की जूती के विचारों को त्याज्य करें तथा 'तत्र नारी पूज्यन्ते' उद्‌घोष की कथनी को करनी में परिवर्तित करने का मानस बनाएं। दलितों की भांति देश की नारी बाबासाहेब डॉ. अम्बेडकर को नारी समाज के उत्थान के प्रबल पक्षधर के रूप में सदैव स्मरण करती रहेगी। नारी वर्ग के उत्थान हेतु जिन प्रावधानों का संयोजन हिन्दू कोड बिल में था, उन्हें विभिन्न रूपों में अन्तत: सरकार ने पास किया है।

परम्परावाद का तिरस्कार

बाबासाहेब ने अनेक माध्यमों के द्वारा नारी वर्ग के सुधार एवं उत्थान की पुरजोर वकालत की और लेखों, सम्मेलनों, पुस्तकों तथा हिन्दू शास्त्रों की समीक्षा करके नारियों को स्वत: उठने की आवश्यकता की ओर ध्यानाकर्षित किया। मैंने उनके इन्हीं विद्रोही एवं रचनात्मक विचारों को यहां प्रस्तुत किया है।

मनुष्य एक सामाजिक प्राणी है। समाज का आधार स्त्री और पुरुष दोनों हैं। स्त्री और पुरुष दोनों एक दूसरे के पूरक हैं। समाज की अविरल धारा को लगातार आगे बढ़ाने में स्त्री और पुरुष दोनों का समान महत्व है। फिर भी सामाजिक जीवन में स्त्री को पुरुष के बराबर स्थान प्राप्त नहीं है। उसे पुरुष के समान स्वतंत्रता और अधिकार प्राप्त नहीं है, जबकि सामाजिक जीवन में पुरुष की अपेक्षा स्त्री की भूमिका हमेशा अधिक सहयोगी और लाभदायी रही है।

डॉ. अम्बेडकर की दृष्टि से स्त्री समाज की आधारशिला है। वह शिक्षा की प्रथम पाठशाला है। स्त्री के साथ रहकर ही पुरुष के व्यक्तित्व का निर्माण होता है। मां, बहिन,

बेटी और पत्नी के रूप में वह समाज को अपना सहयोग और लाभ देती रही है। अपनी कार्यकुशलता, बुद्धिचातुर्य, सहजज्ञान, त्याग, तपस्या, कर्म, धर्म के साथ उसने समाज को व्यवस्था और सुविधा दी है। बच्चों को जन्म देना, उनका पालन-पोषण करना, पूरे कुटुम्ब की व्यवस्था देखना इन सब कारणों से ही मातृ सत्तात्मक युग में स्त्री का महत्व अधिक माना गया था। विवाह रहित, मुक्त-सम्बन्धों के फलस्वरूप बच्चों का होना नारी माता रूप को प्रमाणित करता था। बच्चों पर माता का अधिकार था। उसका पूरा कुटुम्ब उसके शासन और सत्ता को मानता था। वह स्वामिनी थी, अधिकार सम्पन्न थी।

परिवर्तन तथा बदलते समय के साथ जीवन की आवश्यकताएं बदलीं, जीवन पद्धति बदली जिसके फलस्वरूप समाज में नारी की स्थिति में भी परिवर्तन हुआ। अधिकार सम्पन्न नारी अधिकार शून्य और सत्ताविहीन हो गयी। पुरु ष बलपूर्वक अधिकारी बन गया। परिवार का मुखिया बनकर उसने सम्पूर्ण अधिकार अपने हाथों में ले लिए। स्त्री सीमित घेरे में कैद कर दी गई। धीरे-धीरे स्त्री ने पुरु ष की शक्ति और प्रभुता को मानते हुए उसकी सत्ता को स्वीकार कर लिया। आज के पुरुष सत्तात्मक युग में वह किसी पुरु ष की पत्नी या माता के रूप में ही सम्मान पा सकती थी। उसका मान-सम्मान पति के यश, कीर्ति और गौरव के साथ जुड़ गया। पुरुष की अधीनता में रहते हुए, अनेक सामाजिक, धार्मिक, नैतिक नियमों का पालन करते हुए ही वह सम्मान पा सकती थी।

जैसा कि पहले कहा गया है स्त्री की इस अधोगति का आरंभ वैदिक काल से माना जाता है। उत्तरवैदिक काल में स्त्री की दशा सबसे अधिक सोचनीय और दयनीय थी। भारतीय सामाजिक जीवन व्यवस्था में धर्म को बहुत महत्व दिया गया है। समाज में प्रत्येक जाति और प्रत्येक धर्म के लिए नीति निर्धारण का आधार धर्म ग्रंथों को माना जाता है। सभी धर्म ग्रंथों की रचना पुरुष वर्ग ने ही की है। सभी धर्म ग्रंथों में स्त्रियों के लिए अनेक नियम और बंधन निश्चित किये गये हैं। सत्ता भोगी पुरुष ने अपनी सुविधा का लक्ष्य सामने रखकर सामाजिक व्यवस्था की दृष्टि से अनेक नियम स्त्रियों के लिए बनाए। कपोल कल्पित पौराणिक कथाओं के साथ इन नियमों को धार्मिक नियमों का रूप दिया गया और स्त्रियों के लिए उनका पालन करना अनिवार्य कर दिया गया। शिक्षा और ज्ञान से वंचित रखी गयी नारी, इन्हीं नियमों को अपना धर्म मानकर इनका पालन करने में लगी रही।

वस्तुत: वैदिक धर्म ग्रन्थों की टीकाएं और समीक्षाएं अलग-अलग कालखण्ड में अलग-अलग टीकाकारों द्वारा की गईं। इन टीकाकारों में मनु को विशेषत: माना गया है। मनुस्मृति को हिन्दू धर्म में विशिष्ठ स्थान प्राप्त है। हिन्दू सामाजिक रीति-नीति व्यवस्था

के साथ इन ग्रन्थों में स्त्रियों के लिए अनेक नियमों और पाबंदी का उल्लेख है जिनके आधार पर नारी को हीन, घृणित, तुच्छ और निदंनीय बताया गया है। स्त्रियां क्या करें और क्या नहीं करें इस बात को निश्चित करके स्त्रियों की स्वतंत्रता और उनके सम्पूर्ण अधिकार छीन लिये गए। उसे बलपूर्वक पुरुष की दासी बना दिया गया।

डॉ. बाबासाहेब अम्बेडकर के लेख 'द वुमेन एण्ड द काउन्टर रिवोल्युशन: नारी और प्रतिक्रांति' में बताया गया है कि मनु ने स्त्रियों के प्रति कैसे विचार व्यक्त किये हैं:

1. स्त्रियां पुरुषों पर बुरा प्रभाव डालती हैं।
2. स्त्रियां पुरुषों को काम और क्रोध का दास बनाती हैं।
3. स्त्रियों की कितनी भी सुरक्षा की जाए फिर भी वे पुरुषों के प्रति चचंलवृत्ति रखती हैं।
4. स्त्रियों में अपना स्वार्थ, आभूषण प्रेम, वासना, क्रोध, बेईमानी, ईर्ष्या और दुराचारण स्वभावत: होता है।
5. परिवार में स्त्रियों को दिन-रात पुरुषों के अधीन रहना चाहिए।
6. यदि स्त्री की रक्षा नहीं की गयी तो वह पिता और पति दोनों के कुलों एवं परिवारों की निंदा, क्लेश और अपमान का कारण बनती है।
7. कसूर होने पर या किसी प्रकार का संदेह होने पर पति उसे मार पीट सकता है, दण्ड दे सकता है।
8. किसी भी स्त्री को अपनी इच्छा या स्वतंत्र इच्छा से कोई काम नहीं करना चाहिए।

ऐसी अनेक बातें मनुस्मृति में स्त्रियों को पूरी तरह बंधन में बांधे रखने के निर्देश के रूप में कही गयी हैं। मनुस्मृति में 8-9 वर्ष की कन्या का विवाह आवश्यक बताया गया है जिसके कारण पूरा स्त्री समाज शिक्षा से वंचित रह जाता था। शिक्षा और ज्ञान से रहित नारी अपने पति को ही अपना गुरु स्वामी और ईश्वर मानती रही। पुरुष उस पर मनमाना अत्याचार करता रहा। स्त्रियां निरीह अबला आंसू बहाती रहीं। मनु ने अपने धर्म ग्रन्थ के आधार पर पुरुषों को शासन के सम्पूर्ण अधिकार दे दिये थे जिसके फलस्वरूप पुरुषों के व्यवहार पर कभी भी और कहीं भी अंकुश नहीं लगाया गया।

यह एक त्रासदी है कि पुरुष प्रधान समाज में, सामाजिक जीवन में, आज भी मनुस्मृति के अनुसार ही स्त्रियों के साथ व्यवहार किया जाता है। सामाजिक पारिवारिक जीवन में उन्हें किसी प्रकार स्वतंत्रता नहीं दी जाती है। उन्हें केवल बच्चे पैदा करने और घर का काम करने वाली वस्तु समझा जाता है। स्त्रियां स्वयं धर्म, कर्म, देव और स्वर्ग के नाम पर मनुवादी मान्यताओं को स्वीकार करती हैं और स्वयं अपने ऊपर होने वाले अत्याचार एवं अन्यायों का समर्थन भी करती हैं। स्त्रियों की इस अशिक्षा और अज्ञानता

का प्रमुख कारण है धर्म ग्रन्थों में स्त्री शिक्षा का विरोध। मनु ने स्पष्ट लिखा है, "यदि स्त्री शिक्षा प्राप्त करेगी कुमार्ग पर चलेगी ही और अकाल वैधन्य को प्राप्त करेगी।"

यह सही है कि आज भी छोटे गांवों में इसी धार्मिक बात को मानकर छोटी बच्चियों को स्कूल नहीं भेजा जाता है। 10-12 वर्ष की उम्र तक उनका विवाह कर दिया जाता है जिसके परिणामस्वरूप इन बच्चियों का मानसिक और बौद्धिक विकास नहीं हो पाता है। सभी धर्म ग्रन्थ जो ईश्वर रचित बताये जाते हैं, यथार्थ में पुरुषों द्वारा रचित हैं। पुरुषों ने धर्म और ईश्वर के नाम पर सभी सुविधाएं और स्वतंत्रताएं स्वयं ले ली हैं। अज्ञान के अंधकार में डूबी स्त्री आज भी इस बात को नहीं समझ पाती है कि धर्म और धर्म ग्रन्थों के नाम पर उसके साथ कितना बड़ा अन्याय किया जाता है। तरह-तरह की कल्पित कथाओं के माध्यम से डरा धमका कर स्त्रियों को अधिक धार्मिक बनाने का प्रयास किया जाता है ताकि वह धर्म के नारों में डूबी रहें और अपनी स्थिति से सम्बन्धित कोई अन्य बातें न सोच सकें। इस तरह स्वतंत्र रूप से सोच विचार करने का अवसर उन्हें कभी नहीं दिया जाता है।

धर्म ग्रन्थों की भूमिका हमेशा दोरंगी रही है:

1. नारी को उदात्तरूप में बताया गया लेकिन व्यावहारिक जीवन में कभी इसका पालन नहीं किया गया।
2. नारी को असत्‌रूप, अधम, तुच्छ, अपवित्र और भोग का साधन बताया गया है। हिन्दू समाज में नारी के इस रूप को सच माना और इस कारण नारी को हमेशा तिरस्कार का अधिकारी समझा।

महिला समाज के सम्बन्ध में परम्परावादी पुरुष समाज की मानसिकता आज भी नहीं बदली है। धर्म ग्रन्थों में चित्रित नारी के साथ में सात्विक आदर्श रूप की खोज प्रत्येक नारी में की जाती है। त्याग, उत्सर्ग, श्रद्धा, शर्म, दया, क्षमा, विनय आज की इक्कीसवीं सदी की ओर जाती नारी में आदर्श और नैतिक मानदण्डों के आधार पर खोजते हैं।

सन्तों ने धर्म ग्रन्थों के आधार पर ही नारी को अज्ञान की काली कोठरी और पाप का भण्डार कहा है। भारतीय जनजीवन में बहुत ही श्रद्धा और भक्ति के साथ पढ़ी जाने वाली तुलसीकृत रामचरित मानस में सन्त तुलसी दास ने अनेक बार स्त्री स्वभाव की बुरी तरह निंदा करते हुए सम्पूर्ण नारी जाति को बुरा कहा है। 'शूद्र गंवार ढोल पशु नारी, ये सब ताड़न के अधिकारी' कहने वाले तुलसीदास को स्त्रियां आज भी श्रद्धा भक्ति के साथ नमस्कार करती हैं और बड़े मनोयोग के साथ झूम-झूमकर उनके दोहे और चौपाई

गाती हैं। घर-घर में रामचरित मानस पढ़ी जाती है, लेकिन कभी उनके नारी निंदा का विरोध नहीं किया जाता है। जगत् गुरु आदि शंकराचार्य ने अपनी 'मणिरत्नमाला' में लिखा है कि नारी कभी विश्वसनीय नहीं होती। वह नरक का द्वार है, पिशाची है, हेय है, त्याज्य है, विष है, सुरा है और उसका चरित्र अज्ञेय है।

बाबासाहेब ने कहा कि बौद्ध धर्म में स्त्रियों को सम्मान दिया गया है। जिस समय सनातन धर्म की विकृतियां अपनी पराकाष्ठा पर थीं, जिस समय समाज में स्त्रियों की दशा बहुत ही करुणाजनक और दयनीय थी उस समय समाज को करुणा और समानता का संदेश देने वाले बौद्ध धर्म का उदय हुआ। भगवान् गौतम बुद्ध ने कन्या को पुत्र के समान मानने का उपदेश दिया। इस तरह समाज में स्त्रियों को बराबर का स्वतंत्र और सम्मानित स्थान मिला। लेकिन समय के साथ यहां भी स्त्री का समानता का अधिकार अधिक दिन नहीं रह सका। भेदभाव के साथ स्त्री पुन: निम्न और तुच्छ मानी जाने लगी।

जहां भी स्त्री को सम्मान मिला है केवल उसके सात्विक आदश, त्यागमय रूप को ही सम्मान मिला है। सामान्य व्यवहार में, हर काल में, प्रत्येक धर्म में स्त्री को ही दुर्गुणी और दोषी माना गया है।

धर्म ग्रन्थों में स्त्रियों की ऐसी प्रतिमा क्यों बनी इसके अनेक कारण हैं जैसे:

1. धर्म ग्रन्थों में नियोजित ढंग से स्त्रियों के लिए विशेष कठोर नियम बनाये गये जिससे स्त्रियां कभी अपने अधिकारों के लिए आवाज न उठा सकें। अपने अधिकार न मांगने लगें।
2. धन-सम्पत्ति, सत्ता हमेशा पुरुषों के हाथों में रहे।
3. स्त्रियों पर हमेशा शासन किया जाता रहा।
4. अपनी स्थिति को समझने के बाद भी स्त्रियां कोई विद्रोह न कर पाएं।

इन सब कारणों से धर्म ग्रन्थों में स्त्री की प्रतिमा को हमेशा निर्बल, हीन, पुरुषों के अधीन और शिक्षा तथा ज्ञान से दूर रखने का प्रयत्न किया गया है।

हिन्दू धर्म में आज भी स्त्रियों को कुछ धर्म ग्रन्थों को पढ़ने की मनाही है, क्योंकि उन्हें जन्म से ही अपवित्र माना गया है। आज की पढ़ी-लिखी स्त्रियां स्वयं इन बातों को स्वीकार करते हुए धार्मिक आज्ञाओं का पालन करती हैं। उच्च शिक्षा प्राप्त, कॉलेज की प्राध्यापिकाएं भी कभी इन बातों का विरोध नहीं करतीं बल्कि समर्थन देती हैं। अशिक्षित स्त्रियों की तो बात ही अलग है-ये स्त्रियां धर्म के नाम पर अन्धानुकरण करती हैं-कहीं कुछ अर्थ तथ्य न समझने पर भी केवल परम्परा का निर्वाह करती हैं।

हम सब इक्कीसवीं सदी की ओर जा रहे हैं। वैज्ञानिक प्रगति कहां से कहां पहुंच गयी है, लेकिन स्त्रियों की स्थिति में आज भी अधिक सुधार नहीं हुआ है। आज भी उस पर धार्मिक, सामाजिक और नैतिक अनेक नियम-कायदे थोपे जाते हैं। स्त्री कहीं भी स्वतंत्र और मुक्त नहीं है। भारतीय समाज दोहरी मानसिकता को जीता है। स्त्री सम्बन्धी परम्परावादी मान्यताएं सामान्य जन-जीवन में इतनी गहरी पैठ कर चुकी हैं कि आज के परिवर्तनवादी और प्रगतिशील चेतना के युग में भी पुरानी प्रथाओं और मान्यताओं को तोड़ना सरल नहीं हो पाया है। गांव ही नहीं, शहर के पढ़े-लिखे लोग भी नारी सम्बन्धी अपनी पुरानी मान्यताओं को छोड़ नहीं पाते हैं।

यद्यपि परिवर्तनवादी समाज रचना की प्रक्रिया शुरू हो गई है, लेकिन उसकी गति बहुत धीमी है। स्त्री मुक्ति आन्दोलनों से जुड़कर सामाजिक स्वायत्त संस्थाएं भी स्त्री मुक्ति के लिए कार्य कर रही हैं, लेकिन उन्हें भी पूरी सफलता नहीं मिल पा रही है। इसका प्रमुख कारण यही है कि सामान्य स्त्रियों में जागृति और चेतना नहीं आई है। वे अपने हित की बात समझ नहीं पाती हैं और परम्परा से जो रीति-रिवाज और व्यवहार चला आ रहा है उसे ही ठीक समझती हैं-ऐसी स्थिति में इनका सहयोग स्त्री मुक्ति आन्दोलन को नहीं मिल पाता है। इसकी पूर्ण सफलता के लिए पुरुष वर्ग का सहयोग भी आवश्यक है। सरकारी कानून के रूप में स्त्री स्वतंत्रता चाहे जितनी दे दी जाये, लेकिन जब तक सम्पूर्ण समाज जागृत नहीं होता तब तक नारी अपने अधिकारों का लाभ नहीं ले पायेगी।

आज सबसे बड़ी आवश्यकता यह है कि धर्म ग्रन्थों में प्रतिष्ठापित नारी प्रतिमा को नारी स्वयं खंडित करे। उसके स्थान पर ओजस्वी, शक्तिशाली और अधिकार सम्पन्न नारी की प्रतिमा का निर्माण करे जिससे नारी के प्रति समाज की मानसिकता बदले और नारी को स्वतंत्रता, समता का पूर्ण अधिकार मिल सके। नारी स्वयं जागृत होकर अपना भविष्य, अपनी दुनिया अपनी आंखों से देखे। तर्क, बुद्धि, विवेक के साथ अपने अधिकार और कर्तव्यों को तोले और अपना लाभ अपनी हानि स्वयं समझे। अपने प्रति किये गये अन्याय को वह समझेगी, स्वयं जानेगी तभी वह स्वयं स्फूर्त होकर धर्म ग्रन्थों में प्रस्थापित अपनी प्रतिमा को बदल सकेगी।

डॉ. बाबासाहेब अम्बेडकर को नारी जाति का उद्धारक कहा जा सकता है। पिछड़े दलित समाज को उन्होंने शिक्षा, संगठन और संघर्ष का नारा दिया है। नारी के पक्ष में अन्याय करने और नारी को अपमानित करने वाली मनुस्मृति को जाहिर तौर पर जला कर उन्होंने यह संदेश दिया है कि उसको मिटा दो जो हमारे साथ अन्याय करते हैं। साथ ही यह उनका संदेश है कि अन्याय करने वाले से अधिक अन्याय सहने वाला गुनहगार

है। बाबासाहेब के इन सन्देशों से सदियों से पीड़ित नारी समाज में जागृति आई है। 25 दिसम्बर जिस दिन मनुस्मृति जलाई गई उसी दिन को 'राष्ट्रीय स्त्री दिवस' के रूप मे स्वीकार किया गया है। आज की नारी शिक्षित होकर, संगठित होकर संघर्ष करते हुए अपना लक्ष्य प्राप्त कर सकती है। शिक्षा के पाठ्यक्रम में ऐसे साहित्य को लाना है जिसके माध्यम से धर्म ग्रन्थों में चित्रित नारी के अबला रूप को हराकर उसके स्थान पर प्रगतिशील नारी की यथार्थ स्थिति को रखा जा सके। नयी पीढ़ी को इस बात की जानकारी मिलनी चाहिए ताकि भविष्य में सामाजिक सह रचना समता पर आधारित हो सके।

नई पीढ़ी की आज यह आवश्यकता है कि परम्परावादी नारी प्रतिमा को नकारे और सामाजिक अन्याय का विरोध करे। सम्पूर्ण नारी समाज के हित में नयी मान्यताओं को स्थापित किया जायेगा, तभी एक नयी संस्कृति का जन्म होगा जो पूरे देश को बलशाली और समाज को उन्नतशील बना सकेगी। स्त्री के विकास के बिना समाज का विकास अधूरा है। जो धर्म स्त्री को समता का अधिकार नहीं देता, जो धर्म ग्रन्थ स्त्री को न्याय नहीं दे सकते ऐसे धर्म और धार्मिक ग्रन्थों में सुधार करना आवश्यक है। न्याय, समता और सम्मान का अधिकार नारी को मिले यह सम्पूर्ण समाज के हित में सबसे बड़ी आवश्यकता है।

नारी वर्ग सशक्त बने

बचपन में पिता, फिर भाई, शादी हो जाने पर पति और बाद में पुत्र, जिन्दगी के हर पड़ाव पर स्त्री किसी न किसी पुरुष के नियंत्रण में या उसके अधीन रहती है। इतने सारे निषेध और वर्जनाएं उस पर लाद दी जाती हैं कि वह यह बात लगभग भूल सी जाती है कि वह भी एक इन्सान है, अपने जीवन पर उसका अधिकार है। अपने जीवन को अपने अनुसार अपनी इच्छा से न जीकर दूसरे की इच्छा और आदेश के अनुसार जीने से ज्यादा बड़ी त्रासदी और क्या हो सकती है। हिन्दू समाज में स्त्री इस त्रासदी को भोगने के लिए अभिशप्त है।

वस्तुत: बचपन से उसे यह सिखाया जाता है कि तुम लड़की हो। यह कहने के पीछे मंशा उसे यह अहसास कराने का होता है कि वह स्वतंत्र नहीं है, उसे कोई इच्छा या आकांक्षा माता-पिता से विमुख होकर अपने मन में नहीं पालनी चाहिए। अर्थात् उसे न इच्छाएं पालने का अधिकार है, न स्वप्न देखने का। अत: उसे हर काम वह करना है, जो उसका शासक पुरुष चाहता है। उसे कैसे उठना-बैठना है; कैसे खाना-पीना है; कैसे चलना है; कहां जाना है, कहां नहीं जाना है; कैसे वस्त्र पहनने हैं, कैसे नहीं पहनने हैं; क्या पढ़ना है, क्या नहीं पढ़ना है; उसे अपने आपको किस तरह रखना चाहिए, किस

तरह नहीं रखना चाहिए; किससे बात करनी चाहिए, किससे बात नहीं करनी चाहिए। उसे हर काम अपनी इच्छा से नहीं बल्कि शासक पुरुष की इच्छा और आकांक्षा के अनुरूप करना है।

स्पष्टतः लड़की के साथ परिवार की मर्यादा जुड़ी है। उसके ऐसा-वैसा अर्थात् विपरीति आचरण करने से परिवार की मर्यादा भंग हो जाती है। लड़के के साथ ऐसा नहीं होता है। लड़का ऐसा-वैसा कुछ भी करे परिवार की मर्यादा अप्रभावित रहती है। शांति यादव की एक कविता है 'बाप की टोपी' जिसमें वह कहती है कि हर निषेध केवल लड़की के लिए है, लड़कों पर मर्यादा का कोई बंधन नहीं है। उसके अनुसार बेटी जहां भी जाती है, बाप की टोपी उसके साथ जाती है। कहीं कोई पत्ता हिला नहीं कि 'बाप की टोपी पहले मैली हो जाती है।' इसलिए हर लड़की को हमेशा यह सिखाया समझाया जाता है कि अपने बाप की टोपी का ख्याल रखना। बाप की टोपी परिवार की इज्जत कुल खानदान की मर्यादा सब कुछ बेटी पर टिका है। परिवार की इज्जत और मर्यादा को बेटी के चरित्र से जोड़कर देखने वाला यह वही हिन्दू समाज है जो धर्म के नाम पर कुंवारी लड़कियों को देवदासी घोषित कर आजीवन संड-मुसंड पण्डे-पुजारियों द्वारा बलात्कृत होने के लिए छोड़ देता है। स्त्री-अस्मिता को आजीवन बलात रौंदने-कुचलने का ऐसा घृणित उदाहरण दुनिया में कहीं नहीं मिलेगा। कोई युवती स्वेच्छा से किसी मनपसन्द युवक से प्रेम करे, उससे शादी करे तो उसकी इजाजत यह समाज नहीं देता; लेकिन उसे देवदासी बनाकर, वासना के भूखे ब्राह्मण के हवाले कर मंदिर की चारदीवारी के अंदर बंद करने पर उसका परिवार गौरवान्वित होता है। कूड़े में डालो ऐसे धर्म और समाज को जो किसी की इच्छा, भावना और स्वतंत्रता को कुचलकर, उसे यातना, दर्द और बर्बरता की भट्टी में झोंकता है। लानत आनी चाहिए ऐसे समाज पर जहां कब्र में पैर लटकाए बूढ़े लोग नवयौवनाओं को वासना भरी दृष्टि से घूरते और विवाह भी कर लेते हैं।

नारी के प्रति पुरुष समाज का व्यवहार कितना हिंसक, बर्बर और यातनापूर्ण रहा है यह शायद कहने की जरूरत नहीं है। पुरुष समाज के बीच हर स्त्री सहमी, सिमटी और घबरायी हुई सी है। उसके साथ कब, क्या हो जाए इससे हमेशा आशंकित और आतंकित रहती है। सिमोन द बाऊवर ने अपनी प्रसिद्ध पुस्तक 'सेकेण्ड सेक्स' में लिखा है कि स्त्री बचपन से ही पिता और भाई के नियंत्रण में तथा उन पर आश्रित और उनसे शासित होती है। धीरे-धीरे वह इसकी इतनी अभ्यस्त हो जाती है कि शादी हो जाने पर वह पति पर निर्भर हो जाती है और उससे शासित होना चाहती है। एक सर्वेक्षण ने यह बात बतायी है कि स्त्रियां पति के रूप में ऐसे पुरुष को पसंद करती हैं जो उनके प्रति

वफादार उनको प्यार करने वाला हो, किन्तु साथ ही वह दबंग भी हो। उन पर अपना अधिकार भी जताए अर्थात् उस पर शासन करे। दब्बू पुरुष स्त्रियों को पसंद नहीं हैं। सिमोन गलत है या यह सर्वेक्षण गलत है, हम यह नहीं कह सकते। दोनों अपनी जगह ठीक हैं, लेकिन स्त्री मनोविज्ञान का यह एक पक्ष है। स्त्री मानसिकता का दूसरा पक्ष भी है और वह यह कि पुरुष समाज ने स्त्री के साथ जितने जुल्म और ज्यादती की हैं, जितनी यातनाएं उसको दी हैं उससे स्त्री का मन पुरुष समाज के प्रति घृणा से भरा है। पुरुष समाज के प्रति कोई सम्मान उसके मन में नहीं है। स्त्री की यह एक विशेषता है कि वह प्रजनन करती है। प्रजनन न हो तो संसार नहीं चलेगा। स्त्री चाहे तो शादी न करे, किसी पुरुष के साथ शारीरिक संबंध न बनाए। वह प्रजनन को रोक सकती है, यह उसके अधिकार में है, लेकिन प्रजनन करते समय वह अपनी कोख से पुरुष पैदा करे या स्त्री, इस पर उसका वश नहीं है। यदि इस पर भी उसका वश हो जाए तो पुरुष समाज से उसने आज तक जितना और जो कुछ सहा है उसे देखते हुए वह अपनी कोख से शायद पुरुष को कभी जन्म नहीं देना चाहेगी।

लेकिन यह स्त्री की सबसे बड़ी विडम्बना है कि जीवन भर पुरुष से शोषित, प्रताड़ित और लांछित होने के बावजूद वह पुत्र को जन्म देकर आनंदित और गर्वित होती है। ग्रामीण या अशिक्षित समाज की तो बात छोड़िए शहरों और महानगरों के उच्च शिक्षित परिवारों तक में भी कहने के लिए भले ही सब कहें कि वे लड़की और लड़के में भेद नहीं मानते, लेकिन पुत्र पैदा होने पर उनके अंदर जिस सुख-संतोष और पूर्णता का भाव पैदा होता है, पुत्री के पैदा होने पर नहीं होता है। ऐसा क्यों? नारी कब तक अपने अस्तित्व को नकारती रहेगी? यह महत्वपूर्ण प्रश्न है। डॉ. अम्बेडकर की दृष्टि से, आवश्यकता इस बात की है कि स्त्री अपनी शक्ति एवं अधिकारों को पहचाने और उनका प्रयोग करे। वह हिम्मत जुटाए और अन्याय सहना बंद करे। जब तक लज्जा, मर्यादा के नाम पर कुर्बान होकर स्वयं को घोटने की प्रवृत्ति का परित्याग वह नहीं करेगी उसका उत्थान होना कठिन ही होगा। अत: अपनी मुक्ति का मार्ग उसे स्वयं खोजना है। यह विश्वास अपने अंदर पैदा कर वह हाथ पैर नहीं मारेगी तब तक उसकी स्थिति में बदलाव की कोई संभावनाएं नहीं हैं। उसे अपनी वर्जनाओं की जंजीरों को स्वयं तोड़ना पड़ेगा। नारी वर्ग को स्वयं सशक्त होना पड़ेगा, तभी महिलाएं अपनी शिक्षा-दीक्षा, सुख-शांति, शादी-विवाह, और अपने मूल अधिकारों को प्राप्त कर सकेंगीं। यही बात है जिसे डॉ. अम्बेडकर ने बार-बार अपने आन्दोलन में दुहरायी जिसका प्रभाव अब स्पष्ट रूप से दिखाई देता है।

सारांशत: भारतीय समाज में स्त्री की दशा आज भी चिंताजनक है, विशेष रूप से ग्रामीण क्षेत्रों में। लाख सुधारों के बाद भी भारतीय समाज में स्त्री को आज भी अनेक प्रकार की सामाजिक, राजनीतिक और आर्थिक समस्याओं एवं परम्पराओं का सामना करना पड़ रहा है। कतिपय महिलाओं ने भले ही राजनीति और प्रशासन एवं अन्य सरकारी सेवाओं में आसमान की बुलन्दियों को छू लिया हो, लेकिन यह जमीन से जुड़ा हुआ प्रश्न है कि क्या आम औरत सामाजिक स्तर पर बेहतर जीवन जी रही है? ऐसी बात नहीं है कि महिलाओं ने कोई प्रगति ही नहीं की है। स्वतंत्रता के 57 वर्ष बाद आज उनकी प्रगति को प्रदर्शित करते हुए हमारे पास आंकड़े भी बहुत हैं और चेहरे भी बहुत हैं। वस्तुत: महिलाओं को अपने अधिकारों की प्राप्ति के लिए खुलकर एक मंच पर आना होगा। अपने अधिकारों से पूरी जागरूकता से जुड़ना होगा। उन्हें न केवल अपने विचारों में बल्कि समाज और परिवार की विचारधारा में भी परिवर्तन लाना होगा। तभी सशक्तीकरण की नई सुबह की एक सार्थक शुरूआत होगी।

अपनी लघु कृति 'भारत में नारी का उत्थान और पतन' में डॉ. अम्बेडकर ने निम्नलिखित बातों पर अधिक बल दिया है:

1. महिलाएं स्वच्छ रहना सीखें, सभी पाप कर्मों से दूर रहें और हीन भावनाओं को तिलांजलि दें।
2. अपने बच्चों को अच्छी शिक्षा दिलाएं और उनमें उत्कृष्ट आकांक्षाएं पैदा करें।
3. अपने बेटे-बेटियों के मन में यह भावना उत्पन्न करें कि वे महान् बनने के लिए जन्में हैं।
4. विवाह करने में जल्दबाजी न करें, विवाह एक बड़ी जिम्मेदारी है और उसे निभाने हेतु आर्थिक सुदृढ़ता आवश्यक है।
5. यह बात ध्यान में रखें कि अधिक संतानें पैदा करना निर्धनता एवं अशिक्षा को स्वयं पर थोपना है।
6. मां-बाप का दायित्व है कि वे अपनी संतानों को आगे बढ़ने के संभवत: अवसर प्रदान करें।
7. युवतियां जब विवाह करें तब अपने पति का साथ दें, उसे मित्र समझें, पर पति द्वारा दास बनाए जाने का प्रतिरोध करें, क्यों कि दोनों समान हैं।
8. नारियां निकृष्ट एवं वैश्यावृति का धंधा न करें, यह अपमानजनक है और सम्मानपूर्वक जीवन की राह पर चलें।
9. महिलाएं पुरोहितवाद के शिकंजे से स्वयं को मुक्त करें और अपने को अंधविश्वासों, रूढ़िवाद तथा मजहबी पाखण्डों, आडम्बरों से मुक्त होने की

स्वप्रेरणा लें। भारतीय नारी की पुरोहित–वर्ग में आस्था को नष्ट करना होगा, तभी वे उन्नतशील हो सकेंगीं।

---

1. धनन्जय कीरः डॉ. अम्बेडकर–लाइफ एण्ड मिशन, 1962, पृ. 414–15, 423–24, 426, 429–31 एवं 443.

अध्याय-9

दलित आंदोलन के प्रणेता

डॉ. बाबासाहेब अम्बेडकर को दलित आन्दोलन का प्रणेता कहना उचित होगा। उन्होंने ही दलितों के उत्थान का संकल्प लिया और कहा, "जो धर्म अपने ही अनुयायियों को कुत्तों और अपराधियों से भी बदतर मानता है और उन पर नारकीय मुसीबतें बरसाता है वह धर्म हो ही नहीं सकता।"

"जिस धर्म में मनुष्य को मनुष्यता से व्यवहार करना मना है, वह धर्म नहीं है, उद्दण्डता का प्रदर्शन है। जिस धर्म में मानव की मानवता को पहचानना, अधर्म माना जाता है वह धर्म नहीं, बल्कि एक रोग है। जिस धर्म में पशु को छूत और मनुष्य को अछूत समझा जाता है, वह धर्म नहीं है, एक पागलपन है। वह धर्म जो अशिक्षितों से कहे अशिक्षित रहो, निर्धनों से कहे निर्धन रहो, वह धर्म नहीं वरन् सजा है।" [1]

हिन्दूइज्म हमारे पूर्वजों का धर्म अवश्य है, किन्तु यह एक बदतर किस्म की गुलामी थी जो उनके ऊपर थोपी गई। हमारे पुरखों के पास इस गुलामी से लड़ने के साधन नहीं थे, इसलिए वे बगावत नहीं कर सके। वर्तमान पीढ़ी पर कोई भी इस तरह की गुलामी नहीं लाद सकता। अब हमें सब तरह की आजादी है। यदि वर्तमान पीढ़ी ऐसी स्वतंत्रता का लाभ उठाकर इस समय भी हिन्दूइज्म के चुंगल से आजाद नहीं होती

तो यकीनी तौर पर उसे कायर कहा जायेगा। उन्हें ऐसे गुलाम लोगों के नाम से पुकारा जाएगा, जो स्वाभिमान से वंचित हैं।

''जिस धर्म में एक वर्ग विद्याध्ययन करे, दूसरा शस्त्र धारण करे, तीसरा व्यापार करे और चौथा सिर्फ सेवा करे, ऐसा कहा गया है, वह धर्म मुझे स्वीकार नहीं है। जो एक को विज्ञ बनाये रखने के लिए, दूसरों को अज्ञ बनाए रखता है, वह धर्म नहीं है, बल्कि लोगों को बौद्धिक गुलामी में रखने का षडयंत्र है। जो धर्म एक के हाथ में शस्त्र देकर, दूसरे को निःशस्त्र करता है वह धर्म नहीं है, बल्कि एक के द्वारा दूसरे को पराधीनता में रखने की चालाकी है। जो धर्म कुछ लोगों को धन सम्पत्ति रखने का अधिकार देता है और शेष लोगों को जीवन निर्वाह के लिए, अन्यों पर आश्रित रहने के लिए कहता है, वह धर्म नहीं बल्कि स्वार्थपरायणता है, हिन्दू धर्म का चातुर्वर्ण्य ऐसा है।''[2] डॉ. साहेब का यह कहना प्रमाणित करता है कि उन्होंने हिन्दू धर्म एवं समाज के प्रति कितना प्रखर विद्रोही स्वर प्रदर्शित किया।

अम्बेडकर एवं दलितवाद

भारत में ऐसी कई अड़चनें हैं जो मौलिक सामाजिक परिवर्तन के मार्ग में बाधक बन रही हैं। यथास्थिति बनी हुई है। फलस्वरूप हिन्दू समाज में, दलितों पर अन्याय एवं अत्याचार बढ़ रहे हैं; दलित वर्ग सामाजिक एवं राजनीतिक शोषण से पीड़ित है; और दलित तथा अदलित वर्गों में तनावपूर्ण स्थिति विद्यमान है। वर्तमान व्यवस्था की ही तो ये अभिव्यक्तियां हैं, जिनमें वृद्धि होना स्वाभाविक है।

दलितों के ऊपर अत्याचारों ने दलितवाद की विचारधारा का पुनःजागरण किया। प्रमुख वक्ता के रूप में, दलित पैंथर उभरकर सामने आया। उसने यह बतलाया कि 'दलित कौन हैं?' '...अनुसूचित जातियां, श्रमिक जनता, मजदूर, भूमिहीन, खेतीहर मजदूर, गरीब किसान, आदिवासी...' ये सब दलित हैं। अर्थात्, दलित वह है जो शोषित एवं पीड़ित है, भले ही वह किसी भी जाति एवं धर्म का हो। बड़ी सुन्दर परिभाषा है उसे मान्यता मिलनी चाहिए। किन्तु कितने तथाकथित उच्च जाति तथा अन्य धर्मों के लोग हैं, जो निर्धन, शोषित एवं पीड़ित होते हुए भी, अपने को दलित मानेंगे। क्या वे दलित बनना पसन्द करेंगे? संभवतः नहीं। यदि बनेंगे तो बड़े संकोच के साथ।

वस्तुतः ब्राह्मण, बनियां, आदि सभी 'हरिजन' हैं। किन्तु जब से इस शब्द का प्रचलन अछूतों एवं शूद्रों के लिए होना प्रारम्भ हुआ, तब से उन्होंने अपने को 'हरिजन' कहना पाप समझा। एक और भारतीय समाज की विचित्रता यह है कि वैसे बौद्ध धर्म का भारत में बड़ा सम्मान था, लेकिन जैसे ही डॉ. अम्बेडकर ने बौद्ध धर्म स्वीकार किया,

उसे उपेक्षणीय दृष्टि से देखा जाने लगा। क्या बात है कि जिसे दलित ग्रहण करता है, वह निकृष्ट हो जाता है? संभवत: यही बात दलितवाद के साथ हो रही है। एक ब्राह्मण या मुस्लिम अपने को दलित कहे, बड़े गम्भीर एवं व्यापक परिवर्तन का फल होगा। उसे अपनी मौलिक मान्यताओं को त्यागना पड़ेगा। क्या यह संभव हो सकेगा? एक विचारणीय प्रश्न है।

इसका अर्थ यह कदापि नहीं है कि 'दलितवाद' की विचारधारा सारहीन है। आवश्यकता इस बात की है कि उसे व्यापक धर्मनिरपेक्ष दृष्टिकोण प्रदान किया जाए। यह दृष्टिकोण उसे अम्बेडकर-दर्शन से ही प्राप्त हो सकता है, क्योंकि डॉ. अम्बेडकर ही एक ऐसे विद्वान थे जिन्होंने 'दलित' शब्द का प्रयोग किया और उसकी एक सामाजिक पृष्ठभूमि तैयार की। 'दलितवाद' ही तो डॉ. अम्बेडकर के दर्शन का मूलमंत्र है, हालांकि उसे नये परिप्रेक्ष्य में न तो समझा गया और न ही उसे व्यावहारिकता प्रदान की गई। अभी तक कुछ स्वार्थी तत्वों के हाथों में ही अम्बेडकर-दर्शन एक खिलौना बना रहा और अवसरवादी राजनीति ने तो उसे भ्रमित कर दिया।

दलित समाज का नवयुवक भी अम्बेडकरवाद को एक दर्शन या व्यवस्था के रूप में समझ नहीं सका। फलस्वरूप वह हताश है। अपने को छिपाकर जी रहा है। वास्तविकता से दूर, अज्ञानता, बनावट, तथा बेइमानी के वातावरण में स्वपीड़न से ग्रसित है। कुछ त्याग किये बिना, एक मौलिक तथा क्रांतिकारी परिवर्तन की प्रतीक्षा में है। क्या यह संभव है? कतई नहीं। यदि संभव हुआ भी तो उसे तो उसी स्थिति में ही रहना पड़ेगा जिसमें वह है। दलित समाज से पोषित होकर, दलितों को ही ठुकरा रहा है। शिक्षित होकर दलित समाज से अपने को अलग मानकर, उन्हीं मूल्यों, आदर्शों तथा परम्पराओं का अनुसरण कर रहा है, जिनके कारण वह दलित बना और बना रहेगा। दलित युवा समाज का जीवन अन्तर्विरोधों में फंसता जा रहा है। दलित नवयुवक आधुनिक बनते हैं, किन्तु परम्परा से छुटकारा नहीं पाया। क्रांतिकारी बातें करते हैं, लेकिन छिपकर रहते हैं।

दलित पैंथर के नेताओं का यह कथन कि "दलित समाज की नयी पीढ़ी को अम्बेडकर आन्दोलन के आगे जाना पड़ेगा" इन्हीं अन्तर्विरोधों में से एक है। क्या वे डॉ. अम्बेडकर द्वारा निर्धारित गन्तव्य स्थान पर पहुंच गये जहां उन्हें कुछ नहीं मिला? जब दलित समाज की नयी पीढ़ी उस स्थान पर पहुंची ही नहीं है, तो आगे कहां जाएगी? कैसे जाएगी? हां, जैट विमान द्वारा वह अवश्य जा सकती है। क्या दलित पैंथर के पास ऐसा विमान है? संभवत: नहीं होगा। उसके लिए हवाई पट्टी का प्रबन्ध कैसे करेंगे? एक

व्यापक दार्शनिक दृष्टिकोण और उसके समर्थन में विशाल जनशक्ति के द्वारा ही ऐसा संभव हो सकेगा।

दलित पैंथर 'समन्वय, समझौता एवं हृदय परिवर्तन' में विश्वास नहीं करता। लेकिन जैट विमान एवं हवाई पट्टी के लिए, कहीं तो समझौता करना पड़ेगा, भले ही वह दलित समाज के विभिन्न समूहों के साथ ही क्यों न हो। दलित समूह भी तो अभी एक जनशक्ति में आबद्ध नहीं हैं। कम से कम उन्हें ही संगठित करके, एक हवाई पट्टी तैयार की जाए। अत: दलितों में तो समन्वय, समझौता एवं संगठन अनिवार्य होगा ही। इन तीनों ही बातों का सीधा सम्बन्ध 'जनतांत्रिक व्यवस्था' से है जिसमें दलित पैंथर की कोई आस्था नहीं है। आस्था न होने का कारण यह है कि उससे कोई मौलिक परिवर्तन नहीं आ पाया है। बात में सत्यांश है। लेकिन परिवर्तन तभी आयेगा जब दलितों के हाथों में राजनीतिक शक्ति होगी, निर्णय-प्रक्रियाओं में आधिपत्य होगा, आर्थिक साधनों पर नियंत्रण होगा, और विधि निर्माण में उनका स्थान होगा।

'दलित राज' हो यह भी संभव नहीं लगता, लेकिन दलित राजनीति के द्वारा उन सभी निर्णय-प्रक्रियाओं को प्रभावित किया जा सकता है जिनके साथ दलित समाज की नयी पीढ़ी का भाग्य जुड़ा हुआ है। 'जैसे को तैसा' सिद्धान्त से यह बात फलीभूत नहीं हो सकती, क्योंकि ऐसा करने से वह कानून की पकड़ में आकर, सरकारी दमन के शिकार बन जाएंगे। व्यवस्था विरोधी आन्दोलन, विशेषकर नवसिखियों द्वारा संचालित, इसीलिए असफल हो जाते हैं कि वे उन शक्तियों से ही प्रारम्भ में जूझने लगते हैं जो आसानी से उनका दमन कर सकती है। दलित पैंथर का यही दुर्भाग्य है। 'जैसे को तैसा' बदले की भावना पर आधारित है। बदला लेना भी चाहिए। लेकिन बदले से व्यवस्था नहीं बदलती। भावनाएं शान्त हो सकती हैं; क्रांति नहीं आ सकती।

संक्षेप में, जितना सामाजिक एवं आर्थिक परिवर्तन, दलितवाद की विचारधारा एवं राजनीति के आधार पर, नवपीढ़ी ला सकती है, उतना अन्य कोई चीज नहीं। मौलिक परिवर्तन अवश्यम्भावी है, इसलिए यह सुनिश्चित करना आवश्यक हो जाता है कि नेतृत्व ठोस, सही एवं परिपक्व हो। दलित समाज की शक्ति एवं संगठन को प्रभावशाली बनाने के लिए, सत्यनिष्ठ एवं चरित्रवान् नेतृत्व एवं संचालन हो, और सभी दलित समूहों में पारस्परिक संचारण हो। यही तो अम्बेडकर-दर्शन चाहता है और इसके पश्चात् ही मौलिक परिवर्तन की अवश्यम्भाविता कहीं सत्यार्थ हो सकती है।

यह कहना निश्चय ही उचित होगा कि दलित आन्दोलन अनेक आयाम ग्रहण कर चुका है जैसे राजनीति , साहित्य, सम्मेलन तथा अन्य आयोजन। डॉ. अम्बेडकर को

दलित आन्दोलन के प्रणेता कहना इसलिए उचित होगा कि उनकी प्राय: सभी कृतियों में उन लोगों की आवाज गूंजती है जिन्हें दुनिया ने ठुकराया है और उनको प्रताड़ित भी किया। आज भी विशिष्ट जन और धनी लोग उनसे दूर रहते हैं। ऐसे दरिद्र, दीन-हीन तथा शोषित जनसमुदाय को ही डॉ. अम्बेडकर ने भरपूर प्राथमिकता दी है। उनका स्वयं का साहित्य ही दलितों को अपने अधिकारों के प्रति सजग बनाता है। अभी दलित संघर्ष का ही काल चल रहा है और सम्भवत: यह लम्बा भी चले, क्योंकि ब्राह्मणवाद, जातिवाद, धर्मान्धता, वर्णभेद आदि पुन: नये रूप में उभर रहे हैं।

संघर्ष का काल

आज की स्थिति में कमजोर एवं दलित वर्गों का संघर्ष गतिशील है। इसके लिए यह काल सवर्ण और दलित में वैमनस्य की भावना बढ़ाने का नहीं, धर्म और धार्मिक ग्रंथों के सहारे गाली-गलौज करने का भी नहीं, अपितु यह वैचारिक संघर्ष का काल है। सभी समान विचार रखने वालों के एकत्रित होने का काल है। यह शस्त्र उठाने का काल नहीं, यह शास्त्रार्थ का काल है, क्योंकि विचार से ही विचार को परास्त किया जा सकता है। आज हमारे समाज के विचार संस्कृतिमूलक नहीं, समतामूलक नहीं, वे स्वार्थमूलक होकर जड़ हो गये हैं। जड़ विचारों की जड़ता टूटने का अच्छा अथवा बुरा परिणाम, उसका प्रभाव समस्त साधारण जनता को सहन करना ही पड़ता है। परिवर्तन की कीमत हर दौर को चुकानी पड़ती है। इसीलिए दलित साहित्य और उसी का समानधर्मी 'भारतीय समान्तर साहित्य' सर्वसामान्य की आधारभूत समस्याओं को रचनात्मक और वैचारिक स्तर पर वाणी देता है। हम अपनी सामान्य जनता को, कुलीन वर्ग के इस शाश्वत शोषण ग्रस्त संसार में सांस्कृतिक व आध्यात्मिक अपमान सहन करने के लिए अकेला नहीं छोड़ सकते। हम लोकतंत्र की रक्षा के नाम पर लोकहित की नजर से ओझल नहीं होने दे सकते। डॉ. बाबासाहेब अम्बेडकर कहते हैं, "लोकतंत्र सरकार चलाने की एक पद्धति है, जीवन जीने के लिए पद्धति दूसरी है।" हमारा साहित्य सरकार बनाने अथवा सरकार गिराने का हथियार नहीं है। वह हमारी संपूर्ण समाज-व्यवस्था को बदलने का एक सक्रिय प्रयास है और साथ ही सम्यक् क्रांति की अवधारणा का उद्घोष भी जिसे डॉ. अम्बेडकर ने किया था।

दलित साहित्य जब सर्वसामान्य के स्वप्नों का, आकांक्षाओं का उद्घोष करता है तब तक सवर्ण को गाली-गलौज की तरह लगता है। सच तो यह है कि जो शाश्वतवादी सवर्ण इस साहित्य में व्याप्त आकांक्षाओं और विचारों को गाली जैसा मानते हैं, उनमें

स्वार्थी प्रवृत्ति पर गाली जैसा लगता है। इसीलिए तो वे दलित साहित्य की भाषा पर भी घृणित और भ्रष्ट होने का दोषारोपण करते हैं।

निश्चय ही यह शाश्वतवादी मंडली मानती है कि लेखक के पास उसकी कोई 'वैयक्तिक गाली-गलौज वाली भाषा' होती है। वे नहीं जानते कि प्रत्येक व्यक्ति की अपनी स्वतंत्र शैली होती है और जीवन के विविध संदर्भों में भी उसकी भाषा निर्मित होती है। संदर्भ यदि तनावग्रस्त हो तो भाषा में कुछ तनाव आता ही है। फिर वह भाषा चाहे बाबूराव बागुल की हो, दया पवार, नामदेव ढसाल अथवा प्रकाश जाधव की। जिनकी भाषा पर घृणित भाषा होने का आरोप लगाया जाता है। इसके अलावा इधर सभी दलित लेखक जीवन संदर्भ में समानधर्मा लेखक हैं, जिन्होंने व्यक्तिगत और पुस्तकीय भाषा से अपने आप को बहुत दूर रखा है और अपने समय के संदर्भ में अपनी रचनात्मकता का मान-सम्मान प्राप्त किया है। सर्वमान्य, आम आदमी की बोली को भी इन्होंने साहित्यिक भाषा का दर्जा दिया है। इन तमाम लेखकों ने अपने भू-भाग, प्रदेश, गली, मोहल्ला, नगर, महानगर में अपने अस्तित्व को देखा और महसूस किया है तथा सदियों के तिरस्कार को सहा है।

इसीलिए उस वातावरण और अनुभव को लेकर दलित-समांतर-साहित्य ने संपूर्ण रूप से मिश्रित भाषा को नवीन अर्थ प्रदान किया है। दलित लेखकों की भाषा तटस्थ और स्थिर भाषा नहीं है, वह सक्रिय भाषा है। वास्तविकता यह है कि हमारे इन सवर्णवादी सामंती विचारों के साहित्यकारों को इस दलित साहित्य के विचार ही ज्यादा भयानक लगते हैं। परंतु वह बात न उठाकर और वैचारिक सवालों का सामना न कर पाने के कारण, यह मंडली अपना क्रोध दलित साहित्य की भाषा पर व्यक्त करती है। हमें इसकी चिंता करने की जरूरत नहीं है, क्योंकि इनको पता नहीं है कि दलित, पीड़ित, वंचित मनुष्यों के अन्तःकरण में सुलग रही आग और धड़कते दिलों की श्वासों की भाषा क्या होती है और कैसी होती है।

दलित साहित्य का सूर्य

कुछ लोग कहते हैं कि आज साहित्य का चेहरा विकृत हो गया है। हम कहते हैं कि मनुष्य का चेहरा विकृत हो रहा है। वे साहित्य को सुन्दर बनाने के इच्छुक हैं। वे शाश्वत सत्य को लेकर आते हैं, हम नश्वर मनुष्यों के सपनों को लेकर आते हैं। वे अपने स्वार्थ के लिए शाश्वत को नश्वर बनाते हैं और हम नश्वर अनुभवों को शाश्वत बनाने का प्रयत्न करते हैं। वे कहते हैं सूर्य शाश्वत है, हम कहते हैं, सूर्य शाश्वत होगा, परन्तु रात्रि में जब सूर्य नहीं होता, तब हम प्रकाश के लिए दीपक जलाते हैं। सूर्य के अस्त होने के

कारण अंधकार होगा और यही मानकर हम अंधकार में बैठे रहें, पर हम इस तरह के अंधकार में बैठने से इन्कार करते हैं, क्योंकि मनुष्य अंधकार में बैठा नहीं रह सकता। हम सूर्य की अनुपस्थिति में प्रकाश पैदा कर सकते हैं। फिर जब सूर्य उगेगा तब वह केवल इनका या उनका ही नहीं होगा। साहित्य का वह सूर्य सबका होगा। दलित साहित्य के इन प्रकाशमान् हाथों और आगे आने वाले युवा लेखकों का, जो इनकी अपेक्षा अधिक रचनात्मक प्रकाश लेकर आएंगे, उनके सर्जनात्मक भविष्य से दलित संघर्ष को बल मिलेगा।

डॉ. अम्बेडकर के प्रयासों से भारतीय संविधान में दलित आदि वर्ग को जो अधिकार मिले उससे उसका राजनैतिक हस्तक्षेप तो बढ़ा है, पर दलित और जनजाति उत्थान में जो फर्क पड़ना चाहिए था नहीं पड़ा, उल्टे दलित एवं शोषित अपने नेताओं से ही शोषित हो रहे हैं। यह कहना बड़ा दुःखद है कि अछूतों का नेतृत्व राजनैतिक दलों के हाथों में होने से अछूतोद्धार आज राजनैतिक अखाड़ा बन गया है। इस वर्ग को सत्ता प्राप्ति भले ही हो जाए पर सत्ता का वास्तविक लाभ तब तक एक आम दलित आदि को नहीं मिल सकता जब तक दलित वर्ग में वैचारिक, संस्कारिक सहित सामाजिक क्रांति न हो जाए। संस्कारिक और वैचारिक क्रान्ति सहित सामाजिक क्रान्ति बिना शैक्षणिक और संस्कारिक शिक्षा के नहीं हो सकती। इस वर्ग में सुधार का नारा देकर बड़ी-बड़ी सरकार एवं स्वयंसेवी संस्थाएं स्थापित हो गई हैं, पर इन अधिकतर ग्रामवासी दबे, कुचले, अशिक्षित, शोषित और पीड़ित लोगों के समस्त प्रकार के सुधार के लिए अभी तक किसी संस्था को शिविर लगाते नहीं देखा गया है। यदि कहीं शिविर लगे भी होंगे तो मात्र इस बात के लिए कि दलित आदि संगठित होकर सत्ता कैसे प्राप्त करें। दलित नेताओं को यह बात समझ लेनी चाहिए कि बिना सामाजिक क्रांति के राजनीतिक क्रान्ति सफल नहीं हो सकती। अतः डॉ. अम्बेडकर ने सामाजिक एवं राजनैतिक उत्थान को साथ-साथ जोड़कर ही अपने आन्दोलन को सशक्त बनाया था।

दलित क्रांति की आवश्यकता

यह तथ्य है कि सदियों से भारतीय सामाजिक व्यवस्था का सबसे निन्दनीय पक्ष जातिगत बन्धन रहा है, जिसमें जन सामान्य को जन्म के आधार पर तथाकथित जातीयता की ऊंची दीवारों के मध्य कैद कर दिया गया, जिसे आसानी से लांघा नहीं जा सकता। समाज के कतिपय शक्ति सम्पन्न व्यक्तियों ने अपने हित-लाभ के लिए इसे धर्म का जामा पहनाकर जाति के मकड़जाल को चरमसीमा तक पल्लवित किया। जैसा कि अम्बेडकर ने समझा, समाज के दीन-हीन कमजोर वर्ग पर कई प्रकार की सामाजिक

वर्जनाएं थोप दी गईं। समाज के बहुत बड़े हिस्से को अस्पृश्य कहकर समाज की मुख्यधारा से अलग-थलग कर दिया गया।

ऐसे घोर अन्धकार, अशिक्षा एवं पाखंडवाद के युग में, उन्नीसवीं शताब्दी के प्रारम्भ में 11 अप्रेल, 1827 को पुणे महाराष्ट्र में, महात्मा ज्योतिराव फूले का, जिन्हें ज्योतिबा फूले के नाम से भी जाना जाता है प्रादुर्भाव हुआ जो वर्ण-व्यवस्था तथा जातिवाद के मकड़जाल में बहुसंख्यक शूद्रादि-अतिशूद्रादि के मसीहा बने तथा उनमें शिक्षा का प्रचार-प्रसार कर सामाजिक चेतना और सत्यमार्ग का पथ उन लोगों को दिखाया जिनके प्रगति का मार्ग ब्राह्मणों द्वारा अवरुद्ध कर दिया गया था। जिनकी आत्म-ज्योति बुझा दी गई थी। उन्होंने मानसिक रूप से मन्द तथा आर्थिक रूप से पंगु बनाये गये समाज में क्रांति का बीज बोया और मनुवाद, पुरोहितवाद, पाखंडवाद के खात्मे के लिए संघर्ष किया। ज्योतिबा फूले ने दलित शोषित पीड़ित मानवता के अज्ञान का खात्मा किया, जन्मगत विषमता का जाल तोड़ दिया, विश्व का ज्ञान भंडार सबके लिए खोल दिया। निरर्थक अन्धविश्वास को चुनौती देकर आर्य ब्राह्मणों द्वारा विकृत किये गये हिन्दू धर्म में क्रांति मचा दी। महात्मा गौतम बुद्ध के बाद उन्नीसवीं शताब्दी में पहली बार हजारों वर्षों से दलित पीड़ित मानवता में समग्र क्रांति का शंख फूंका जिससे गांव-गांव, घर-घर पर्वत घाटी से समानता की वायु बहने लगी।

जैसा कि डॉ. अम्बेडकर का मानना था, दलित क्रांति की शुरूआत महात्मा ज्योतिराव फूले ने उन्नीसवीं शताब्दी में पुणे (महाराष्ट्र) से की। इनके जन्म के समय यूरोप की सुधारवादी लहर एवं पाश्चात्य शिक्षा, दर्शन और विज्ञान की उपलब्धियों के कारण भारत में भी उन्नीसवीं शताब्दी में समाज सुधारों का व्यापक सिलसिला आरंभ हुआ। इस सदी में समाज सुधारकों के प्रयास से धार्मिक कट्टरता, अज्ञानता और संकुचित विचारों का स्थान उदार विचारधारा और मानवीय दृष्टिकोण ने ले लिया। वर्ण-व्यवस्था और अस्पृश्यता भारत की प्रगति और एकता में बाधक लगने लगी। कुलीन जातियों में पैदा हुए राजा राममोहन राय, महादेव गोविन्द रानाडे जैसे कई महापुरुषों ने समाज सुधार के लिए अथक प्रयास किए, किन्तु पूना जैसे घोर कट्टर अशिक्षा के अंधकार में घोर ब्राह्मणवादी स्थान पर एक निम्न जाति के अनपढ़ माली किसान परिवार में जन्म लेकर शोषित दलितों में शिक्षा एवं सामाजिक नवजागरण के लिए महात्मा फूले जैसी महान् विभूति ने जो भागीरथ प्रयास किया वह आगे चलकर डॉ. भीमराव अम्बेडकर के अतिरिक्त कोई नहीं कर पाया।

वस्तुतः डॉ. अम्बेडकर ने महात्मा फूले को बहुत सम्मान दिया, क्योंकि ज्योतिबा ने अपने कार्य और चिन्तन से भारतीय समाज में जाति विभाजन रेखा को स्पष्ट रूप से

देखा। उन्होंने जातीय कट्टरता और सामाजिक विषमताओं और अन्याय का गहराई से अध्ययन किया और अपने क्रांतिकारी विचार समाज को बताये। उन्होंने समाज को बताया कि सदियों से शिक्षा पर ब्राह्मणों का एकाधिकार चला आ रहा है। समाज के बहुसंख्यक लोगों को शिक्षा से जानबूझ कर वंचित रखा जा रहा है। शिक्षा के अभाव में समाज की जो दुर्दशा हुई उसका चरित्र उन्होंने निम्नलिखित पंक्तियों में किया:

"शिक्षा के अभाव में बुद्धि गई, बुद्धि के अभाव में नीति गई, नीति के अभाव में गति गई, गति के अभाव में धन गया, धन के अभाव में शूद्र हताश हुए और गुलाम होकर रह गये, इतना अनर्थ अकेले शिक्षा के अभाव में हुआ।"

वस्तुतः महात्मा फूले ने अपने अनुयायियों को भी साफ-साफ बता दिया कि शताब्दियों की अशिक्षा, अन्याय और उत्पीड़न के कारण उनमें निराशा की भावना घर कर गई तथा उन्होंने भाग्य और पुनर्जन्म को अपने फल-कुफल का आधार स्वीकार कर लिया है। विषमताओं के फलस्वरूप ही उनकी आत्माओं में अंधेरे का विष उतर आया है और विद्रोह की भावना बर्फ सी जम गई है। उन्होंने बार-बार कहा कि धर्मशास्त्र, वेद, मनुस्मृति और पुराण आदि सब कपोल कल्पित हैं और ये समस्त ग्रन्थ मनुवादियों की चालाकी से भरे हुए हैं।

उन्नीसवीं शताब्दी में शिक्षा के क्षेत्र में भी उत्पीड़ित समाज ने काफी प्रगति की। उस समय अभिजात्य वर्ग की बालिकाओं को भी स्कूल नहीं भेजा जाता था, ऐसे समय में महात्मा ज्योतिराव फूले ने दलितों की बालिकाओं को स्कूल में प्रवेश दिलवाया, उन्होंने स्वयं 1848 से 1851 के मध्य तीन विद्यालय खोले जिनमें दलितों, पिछड़ों, शोषितों की बालिकाओं को पढ़ाने की व्यवस्था की गई। यहां तक कि उन्होंने अपनी पत्नी सावित्री बाई को भी शिक्षित किया, जो पढ़ लिखकर अपने ही विद्यालय में शिक्षिका बनी और दलितों में शिक्षा का प्रचार-प्रसार किया। शिक्षा प्राप्त करने से दलितों की सोच में परिवर्तन हुआ और उन्होंने पुरोहितवाद, ब्राह्मणवाद तथा पाखण्डवाद के विरुद्ध संघर्ष का बिगुल बजा दिया तथा धार्मिक मान्यताओं को चुनौती दी, सामाजिक वर्जनाओं को तोड़ना प्रारंभ कर दिया। ब्राह्मणों और सामन्तों की मिलीभगत से सामाजिक विषमता व भेदभाव को जो धार्मिक मान्यता मिली हुई थी उसकी जड़ें हिलने लगीं। क्रान्तिकारी पुस्तकों का प्रणयन होने लगा। महात्मा फूले के समकालीन तुकाराम तांत्या जो अपने प्रगतिशील और क्रांतिकारी विचारों के लिए प्रसिद्ध थे, मराठी में जाति व्यवस्था के विरुद्ध 'जातिभेद विवेक स्वर' पुस्तक की रचना की, जो 1861 में छपी। इनके प्रकाशन में ज्योतिबा का विशेष योगदान था। इस क्रान्तिकारी पुस्तक में पुरोहितवाद की धज्जियां उड़ाई गई थीं।

वस्तुत: व्यवस्थावाद तथा मनुवाद के विरुद्ध भारतीय समाज में जिस दलित क्रान्ति का प्रारंभ उन्नीसवीं शताब्दी में हुआ उसे राजनैतिक जामा डॉ. भीमराव अम्बेडकर के द्वारा पहनाया गया, उन्होंने दलितों के अधिकारों की रक्षा के लिए अनेक कानून बनाए। साथ ही साथ उन्होंने जाति के आधार पर बांटे गये बहुजन समाज को जोड़ने का अथक प्रयास किया और उन्होंने परिभाषित किया कि मात्र समाज सुधारों से व्यवस्थावाद तथा मनुवाद को उखाड़ फेंककर दलित क्रांति को पूर्णता प्रदान नहीं की जा सकती है। इसके लिए बहुजन समाज को राज्य सत्ता प्राप्त करनी होगी। उनके इस दर्शन के परिप्रेक्ष्य में आज हम देखते हैं कि आजादी के पचास साल बाद भी बहुजन समाज जो देश की जनसंख्या का 85 प्रतिशत भाग है, काफी हद तक व्यवस्थावाद तथा मनुवाद की मानसिक व धार्मिक गुलामी ओढ़े हुए है। आज भी मनुवादी तरह-तरह के कुचक्र व पाखंडों में बहुजन समाज (दलितों, पीड़ितों, शोषितों, मजदूर किसानों)को भ्रमित करने की कोशिश करते हैं। जब बहुजन समाज अपनी एकता का प्रयास करता है तब मनुवादी तथा ब्राह्मणवादी व्यवस्था के लोग तरह-तरह के आन्दोलन खड़े कर बहुजन समाज के प्रयासों को नाकाम कर दलित क्रान्ति को आगे बढ़ने से रोकते हैं। कहीं संस्कृति के ह्रास की बात कही जाती है तो कहीं अपसंस्कृति के प्रसार का राग अलापा जाता है। भारत से अंग्रेजों का शासन खत्म हुआ, भारत आजाद हुआ। लेकिन वास्तव में आजादी का लाभ भारतीय समाज के 15 प्रतिशत उच्च वर्ण के लोगों को हुआ। 85 प्रतिशत बहुजन समाज अभी भी 15 प्रतिशत अल्पजन की दासता एवं पीड़ा भोग रहा है।

यह डॉ. अम्बेडकर के प्रयासों का ही परिणाम है कि वर्तमान में दलित क्रांति तेजी से अपने लक्ष्य की ओर बढ़ती हुई पूर्णता प्राप्त करने की दिशा में अग्रसर हो रही है। आज बहुजन समाज अपनी ताकत को पहचान चुका है। जातियों में विभाजित रहने पर बहुजन होते हुए भी अल्पजन रहता है और उसका राजनीतिक शोषण होता है। अत: अब वह जातियों के बन्धनों को तोड़कर एकत्रित हो रहा है तथा सत्ता प्राप्त कर व्यवस्थावादी सामाजिक संरचना के स्थान पर नई सामाजिक व्यवस्था स्थापित करने में प्रयत्नशील है, जिससे अपने ही देश में हजारों वर्षों से अपमान की जिन्दगी व्यतीत कर रहे, बहुजन समाज के लोग सम्मानपूर्वक जीवनयापन करते हुए सामाजिक लोकतंत्र स्थापित करने के डॉ. भीमराव अम्बेडकर के सपने को साकार कर सकें। जातिविहीन, वर्गविहीन, शोषणविहीन, भारतीय समाज की रचना हो सके तथा सच्चे अर्थों में सामाजिक प्रजातंत्र की स्थापना हो सके जिसमें सर्वत्र स्वतंत्रता, समानता तथा भाईचारे की जड़ें मजबूत होती जाएं।

जहां तक देश की आजादी के बाद का प्रश्न है, संविधान द्वारा समाजवाद की स्थापना के प्रयास किए गए। सरकारीकरण के तौर पर एक नए किस्म का पाखण्ड शुरू हुआ। समाज के शोषक और वर्ण-व्यवस्था प्रिय वर्ग ने नये किस्म की वर्ण-व्यवस्था को थोप दिया, धर्म और धर्मग्रन्थ प्रेरित वर्ण-व्यवस्था ने विश्व में बदलती राजनैतिक व्यवस्था को काफी हद तक कमजोर किया है। जिसके कारण आज भारत में आरक्षण या मण्डल आयोग के नाम पर एक किस्म की आवश्यकता व उचित राजनीति प्रारम्भ हुई है। परन्तु राजनीतिज्ञ अपने कार्य की यह कहकर इतिश्री कर देते हैं कि हम गरीब, शोषित व पिछड़े वर्ग के लिए केन्द्र, राज्य में करोड़ों रुपयों की सहायता आरक्षण पाने वाले वर्ग के लिए खर्च करते हैं, मगर देश आजाद हुए कितने वर्ष बीत गये यह वर्ग मात्र थोड़ा ही ऊपर उठ पाया है।

इसके लिए राजनीतिज्ञों, स्वयंसेवी संगठनों को अपने स्वार्थों की बजाय गरीबों की तरफ ध्यान देना होगा, तभी जाकर महात्मा फूले, अछूतानन्द और डॉ. अम्बेडकर जैसे भारतीय महापुरुषों के सपने साकार होंगे। गरीबों के मौहल्लों, गली, घर-दरवाजे पर जाकर सरकार की ओर से मिलने वाली सहायतार्थ योजनाओं की व्यापक जानकारी देनी होगी। प्रगति के शिखर पर लाने हेतु नि:स्वार्थ भावना से रचनात्मक कार्य करने होंगे। यही नहीं उनमें अन्धविश्वास, सामाजिक कुरीतियों, नशा-प्रथा, दहेज-प्रथा जैसे सामाजिक कलंक को धोने के लिए कमजोर वर्ग के लोगों को शिक्षा के प्रति प्रेरित करना होगा। समाज में रचनात्मक कार्य करने वाले युवाओं, युवतियों को आर्थिक अनुदान एवं सरकारी प्रशिक्षण देकर आगे लाना होगा। सभी के लिए अनिवार्य शिक्षा लागू करनी होगी। बालविवाह की रोकथाम हेतु कठोर कानून बनाना होगा।

दलित संस्कारों में परिवर्तन

यह एक सार्थक प्रश्न है कि हजारों वर्षों से शिक्षा व अच्छे संस्कारों से वंचित रहा दलित समाज कॉलेज व विश्वविद्यालयों की उच्च डिग्रियां पाकर एवं उच्च पद तथा कुछ हद तक आर्थिक सम्पन्नता पाने के बावजूद क्या अच्छे संस्कार ग्रहण करने में सफल रहा है? यह ऐसा ज्वलंत प्रश्न है जिस पर आत्मचिन्तन, आत्ममंथन, आत्मावलोकन कर अपने ज्ञान व चिंतन से यदि दलित समाज ने समय रहते अपनी कुरीतियों, कुप्रथाओं, अंधविश्वासों, पूजा-पाठों एवं ओछे विचारों को नहीं त्यागा, तो शिक्षा और संस्कारों की दृष्टि से, समाज आने वाले कई वर्षों तक सर्वांगीण उन्नति में पीछे रहेगा और यदा-कदा समाज निरादर, उपेक्षा, अपमान व अत्याचार का कोपभाजन बनता रहेगा। इस संबंध में हमें हमारे मसीहा अम्बेडकर से सीखना होगा। यह सुविदित है कि राष्ट्रीय आंदोलन में

अम्बेडकर के सबसे बड़े प्रतिद्वंद्वी महात्मा गांधी ही थे। महात्मा के अनुयायियों ने उन पर कई ओछे हमले किए; किन्तु अम्बेडकर ने महात्मा के प्रति उचित सम्मान दिखाने में कभी संकोच नहीं किया। एक उदाहरण लें–'कम्युनल अवार्ड' को लेकर जब महात्मा गांधी ने अनशन किया और वह मरणासन्न हो गये तो अम्बेडकर ने कहा, "मैं इतने बड़े आदमी को मरने नहीं दूंगा।" वह ब्रिटिश सरकार से मिले और पृथक् मतदाता सूची के अधिकार को छोड़कर गांधी की बात मानने को तैयार हो गए।

आज आवश्यकता है कि सभी दलित अच्छे सुझाव, सलाह व मार्गदर्शन के लिए आपस में एक स्वर से स्वीकारोक्ति भाव पैदा करें। एक दूसरे पर कीचड़ उछालने या बुराइयां ढूढ़ने के बजाय एक दूसरे में विद्यमान सद्गुणों को सराहा जाए ताकि गुणवान् व्यक्ति को अपने गुणों को और विकसित करने के लिए दलित समाज में ही अधिक प्रोत्साहन मिले जिसका अभी अभाव है। स्पष्ट है कि जब ऐसा होगा तो अच्छे व गुणवान् पुरुष जो उच्च पदों, ऊंची पहुंच वाले धनवान हैं वे दलित समाज में अधिक घुलमिलकर रहेंगे। आज दलित समाज का ऐसा एक वर्ग तथा वे सभी लोग जो सम्पन्न हैं, उच्च पद या उच्च शिक्षा रखते हैं, दलित समाज से कट गये हैं। वे आम दलितों के बीच घुलना-मिलना पसंद नहीं करते, लेकिन उन्हें सवर्ण वर्ग में भी समुचित आदर भाव नहीं मिलता, उनकी गुणवत्ता व उनकी अच्छी सोच को नहीं सराहा जाता।

वस्तुत: दलित समाज में तमाम कुरीतियों से मुक्ति पाने और अच्छे संस्कार ग्रहण कर, अच्छा नागरिक बनना समय की आवश्यकता है। द्वेष, कलह, असहिष्णुता, झगड़ालू प्रकृति, नकारात्मक सोच, जातीय संकीर्णता, क्षुद्र स्वार्थ इन सभी बुराइयों से हम उभरे नहीं हैं जिससे ही मालूम हो जाता है कि हम कहां खड़े हैं और कितना आगे बढ़ना है। कुछ व्यक्ति कुछ दिन तक प्रगाढ़ता दिखाएंगे, समाज सेवा का व्रत लेंगे, और बाद में एक-दूसरे को आरोपित-प्रत्यारोपित करेंगे, एक दूसरे को नीचा दिखाने का कोई अवसर हाथ से नहीं जाने देंगे। क्या ऐसे में दलित समाज में एक नई संस्कार क्रांति की आवश्यकता नहीं है? याद रखें कि जब तक हम सकारात्मक भाव नहीं रखेंगे, हमारी व्यावहारिक सोच नहीं हो, एक दूसरे के लिए परस्पर सम्मान व स्नेह भाव नहीं होगा, बड़ों के प्रति सम्मान प्रकट नहीं करेंगे अथवा बड़ों के द्वारा दलित समाज का व्यापक हित साधना मुश्किल काम है और ऐसे में शिक्षा प्राप्त कर डिग्रियां हासिल करने तथा उच्च पदों पर आसीन होने व आर्थिक सम्पन्नता प्राप्त करने के बावजूद डॉ. अम्बेडकर का सपना अधूरा ही रहेगा। परस्पर कटुता व संकीर्णता का भाव हमारे आगे बढ़ने में हमेशा रुकावट पैदा करेगा। छोटी-छोटी बातों को जरूरत से ज्यादा महत्व देकर हम

असंतुलित-विचलित होकर आपस में ही एक दूसरे के साथ ऐसा व्यवहार करने लगते हैं जो न तो शिष्ट कहा जा सकता है न सामान्य नागरिक के लिए अपेक्षित है, न ही सामाजिक दृष्टि से उसे शोभनीय माना जा सकता है।

वर्णाश्रम व्यवस्थापरक समाज में जीना और दलित के जातीय तौर पर चिन्हित रहना हमारी दुर्भाग्यपूर्ण विरासत हो सकती है, लेकिन अच्छे संस्कार ग्रहण नहीं करना, संयम, सहिष्णुता, समरसता, सकारात्मक दृष्टिकोण की अच्छी मानसिकता नहीं बनाना या इन गुणों को विकसित नहीं करना, हमारी अपनी कमजोरियां व कुरीतियां हैं जिनके कारण व्यक्ति विशेष ही नहीं, बल्कि समूचा दलित समाज नुकसान उठा रहा है और हमने यदि इन कमियों और बुराइयों को समय रहते दूर नहीं किया तो निश्चय ही आने वाली पीढ़ी पर भी इन कुसंस्कारों का विपरीत असर पड़ेगा। वह भी समाज में समुचित समान आदर व सम्मान प्राप्त नहीं कर पाएगी। अच्छे मानवीय संबंधों के लिए सम्पूर्ण संस्कार क्रांति की आवश्यकता है जो दलित समाज के लिए ही नहीं, बल्कि सम्पूर्ण समाज के लिए एक वरदान साबित होगी। जब दलित समाज अच्छे संस्कारों को पाने में सफल हो जाएगा, तो समाज बदल जायेगा।

स्पष्टत: डॉ. अम्बेडकर की दृष्टि से, अच्छी शिक्षा, अच्छा पद व सम्पन्नता धारण करना काफी नहीं है, बल्कि वे अगर नई संस्कार क्रांति में थोड़ा योगदान करें, तो दलित समाज का बहुत कल्याण हो जाएगा और हमारे समाज को हम शोषण, पीड़ा, अपमान, अशिक्षा, निर्धनता एवं अत्याचारों से बचा सकेंगे। निश्चय ही आने वाली दलित पीढ़ी को समाज में किसी भी प्रकार से अपमान, उत्पीड़न एवं निर्धनता का कोपभाजन नहीं बनना पड़ेगा। नयी पीढ़ी का उत्तरदायित्व है कि वह गतिशील होकर आगे बढ़ती रहे। यह कहना प्रासंगिक होगा कि आम दलितों की स्थिति शायद वैसी ही रहे। खास दलित थोड़ा ऊपर आ जाएं। संभावना इसके इतर और कुछ नहीं रहेगी। लोकसभा के पिछले दो चुनाव इस बात के मूक नहीं प्रत्यक्ष गवाह रहे हैं। जैसे ग्राहकों को लुभाने के लिए अलग-अलग कंपनियों के द्वारा तरह-तरह के हथकंडे अपनाये जाते रहे हैं, ठीक वैसे ही इस देश में रहने वाले दलितों को लुभाने में नई अथवा पुरानी राजनैतिक पार्टियां कोई कसर शेष नहीं रहने देती हैं। लेकिन दलित लोग हैं कि ऐसी राजनैतिक पार्टियों के खोखले और झूठे वायदे और आश्वासनों से भ्रमित हो इसे अपना विकास समझकर शिरोधार्य करने चले जाते हैं। दलित ही क्यों वैसे भी भारत का आम आदमी चुनावी उत्सवप्रिय रहा है। हालांकि वही आम आदमी खास वर्ग के नेताओं की बाजीगरी पहचान तो रहा है, लेकिन अपनी बात को कहने में संकोच भी कर रहा है। इतना तो

दलितों को अब समझ ही लेना चाहिए कि पूंजीवाद ने अब ब्राह्मणवादी दस्ताने पहन लिए हैं। इसलिए नव-पूंजीवाद औपचारिक रूप में कितना उदारवादी बन सकता है, इसमें शक और संदेह की बहुत सारी गुंजाइशें हैं जो ऊपरी तौर पर दिखलायी नहीं पड़ रही हैं। लेकिन आने वाले समय में स्पष्ट रूप से दिखलायी पड़ने लगेंगी। तब समाज की खामियों का अपने ढंग से परिष्कार करने वालों का हाशिये पर आए लोगों पर अधिक तेजी से वार होगा। जो वार बहुराष्ट्रीय कंपनियों से भी अधिक सशक्त होगा। जैसे बड़ी कंपनियां मुनाफे की संभावना में जरा भी कमी आने पर रातों-रात अपने शेयर बेचकर बाजार में हड़कम्प मचा देती हैं वैसे ही दलितों को उनकी मजबूरी पर धक्का मार कर छोड़ दिया जाएगा। भारत में रहने वाले नागरिक की परिभाषा का आविष्कार होगा, जिसमें दलित अपने आप को नागरिक कह भी पाएगा अथवा नहीं? फिर भी डॉ. अम्बेडकर ने जो विद्रोही भावना का संचार दलित व कमजोर वर्गों में किया वह थमेगी नहीं और निरन्तर उन्हें उद्वेलित करती रहेगी कि ''बैठो मत, चलते रहो, संगठित बनो, संघर्ष करते रहो'', क्योंकि गति ही जीवन है। इस प्रकार 'प्रखर विद्रोह' संघर्षशील बनता रहेगा और सामाजिक परिवर्तन भी होगा। संक्षेप में, प्रखर स्वर, प्रखर दृष्टि और प्रखर बुद्धि तथा प्रखर सक्रियता के बिना हम डॉ. अम्बेडकर के सपनों को साकार नहीं कर पाएंगें।

---

1. धनन्जय कीर: डॉ. अम्बेडकर-लाइफ एण्ड मिशन, 1962, (में उद्धृत), पृ. 273-74.
2. बी.आर. अम्बेडकर: एनिहिलेशन ऑफ कास्ट, 1944, पृ. 42-50.

अध्याय-10

मानवाधिकारों के प्रवक्ता

किसी भी सभ्य समाज में कर्तव्य एवं अधिकार परस्पर जुड़े हुए होते हैं। साथ ही मानवाधिकार भी संलग्न होते हैं जो इन्सानियत के व्यवहार पर टिके माने जाते हैं। मानवाधिकार की धारणा वास्तव में मानवीय सभ्यता एवं समानता का आधार है। यों तो अनेक स्थापित एवं मान्य मानवाधिकार हैं, किन्तु यदि हम सभी भानवाधिकारों का संक्षेप में वर्णन करना चाहें, तो उन्हें दो श्रेणियों में आसानी से वर्गीकृत किया जा सकता है। प्रथम–जीवित रहने का अधिकार, दूसरा गरिमा के साथ जीवन व्यतीत करने का अधिकार। अधिकतर सभ्यताओं तथा महापुरुषों एवं विचारकों ने प्रथम मानवाधिकार को तो पर्याप्त महत्व दिया है और उसकी रक्षा के लिए कानून भी बनाये गये, किन्तु मानवोचित गरिमा के साथ जीवन व्यतीत करने के मानवाधिकार को प्रतिपादित करने एवं उसे प्रतिस्थापित करने में वर्तमान युग में बाबासाहेब डॉ. अम्बेडकर ने जो भूमिका निभाई, वह अद्वितीय है। मानव सभ्यता के विकास में उनका अप्रतिम एवं अत्यन्त योगदान है, जो उन्हें अन्य महापुरुषों एवं विचारकों से पृथक् ही एक उत्कृष्ट तथा उच्च स्थान प्रदान करता है।

मानवाधिकार क्या हैं? मानवाधिकार का तात्पर्य उन सहज अधिकारों से है, जो प्रत्येक मनुष्य को, केवल मनुष्य होने के नाते, बिना किसी भेदभाव के, बिना किसी

अन्य योग्यता के मिलने चाहिए, जिनको पाने और उपभोग करने का वह अधिकारी है। मानवाधिकार का आधार भौतिक एवं आध्यात्मिक, दोनों हैं। मानवाधिकार का संघर्ष मानव सभ्यता के प्रारम्भकाल से ही चला आ रहा है। मनुष्य की दो मूल प्रवृत्तियां हैं– स्वअस्तित्व और स्व-प्रसार एवं उन्नति। मनुष्य की सभी अच्छाइयों और बुराइयों का मूल भी उसकी इन्हीं प्रवृत्तियों में है। जहां वह अपनी प्रवृत्तियों के कारण दूसरों के अस्तित्व को नकारता है, उसे खतरे में डालता है, अपने को आगे बढ़ाने के लिए दूसरों को पीछे ढकेलता है और दूसरों के साथ तमाम प्रकार के अन्याय करता है। वहीं जब वह अपने इन उद्देश्यों के परिष्कृत स्वरूप की पूर्ति हेतु बुद्धि और विवेक का प्रयोग करता है, तो उसके सद्भाव भी जागृत होते हैं और वह विचार करता है कि सह-अस्तित्व तथा दूसरों की उन्नति की इच्छा का आदर करते हुए ही यदि वह स्व-उन्नति के लिए प्रयत्न करता है, तभी वह सफल होगा। जब वह इस मान्यता एवं अनुभूति को दूसरों के अधिकारों के रूप में देखने लगता है, तो मानवाधिकारों की उत्पत्ति होती है। स्पष्ट है कि मनुष्य के व्यक्तिगत जीवन और मानव-सभ्यता दोनों में उसकी प्राकृतिक प्रवृत्तियों और विवेकपूर्ण आचरण के बीच अनवरत संघर्ष चलता रहा है। वास्तव में एक मनुष्य का दूसरे मनुष्य के साथ सम्बन्ध, एक समाज का दूसरे समाज के साथ सम्बन्ध, राजा का प्रजा के साथ सम्बन्ध एवं एक राष्ट्र का दूसरे के साथ सम्बन्धों में इसी अन्तर्द्वन्द्व की कहानी परिलक्षित होती है। मनुष्य अच्छे समाज की रचना के लिए और अपने प्राकृतिक एवं आध्यात्मिक लक्ष्यों की पूर्ति के लिए सह-अस्तित्व, स्वतंत्रता, समता एवं न्याय के सिद्धान्तों को जीवन एवं समाज के नियामक मूल्यों के रूप में अपनाता है और दूसरों से अपने इन अधिकारों की सुरक्षा की अपेक्षा करता है। किन्तु जहां निहित स्वार्थवश इन अधिकारों से दूसरों को वंचित करना चाहता है, वह लगातार इन सिद्धान्तों की उपेक्षा करता है। व्यवस्थाकारों का यह प्रयत्न रहा है कि सामाजिक नियमों, रीतियों, पद्धतियों एवं कानूनों के द्वारा ऐसी व्यवस्था की जाए कि इन मानवाधिकारों का उल्लंघन न होने पाए और उनका संवर्द्धन हो सके।

आज मानवाधिकारों की मांग समूचे संसार के समाजों में हो रही है। मनुष्य को मानवाधिकार प्रकृति, अन्य सभी मनुष्यों एवं पूरे समाज के प्रति प्राप्त हैं। उसके यह अधिकार सार्वभौमिक एवं मनुष्य तथा समाज के अन्य सभी अधिकारों से सर्वोपरि हैं, क्योंकि ये इन्सानियत के प्रबल पक्षधर हैं। डॉ. अम्बेडकर साहेब के अनुसार मनुष्य अपने मूल मानवाधिकारों को प्राप्त करने के लिए प्रारम्भ से ही संघर्ष करता रहा है। सभी प्राचीन सभ्यताओं में मानवाधिकारों को मान्यता प्रदान की गयी है और यदि उन्हें कानूनी रूप में बाध्यकारी रूप नहीं भी दिया जा सका है, तो भी इन सिद्धान्तों के

संवर्द्धन और समाज द्वारा उनके पालन कराने का प्रयास और अपेक्षा की गई है। मूल भारतीय संस्कृति में भी जीवों पर दया, मनुष्य मात्र की समता, 'वसुधैव कुटुम्बकम्' का सिद्धान्त एवं जीव-हत्या को पाप समझना जैसे मानवाधिकारवादी सिद्धान्तों को अपनाया गया है।

मध्यकालीन युग में मानवाधिकारों की विशिष्ट रूप से उत्पत्ति हुई। लॉक एवं विशिष्ट अर्थों में हाब्स जैसे विद्वानों ने मानवाधिकारों की वकालत की। तत्पश्चात् परवर्ती एवं आधुनिक काल में अपने महान् विचारकों एवं दार्शनिकों ने मनुष्य की स्वतंत्रता और समता के सिद्धान्तों का प्रतिपादन किया। रूसो और कॉर्ल मार्क्स जैसे विद्वानों के नाम इस क्षेत्र में सम्मान के साथ लिए जाते हैं। मध्यकालीन युग में मानवाधिकारों की स्थापना के लिए अनेक संघर्ष किये गये। प्राचीन रोम में पैट्रीशियन्स व प्लैबीशियन्स का संघर्ष, इंग्लैण्ड के बैरेन्स द्वारा किंग जॉन के अत्याचारों के विरुद्ध संघर्ष (जिससे 1215 में मैग्ना कार्टा की उत्पत्ति हुई), इंग्लैण्ड की पार्लियामेण्ट का अपने देश के राजाओं के विरुद्ध संघर्ष (जिनके कारण 1689 में 'बिल ऑफ राइट्स' का सूत्रपात हुआ), लुई XVI के विरुद्ध फ्रांस के लोगों की 1789 में हुई क्रान्ति (जिससे 'मनुष्य के अधिकारों की फ्रांसीसी घोषणा' हुई), अमेरिका की ब्रिटेन के शासन के विरुद्ध क्रांति (जिससे 'स्वतंत्रता की अमेरिकी घोषणा' हुई) एवं रूस की 1917 की क्रांति (जिससे जारों का शासन समाप्त हुआ एवं समाजवाद की स्थापना हुई) मानवाधिकारों के लिए लड़े गये अनेक महान् संघर्ष एवं उत्कृष्ट प्रयास हैं।

यह ऐतिहासिक तथ्य है कि मानवाधिकारों को सबसे अधिक आघात तानाशाहों, साम्राज्यवादियों एवं शासक वर्ग की महत्वाकांक्षाओं से पहुंचा। जब बादशाहों और शासक वर्गों ने दूसरे मनुष्यों को गुलाम बनाकर उनके ऊपर अपना राज्य स्थापित कर उन पर शासन करने का प्रयत्न किया, तो भंयकर युद्ध हुआ। इन युद्धों में मानवता का सबसे अधिक हनन हुआ। द्वितीय विश्व-युद्ध में हिरोशिमा और नागासाकी में एटम बम के प्रहार ने तो मनुष्य की आत्मा को पूर्ण रूप से झकझोर दिया। अभी तक युद्ध सैनिकों के बीच होता था, लेकिन इस युद्ध में हिरोशिमा और नागासाकी के निरीह नागरिकों की जान ली गयी। हिटलर ने मानवता के ऊपर जो अत्याचार किये, उनकी कल्पना कर सकना भी कठिन है। वास्तव में युद्ध इस अवधारणा पर हुए कि सभी मनुष्य समान नहीं हैं, कुछ व्यक्ति या जातियां दूसरों से अधिक सशक्त और योग्य हैं और उन्हें दूसरों पर राज्य करने का अधिकार है और सभी मनुष्यों को स्वराज्य का अधिकार नहीं है तथा सभी व्यक्तियों के लिए समान सिद्धान्तों द्वारा आत्मोन्नति या आध्यात्मिक श्रेष्ठता प्राप्त करने के अवसर देने की आवश्यकता नहीं है। इन युद्धों के परिणामस्वरूप विश्व की

जनता को यह भी समझ में आया कि जब तक मनुष्य के मूल अधिकारों और स्वतन्त्रता को जाति, लिंग, भाषा, धर्म तथा स्थान के भेदभावों के बिना स्वीकार नहीं किया जाता और राष्ट्रों, समुदायों तथा व्यक्तियों के बीच की समस्याओं को सभ्य उपायों जैसे–वार्ता, प्रजातांत्रिक शासन प्रणाली, आत्मनिर्णय के अधिकार आदि द्वारा नहीं सुलझाया जाता, तब तक न तो विश्व और समाज में शान्ति स्थापित हो सकती है और न ही दुनिया के विभिन्न राष्ट्रों के नागरिकों को मानवाधिकार उपभोग करते हुए विविध प्रकार की उपलब्धियां प्राप्त कर सुखी रहने का अवसर प्राप्त हो सकता है।

विश्व युद्ध की विभीषिका समाप्त करने एवं विश्व में शान्ति बनाये रखने हेतु द्वितीय महायुद्ध के बाद संयुक्त राष्ट्र संघ की स्थापना हुई। मूलत: यह एक राजनैतिक एवं सुरक्षा संगठन है, जिसका मुख्य उद्देश्य दुनिया में युद्ध को समाप्त करना और शान्ति बनाये रखना है। किन्तु दुनिया के सभी देशों ने अनुभव किया कि जब तक मनुष्यों के मौलिक अधिकारों और स्वतंत्रताओं की रक्षा की विश्व स्तर पर गांरटी नहीं दी जाती, स्थायी शान्ति असम्भव है। अत: संयुक्त राष्ट्र संघ का दूसरा मुख्य काम इन मानवाधिकारों की सुरक्षा और स्थापना एवं उनके उपभोग एवं संवर्द्धन के लिए विभिन्न प्रकार की कल्याणकारी सामाजिक, आर्थिक एवं सांस्कृतिक योजनाएं चलाना है। विश्व के जनमत ने दुनिया के शासकों एवं राजनीतिज्ञों को बाध्य किया कि वे संयुक्त राष्ट्र के घोषणा–पत्र में मानवीय अधिकारों एवं मूलभूत स्वतंत्रताओं को महत्वपूर्ण स्थान दें। अत: संयुक्त राष्ट्र संघ के चार्टर के दूसरे पैराग्राफ में मौलिक मानवीय अधिकारों, व्यक्ति की गरिमा और उसका मूल्य, सभी मनुष्यों और स्त्रियों के बराबर अधिकारों एवं छोटे-बड़े सभी राष्ट्रों के बराबर अधिकारों में सदस्य राष्ट्रों की आस्था व्यक्त की गई है। चार्टर के प्रथम अध्याय में राष्ट्रों के सामने यह भी उद्देश्य रखा गया कि वह सभी प्रकार की आर्थिक, सामाजिक, सांस्कृतिक और मौलिक समस्याओं का अन्तर्राष्ट्रीय सहयोग के द्वारा समाधान करें और अन्तर्राष्ट्रीय सहयोग द्वारा मानवीय अधिकारों और मूलभूत स्वतंत्रताओं को सभी व्यक्तियों को नस्ल, लिंग, भाषा व धर्म के भेदभाव के बिना उपलब्ध कराने हेतु प्रयत्न और कार्यवाही की जाए।

संयुक्त राष्ट्र संघ में मानवाधिकारों को क्रियान्वित करने का कार्य मुख्यत: जनरल असेम्बली व आर्थिक एवं सामाजिक परिषद् को दिया गया। आर्थिक एवं सामाजिक परिषद् ने फरवरी, 1946 में मानवाधिकार आयोग की स्थापना का निश्चय किया। इस आयोग को एक अन्तर्राष्ट्रीय मानवाधिकार बिल प्रस्तुत करने और उससे जुड़े हुए अन्य महत्वपूर्ण प्रश्नों पर संस्तुति देने के लिए कहा गया। इस आयोग की स्थापना 21 जून, 1946 को हुई। इसमें 18 सदस्य थे। मानवाधिकार आयोग ने जनरल असेम्बली को एक

मानवाधिकार बिल प्रस्तुत किया, लेकिन इसे तत्काल स्वीकार नहीं किया गया। फिर परिवर्तित स्वरूप में मानवाधिकारों की सार्वभौमिक घोषणा (यूनिवर्सल डिक्लेरेशन ऑफ ह्यूमन राइट्स) प्रस्तुत की गई, जिसे जनरल असेम्बली ने 24 अक्टूबर, 1948 को स्वीकार किया। इस घोषणा द्वारा सभी मनुष्यों और राष्ट्रों के लिए उपलब्धि के एक समान मापदण्ड का लक्ष्य रखा गया, और जिसका उद्देश्य यह होगा कि शिक्षा और प्रसार द्वारा प्रत्येक व्यक्ति और राष्ट्र के प्रत्येक अंग द्वारा इन अधिकारों और स्वतंत्रताओं के लिए राष्ट्रीय व अन्तर्राष्ट्रीय प्रयत्नों द्वारा सम्मान पैदा किया जाए और उन्हें सार्वभौमिक तथा प्रभावी ढंग से स्वीकार किया जाए और उनका अनुपालन किया जाए। इस घोषणा में 30 अनुच्छेद हैं, जिनमें मनुष्य के अब तक के चिन्तन के परिणामस्वरूप मान्य सभी मानवाधिकारों तथा स्वतंत्रताओं को सम्मिलित किया गया है।

संयुक्त राष्ट्र संघ के द्वारा मानवाधिकारों की घोषणा वास्तव में संयुक्त राष्ट्र संघ और मानव सभ्यता की सबसे बड़ी उपलब्धि है। अभी तक विभिन्न देशों में जो मानवाधिकार स्वीकार किए गए थे, वे सीमित और क्षेत्रीय स्तर के थे, किन्तु संयुक्त राष्ट्र संघ की इस घोषणा में अब तक मान्यता प्राप्त सभी मानवाधिकारों को सम्मिलित किया गया है, जो पूरे विश्व के सभी राष्ट्रों और व्यक्तियों पर समान रूप से लागू होंगे, हालांकि ऐसा अभी तक नहीं हुआ है।

आज के समय में महत्वपूर्ण प्रश्न यह है कि क्या इन सभी मानवाधिकारों एवं स्वतंत्रताओं को राष्ट्रीय और अन्तर्राष्ट्रीय स्तर पर वास्तव में कानून द्वारा लागू किया जा सकता है अथवा नहीं? शासकों ने जनमत के दबाव में घोषणा तो कर दी, लेकिन उनके अनुपालन के प्रभावी प्रबन्ध नहीं किये। इस घोषणा को अन्तर्राष्ट्रीय कानून का रूप नहीं दिया गया और यह विभिन्न राष्ट्रों और सरकारों पर छोड़ दिया गया कि वे इन अधिकारों को किस तरह से क्रियान्वित करें। यद्यपि अन्तर्राष्ट्रीय स्तर पर इन अधिकारों का मूल्य केवल नैतिक आधार और जनमत उभारने तक सीमित है, किन्तु राष्ट्रीय स्तर पर सरकारों से अवश्य यह अपेक्षा की गयी है कि वे उन्हें कानूनी रूप दें। इनमें से अनेक मानवाधिकारों को विभिन्न देशों के संविधानों में विधिक मान्यता प्रदान की गई है और यह भी मौलिक अधिकार बनाया गया है कि जो मौलिक अधिकार राष्ट्रों के कानूनों और संविधानों में निहित हैं, उनको कार्यान्वित कराने और उनके उल्लंघन के विरुद्ध प्रतिकार की प्रभावी व्यवस्था राष्ट्र के न्यायालयों में हो। लेकिन इस व्यवस्था में भी एक कठिनाई यह है कि साधारण व्यक्ति अपनी निर्धनता और मुकदमें की कठिनाई के कारण अपने मूलभूत अधिकारों का उपयोग नहीं कर पाते हैं। विश्व स्तर पर भी घोषित इन मानवाधिकारों को अन्तर्राष्ट्रीय कानून का स्वरूप नहीं दिया जा सका है। संयुक्त राष्ट्र

संघ के सभी सदस्यों के लिए यह बाध्यकारी भी नहीं रखा गया है कि वे इनमें अपनी आस्था व्यक्त करें। इस हेतु मानवाधिकार आयोग ने दो संविदाएं तैयार की हैं: (1) आर्थिक, सामाजिक और सांस्कृतिक अधिकार संविदा एवं (2) नागरिक और राजनैतिक अधिकार संविदा। राष्ट्र को यह अधिकार दिया गया कि वह इन संविदाओं को अपनाएं और उनके द्वारा इन पर स्वीकृति घोषित करने के उपरान्त ही यह उन देशों पर लागू होंगी। स्पष्ट है कि मानवाधिकारों को कानूनी रूप से बाध्यकारी बनाने के लिए अभी बहुत कुछ करना बाकी है। इसके लिए सभी देशों में विविध रूपों में काभ हो रहे हैं। भारत भी पीछे नहीं है।

वस्तुत: संयुक्त राष्ट्र संघ द्वारा घोषित "यूनिवर्सल डिक्लेरेशन ऑफ ह्यूमन राइट्स" अब तक का सबसे व्यापक मानवाधिकारों का घोषणापत्र है। इस डिक्लेरेशन की भूमिका में यह कहा गया है कि यदि हम विश्व में स्थायी शान्ति चाहते हैं तो हमें मनुष्य की गरिमा और मानव परिवार के सभी सदस्यों के बराबर अधिकारों को मान्यता देनी होगी, यदि हम अभिव्यक्ति और विचारों की स्वतंत्रता चाहते हैं और भय और अभाव से मुक्ति चाहते हैं, यदि हम शासकों की क्रूरता और शोषण से बचना चाहते हैं, सभी राष्ट्रों के बीच मित्रतापूर्ण सम्बन्ध चाहते हैं तथा विश्व में मानव के स्तर को उठाना चाहते हैं, तो हमें इन मानवाधिकारों को मान्यता देनी ही होगी और उन्हें विधि के द्वारा संरक्षण भी प्रदान करना होगा।

उदार दृष्टि से हम यदि भारत के संदर्भ में मानवाधिकारों एवं मौलिक स्वतंत्रताओं के लागू होने की समीक्षा करें तो हम पाएंगे कि हमने स्वतंत्रता आन्दोलन में और स्वतंत्रता प्राप्ति के पश्चात् इन मानवाधिकारों को मान्यता देने के गंभीर प्रयत्न किये हैं। वास्तव में अब हमारा पूरा स्वतंत्रता आन्दोलन मूलभूत मानवाधिकारों को लेकर ही लड़ा जाएगा। हमारे नारे रहे हैं कि सभी मनुष्य समान हैं, दासता मनुष्य के मौलिक अधिकारों के विरुद्ध है तथा प्रत्येक व्यक्ति को सम्मानपूर्वक जीने का अधिकार है और देश के सभी नागरिकों को उचित मानवाधिकार दिलाने हेतु कल्याणकारी राष्ट्र की स्थापना अनिवार्य है। किन्तु यह दु:ख की बात है कि भारतवर्ष का इतिहास जहां एक ओर मनुष्यों की व्यक्तिगत उपलब्धियों एवं व्यक्तिगत चरित्र की महान् परम्पराओं से भरा पड़ा है, वहीं हमारे समाज का इतिहास असमानताओं, अन्यायों तथा शोषण का इतिहास रहा है। भारत के सबसे बड़े समुदाय अर्थात् हिन्दू समुदाय की स्थापना ही असमानता के सिद्धान्तों के आधार पर हुई जिसमें समाज को चार वर्णों में विभाजित करते हुए वर्ण के अलग-अलग अधिकार और कर्तव्य निर्धारित किये गये, अर्थात् समानता के सिद्धान्त को नकार दिया गया। समानता के सिद्धान्त को न केवल नकारा ही गया, वरन् दासता को भी

स्थान दिया गया और समाज के शूद्र वर्ग को दास की ही श्रेणी में रखा गया, जिसके कोई स्वतंत्र अधिकार नहीं थे। उसका अधिकार केवल अन्य सभी वर्णों की सेवा करना था। फिर हमारे समाज के अधिकांश भाग के साथ मानवीय व्यवहार भी नहीं किया गया। आश्चर्य तो यह रहा कि विभिन्न वर्णों के व्यक्तियों के लिए अलग-अलग कानून बनाये गये। शूद्रों को विचरण तथा रहने के लिए स्थान चयन करने की स्वतंत्रता भी नहीं दी गई। उनको सार्वजनिक मार्ग और सार्वजनिक स्थानों पर जाने की अनुमति नहीं थी और न वे अपने मकान किसी मनचाही जगह पर बना सकते थे। उन्हें तो गांव के दक्षिण और पूर्व में ही रहना था, जहां से उनको स्पर्श करने वाली हवा गांव के सवर्णों पर न पड़े। जहां विश्व भर में अन्तर्राष्ट्रीय स्तर पर पुरुषों और औरतों को समान माना गया है, वहीं हिन्दू समाज में औरतों को प्रायः सभी प्रकार के अधिकारों से वंचित रखा गया। विवाह, सम्पत्ति, सामाजिक कर्तव्य आदि की सारी परम्पराएं ऐसी रखी गयीं, जिसमें स्त्री को मनुष्य के सुख और उसके द्वारा अवैध अधिकारों के उपभोग हेतु साधन मात्र समझा गया। शूद्रों और स्त्रियों को सम्पत्ति के अधिकार से वंचित रखा गया। शूद्रों को विचार और अभिव्यक्ति की स्वतंत्रता तो थी ही नहीं, समाज के अन्य अनेक वर्गों को भी यह अधिकार नहीं था। जहां विश्वभर में उद्यम को मनुष्य का मौलिक अधिकार माना गया है, वहीं भारतीय समाज में तो उच्च वर्ण तक को उद्यम और व्यवसाय की स्वतंत्रता नहीं दी गयी और प्रत्येक व्यक्ति को उसके वर्ण के अनुसार ही उसका उद्यम आवंटित कर दिया गया। शिक्षा मनुष्य को सुसंस्कृत बनाने का साधन है जिसे विश्व भर में मौलिक अधिकार माना गया है; किन्तु भारतीय समाज में शूद्रों को शिक्षा से भी वंचित करके रखा गया।

ऐतिहासिक दृष्टि से, जब हम भारतीय समाज को मानवाधिकारों की इस कसौटी पर कसते हैं, तो हमको यह मानने का पर्याप्त आधार नहीं मिलता कि हम विश्व में एक सभ्य और सुसंस्कृत तथा न्यायपूर्ण समाज के रूप में विकसित हुए हैं। हमारी इन्हीं असभ्य व्यवस्थाओं के विरुद्ध समय-समय पर हमारे देश के महापुरुषों ने अनेक संघर्ष किये हैं। महात्मा गौतम बुद्ध और बाद में डॉ. अम्बेडकर ने इन मानवाधिकारों के हनन के प्रति सबसे पहले आवाज उठाई और एक ऐसा धर्म और सामाजिक व्यवस्था दी, जिसमें सभी मनुष्य बराबर समझे जाएं, सबको मानवोचित अधिकार और स्वतंत्रता प्राप्त हो और सभी मनुष्य समाज के प्रति कर्तव्यशील रहें तथा अपने अधिकारों व कर्तव्यों का निर्वहन करते हुए मुक्ति प्राप्त कर सकें। अशोक महान् और अन्य उदात्त विचारों वाले शासकों ने भी कुछ मानवाधिकारों को स्थापित करने का प्रयास किया। मध्ययुगीन सन्त दासता की इन्हीं परम्पराओं के विरुद्ध लड़े और उन्होंने समानता और स्वतंत्रता का

सन्देश देकर हमारी हीन भावना को दूर करने का प्रयत्न किया और मनुष्य की गरिमा को कुछ सीमा तक स्थापित करने में सफलता भी प्राप्त की।

पुनर्जागरण काल में राजा राम मोहन राय, स्वामी दयानन्द सरस्वती, स्वामी विवेकानन्द, महात्मा ज्योतिबा फूले आदि अनेक समाज सुधारकों ने विभिन्न मानवाधिकारों को दिलाने के लिए आन्दोलन किए। वास्तव में स्वतंत्रता आन्दोलन के अन्तिम चरण में ही भारत में मानवाधिकारों को स्थापित करने के लिए वास्तविक संघर्ष हुए और हमारे राष्ट्रीय नेताओं ने अनेक संकल्प लिए। इस काल के मानवाधिकारों के प्रबल समर्थकों में रवीन्द्रनाथ टैगोर, गोपाल कृष्ण गोखले, लोकमान्य बाल गंगाधर तिलक, सुभाष चन्द्र बोस, जवाहर लाल नेहरू, डॉ. भीमराव अम्बेडकर, आचार्य नरेन्द्र देव, जय प्रकाश नारायण एवं डॉ. राम मनोहर लोहिया के नाम अग्रणीय हैं। डॉ. अम्बेडकर ने वर्तमान काल में मानवाधिकारों की एक महान् लड़ाई लड़ी, उनके मानवाधिकारों की कल्पना मानववादी चिन्तन से ओत-प्रोत एवं नियन्त्रित थी।

देश में मानवाधिकारों की स्थापना के लिए सफल प्रयास हमारे संविधान के माध्यम से किये गये हैं। मौलिक अधिकारों को संविधान में रखने का जो कार्य किया गया, वह विश्व स्तर पर संघर्षों और संकल्पों का ही परिणाम था। भारत के संविधान में मौलिक अधिकारों की स्थापना व अन्तर्राष्ट्रीय मान्यताओं को स्थान दिलाने में बाबा साहेब अम्बेडकर को सबसे अधिक श्रेय जाता है। हमारे संविधान में 'यूनिवर्सल डिक्लेरेशन ऑफ ह्यूमन राइट्स' में दिये गये अधिकांश मौलिक अधिकारों को संवैधानिक मान्यता दे दी गई है। अस्पृश्यता-समापन का मौलिक अधिकारों में रखा जाना अत्यन्त महत्वपूर्ण है। 'राज्य के नीति-निर्देशक तत्व' हमारे संविधान की विशेषता है, जिन्हें डॉ. अम्बेडकर ने मानवाधिकारों के रूप में मान्यता दिलाई।

डॉ. बाबासाहेब मानव इतिहास से बहुत भलीभांति परिचित थे। उन्होंने मानव इतिहास और मानव विकृतियों का गहराई से अध्ययन किया था। वह जानते थे कि जब तक भारत के शासकों को मौलिक मानवाधिकारों से बांध न दिया जाए, तब तक आसानी से वे अपना शोषण समाप्त करने वाले नहीं हैं। अत: उनके विशेष प्रयत्न करने और बल देने के बाद ही भारत के संविधान में राज्य के नीति-निर्देशक तत्व संविधान के चौथे भाग में सम्मिलित किए गए। यद्यपि राज्य के नीति-निर्देशक तत्वों को न्यायालय के द्वारा बाध्यकारी नहीं बनाया जा सका, किन्तु राष्ट्र की सरकारों के लिए यह आवश्यक कर दिया गया कि वह इन सिद्धान्तों के अनुरूप एवं उनके अनुपालन हेतु कानून बनाएं। इन नीति निर्देशक तत्वों में प्राय: उन सभी मौलिक अधिकारों और स्वतंत्रताओं को सम्मिलित कर लिया गया है जिन्हें संवैधानिक मौलिक अधिकारों का स्तर प्रदान नहीं

किया जा सकता है। काम का अधिकार, लोगों को रोजी-रोटी का अधिकार, समान विधि संहिता, शिक्षा का अधिकार, सामाजिक सुरक्षा का अधिकार, बच्चों के लिए स्वतंत्रता एवं अनिवार्य शिक्षा का अधिकार, आदि सभी ऐसे महत्वपूर्ण अधिकारों को इन सिद्धान्तों में सम्मिलित करने का प्रयत्न किया गया है, जो एक सुखी, समृद्ध और सुसंस्कृत समाज के लिए आवश्यक हैं। हम बाबासाहेब के आभारी हैं कि उन्होंने ऐसी व्यवस्था दी, जिसके अन्तर्गत इस देश का आम आदमी अपने अधिकारों एवं मौलिक स्वतंत्रताओं का उपभोग करते हुए मानवोचित, सुसंस्कृत एवं गरिमामय जीवन व्यतीत कर सके।

डॉ. अम्बेडकर ने मौलिक अधिकारों और स्वतंत्रताओं की रक्षा के लिए संविधान में तो व्यवस्था की ही थी, उन्होंने इन सिद्धान्तों की स्थापना के लिए जीवन भर संघर्ष भी किया। महाड सत्याग्रह, कालाराम मंदिर सत्याग्रह, मनुस्मृति दहन आदि उनके इस सम्बन्ध में प्रारम्भिक संघर्ष के उदाहरण हैं। शूद्र और महिला वर्ग को मानवाधिकार दिलाने के लिए बाबासाहेब ने जीवन भर संघर्ष किया और अन्त में जब वह विधि मंत्री के रूप में महिलाओं को उनके मौलिक अधिकार दिलाने वाला कानून पास कराने में सफलता नहीं पा सके तो उन्होंने अपने पद से त्यागपत्र दे दिया। वास्तव में बाबासाहेब के दर्शन में आत्म-सम्मान और मानव गरिमा का सबसे बड़ा और महत्वपूर्ण स्थान था। उन्होंने अपनी मृत्यु के दो वर्ष पूर्व कहा था, ''हमारा युद्ध धन तथा शक्ति के लिए नहीं है। यह स्वतंत्रता के लिए युद्ध है। यह मनुष्य के व्यक्तित्व के पुनरुद्धार का युद्ध है।'' उनका विश्वास था कि जनतंत्र एवं स्वतंत्रता एक ही वस्तु नहीं है। यदि सामान्यत: उसके मूल अधिकारों को सुरक्षित नहीं किया गया तो जनतंत्र में हमें केवल अपने शासकों का चयन करने का ही अधिकार रह जाता है।

यद्यपि संविधान ने हमें मौलिक अधिकार प्रदान कर दिये हैं, राज्य के लिए नीति-निर्देशक तत्व बना दिये हैं और यूनिवर्सल डिक्लेरेशन ऑफ ह्यूमन राइट्स पर हमने भी हस्ताक्षर कर दिये थे, किन्तु वास्तव में हम अपने देश में मानवाधिकारों की स्थापना कहां तक कर सके हैं? यह एक महत्वपूर्ण प्रश्न है। क्या वास्तव में हमारे देश के नागरिकों ने मूलभूत मानवाधिकारों में अपनी आस्था व्यक्त कर दी है? अभी हम इस प्रश्न को इस दृष्टि से न देखें कि क्या वास्तव में इन मानवाधिकारों का पालन हमारे देश में हो रहा है अथवा नहीं, किन्तु इस दृष्टि से देखें कि हमने मानसिक और वैचारिक रूप से सैद्धान्तिक स्तर पर भी क्या इन सिद्धान्तों को स्वीकार कर लिया है? मैं समझता हूं, किसी भी समाज की मान्यताएं उसके धर्म ग्रन्थों और साहित्य पर निर्भर करती हैं। हमारा धार्मिक साहित्य तो इनमें से अनेक अधिकारों को मान्यता प्रदान करता ही नहीं है,

हमारे देश का साहित्य भी इतना समृद्ध नहीं है कि वह मानवाधिकारों के पक्ष में सशक्त आन्दोलन पैदा कर सके। साहित्यकार एक संवेदनशील व्यक्ति होता है, जो अपनी कलम के माध्यम से क्रान्ति का सृजन कर सकता है। हमारे देश की सभी भाषाओं के साहित्यकारों ने समाज में वैचारिक मंथन लाने और मानव गरिमा के प्रति अपनी आस्था एवं मानवाधिकारों के प्रति सहानुभूति पैदा करने का प्रयत्न किया है, किन्तु न तो यह साहित्य पर्याप्त मात्रा में ही है और न भारतीय समाज के बहुसंख्यक नागरिकों, जो अभी भी रूढ़िवादिता, अंधविश्वास, धर्मान्धता तथा भाग्यवाद के शिकार हैं, को इन अधिकारों के औचित्य के बारे में हम अभी तक आश्वस्त ही कर सके हैं।

वस्तुतः अनेक ऐसे सवाल हैं, जो आज भी हमारे देश में गूंज-गूंजकर हमें मानवाधिकारों के बारे में अपनी स्थिति का ज्ञान कराते हैं। आज हमें विचार करना है कि हम अपने देश में मानवाधिकारों को कैसे शीघ्रातिशीघ्र स्थापित करें। जहां हमें अभी अपने सभी नागरिकों द्वारा मूल मानव अधिकारों के उपभोग करने के लिए उपयुक्त कानूनी व्यवस्था और पर्याप्त साधन उपलब्ध कराना बाकी है, वहीं हमें राज्य के नीति-निर्देशक तत्वों में निहित मानवीय अधिकारों को कानूनी बाध्यकारी रूप भी दिलाना है। वास्तव में भारत में तो मानवाधिकारों का सबसे अधिक हनन समाज के ही दूसरे सदस्यों एवं वर्गों द्वारा किया जाता है। समाज का भी सबसे बड़ा कर्तव्य है कि वह स्वयं भी इन मौलिक अधिकारों को मान्यता दे एवं उनका पालन करे। हमें मानवाधिकारों की स्थापना के लिए एक सशक्त जन-आन्दोलन पैदा करना होगा जो मानवाधिकारों के प्रति लोगों की चेतना जगाये, उन्हें प्राप्त करने के लिए उन्हें सोचने एवं संघर्ष करने को विवश करे एवं राज्य पर दबाव डालने के साथ-साथ समाज को भी बदले। एमनेस्टी इंटरनेशनल, पीपुल्स यूनियन ऑफ सिविल लिबर्टीज, हिन्दुस्तानी आन्दोलन, इण्डियन पीपुल्स फ्रण्ट आदि ऐसे अनेक मानवाधिकार संगठन हैं, जिन्होंने इन क्षेत्र में महत्वपूर्ण कार्य किये हैं।

मानवाधिकारों की चिन्ता

प्रत्येक 10 दिसम्बर को अन्तर्राष्ट्रीय स्तर पर मानवाधिकार दिवस मनाया जाता है। मानव अधिकारों की सुव्यवस्थित तरीके से पहली बार घोषणा 10 दिसम्बर, 1948 को संयुक्त राष्ट्र संघ द्वारा की गई। जिसे आमतौर पर 'मानवाधिकारों की विश्वघोषणा' के नाम से जाना जाता है जिसके आरम्भ की ही धारा एक में कहा गया है, "सभी मानव प्राणी जन्म से ही स्वतंत्र तथा गरिमा और अधिकारों में बराबर हैं। उनमें विचार शक्ति और अन्तःचेतना होती है तथा उन्हें एक दूसरे के साथ भाईचारे की भावना से काम करना चाहिए।" मानव अधिकारों की विश्वघोषणा की उक्त धारा में व्यक्त किये गये भावों की जमीनी वास्तविकता क्या है? हमारे देश में भी 10 दिसम्बर को समारोहपूर्वक

मानवाधिकार दिवस मनाकर, मानवाधिकारों के पक्ष में करतलध्वनि से घोषणा की गई और सभी ने अपनी प्रतिबद्धता जाहिर की। जमीनी स्तर पर हम देखते हैं कि मानवाधिकार का खुल्लमखुल्ला उल्लंघन निर्बाध गति से जारी है और उसी गति से मानवाधिकार के पक्ष में घोषणा भी जारी है, परन्तु घोषणाएं मात्र घोषणाएं बनकर रह जाती हैं और बहस, तर्क-वितर्क इस विषय पर होने लगती है कि अमुक उत्पीड़न, अत्याचार मानवाधिकार उल्लंघन के दायरे में, उसके हस्तक्षेप के सीमा क्षेत्र में आती हैं या नहीं? मानवाधिकार संगठनों को ऐसे मामलों में हस्तक्षेप करना चाहिए या नहीं और करना चाहिए तो किस सीमा तक? स्पष्टतः भूमण्डलीकरण के इस दौर में जिस प्रकार हमारे देश की अर्थनीति को उदारीकरण की ओर तेज गति से संचालित किया जा रहा है, उसके परिणाम हमारे देश के श्रमजीवी तबके के लिए भयावह होंगे। विश्वबैंक, अन्तर्राष्ट्रीय मुद्राकोष के दिशा निर्देश में जिस प्रकार हमारे देश की अर्थनीति को नियन्त्रित किया जा रहा है, उसके विनाशकारी प्रभावों की दूरदृष्टि रखने वाले, मानवाधिकार आन्दोलन के कार्यकर्ता और नेता, इसमें हस्तक्षेप करने की मांग सहित अपने सम्मेलनों में प्रस्ताव तक पारित करा रहे हैं और सर्वोच्च न्यायालय और राष्ट्रीय मानवाधिकार आयोग से हस्तक्षेप की संजीदगी से मांग कर रहे हैं, परन्तु इस क्रम में उन्हें स्वयं अपने सहमना साथियों और बौद्धिक जगत् की ओर से भी चुनौती प्रस्तुत कर कहा जाता है कि यह विषय मानवाधिकार आन्दोलन के दायरे में नहीं आता, इसलिए किसी भी मानवाधिकार संगठन को इस मामले में हस्तक्षेप नहीं करना चाहिए, क्योंकि यह अनाधिकार चेष्टा होगी और मानवाधिकार संगठनों का जो मूलक्षेत्र है, वह हस्तक्षेप से वंचित हो जाएगा तथा उस क्षेत्र में सक्रियता बाधित होगी।

युवा पीढ़ी का दायित्व

भारत का सामाजिक, आर्थिक और राजनैतिक विकास अनेक परिस्थितियों से ग्रस्त है। विभिन्न प्रकार के विचार-वैयक्तिक स्वतंत्रता, प्रजातंत्र, समाजवाद, राष्ट्रवाद, धर्म-निरपेक्षता, आर्थिक नियोजन, क्षेत्रीयवाद, जातिवाद, आतंकवाद, धर्मान्धता आदि अपने को अभिव्यक्त कर रहे हैं, हालांकि ऐसी विविध अभिव्यक्ति से इस प्रकार के सामाजिक गत्यात्मवाद की अवधारणा एवं व्यवहार का संकेत मिलता है। इस गतिशीलता का होना स्वाभाविक है, क्योंकि वर्तमान संविधान के पूर्व अनेक प्रगतिवादी तथा सृजनात्मक तत्व प्रायः विलुप्त पड़े हुए थे, जिन्हें स्वतंत्र भारत में उभरने के अवसर सुलभ हुए। जनतंत्र की सुदृढ़ता और नई राजनैतिक संस्कृति का मूलाधार परिवर्तित स्थितियों में ही सम्भव हो सकता है। लेकिन सामाजिक गत्यात्मवाद की दृष्टि से नवपीढ़ी का न्यायोचित सामाजिकरण नहीं हो पाया है। विशिष्ट वर्गों एवं सत्ताधारियों ने नये मूल्यों तथा

जनतांत्रिक संस्थाओं (संसद एवं विधानसभाएं) के माध्यम से युवा समाज को कोई निश्चित दिशा प्रदान नहीं की। उसका स्पष्ट मार्ग-दर्शन नहीं किया। सत्तारूढ़ विशिष्ट वर्ग भारतीय समाज की उप--व्यवस्थाओं, समूह एवं वर्गों का सही नेतृत्व नहीं कर पाया और न ही अर्थ-व्यवस्था को नियन्त्रित करने में सक्षम हुआ। निर्धनता, बेरोजगारी, महंगाई, भ्रष्टाचार और घोटाले निरन्तर बढ़ रहे हैं और बोफोर्स, शेयर मार्केट, आवासीय बैंक, आयकर विभाग के शर्मनाक काण्ड हमारे समक्ष हैं।

यदि डॉ. बाबासाहेब अम्बेडकर लाखों अनुयायियों सहित ईसाई, इस्लाम अथवा सिख धर्म में धर्मान्तरित हो गये होते तो आज भारत का नक्शा कुछ दूसरा ही होता। लेकिन उन्होंने ऐसा नहीं किया। वह भारत की गौरवमयी संस्कृति के हित चिन्तक थे। अस्तु उन्होंने भारत में उत्पन्न वर्ण, जाति और ऊंच-नीच के भेदभाव से मुक्त, समता, स्वतंत्रता और भ्रातृत्व से युक्त बौद्ध धर्म को अपनाया और पांच लाख से भी अधिक अपने अनुयायियों को बौद्ध धर्म में धर्मान्तरित किया।

विश्व के इतिहास में 14 अक्टूबर, 1956 की धर्मान्तरण की यह घटना अद्वितीय थी। जवाहरलाल नेहरू ने ठीक ही कहा था, ''डॉ. अम्बेडकर उच्च कोटि के देश-भक्त और सामाजिक क्रान्तिकारी थे। जिस वर्ग में उनका जन्म हुआ था उसमें यदि मैं भी पैदा हुआ होता, तो मैं भी वही करता जो उन्होंने किया।''

बाबासाहेब अम्बेडकर धार्मिक, आर्थिक और राजनैतिक क्षेत्रों में एक व्यक्ति एक मूल्य के पक्षधर थे। वह ऐसी सरकार चाहते थे, ''जो जनता की सरकार हो, जनता द्वारा संचालित सरकार और जनता का हित-कल्याण करने वाली सरकार हो।'' ऐसी सरकार गणतन्त्रात्मक सरकार ही हो सकती है। अस्तु जब से संविधान निर्मात्री समिति के चेयरमैन बने तो उन्होंने भारतीय संविधान का गणतन्त्रात्मक आलेख तैयार किया जिसके आधार स्तम्भ समानता, स्वतंत्रता, न्याय और बन्धुत्व हैं।

डॉ. अम्बेडकर नैतिकता को जन व्यवस्था का मूलाधार मानते थे, जिसके लिये धर्म और विज्ञान में सामंजस्य आवश्यक है। धर्म में निर्धनता को शान्ति और आत्म-संतोष का पर्याय नहीं मानना चाहिए। दोनों को पर्यायवाची बतला कर शोषित, अछूत और पिछड़े वर्गों का खूब शोषण और उत्पीड़न किया गया है। इसीलिये उनमें सामाजिक जागृति की विशेष आवश्यकता है, ताकि वे सामाजिक स्वतंत्रता के अर्थ और उद्देश्य को समझ सकें।

बाबासाहेब ब्राह्मणवाद और पूंजीवाद दोनों को गरीबों का दुश्मन मानते थे, और दोनों की जड़ें हिन्दू धर्म में हैं। इसलिए हिन्दू धर्म को त्यागे बिना इन अछूतों और पिछड़ों (तथाकथित शूद्रों) का कल्याण नहीं होगा। उन्होंने कहा था कि ''स्वराज्य की

जितनी आवश्यकता हिन्दुस्तान को है, सामाजिक स्वतंत्रता की उतनी ही आवश्यकता दलित समाज को है। स्वराज्य और धर्मान्तरण आन्दोलन एक दूसरे के पूरक हैं, दोनों का उद्देश्य एक है–स्वतंत्रता और समानता।'' भारत के राष्ट्रपति डॉ. सर्वपल्ली राधाकृष्णन के शब्दों में, ''डॉ. अम्बेडकर सच्चे देशभक्त थे और लोकतांत्रिक प्रणाली से नई सामाजिक व्यवस्था स्थापित करना उनका उद्देश्य था।''

देश के आर्थिक विकास के लिए पंचवर्षीय योजनाओं में उनकी महत्वपूर्ण भूमिका रही। वह कृषि भूमि के राष्ट्रीयकरण के पक्षधर थे। वास्तव में उनके आर्थिक विचारों के अध्ययन की ओर विद्वानों का ध्यान बहुत कम गया है। 'प्राविंसियल फाइनेंस इन ब्रिटिश इण्डिया', 'प्राब्लम ऑफ द रुपी', 'करेन्सी एण्ड बैंकिंग इन एन्शेन्ट इण्डिया' आदि अनेक ग्रन्थ शोध के विषय में हैं। देश की लगभग सभी विकट समस्याओं पर उन्होंने ग्रन्थ लिखे और समाधान–सुझाव प्रस्तुत किये।

यह प्रसन्नता का विषय है कि ज्यों–ज्यों समय बीतता जा रहा है उनका चरित्र और दर्शन धूमिल होने के स्थान पर प्रांजल, विमल और मुखरित होता जा रहा है। वास्तव में वे जनमानस के सपने हो गये हैं।

भारत में शायद ही कोई दूसरा ऐसा व्यक्ति हो जिसके नाम पर इतनी अधिक शैक्षिक, सामाजिक और धार्मिक संस्थाएं चलती हों, जितनी बाबासाहेब डॉ. अम्बेडकर ने नाम पर। उनके जन्म दिवस 14 अप्रैल, 89 को भारत के तत्कालीन प्रधानमंत्री राजीव गांधी ने लखनऊ में एक विश्वविद्यालय का शिलान्यास किया था और उनके नाम पर एक विशाल भवन के नामकरण की घोषणा की थी। भवन का नामकरण अभी प्रतीक्षारत ही है। डॉ. अम्बेडकर ने तो भारत के लोगों के लिए गणतन्त्र प्रदान किया है, अब भारत के हम लोग उनके प्रति कहां तक अपने उत्तरदायित्व का निर्वाह करते हैं यह हम लोगों पर निर्भर करता है।

निश्चय ही वर्तमान सामाजिक स्थिति में नवपीढ़ी व्यापक असंतोष से पीड़ित है और समस्त संवैधानिक व्यवस्था के प्रति उसका आक्रोश स्पष्ट है। युवा समाज अब इस विश्लेषण की ओर झुका प्रतीत होता है कि देश की संवैधानिक व्यवस्था किस के हितों की रक्षा करती है। क्या वह समाज के विशिष्ट वर्गों एवं पूंजीपतियों का हित साधन नहीं करती? निर्धन एवं साधनहीन लोगों की सुरक्षा क्यों नहीं हो पा रही है? हमारी संवैधानिक व्यवस्था में सिद्धान्तः यह परिलक्षित किया गया था कि सत्ताधारी वर्ग राज्य के माध्यम से एक ऐसे समाज की स्थापना करेगा जिसमें शोषण, अन्याय तथा दमन का अन्त हो और सम्पत्ति तथा उत्पादन के साधनों का कुछ ही लोगों के हाथों में एकत्रीकरण न हो। राष्ट्रीय संसाधनों का न्यायोचित वितरण हो। लेकिन स्थिति नितान्त विपरीत है।

भारतीय समाज के कुछेक धनाढ्य परिवारों के हाथों में ही देश की अधिकतर अर्थ-व्यवस्था सीमित हो गई है। देश की समस्त पूंजी पर उनका आधिपत्य है। साथ ही बहुराष्ट्रीय कम्पनियां भी अपना आर्थिक जाल फैला रही हैं जो अपने लाभ को ही अधिक महत्व देती हैं। फलत: आज देश में बेरोजगारी, शोषण, अन्याय, दमन, भ्रष्टाचार आदि बढ़ रहे हैं और असमानता, अव्यवस्था तथा अराजकता का वातावरण सम्पूर्ण देश में बना हुआ है। नवपीढ़ी का यह आरोप है कि संवैधानिक व्यवस्था विशिष्ट वर्गों, पूंजोपतियों और सामन्तों के हितों की सुरक्षा करती है। उन पर ऐसे प्रतिबन्ध नहीं हैं कि वे आर्थिक शोषण और सामाजिक अन्याय का शीघ्र परित्याग करें। सत्ताधारी वर्ग भी उन्हीं को सुरक्षा देता है और उनके द्वारा होने वाले घोटालों को रफा-दफा करने में मदद करता है। अल्पमत शासक वर्ग बना हुआ है। श्रमिक वर्गों का शोषण और दलित जातियों का उत्पीड़न निरन्तर बना हुआ है। उनके द्वारा उठाई गई 'सामाजिक न्याय' की आवाज को कुचलने का प्रयास किया जा रहा है।

युवा वर्ग का उपर्युक्त निष्कर्ष वर्तमान एवं भविष्य की अनिश्चित स्थिति से अवतीर्ण हुआ प्रतीत होता है। उनमें सत्यांश तो है, क्योंकि सम्पूर्ण अर्थ-व्यवस्था नष्ट-भ्रष्ट हो चुकी है और आर्थिक संकट निरन्तर बढ़ता जा रहा है। शोषक वर्ग अपने कुचक्र को बनाए हुए है और सामाजिक नियतिवादियों का वर्ग सबसे उच्च स्थान पर प्रतिष्ठित हो गया है। उनके ही हाथों में समस्त प्रभाव, सत्ता एवं शक्ति केन्द्रित है। ऐसा क्यों हो रहा है? इसके लिए समस्त प्रजातान्त्रिक व्यवस्था को दोषी ठहराया जाता है, क्योंकि वर्तमान चुनाव-पद्धति में अधिकतर विशिष्ट तथा धनी वर्ग के प्रभावशाली लोग ही चुनकर आ जाते हैं। वे ढेर सारा धन खर्च करते हैं। फलत: सत्ता एवं शक्ति के स्थानों पर अपना आधिपत्य स्थापित करके, वे अपने और अपने वर्ग के लोगों के हितों की सुरक्षा करते हैं। पूर्व में खर्च किए धन को गलत तरीके से कमाते हैं। सरकार द्वारा सांसदों को अधिकृत गैस एवं टेलीफोन कनेक्शनों को सांसद ब्लैक में बेचकर लाखों रुपयों की कमाई करते हैं। वे अपने अधिकारों का दुरुपयोग करके धन-सम्पत्ति बटोरने में व्यस्त हो जाते हैं ताकि आगामी चुनावों को वे धन के बल पर जीत सकें।

वर्तमान संविधान प्रजातांत्रिक व्यवस्था का प्रतिपादन करता है जिसे जनता का राज कहा जाता है। उसका अभिप्राय है ऐसी समाज व्यवस्था की स्थापना करना जिसमें सभी नागरिकों के समान अधिकार हों, सभी के हितों की रक्षा हो, सभी को समानता तथा सम्मान मिले और सभी के लिए जीवन-निर्वाह करने की समुचित व्यवस्था हो। साथ ही नवपीढ़ी की खुशहाली का ध्यान रखा जाए। लेकिन विद्यमान आर्थिक व्यवस्था में वर्ग विशेष का आधिपत्य देखकर नवपीढ़ी आक्रोशित हो जाती है। ऐसी स्थिति के लिए कौन

उत्तरदायी है? शोषक या विशिष्ट वर्ग अथवा मात्र संविधान? संविधान तो एक व्यवस्था का आधार है। उसे चलाने वाले जन-प्रतिनिधि और राज्याधिकारी होते हैं। संविधान, जन-प्रतिनिधि और राज्याधिकारी तीनों का सहयोग तथा सहभागिता आवश्यक है ताकि वे मिलकर सम्पूर्ण समाज का सामान्य हित कर सकें। यदि धनी वर्ग, जन-प्रतिनिधि और राज्याधिकारी ऐसा नहीं करते, स्वार्थी बन जाते हैं और जन-कल्याण की अनदेखी करते हैं तो फिर उन्हें कौन नियन्त्रित करेगा? कौन उनकी बेईमानी और भ्रष्टता को उजागर करेगा?

यहीं नवपीढ़ी की भूमिका का प्रश्न उठता है। उसे क्या देखना है और क्या करना है? अधिकतर युवजन सामाजिक, आर्थिक और राजनैतिक बदलाव के प्रति उदासीन हैं। वे क्रान्तिकारी परिवर्तन से दूर भागते हैं। कितने नवयुवक ऐसे हैं जो क्रान्ति की प्रक्रिया में आने वाले कष्टों एवं दुःखों को झेलने के लिए तैयार हैं? क्या वे फैशन तथा उदण्डता का परित्याग कर सकते हैं? क्या वे बेईमान और भ्रष्ट जन-प्रतिनिधियों एवं राज्याधिकारियों को ललकार सकते हैं? ये कुछ ऐसे प्रश्न हैं जिनका उत्तर नवपीढ़ी को देना है। हमारा युवा वर्ग भी अनेक प्रकार के अन्तर्विरोधों में उलझा हुआ है। उनकी उलझनें कुछ विचित्र हैं। चाहते कुछ हैं और करते कुछ हैं। वे क्रान्ति चाहते हैं, किन्तु उनमें क्रान्तिकारी चिन्तन की कमी है, वे परा-आधुनिक बनना चाहते हैं, पर रूढ़िबद्ध समाज की परम्पराओं का अनुसरण करते हैं। आज अधिसंख्यक नवयुवक ऐसे मिलेंगे जिनमें जातिगत भावनाएं, धर्मान्ध प्रवृत्तियां और परम्परागत कुरीतियां वैसे ही विद्यमान हैं जैसे अनपढ़-गंवार लोगों में विद्यमान होती हैं। वस्तुतः वे भीरू और भयभीत हैं। नये चिन्तन में उनकी रुचि नहीं है। उनके लक्ष्य बड़े ही तुच्छ हैं और उनमें नये उत्तरदायित्व की लक्ष्यात्मक एकता तो किंचित भी नहीं है, न ही उनमें ऐसा कोई संगठन है जो नव-सृजन के प्रति सचेत हो, संविधान में अन्तर्निहित नई समाज व्यवस्था को समझें और उसे व्यावहारिक बनाने में प्रयत्नशील हों।

वस्तुतः संविधान किसी स्पष्ट आर्थिक व्यवस्था का प्रतिपादन नहीं करता। वह तो जनता के द्वारा निर्वाचित शासक वर्ग को यह निर्देश देता है कि वे आर्थिक एवं सामाजिक प्रजातंत्र की स्थापना करें। संविधान सभा में डॉ. अम्बेडकर जैसे भविष्य दृष्टा ने कहा था, ‘‘संविधान निर्माताओं का यह उद्देश्य नहीं था कि आर्थिक प्रजातंत्र के आदर्श की स्थापना के लिए संविधान में एक ठोस कार्यक्रम का उल्लेख किया जाए, बल्कि उनकी इच्छा थी कि प्रत्येक सरकार आर्थिक प्रजातंत्र की स्थापना का प्रयास करेगी। आर्थिक प्रजातंत्र के लक्ष्य तक पहुंचने के मार्ग के सम्बन्ध में विभिन्न विचारधाराओं के व्यक्तियों के लिए पर्याप्त जगह छोड़ दी गई है। उन्हें यह कहने का

अवसर प्राप्त है कि वे जनता को बतलाएं कि आर्थिक प्रजातंत्र स्थापित करने का अमुक ढंग उत्तम है। उन्हें अपने तरीके से कार्य करने का पूर्ण अवसर प्राप्त है।'' स्पष्टतया यह कहा जा सकता है कि युवा पीढ़ी को अपने ढंग से अनुकूल समाज एवं आर्थिक व्यवस्था स्थापित करने का अधिकार है।

क्या नवपीढ़ी ने डॉ. अम्बेडकर के उक्त शब्दों की ओर ध्यान दिया? क्या उन्हें संवैधानिक व्यवस्था रोकती है कि वे मौलिक परिवर्तन न लाएं अथवा क्या उन्हें अपने कर्तव्य तथा उत्तरदायित्व के प्रति उदासीन रहना चाहिए? नवपीढ़ी को यह महसूस करना चाहिए कि उसका कितना उत्तरदायित्व है, कैसी समझ उसमें हो और नई समाज तथा आर्थिक व्यवस्था को लाने के लिए उसे कितना परिश्रम तथा त्याग करना है? यह उनका ही कर्तव्य है कि वे आर्थिक और सामाजिक क्रान्ति के लिए सशक्त जनमत तैयार करें। जनता को सतर्क एवं जागृत करें ताकि वर्तमान पीढ़ी भी नवपीढ़ी का साथ दे सके। यह सम्भव है, लेकिन ऐसा करने के लिए यह आवश्यक है कि युवा वर्ग त्याग, बलिदान, रचनात्मक दृष्टिकोण अपनाते हुए निरर्थक परम्परावाद, खर्चीली फैशन, क्षेत्रीयवाद, भाषावाद, उद्दण्डता, अलगाववाद, आतंकवाद, नग्न-राजनीति, धन-लोलुपता आदि को तिलांजलि दे। आत्म-संयम तथा अनुशासन में रहकर अपनी सामर्थ्यानुसार लक्ष्यात्मक एकता स्थापित करके जनता एवं जनमत को अपने पक्ष में करे, इस कार्य को आसान न समझा जाए, क्योंकि प्रतिक्रियावादी तत्व और सामाजिक नियतिवादी शक्तियां उनका विरोध अवश्य करेंगी। वे भी तो अपना वर्चस्व बनाये रखना चाहेंगीं। यही संघर्ष तो क्रांतिकारी परिवर्तन की मूल विशेषता है जिसे नवपीढ़ी, विशेषकर दलित युवजनों को भलीभांति समझना चाहिए, उन्हें अपने में नई समझ पैदा करके, नये उत्तरदायित्व को सम्भालना है। उन्हें यह पहचानना है कि हमारे देश में गत्यात्मक और नियतिवादी शक्तियां कौन सी हैं और वे किस प्रकार काम कर रही हैं। नवपीढ़ी को नियतिवादी दर्शन को भलीभांति समझना चाहिए। यह दर्शन भगवान्, भाग्य और भविष्य पर अधिक बल देता है। उसकी मान्यता है कि आदमी कुछ भी नहीं है, वह भगवान् (ईश्वर, गॉड या अल्लाह) पर पूर्णतः आश्रित है। वही आदमी के भाग्य (सामाजिक तथा आर्थिक स्थिति) को निर्धारित करता है और उसे वही मिलता है जो भगवान् देता है। भगवान् ही उसके भाग्य का विधाता है। आदमी जो भी है लंगड़ा, लूला, अन्धा, निर्धन, पीड़ित, दुःखी आदि वह अपने ही कर्मों का प्रतिकार है जिसे भगवान् ही निर्धारित करता है। वर्तमान स्थिति में आदमी को कर्मफल भोगने ही पड़ेंगे। वह भावी जीवन को अच्छे कर्मों द्वारा सुधार सकता है अर्थात् अगला जीवन वर्तमान कर्मों से सुधर सकता है। इस प्रकार नियतिवादी दर्शन आदमी को भगवान्, भाग्य और भविष्य के शिकंजे में जकड़

लेता है और उसे उदासीन एवं असहाय बनाकर पंगु बना देता है। क्या ऐसा दर्शन नवपीढ़ी को उत्साहित कर सकता है? कतई नहीं। इसलिए उसे नियतिवादी दर्शन को भलीभांति समझना चाहिए जो उसकी स्वतंत्रता तथा सृजनशीलता को नष्ट करता है। उन्हें साथ ही गत्यात्मवादी दर्शन के मूल विचार को भी ग्रहण करना चाहिए।

गत्यात्मक दर्शन यह मानता है कि आदमी का अपना स्वतंत्र अस्तित्व है। प्रकृति और समाज से उसका अटूट सम्बन्ध है। आदमी वही है जो वह अपने आपको बनाता है। उसके विचार एवं कर्म उसके व्यक्तित्व का निर्माण करते हैं। उसका भाग्य या जीवन पूर्व-निर्धारित नहीं होता वह सदैव निर्माणाधीन होता है। गत्यात्मक दर्शन की भावी जीवन में आस्था है, पर इसी जीवन के भविष्य में, किसी अन्य में नहीं जो मृत्योपरान्त बनता है। आदमी जो कुछ करता है उसका फल किसी-न-किसी रूप में यहीं घटित होता है। इसलिए यह दर्शन वर्तमान जीवन और सामाजिक स्थिति के सुधार पर बल देता है। वह आदमी को भगवान्, भाग्य तथा अलग जन्म के उज्ज्वल भविष्य के सहारे नहीं छोड़ता। आदमी स्वयं प्रयत्न करे तो अपनी व्यवस्था, अपने मूल्यों और संस्थाओं को बदल सकता है। ऐसा दर्शन ही हमारे संविधान का मूल-मंत्र है। उसमें नव-निर्माण की विधारधारा निहित है और वह नवपीढ़ी को सम्प्रेरित करता है कि वह उसे समझकर व्यवहार में लाने का प्रयास करे।

एक बार जो गत्यात्मक दर्शन को समझ गया, वह संविधान के महत्व को अवश्य जान लेगा। संविधान में भगवान् और भाग्य का कोई स्थान नहीं है। उसमें तो नीतियां हैं और देश के विधिक ढांचे का आधार है। नवयुवकों को डॉ. बाबासाहेब अम्बेडकर द्वारा संविधान में समाविष्ट नीति-निर्देशक तत्वों की गम्भीरता एवं उपयोगिता को समझना चाहिए। इन तत्वों की पृष्ठभूमि में सामाजिक एवं आर्थिक प्रजातन्त्र की विचारधारा निहित है। संविधान के अनुच्छेद 38 से 51 तक में राज्य की नीति-निर्देशक तत्वों या सिद्धान्तों का समुचित विवरण दिया गया है। अनुच्छेद 38 में स्पष्ट लिखा है कि राज्य ऐसी सामाजिक व्यवस्था करे जिसमें सामाजिक, आर्थिक और राजनैतिक न्याय राष्ट्रीय जीवन की सभी संस्थाओं को अनुप्रमाणित, भरसक प्रभावी रूप में स्थापना और संरक्षण करके लोक कल्याण की अभिवृद्धि का प्रयास करे। इन नीति-निर्देशक तत्वों के अनुसार राज्य ऐसे कार्य करे और कानून बनाए जिससे सभी स्त्री-पुरुषों को जीविका के पर्याप्त साधन उपलब्ध हों, राष्ट्रीय सम्पदा का स्वामित्व एवं नियंत्रण इस प्रकार हो कि सामूहिक हित को प्राथमिकता मिले, धन तथा उत्पादन के साधनों का कुछ लोगों के हाथों में एकत्रीकरण न हो जिससे सर्वसाधारण का अहित हो, सभी को समान न्याय मिले, निर्धन लोगों को विधिक सहायता, काम, शिक्षा और लोक सहायता पाने का

अधिकार हो, काम की न्याय संगत और मानवोचित दशाएं हों, श्रमिकों को निर्वाह मजदूरी मिले, उद्योगों के प्रबन्ध में कर्मकारों की सहभागिता हो, सभी नागरिकों के लिए समान नागरिक संहिता हो, बालकों के लिए निःशुल्क और अनिवार्य शिक्षा का प्रबन्ध हो, दुर्बल वर्गों और अनुसूचित जाति एवं जनजातियों के हितों की रक्षा हो, नागरिकों का जीवन स्तर ऊंचा उठे और उनके स्वास्थ्य एवं पोषाहार का ध्यान रखा जाए, पर्यावरण का सुधार एवं संरक्षण हो और इसी प्रकार के कार्यों का संचालन राज्य द्वारा हो कि नई व्यवस्था की स्थापना हो सके।

उपर्युक्त राज्य के नीति-निर्देशक तत्वों में बहुत कुछ अन्तर्निहित है जिसे नवपीढ़ी को समझना और कारगर बनाना होगा, किन्तु इन्हें मात्र निर्देशक तत्व ही माने रहना बुद्धिमत्ता नहीं होगी। आज की जटिल एवं विषम परिस्थितियों को देखते हुए नीति-निर्देशक सिद्धान्तों को मौलिक अधिकारों के रूप में परिवर्तित किया जाना चाहिए ताकि उन्हें व्यावहारिक बनाया जा सके अन्यथा प्रत्येक निर्वाचित सरकार उनको नजर-अंदाज करती रहेगी और उनके नाम में जनता को धोखा देती रहेगी। संवैधानिक उपबन्धों के स्थान पर उन्हें संवैधानिक कानून का स्तर मिलना चाहिए ताकि उनके उल्लंघन को न्यायालय में चुनौती दी जा सके। लेकिन संविधान में निहित समानता के आदर्श के अनुकूल राजनैतिक समाजीकरण के बीच अन्तर तीव्र गति से बढ़ता जा रहा है जो विघटनकारी प्रवृत्तियों जैसे नक्सलवाद, आतंकवाद, अलगाववाद, पैंथरवाद और क्षेत्रीयवाद के रूपों में जुड़ता जा रहा है।

निस्संदेह भारतीय समाज में शहर एवं ग्राम की संस्कृतियों में अन्तर, उनके संसाधनों में समान वितरण, धनी-निर्धन के बीच बढ़ती खाई, व्यापक अशिक्षा तथा अज्ञान, आय तथा व्यय की सीमाओं में भिन्नता, शासन में व्याप्त भ्रष्टाचार, पद-लोलुपता, सत्ता को गलत ढंग से हथियाने की प्रवृत्ति, राजनीतिक अनुत्तरदायित्व, सत्ता का दुरुपयोग, खर्चीली चुनाव पद्धति, नौकरशाही की सामाजिक परिवर्तन के प्रति उदासीनता, धनिक-वर्ग की धन-लोलुपता, युवा पीढ़ी में बढ़ती हुई अवसरवादिता, सरकारी खरीद में कमीशन खाने का चलन, राजनीति तथा धर्म का गठजोड़ आदि कुछ ऐसी बातें हैं जिनकी नवपीढ़ी अवहेलना नहीं कर सकती। यद्यपि मौलिक क्रान्तिकारी परिवर्तन के प्रति नई पीढ़ी में यह चेतना उत्पन्न नहीं हुई जिसकी एक सतर्क जनमत के लिए आवश्यकता है। फिर भी थोड़ी-बहुत जो जागरूकता नई पीढ़ी में अंकुरित हो रही है, इस ओर संकेत करती है कि संविधान के निजी सम्पत्ति और नीति-निर्देशक तत्वों के क्षेत्रों में समुचित संशोधन किया जाए ताकि गत्यात्मकता की विचारधारा, जो समता तथा भ्रातृ-भाव, समाजवाद एवं धर्म-निरपेक्षता, प्रजातंत्र और मानववाद पर आधारित है,

साकार बनायी जा सके। इस दिशा में युवा पीढ़ी का समाजीकरण होना आवश्यक है। उसे अत्याधुनिक जीवन-शैली पर नियंत्रण भी करना होगा।

इसका अर्थ यह कतई नहीं है कि समस्त संवैधानिक व्यवस्था को नष्ट किया जाए। संवैधानिक संरचना में कुछ नये मानववादी मूल्यों और तत्वों का समावेश है जिन्हें कट्टर नियतिवादी और धर्मान्धी भी ध्वस्त नहीं कर पाएंगे। समता तथा भ्रातृ-भाव के आदर्शों को वे व्यापक, लोकप्रिय तथा कठोर बना सकते हैं। उन्हें नष्ट करना, उनके लिए सम्भव नहीं होगा। संविधान में प्रदत्त मौलिक अधिकारों को वे संशोधित तथा व्यावहारिक बना सकते हैं। उन्हें वे एकदम समाप्त नहीं कर सकते। इन मौलिक अधिकारों और नीति-निर्देशक तत्वों के द्वारा वे उस समाजवादी प्रजातान्त्रिक व्यवस्था को ला सकते हैं जिसके लिए संविधान निर्माताओं ने पहले ही मार्ग प्रशस्त कर दिया था। अत: संवैधानिक व्यवस्था को वर्तमान परिस्थितियों तथा प्रवृत्तियों की दृष्टि से मूल्यांकन करने की आवश्यकता है। उसे मात्र एक संकुचित दृष्टिकोण अथवा विचारधारा विशेष के मानदण्ड से आलोकित करने से कोई लाभ नहीं होगा। अत: यह नवपीढ़ी में से उभरते विद्वानों एवं विशेषज्ञों, नेताओं तथा शिक्षकों, लेखकों और पत्रकारों का दायित्व है कि यहां की सामाजिक स्थिति का अपने ही स्वतंत्र चिन्तन एवं दृष्टि से अध्ययन करके, एक ऐसी लक्ष्यात्मक दिशा प्रदान करें कि गत्यात्मक विचार और समतावादी व्यवस्था का समुचित विकास हो।

इसका स्पष्ट अर्थ यह है कि नवपीढ़ी के दृष्टिकोण में मौलिक परिवर्तन आना चाहिए। उसे एक निश्चित मार्ग अपनाना होगा अन्यथा भटकना उनकी नियति बन जाएगी। अब प्रश्न है कि किस प्रकार युवजनों की मनो-सामाजिक विकृतियों और कुरीतियों का अन्त हो? युवा शक्ति को एक रचनात्मक धारा में किस प्रकार संगठित एवं सशक्त बनाया जाए? किस प्रकार विदेशी विचारों और आदतों के अन्धानुकरण की उनमें व्याप्त प्रवृत्ति को रोका जाए? किस ढंग से उन्हें नग्न-राजनीति में फंसने और अवसरवाद के शिकंजे से मुक्त किया जाए? संक्षेप में उन्हें उद्दण्डता एवं भ्रष्टता के मार्ग पर जाने से कैसे रोका जाए?

इन प्रश्नों का तात्पर्य स्पष्ट है कि नवपीढ़ी में जो सृजनात्मकता और बौद्धिकता है उसे सर्वहितकारी बनाया जाए। ऐसा तभी सम्भव होगा जब युवजनों में, चाहे वे किसी भी धर्म के हों, स्वतंत्र चिन्तनात्मक दृष्टिकोण विकसित हो और देश की स्थितियों के अनुसार अपनी कार्य-विधि भी अपनाएं। यह सम्भव है, क्योंकि वे उभरते तत्व हैं। आर्थिक आधार कुछ भी हो, उनके बौद्धिक दृष्टिकोण में मौलिक सोच अद्‌भुत होनी चाहिए। वस्तुपरक दृष्टिकोण उनमें जागृत हो और कर्तव्यनिष्ठा को वे अपना धर्म मानें,

तभी काम चल सकता है। अत: भावी क्रांति की सफलता के लिए उनका वैचारिक दृष्टिकोण सशक्त तथा लक्ष्याधारित हो जिससे समाज के समस्त ढांचे को प्रभावित किया जा सके। इस प्रकार के समस्त परिवर्तन राजनीतिक संघर्ष के साथ जुड़े हुए होते हैं जिसका सीधा लक्ष्य राजनीतिक सत्ता प्राप्त करना होता है। राजनीतिक सत्ता को अपने अनुकूल बनाना कठिन किन्तु आवश्यक भी है। ऐसा नवपीढ़ी कर सकती है बशर्ते कि वह युवा शक्ति की एकता, संगठन, सैद्धान्तिक चिन्तन, सार्थक प्रशिक्षण आदि का सुप्रबन्ध कर सके। साथ ही युवा पीढ़ी का यह दायित्व है कि वह प्रगतिवादी तत्वों को संगठित करके, सामाजिक गत्यात्मवाद की शक्तियों को नेतृत्व प्रदान करे। वह अपने को इस वृहत् कार्य की दिशा में समर्पित करे और अपने को सक्षम बनाकर उन मौलिक परिवर्तनों को व्यावहारिक बनाए जिनकी वर्तमान सामाजिक, राजनैतिक एवं आर्थिक क्षेत्रों में अत्यावश्यकता है।

यह कहा जा सकता है कि भारतीय संविधान कोई मृत दस्तावेज नहीं है, उसमें एक नया समाज-दर्शन निहित है जो पुरातनवादी समाज से भिन्न है। नवपीढ़ी उसे खोज सकती है और क्रियान्वित भी कर सकती है। युवजनों में श्रम करने और कष्ट सहने की क्षमता होती है। वे नये कार्यक्रमों को नियोजित दिशा देकर विद्यमान जड़ता एवं संकुचित मानसिकता से समस्त भारतीय समाज को उभार सकते हैं। ब्राह्मणवादी प्रवृत्तियों की यथा-स्थिति बनाये रखने वाले नियतिवादी दर्शन को नयी पीढ़ी ही चुनौती दे सकती है। वह चुनौती जिसमें हिंसा तथा आतंक, देशद्रोह एवं जातिवाद और वर्णवाद न हो। वह चुनौती जो धर्मान्धता, कट्टरवादिता, रूढ़िवादिता और संस्थागत परिवर्तन हों कि संविधान में निहित पुनर्निर्माण की आकांक्षाएं, नव पीढ़ी की समझ और दायित्व के निर्देशन में व्यावहारिक रूप ले सके । संक्षेप में, भारतीय संविधान एवं नवपीढ़ी के बीच जो भी सम्बन्ध उद्भुत हुआ है अथवा जो भविष्य में होगा, वही हमारे राष्ट्र-निर्माण की आधारशिला बनेगी। उसी से नये समाज-दर्शन के अनुकूल नई समाज व्यवस्था निर्मित होगी। नये समाज का मूल स्रोत संविधान ही होगा। कोई दैविक शास्त्र या धर्म नहीं। यह रहस्य नवपीढ़ी को अनिवार्यत: समझ लेना चाहिए।

डॉ. अम्बेडकर ने अपने जीवन काल में दलितों, महिलाओं तथा पिछड़ों के संबंध में जिन मौलिक अधिकारों एवं मानवाधिकारों के अन्तर्गत समस्याओं तथा मांगों को परिलक्षित किया था वे इस प्रकार हैं:

1. दलितों की जमीनों पर सबल लोगों द्वारा किए गए कब्जे अभी हैं। ये कब्जे हटाए जाएं, अतिक्रमियों को सजा दी जाए। फालतू जमीन का अलॉटमेंट दलितों के लिए किया जाए और कब्जा दिया जाए।

2. दलितों को रोजगार के अवसर प्रदान किये जाएं। उनकी आर्थिक स्थिति में सुधार कार्यक्रमों की कड़ाई से क्रियान्विति की जाए। सरकारी योजनाओं का लाभ बिना भ्रष्टाचार के दिया जाए। दलितों की भागीदारी सुनिश्चित की जाए।
3. कम्पोनेंट प्लान की रकम इन दलितों के कल्याण पर खर्च की जाए, उस पर निगाह रखने के लिए कमेटी गठित की जाए जिसमें अभियान से जुड़े स्थानीय प्रतिनिधि को सदस्य बनाया जाए। जवाबदेही और पारदर्शिता सुनिश्चित की जाए।
4. हर बच्चे को शिक्षा का अधिकार हो और उन्हें अनिवार्य शिक्षा दी जाए। निर्धन विद्यार्थियों को सभी सुविधाएं दी जाएं। जाति भेद, छुआछूत अपनाने वाले अध्यापकों को सुधारा अथवा दण्डित किया जाए।
5. कुएं, हैण्डपम्प, तालाब आदि सार्वजनिक जलस्रोतों पर उन्हें भी बिना भेदभाव पानी पीने के अधिकार को सुनिश्चित किया जाए। इसके लिए राज्य कर्मचारियों और अन्य उदार समझदार लोगों की कमेटी बनाई जाए। दोषियों पर कानूनी कार्यवाही की जाए।
6. होटलों, नाइयों की दुकानों पर भेदभाव की नीति को समाप्त किया जाए। अलग गिलास रखने की प्रथा समाप्त की जाए। होटल, चाय थड़ी, नाई की दुकान को अनुमति पत्र तब ही दिया जाए जब वे जातिगत आधार पर भेदभाव नहीं करने का संकल्प करें।
7. संविधान में दिये गये प्रावधानों के अनुसार सभी सेवाओं में आरक्षण पूरा किया जाए। बैकलॉग पूरा भरा जाए। भूमण्डलीकरण, निजीकरण, उदारीकरण से उत्पन्न होने वाली बेरोजगारी पर रोक लगाई जाए और सरकार दलितों के उत्थान का दायित्व निभाए।
८. अनुसूचित जाति/अनुसूचित जनजाति अत्याचार निवारण कानून, 1989 और नियम 1995 को कठोरता से लागू किया जाए। एफ.आई.आर. तत्काल दर्ज की जाए तथा एफ.आर. नहीं दी जाए। उत्पीड़न करने वालों की अग्रिम जमानत नहीं ली जाए। संवेदनशील क्षेत्रों को चिन्हित करके दलित स्त्री-पुरुषों, निर्धन लोगों के बचाव के लिए विशेष प्रशासनिक प्रबन्ध किये जाएं।
9. पुलिस व न्यायपालिका के पक्षपातपूर्ण रवैये पर प्रभावी अंकुश लगाया जाए और कार्यपालिका में बढ़ते जातिगत भेदभाव को रोका जाए।
10. कोई भी सम्प्रदाय और समूह दलित विरोधी प्रचार नहीं करें, छुआछूत, जातिवाद के समर्थकों को दण्डित किया जाए। राज्य को सभी धार्मिक आयोजनों से दूर

रहना चाहिए और साम्प्रदायिकता बढ़ाने वालों पर अंकुश लगाया जाए तथा धर्म-परिवर्तन करने वाले को प्रताड़ित नहीं होने दिया जाए।

आज दुनियाभर में मानवाधिकारों का महत्व एवं क्षेत्र बढ़ता जा रहा है। प्राय: सभी देश इन अधिकारों के प्रति सजग तथा संवेदनशील बनते जा रहे हैं। दशकों पूर्व डॉ. बाबासाहेब ने मानवाधिकारों के हनन के प्रति भारतीय समाज तथा सरकारी प्रशासन को चेताया था कि यदि देश व राष्ट्र को संगठित और शक्तिशाली बनाना है तो सब नागरिकों को आगे बढ़ने के समान अवसर प्रदान किये जाएं। जातिगत भेदभाव, छुआछूत, ऊंच-नीच की भावना, शूद्र व दलितों को शिक्षा का अधिकार न देना, महिलाओं को घर की चार दीवारों तक सीमित रखना, पुत्रियों को माता-पिता की सम्पत्ति से वंचित रखना, बाल-विवाह, सती-प्रथा, बंधुआ मजदूरी, बेगार आदि ऐसे मुद्दे हैं जो मानवाधिकारों की परिधि में ही आते हैं। इन्हीं की समाप्ति के लिए डॉ. अम्बेडकर का विद्रोही स्वर निरन्तर मुखरित रहा जिसका ही यह परिणाम है कि 'अम्बेडकर आन्दोलन' मानवाधिकारों के पक्ष में अग्रसर है।

यहां कुछ महत्वपूर्ण भारतीय कानूनों की सूची प्रस्तुत है, जिनका मानवाधिकारों के अभिवर्धन व संरक्षण से सम्बन्ध है:

1. भारत का संविधान (उद्देशिका, भाग 3, 4 और 4 क, अनुच्छेद 226, 300 क, 325, 326)
2. मानव अधिकार संरक्षण अधिनियम, 1993: इस अधिनियम में मानवाधिकारों के बेहतर संरक्षण के लिए राष्ट्रीय मानवाधिकार आयोग, राज्य मानवाधिकार आयोगों और मानवाधिकार न्यायालयों के गठन की व्यवस्था की गई है।
3. राष्ट्रीय पिछड़ा वर्ग आयोग अधिनियम, 1993: अनुसूचित जातियों और अनुसूचित जनजातियों से इतर पिछड़े वर्गों के लिए राष्ट्रीय आयोग का गठन करने और उससे सम्बन्धित या उसके आनुषंगिक विषयों का उपबन्ध करने के लिए अधिनियम।
4. राष्ट्रीय अनुसूचित जाति और जनजाति आयोग: संविधान के अनुच्छेद 338 की अपेक्षा है कि अनुसूचित जातियों तथा अनुसूचित जनजातियों के लोगों के अधिकारों के बेहतर संरक्षण के लिए राष्ट्रीय अनुसूचित जाति तथा अनुसूचित जनजाति आयोग का गठन किया जाए।
5. राष्ट्रीय अल्पसंख्यक आयोग अधिनियम, 1992: अल्पसंख्यकों के अधिकारों के बेहतर संरक्षण के लिए राष्ट्रीय अल्पसंख्यक आयोग का गठन करने से सम्बन्धित अधिनियम।

6. राष्ट्रीय महिला आयोग अधिनियम, 1990: स्त्रियों के अधिकारों के बेहतर संरक्षण के लिए राष्ट्रीय महिला आयोग का गठन करने से सम्बन्धित अधिनियम।
7. सिविल अधिकार संरक्षण अधिनियम, 1995: संविधान के अनुच्छेद 17 के अधीन अस्पृश्यता का उन्मूलन कर दिया गया है और किसी भी रूप में इसके आचरण को निषिद्ध कर दिया गया है। इस अधिनियम के द्वारा अस्पृश्यता से उत्पन्न किसी भी निर्योग्यता पर अमल करना सम्बन्धित कानूनी व्यवस्था के अनुसार दण्डनीय अपराध बना दिया गया है।
8. अनुसूचित जाति और अनुसूचित जनजाति (अत्याचार निवारण) अधिनियम, 1989: इस अधिनियम में अनुसूचित जातियों और अनुसूचित जन-जातियों के विरुद्ध अत्याचार को रोकने, ऐसे अपराधों के मुकदमों की सुनवाई करने के लिए विशेष न्यायालयों का गठन करने और अत्याचार के शिकार लोगों को राहत देने तथा उनका पुनर्वास करने की व्यवस्था की गई है।
9. सफाई कर्मचारी नियोजन और शुष्क शौचालय सन्निर्माण (प्रतिषेध) अधिनियम, 1993: व्यक्ति की गरिमा सुनिश्चित करने वाला भ्रातृत्व संविधान की उद्देशिका के लक्ष्यों में से एक है। अनुच्छेद 47 राज्य से लोगों का जीवन स्तर ऊंचा करने और उनका स्वास्थ्य सुधारने की अपेक्षा रखता है। यह अधिनियम उन लक्ष्यों की प्राप्ति के लिए बनाया गया है। इस अधिनियम में हाथ से मल-मूत्र साफ करने के लिए लोगों का नियोजन तथा सूखे शौचालयों के निर्माण और पहले से बने ऐसे शौचालयों के जारी रखे जाने का पूर्ण निषेध कर दिया गया है और पानी से साफ होने वाले शौचालयों के निर्माण और अनुरक्षण के नियमन की विधिक व्यवस्था की गई है।
10. अनैतिक व्यापार (निवारण) अधिनियम, 1956: संविधान का अनुच्छेद 23 मनुष्य के व्यापार का निषेध करता है। 9 मई, 1950 को भारत ने स्त्रियों और बालिकाओं के अनैतिक व्यापार का प्रतिषेध करने वाले अन्तर्राष्ट्रीय अभिसमय की पुष्टि कर दी। यह अधिनियम उसी को कार्यरूप देता है।
11. स्त्री विशिष्ट रूपण (प्रतिषेध) अधिनियम, 1986: यह अधिनियम विज्ञापनों के माध्यम से या प्रकाशनों, लेखन, चित्रों, आकृतियों या अन्य प्रकार से स्त्रियों के अश्लील चित्रण का निषेध करता है।
12. दहेज प्रतिषेध अधिनियम, 1961: यह दहेज देने और लेने की कुप्रथा का निषेध करने वाला अधिनियम है।

13. सती (निवारण) अधिनियम, 1987: सती या विधवाओं अथवा स्त्रियों को जीवित जला देने या दफन कर देने की प्रथा मानव प्रकृति के लिए जुगुप्साजनक है, और भारत के किसी भी धर्म में कहीं भी इसे अनिवार्य कर्तव्य के रूप में आदिष्ट नहीं किया गया है। यह अधिनियम सती और उसके महिमामण्डन का प्रभावकारी निषेध करता है।
14. प्रसूति प्रसुविधा अधिनियम, 1961: इस अधिनियम में प्रसूति लाभों आदि की व्यवस्था की गई है और यह प्रसूति से पहले और उसके बाद कुछ खास अवधियों के लिए कुछ स्थापनाओं में स्त्रियों के नियोजन का नियमन करता है।
15. बाल-विवाह अवरोध अधिनियम, 1929: यह अधिनियम बाल-विवाहों को, अर्थात् जिस विवाह में वर और कन्या या इनमें से कोई एक खास उम्र से कम का हो, उस विवाह को निषिद्ध करने के लिए बनाया गया है।
16. बालक (श्रम गिरवीकरण) अधिनियम, 1933: यह अधिनियम बच्चों के श्रम को बंधक रखने और जिस बच्चे को श्रम बंधक रखा गया हो, उसके नियोजन का निषेध करता है।
17. अनाथालय और अन्य पूर्त आश्रम (पर्यवेक्षण और नियंत्रण) अधिनियम, 1960: इस अधिनियम में अनाथालयों, उपेक्षित स्त्रियों या बच्चों को शरण देने वाले ग्रहों और इस तरह की अन्य संस्थाओं के अधीक्षण और नियंत्रण की तथा इनमें चलने वाली आपराधिक गतिविधियों को दण्डित करने की व्यवस्था की गई है।
18. बालक अधिनियम, 1960: इस अधिनियम में संघ शासित प्रदेशों में बच्चों की देख-रेख, संरक्षण, अनुरक्षण, कल्याण, प्रशिक्षण, शिक्षा और पुर्नवास तथा बिगड़े बच्चों के मुकदमों की सुनवाई के सम्बन्ध में व्यवस्था की गई है।
19. बालक श्रम (प्रतिषेध और विनियमन) अधिनियम, 1986: यह अधिनियम कुछ खास धंधों में और खास प्रक्रियाओं में बच्चों के नियोजन का निषेध करता है, निषिद्ध धंधों तथा प्रक्रियाओं की सूची में ऐसे धंधों और प्रक्रियाओं के समावेश की कार्य-विधियां निर्धारित करता है तथा जिन नियोजनों में बच्चों का काम करना निषिद्ध नहीं है उनमें उनके काम करने की परिस्थितियों का नियमन करता है।
20. किशोर न्याय अधिनियम, 1986: यह अधिनियम उपेक्षित या बिगड़े बच्चों की देख-रेख, संरक्षण, इलाज, विकास और पुनर्वास सम्बन्धी नियमों का विधान करता है और बाल न्याय प्रणाली के प्रति एक विशेषीकृत दृष्टिकोण की व्यवस्था करता है।

21. अल्पवय व्यक्ति (अपहानिकर प्रकाशन) अधिनियम, 1956: जिन चित्रमय तथा अन्य प्रकाशनों में अपराध, हिंसा, निष्ठुरता या जुगुप्साजनक अथवा भयावह किस्म की कहानियां प्रकाशित की जाती हैं वे अल्पवयस्क व्यक्ति के मस्तिष्क को दूषित कर सकते हैं या उसे ऐसे कृत्य करने को उकसा सकते हैं। यह अधिनियम उन प्रकाशनों को रोकने का प्रयत्न करता है जो अल्पवयस्क व्यक्तियों के लिए हानिकर हैं।
22. जाति निर्योग्यता निवारण अधिनियम, 1950: यह अधिनियम यह विधान करता है कि दीवानी मुकदमे में जब सम्बन्धित पक्ष अलग-अलग सम्प्रदायों के हों तो उन पक्षों के धर्मों से सम्बन्धित कानूनों को ऐसे पक्षों का ऐसी किसी सम्पत्ति से वंचित करने का आधार नहीं बनने दिया जाएगा जिसके कि वे उस हालत में हकदार होते जब इन कानूनों को प्रयोग में लाया जाता।
23. मानसिक स्वास्थ्य अधिनियम, 1987: यह अधिनियम मानसिक रूप से रुग्ण व्यक्तियों के पागलपन, अधिग्रहण, देख-रेख और उपचार के निर्धारण का नियमन करता है।
24. बंधित श्रम पद्धति (उत्पादन) अधिनियम, 1976: संविधान का अनुच्छेद 23 बेगार और इसी प्रकार के अन्य बाधित श्रम का निषेध करता है और यह विधान करता है कि उक्त निषेध का कोई भी उल्लंघन कानून के अनुसार दण्डनीय अपराध होगा। यह अधिनियम कमजोर वर्गों के लोगों के आर्थिक तथा शारीरिक शोषण को रोकने के लिए बंधुआ मजदूर प्रणाली के उन्मूलन का विधान करता है।

अन्त में यह कहना सार्थक होगा कि डॉ. अम्बेडकर ने मानवाधिकारों का जो बिगुल दशकों पूर्व बजाया था, वह आज विश्व में निरन्तर गूंजता तथा सबल बनता जा रहा है। न केवल दलित, अपितु सभी वर्गों और धर्मों के स्त्री-पुरुष इस अभियान में अपना-अपना योगदान कर रहे हैं। वे सक्रिय हैं और हर स्तर पर इन्सानियत तथा सामाजिक न्याय की मांग कर रहे हैं ताकि सभी मानव प्राणियों की गरिमा तथा गौरव के प्रति समदृष्टि हो, शोषण तथा अन्याय समाप्त हों जैसा कि डॉ. अम्बेडकर ने चाहा था। भारत में मानवाधिकारों के संरक्षण हेतु, जो कानून निर्मित हुए हैं उनमें अम्बेडकर के 'सामाजिक मानववाद' की धारा ही अन्तर्निहित है जो इस बात पर बल देती है कि हरेक व्यक्ति मानव के रूप में रहने-जीने का प्रयास करे और मानवाधिकारों की संरक्षा तथा समृद्धि करने हेतु संकल्पित हो। अतः नया भारत तथा नई दुनिया का निर्माण होना ही चाहिए।

अध्याय-11

गरीबी मिटाने का दायित्व

अनेक विद्वानों तथा अम्बेडकरवादियों की भांति मैं भी यह मानने के लिए उत्सुक हूं कि डॉ. अम्बेडकर के आर्थिक विचार जितने पहले प्रासंगिक थे उतने ही वे आज सार्थक भी हैं। उनके समस्त ग्रंथों में जो आर्थिक पक्ष मिलता है, वह इसी बात पर बल देता है कि समाज में रहने वाले निर्धन, दरिद्र, दीन-हीन, आदि स्त्री-पुरुषों का भला तथा कल्याण, राज्य के दायित्व पर निर्भर है। यह देश सदियों से आर्थिक पिछड़ेपन से ग्रसित है जिससे उभरने के लिए वह न केवल समाज, अपितु राज्य के आर्थिक प्रबंधन एवं सार्वजनिक निवेश पर कहीं अधिक आश्रित है।

आज जो भूमण्डलीकरण, उदारीकरण, विनिवेश, मुक्त बाजार, आदि का जो दौर चल रहा है, उससे गरीबी तथा दरिद्रता नहीं मिट पाएगी। उल्टे इन नीतियों से वैभव और निर्धनता के बीच जो खाई है, वह और गहरी हो जाएगी, क्योंकि ये आर्थिक नीतियां अमीर लोगों अथवा सम्पन्न देशों में तो चल सकती हैं जहां पूंजीवादी व्यवस्था है। लेकिन भारत जैसे विकासशील देश में तो इनसे बेरोजगारी, भुखमरी तथा अशिक्षा और बढ़ेगी। डॉ. अम्बेडकर की राय थी कि खेती तथा उद्योगों पर राज्य का नियंत्रण हो ताकि मजदूर तथा निर्धन वर्गों के स्त्री-पुरुषों को उनसे उचित आर्थिक भरण-पोषण हो। गरीबी, बाल-श्रम, बेगार, आदि को समाप्त करना है तो 'राज्य समाजवाद' और

'अनिवार्य बीमा योजना' ही सहायक सिद्ध हो सकती हैं। पूंजीवादी व्यवस्था भारत के लिए घातक सिद्ध हो रही है जैसा कि डॉ. बाबासाहेब ने देश को दशकों पूर्व आगाह किया था कि गरीबी मिटाने का दायित्व अधिकतर राज्य का ही है। इन्ही विचारों को इस अध्याय में विश्लेषित किया गया है।

वैभव और निर्धनता

डॉ. अम्बेडकर ने गरीबी मिटाने के जो उपाय सुझाए थे, उन्हें वर्तमान सरकार ने भुला दिया है। फलत: एक ओर शानदार वैभव है तो दूसरी ओर घोर गरीबी से आम स्त्री-पुरुष, विशेषकर दलित वर्ग त्रस्त है।

यदि अतीत में जाएं तो हम पाएंगे कि कृषि की घटती जोतों के साथ ही प्रतिवर्ष सूखे की मार देश के आदिवासी क्षेत्रों में भुखमरी, कुपोषण व बीमारी के हालात को बद से बदतर बनाती जा रही है, क्योंकि आदिवासी क्षेत्रों में जो वनों का कवच उन्हें भुखमरी से बचाया करता था वह भी शनैः-शनैः समाप्त होता जा रहा है। जंगल से प्राप्त आमदनी भी तेजी से घट रही है तथा घुम्मकड़ रहकर जो कृषि एवं वन्य उपज लेने की प्रवृत्ति थी वह वनों के विनाश के साथ ही समाप्त होती जा रही है। इन आदिवासियों को धीरे-धीरे एक स्थान चुनकर ठहराव की प्रवृत्ति करने के लिए मजबूर होना पड़ रहा है।

सहरिया जनजाति के लोग प्राय: जंगलों के समीप रहने के आदी हैं तथा इनकी बस्ती स्थानीय भाषा में 'सहरना' कहलाती है। इनका मूल रुचिकर भोजन मक्का, ज्वार, बाजरा तो हैं ही, लेकिन जंगल में उपलब्ध कंद मूल, सतावरी एवं तेंदू के पेड़ पर आने वाला फल भी इन लोगों का प्रिय भोजन है। महुआ के लड्डू बनाते हैं। इस क्षेत्र में 'सावा घास' सितम्बर-अक्टूबर में पक जाती है जिसके बीज इकट्ठा कर पानी या छाछ के साथ दलिया या लपटा बनाकर खाना इनके पारंपरिक खाद्य प्रवृत्ति का हिस्सा है। 'अपरिग्रह' का ये सही मायने में प्रतिनिधित्व करते हैं, क्योंकि सामान्यत: इनकी प्रवृत्ति में संग्रह नहीं है।

सहरिया मूलत: सही मायने में सहकारिता पर आधारित समता मूलक प्रवृत्ति के हैं, क्योंकि यदि इनके किसी समारोह में खाने वालों की संख्या तैयार खाद्य सामग्री से अधिक है तो आपस में बराबर-बराबर बांट लेंगे तथा इस बात की चर्चा भी नहीं करेंगे कि वे भर पेट भोजन नहीं कर सके। इनकी अच्छाई में महत्वपूर्ण बात यह है कि इनके यहां शादी-विवाह में दहेज का प्रचलन बिलकुल भी नहीं है। सीताबाड़ी में लगने वाला मेला इनका सबसे पवित्र स्थल है जिसमें वाल्मीकि ऋषि को अपना कुल देवता मानकर उसमें निर्मित मंदिर एवं कुंड को पवित्र स्थली मानते हैं। सहरियाओं का महिला प्रधान

समाज कहा जा सकता है, क्योंकि यदि अपने पति या अन्य घर के सदस्य को किसी अन्य कृषक के यहां हाली पर रखना है तो उस घर की महिला ही मजदूरी की राशि तय करेगी। ये ईमान के पक्के हैं, क्योंकि यदि किसी से संविदा पर मजदूरी तय कर ली तो वे भूखे रहकर भी कार्य करते रहेंगे। इस प्रकार वे काफी मेहनती हैं। इस वर्ष के अकाल ने इनकी कमर ही तोड़ दी, क्योंकि अबकी बार रबी की बुआई भी पूरे कोटा संभाग में नहरों के पानी के अभाव में नहीं हुई जिससे कि ये अन्यत्र मजदूरी करके पेट भर पाते।

भारत में आदिवासी क्षेत्रों में अकाल नहीं भी हो तो 'अदृश्य अकाल' तो हमेशा ही बना रहता है। अकाल से निबटने की जो व्यूह रचना रहती है वह फटे कपड़े पर पेबंद लगाकर काम चलाने जैसी ही है। अकाल नहीं भी हो तो आदिवासी क्षेत्रों के हालात पूरे देश में ऐसे हैं कि गरीबी के कारण उन्हें पूरे खाद्य पदार्थ मिल नहीं पाते हैं। ऐसी स्थिति में आदिवासी क्षेत्रों में सतही हल ढूंढने के बजाय दीर्घकालीन एवं कड़े कदम उठाने चाहिए। आदिवासियों को उनकी भलाई के लिए बनाई गई योजनाओं का पूरा लाभ नहीं मिल पा रहा है, क्योंकि इन योजनाओं में व्यक्तिगत लाभ भी पूरे वर्ष भर परिवार को रोजगार के रूप में मिलता रहे ऐसे बिन्दुओं का स्पष्टतः अभाव है। वन संरक्षण कानून का सही क्रियान्वयन नहीं होना भी इसका एक महत्वपूर्ण कारण है। शोषक वर्गों ने नए-नए तरीके इन क्षेत्रों में इजाद कर रखे हैं जैसे सहरिया की जमीन बैंक में गिरवी रखवाकर उसके नाम ट्रैक्टर, कृषि उपकरण, कुएं के पम्पसैट आदि लेकर उसकी जमीन भी बैंक में गिरवी रखवा देना तथा ट्रैक्टर एवं उसकी जमीन का शोषक वर्गों द्वारा स्वयं उपभोग करना। राजस्थान काश्तकारी अधिनियम की धारा 183 सी में प्रावधान है कि अनुसूचित जाति या जनजाति की जमीन पर अतिक्रमी कब्जा नहीं छोड़ता है तो तीन वर्ष तक के साधारण कारावास एवं बीस हजार रुपये तक के जुर्माने से दंडित किया जा सकता है, लेकिन यह कानून पुस्तक तक ही सीमित है, क्योंकि राजस्थान में इस धारा का उपयोग किया जाना इतनी जटिलता लिए हुए है कि इस प्रावधान के तहत सम्पूर्ण राजस्थान में आज तक एक भी अतिक्रमी को सजा नहीं हुई है जबकि सभी राजनीतिक दल राज्य में शासन कर चुके हैं। इससे तो अच्छा हो कानून में संशोधन कर भू-राजस्व अधिनियम की धारा 91 के प्रावधानों के तहत तहसीलदार को अधिकार दे दिए जाएं ताकि शोषक वर्ग एवं अतिक्रमियों पर कानून का शिकंजा कसा जा सके।

अपनी एक नवीनतम रिपोर्ट में विश्व खाद्य एवं कृषि संगठन ने भारत में भुखमरी की समस्या ज्यों की त्यों बनी रहने को लेकर गहरी चिंता प्रकट की है और इस भुखमरी का मुख्य कारण कृषि अर्थव्यवस्था पर पड़ रहे बेहद दबाव को माना गया है। विश्व में

84 करोड़ लोग कुपोषण के शिकार थे जिसमें 80 करोड़ विकासशील देशों के लोग हैं तथा इसमें से 25 करोड़ लोग अकेले 'मेरे भारत महान्' के हैं। इस भुखमरी की वजह से बाल मृत्युदर एवं महिलाओं की प्रसव के दौरान होने वाली मौतों की दर बढ़ रही है जिससे अंदाज लगाया जा सकता है कि बारां के सहरिया ही नहीं राजस्थान के जनजाति उपयोजना क्षेत्र के सबसे संवेदनशील क्षेत्र कोटड़ा, उड़ीसा का काला हांडी, गुजरात का अंबाजी क्षेत्र, मध्यप्रदेश के शिवपुरी के आदिवासियों के क्या हाल होंगे। आन्ध्र प्रदेश में चन्द्रबाबू नायडू के नौ साल के शासन काल में साढ़े तीन हजार किसानों ने कर्ज तथा सूखे के कारण आत्महत्याएं कीं, जबकि सत्ता परिवर्तन (अप्रेल-मई चुनाव के कारण) के बाद कांग्रेस के 15 दिनों के शासन में ही सौ से अधिक किसानों ने आत्महत्याएं कीं जो एक शर्मनाक स्थिति है। ये आंकड़े 'आज तक टी.वी.' चैनल द्वारा दिनांक 3.6.2004 को एक विशिष्ट रिपोर्ट में प्रसारित किए गए।

अतीत में किए गए प्रयासों का मूल्यांकन करते हुए असफलता को कोसने एवं आरोप-प्रत्यारोपों के बजाय हमें उस दीर्घकालीन कार्य योजना पर विचार करना चाहिए जिससे सदा के लिए विद्यमान इस 'अदृश्य अकाल' को स्थायी तौर पर विदाई दी जा सके। यदि समय रहते इस ओर ध्यान नहीं दिया गया तो सरकारों को भारत में स्थान-स्थान पर आंदोलनकारी विक्षोभ झेलना पड़ सकता है। हमें खाद्यानों के उचित मूल्य पर उपलब्धता के साथ ही वर्षभर में किए जाने वाले समस्त निर्माण कार्यों में मजदूरी के रूप में गेहूं के वितरण की वर्तमान में अकाल राहत में अपनाई गई नीति को भविष्य में भी स्थायी तौर पर अपनाना होगा, जिससे एक ओर निर्माण कार्गें में मशीनों से कार्य कराकर फर्जी मजदूरी भुगतान जैसे हथकंडों से स्थायी निजात मिलेगी, वहीं दूसरी ओर गांव-गांव में कृषक मजदूरों को पर्याप्त गेहूं उपलब्ध होता रहेगा। गरीबी की रेखा से नीचे जीवन यापन करने वालों को यदि रोजगार ग्रामीण क्षेत्रों में स्थायी तौर पर मिलता रहे तो वे अनुदान के रूप में मिलने वाले रियायती गेहूं की ओर मुंह ताकना बंद कर देंगे तथा गरीबों को सस्ते अनाज के नाम पर किए जा रहे वितरण के भ्रष्टाचार पर भी स्थायी रोक लग सकेगी। 'हमें खेत का पानी खेत में एवं गांव का पानी गांव में' की तर्ज पर भू-संरक्षण एवं बड़ी संख्या में तालाब एवं एनिकट बनाने होंगे। बेकार पड़ी नदियों पर बनी पुरानी सड़क पुलियाओं को एनिकटों में बदलकर कम लागत के इस प्रयोग से भू-जल स्तर को ऊंचा उठाने का अनवरत प्रयास करना होगा। जंगल और आदिवासी के पुराने रिश्तों को कायम करने हेतु नीतिगत निर्णय लेने होंगे जिससे कि वन सरंक्षण को बल मिले। ज्यादातर अनुसूचित जाति एवं जनजाति (मूलत: भील, गरासिया, सहरिया)

आदि की जिन गांवों में 75 प्रतिशत से अधिक जनसंख्या है उनके लिए एक अलग नीति बनाकर रोजगार के साधन स्थायी तौर पर उपलब्ध कराने होंगे। बारां जिले में कुल पदों में से सहरियाओं के लिए किए गए 25 प्रतिशत पदों पर आरक्षण के पद बिना किसी देरी के एक अभियान चलाकर भरे जाने चाहिए, जिससे शिक्षित बेरोजगार कुंठाग्रस्त नहीं हों तथा शैक्षणिक संस्थाओं, पुलिस एवं प्रशासन में सहरिया वर्ग की प्रभावी भागीदारी भी सुनिश्चित हो सके।

आदिवासी क्षेत्रों में चलने वाले छात्रावासों में छात्र संख्या बढ़ाने, गणित, अंग्रेजी जैसे विषयों को पढ़ाने हेतु अलग कोचिंग व्यवस्था करने तथा अधिक योग्य एवं ज्यादा वेतन पाने वाले वार्डनों की नियुक्ति बाबत नीतिगत निर्णय लेने होंगे। महिला शिक्षा के लिए परिवार के मुखिया को विशेष प्रोत्साहन योजना बनाकर एक अलग बौद्धिक विकांस की कार्य योजना बनानी होगी। स्कूलों में दिए जा रहे मध्यान्ह भोजन की मात्रा दुगनी करनी होगी, जिससे बचा हुआ पका भोजन बच्चे घर ले जा सकें। इस भुखमरी व कुपोषण के शोर-शराबे के रुकने के बाद हमने मूल कारणों को ही ठंडे बस्तों में डालकर भुला दिया तो समय नीति-निर्माताओं को माफ नहीं करेगा और समय उनका भी कलंकित इतिहास लिखेगा।

आदिवासियों के उजड़े घर

यह एक त्रासदी है कि आज देश में चारों ओर जिस तरह का वातावरण है, जिस तरह बेरोजगारी बढ़ रही है, उससे लोग मुझसे बार-बार पूछते हैं कि देश के भविष्य का क्या होगा? यह सवाल महत्वपूर्ण भी है। लोग मुझसे यह भी पूछते हैं कि नई तरह की राजनीति क्यों नहीं इस देश में उभर रही है, क्योंकि देश की असली समस्या भूख और बेरोजगारी है। मुझे लगता है कि नई तरह की राजनीति मौलिक सवालों व सिद्धान्तों पर विचार के बाद ही हो सकती है। हमारे यहां राजनीति में काफी दिक्कत है। दो तरह से लोग सोच रहे हैं। एक तो वे लोग हैं जिन्हें इस देश की भलाई केवल उदारीकरण में ही दिखती है। वहीं एक तबका ऐसा भी है जिसे लगता है कि मौलिक सवालों पर विचारों के बिना नई राजनीति नहीं हो सकती। उन्हें अपने देशी विचारों में ही आशा दिखती है। जो उदारीकरण के समर्थक हैं वे मानते हैं कि देशी व पारंपरिक विचारों से देश का भला नहीं हो सकता, लेकिन वे लोग भूल जाते हैं कि हमारा देश संत परंपरा का देश है। जहां कहा गया है कि उतना ही लो, जितनी जरूरत हो। कबीर ने भी कहा था, ''साईं इतना दीजिए जामे कुटुंब समाय, मैं भी भूखा न रहूं, साधु न भूखा जाय।'' अपरिग्रह की बात यहीं से आई थी। गांधीजी ने भी अपरिग्रह अपनाने पर जोर दिया था। इस अपरिग्रह में ही गरीब से रिश्ता जोड़ने की बात थी, लेकिन आज वह स्थिति नहीं रही। उदारीकरण

समर्थकों को देश में चमक-दमक व खुशहाली विदेशी पैसे में ही दिखती है, लेकिन आज समय आ गया है कि उदारीकरण समर्थकों से इस चमक-दमक की सफलता के बारे में पूछताछ की जाए।

इतिहास किस तरह से पलटा खाता है, इसे आज बखूबी समझा जा सकता है। 1942 में स्वतंत्रता सैनानियों ने कहा था, "अंग्रेजो भारत छोड़ो"। आज वासठ साल बाद हम केवल अंग्रेजों को ही नही बुला रहे हैं, बल्कि हमारे देश की भलाई अंग्रेजों के अलावा जर्मन, फ्रेंच और अमेरिकन लोगों में ही दिखती है। 2003 में हम पूरी दुनिया को आमंत्रण दे रहे हैं। भारत की कोई ऐसी समस्या नहीं है जिसको आज विदेशी लोग हल नहीं कर सकते हैं। कम से कम उदारीकरण के समर्थक ऐसा ही मानते हैं, इसीलिए हर समस्या के हल के लिए ये लोग विदेशियों को ही बुलाने पर जोर दे रहे हैं। वे घोर पूंजीवादी व्यवस्था के पक्षधर हैं।

यहां मुझे 1965 की बात याद आती है। तब भारत की पाकिस्तान से लड़ाई हुई थी। उस समय देश में अनाज की भी काफी कमी थी। तत्कालीन प्रधानमंत्री लालबहादुर शास्त्री के नेतृत्व में देश ने अन्न की कमी का भी सामना किया था। लड़ाई तो खैर जीती ही। तब अन्न की समस्या से निजात पाने के लिए शास्त्री जी किसी अन्तर्राष्ट्रीय मुद्रा कोष या विश्व बैंक के पास नहीं गए थे। उन्होंने नारा दिया था, "जय जवान, जय किसान"। शास्त्री जी ने कहा था कि यदि देश के सारे लोग सप्ताह में एक समय उपवास करें तो देश में काफी अनाज की बचत होगी। लोगों ने उनके आह्वान पर सोमवार की शाम को उपवास रखना शुरू किया था। इस तरह ठेठ देशी अंदाज में समस्याओं का सामना किया था। आज हम यह भूल गए हैं। 1991 के बाद से देश या राज्यों में जिस पार्टी की भी सरकार रही, जो लोग सत्ता में आए, उन्हें विदेशी पैसे से ही देश का भला होता दिखा। जब तक यह नीति नहीं बदलेगी, तब तक देश का भला नहीं होगा, लेकिन इसे बदलना इतना आसान नहीं है। आज देश का प्रबुद्ध वर्ग इससे काफी प्रभावित है। वह इसके खिलाफ कुछ भी सुनना पसंद नहीं करता। इसमें न केवल पत्रकार हैं, बल्कि न्यायाधीश, सांसद और प्राध्यापक तक शामिल हैं, लेकिन मैं इस विचार का नहीं हूं। मैं यह नहीं मानता कि दुनिया के लोगों के ही पास हमारी सारी समस्याओं का हल है। मेरा मानना है कि अपने देश के भी लोग ईमानदारी से प्रयास करें तो हर समस्या का हल ढूंढा जा सकता है। दुनिया के लोग मिलकर भी भारत के 110 करोड़ लोगों की भलाई नहीं कर सकते। आज हमें अपने लोगों के ही पौरुष पर भरोसा नहीं है, लेकिन इन्हीं लोगों के पौरुष को जगाकर डॉ. अम्बेडकर ने ब्रिटिश साम्राज्य को चौंका दिया था।

हमने अपनी राजनैतिक आजादी की लड़ाई के दिनों में सोचा था कि अगर यहां से अंग्रेज चले गए तो हमारी सारी समस्याएं दूर हो जाएंगी, लेकिन वह तो हुआ नहीं, आज सारी समस्याओं का हल राजनेताओं को उन्हीं अंग्रेजों के आगमन में ही दिखाता है। भारत की कोई ऐसी समस्या नहीं, जिसका हल भारतीय नहीं कर सकते। भारत की धरती जितनी उपजाऊ है, उतनी कहीं और देश की धरती नहीं है। यहां के लोग थोड़े में संतोष करने वाले हैं। ये समाज से उतना ही लेना स्वीकार करते हैं जितनी उन्हें जरूरत होती है। यह परंपरा हजारों सालों से यहां चली आ रही है, लेकिन इस पर अब भरोसा नहीं किया जा रहा है। भारतीय विकास के नारे में ये सारी चीजें भुला दी गईं और विकास के लिए विदेशियों को बुलाकर उनसे निवेश कराना ही हमें सही लगता है।

उदारीकरण के इस नारे को विकास की होड़ में जाने के लिए अत्यंत बेअकली से इस्तेमाल किया जाने लगा। इसका लाभ चंद लोगों के भोग-विलास के ही रूप में मिला, जबकि जरूरत इसकी थी कि अपने सीमित संसाधनों का गरीबी दूर करने, किसी गरीब के इलाज या शिक्षा के लिए इस्तेमाल किया जाए, लेकिन वैभव के टापू ही बनाए गए। उदारीकरण और विदेशियों के आगमन से वैभव के टापू तो बनाए जा सकते हैं, मगर गरीबी मिटाने का काम नहीं हो सकता। हम भूल जाते हैं कि जिस दिन गरीब जागेगा, उसकी भूख की आंच तेज होगी तो वैभव के इन टापुओं को मिटा देगी, जलाकर राख कर देगी। हमारे यहां नारे लोगों को लुभाने के लिए ही दिए जा रहे हैं। आज बहुराष्ट्रीय कंपनियों में भी आरक्षण की मांग की जा रही है। लोग यह भूल जाते हैं कि विदेशी कंपनियां हायर व फायर में विश्वास करती हैं। विदेशी कंपनियां आएंगी तो इसे नहीं मानेंगी हालांकि जो सरकार में आता है वह आरक्षण बढ़ा देता है। लोगों की भावनाएं भड़काने के लिए ऐसा किया जाता है, लेकिन सच तो यह है कि आज रोजगार है ही कितना कि आरक्षण दिया जाएगा। आज देश में आपसी सहमति का मानक बनाने की जरूरत है। यदि हम ऐसा नहीं करेंगे तो देश में हिंसा व तनाव का माहौल बढ़ेगा। इसके संकेत हमें दिखने लगे हैं। इस स्थिति में नई तरह की राजनीति से ही देश का भला हो सकता है, लेकिन अभी इसका तात्कालिक लाभ किसी को मिला नहीं है, इसीलिए आज इसकी कोई बात नहीं करता। मौलिक समस्याओं से जूझने का दम अब न तो राजनीतिक दलों में दिखता है, न प्रबुद्ध वर्ग में। इससे बड़ी विडंबना दूसरी क्या होगी कि देश चलाने के लिए सरकारी दल के पास जो विचार है उससे इतर विपक्षी दल की सोच भी नहीं है। देश को सही दिशा में ले जाने के लिए सहमति जरूरी है, लेकिन डुबाने वाले विचारों का विरोध भी जरूरी है। दुर्भाग्य से आज विपक्षी दलों के पास न तो ऐसी कोई नयी सोच है और न ही सार्थक कार्यक्रम।

अब एक ही समाधान है कि कुछ नौजवान लोग उठकर जनचेतना पैदा करें। राजनीति को बुनियादी समस्याओं की ओर ले लाएं। तभी राजनीति को दिशा मिलेगी। इसके बाद ही गरीबों-किसानों को उत्पादकता बढ़ाने के लिए प्रेरित किया जा सकेगा। युवा लोग ही देश में नई तरह की सोच पैदा कर सकते हैं। गरीब-किसान उनकी बातों का ही भरोसा कर सकते हैं। ये ही लोग देश को नई दिशा दे सकेंगे। विदेशी मोह से मुक्ति भी इसी सोच से मिलेगी। नारे गढ़ने वाले लोगों के नारे लुभावने तो हो सकते हैं, लेकिन जमीनी स्तर पर नई चेतना वाले नौजवान ही बदलाव ला सकते हैं।

अमीर एवं गरीब

भारत पूंजीवादी व्यवस्था का देश है। यहां की समाज व्यवस्था भी पूंजी पर आधारित है। सदियों से घोर असमानता के कारण भारत में आज गरीबों की संख्या 80 प्रतिशत है। देश को आजाद हुए इन 57 वर्षों में भी पूंजीपतियों की सरकारें राज कर रही हैं। दैनिक मजदूरी, भूमिहीन किसान, कमर तोड़ श्रम करने वाले गरीब ही हैं। फौज एवं पुलिस में भी गरीब का बेटा ही जाता है। अमीरों के बेटे देश पर कुर्बान होने के लिए नहीं जाते। सड़कों पर, मिलों में, कारखानों में गरीब ही मजदूरी करता है। आज शहरों में झोपड़ी देखने को नहीं मिलेगी। इसका कारण शहरों की भूमि पर अब पूंजीपतियों के गगनचुंबी काम्प्लेक्स बन रहे हैं। हजारों बीघा कृषि भूमि पूंजीपतियों ने सस्ते दामों में खरीद कर फार्म हाउस बना दिए हैं। गरीब बेचारा कहां रहेगा। नगर निगम और जे.डी.ए. कच्ची बस्तियों को उजाड़ कर बड़े-बड़े पूंजीपतियों को ऊंची रेट पर भूमि बेच रहे हैं। हजारों कच्ची बस्तियों को खण्डर बना दिया है। उन्हें 40 किलोमीटर की परिधि से बाहर बसाने का सपना दिखाया जा रहा है। शहर में यह हालत है कि गरीब मजदूर जो दैनिक मजदूरी करता है उसे मकान भी कम किराए पर नहीं मिलता, इस पर मकान मालिक की दादागीरी अलग। ऐसी हजारों श्रमिक महिलाएं हैं जो किराये के मकानों में रह रही हैं तथा विषम परिस्थितियों में रहने को मजबूर होना पड़ रहा है जिनकी आमदनी कम है। कहां खाना बनाएं, स्नान घर नहीं, बच्चों को पढ़ने की सुविधाएं नहीं, फिर इन करोड़ों खानाबदोश गरीबों का उद्धार कौन करेगा?

जिस तरह सरकार ने गरीबी की रेखा तय कर रखी है उसी प्रकार अमीरी की सीमा तय करना जरूरी है। आज जरूरी है कि एक पैसे वाला कितनी सम्पत्ति रख सकता है यह निर्धारित किया जाए। इस प्रकार उद्योगों का भी यही हाल है। एक उद्योगपति अपने उद्योग ग्रुप बनाकर लाखों मजदूरों के जीवन से खिलवाड़ करता चला जा रहा है। इस देश में श्रम कानूनों से असंगठित श्रमिक वर्ग को कोई राहत नहीं मिल पाती, हजारों उद्योग बंद हो जाते हैं, वर्षों तक मजदूर अपना बकाया धन प्राप्त करते-

करते मर जाता है। अगर सरकार उद्योगों में एकाधिकार खत्म करने का कानून बना दे तो हजारों नये उद्योग गरीब चला सकते हैं। अगर सरकार अधिक सम्पत्ति रखने के अधिकार को खत्म कर दे तो करोड़ों रुपया इन पूंजीवादी दरिंदों से निकाला जा सकता हैं। लेकिन जब सरकार ही पूंजीपतियों की गुलामी करती है तो ये क्रांतिकारी कदम कौन उठाएगा। गरीबों के वोट हासिल करने वाले राजनेता देश के करोड़ों गरीबों के साथ धोखा करते हैं। गरीबी मिटाने का सरकार नारा देकर गरीब, मजदूरों, किसानों का शोषण करती है। इस देश का गरीब सदियों से भगवान् के पास जाता है, पर मंदिर में भगवान् भी पूंजीपतियों का है। ये एक ऐसा भयंकर षड्यंत्र है जिसे सदियों से भगवान् और भाग्य के रूप में चलाया जा रहा है। जब तक इन रूढ़ियों और धार्मिक पाखण्डों से निजात नहीं मिलती तब तक गरीब और गरीब होता जाएगा और पूंजीपति सैकड़ों-करोड़ों का मालिक बनता जाएगा। यह वास्तव में डॉ. अम्बेडकर के आर्थिक विचारों से भटकाव के कारण है।

आर्थिक समाधान

अपने आर्थिक विचारों में डॉ. अम्बेडकर ने समाज के समाजवादी ढांचे पर बल दिया था ताकि यहां के आम आदमी-निर्धन, पद्दलित तथा कमजोर-का जीवन स्तर ऊंचा उठे। किन्तु आर्थिक उदारीकरण, निजीकरण तथा भूमण्डलीकरण की प्रक्रियाओं में उसकी निरन्तर उपेक्षा एक गम्भीर चिन्ता का विषय है। नये आर्थिक सुधार समाज के केवल 15 प्रतिशत लोगों को लाभ देंगे, जो पहले से ही अमीर हैं। वस्तुतः अन्तर्राष्ट्रीय मुद्राकोष, विश्व बैंक जैसी वित्तीय संस्थाओं से भारी ऋण लिये जा रहे हैं, और वे अपने दृष्टिकोण से भारत की अर्थव्यवस्था को संचालित करवाना चाहते हैं। यही कारण है कि स्वदेशी तथा विदेशी गठबंधन पर आधारित नया पूंजीवाद उभर रहा है, जिसकी आड़ में बहुराष्ट्रीय कम्पनियां अपना आर्थिक साम्राज्यवाद स्थापित कर रही हैं। सार्वजनिक क्षेत्र के आधारभूत उद्योगों व उपक्रमों जैसे ऊर्जा, रेल, संचार व परिवहन को बहुराष्ट्रीय कम्पनियों को सौंपे जाने के प्रयास चल रहे हैं। अतः वर्तमान आर्थिक सुधार कार्यक्रम बाहर से थोपे जा रहे हैं। वे आम जनता की भावनाओं एवं आवश्यकताओं के प्रतिफल नहीं हैं। इनका मूल उद्देश्य यह दर्शाना है कि राज्य आम जनता का धनीधोरी नहीं बन सकता, केवल उदारीकरण तथा निजीकरण ही उसके लिए लाभकारी सिद्ध होंगे, जो एक भ्रम लगता है। भारतीय अर्थव्यवस्था का पाश्चात्यीकरण, गैट में हस्ताक्षरी होना और विश्व व्यापार संगठन की सदस्यता ग्रहण करना, आम आदमी की समझ से बाहर है, क्योंकि उसे तो दाल-रोटी, तेल-वस्त्र, दवादि सस्ते दामों पर चाहिए, जो असम्भव बनता जा रहा है। अतः इन बातों को ध्यान में रखकर आर्थिक नीतियों का निर्धारण, सत्तापक्ष

की शक्तियों का काम है। संक्षेप में, अम्बेडकर मॉडल की मूलभूत मान्यताओं एवं आकांक्षाओं का महत्व अब भी उतना ही है, जितना कि पहले था, भले ही आर्थिक सुधार कार्यक्रम पूंजीवादी दिशा में बढ़ रहे हों अथवा संयुक्त क्षेत्र में बने रहें।

यह सुनिश्चित है कि डॉ. अम्बेडकर के आर्थिक विचारों को एकाकी रूप में नहीं देखा जा सकता। उन्होंने जीवन के प्रत्येक पक्ष को सापेक्षता की दृष्टि से परिलक्षित किया। यही कारण है कि उनके विभिन्न विचारों–सामाजिक, राजनीतिक, आर्थिक, नैतिक तथा धार्मिक, में एकरूपता एवं निरन्तरता मिलती है। जैसा कि हमें देखने को मिला, डॉ. अम्बेडकर ने सर्वप्रथम राजनीतिक स्वतंत्रता के साथ सामाजिक मुक्ति को जोड़ा। राजनीतिक जनतंत्र तभी सफल हो सकेगा, जब आम निर्धन व पद्दलित लोगों को सामाजिक आजादी व स्वतंत्रता उपलब्ध होगी, और फिर इन सबके साथ, उन्होंने संलग्न किया 'आर्थिक जनतंत्र' को। डॉ. अम्बेडकर मात्र 'संसदीय जनतंत्र' से संतुष्ट नहीं थे। वह राजनीतिक जनतंत्र और आर्थिक जनतंत्र को भी उसके साथ जोड़ने के पक्ष में थे। यही उन्होंने संविधान में करवाया था। उन्होंने कहा:

"संसदीय जनतंत्र से हमारा मतलब 'एक आदमी, एक वोट' से है। हमारा यह भी मतलब है कि प्रत्येक सरकार पटल पर है रोजाना के मामलों में और एक निश्चित अवधि के अन्त में भी, जब मतदाताओं तथा चुनाव मण्डल को सरकार द्वारा किये गये कामकाज के मूल्यांकन का अवसर मिलेगा। हमने इस संविधान के अन्तर्गत एक राजनीतिक जनतंत्र को क्यों स्थापित किया, क्योंकि हम नहीं चाहते कि लोगों का एक विशेष संगठन किसी भी साधन द्वारा एक स्थायी अधिनायकत्व स्थापित कर ले। हमने राजनीतिक जनतंत्र को तो स्थापित कर लिया है, यह भी एक संकल्प है कि हम अपने लक्ष्य को आर्थिक जनतंत्र के आदर्श के रूप में स्थापित करें। हम मात्र कोई ऐसा एक ढंग नहीं चाहते कि लोग आएं और सत्ता पर काबिज हो जाएं। संविधान लोगों के समक्ष एक आदर्श भी प्रस्तुत करना चाहता है, जो सरकार का निर्माण करेंगे। वह आदर्श आर्थिक जनतंत्र है, जिसके द्वारा, जहां तक मेरा सम्बन्ध है, मेरा अर्थ 'एक आदमी, एक वोट' से है। प्रश्न तो यह है: क्या हमारे पास कोई निश्चित विचार है कि हम किस प्रकार आर्थिक जनतंत्र की स्थापना करेंगे?" [1]

उक्त प्रश्न का डॉ. अम्बेडकर द्वारा उत्तर पाने के पूर्व यह स्पष्ट कर देना आवश्यक है कि 1940 से 1950 के दशक में विश्वभर में साम्यवाद, समाजवाद, गांधीवाद, पूंजीवाद और नाजीवाद जैसी विचारधाराएं अपना-अपना प्रभाव प्रदर्शित कर रही थीं, जिनमें निश्चित आर्थिक तंत्र निहित थे। लेकिन संविधान में डॉ. अम्बेडकर ने ऐसी कोई

कठोरता नहीं दिखाई कि भावी पीढ़ी को उसी से बंधना पड़े। उन्होंने स्वयं महसूस किया कि "ऐसे विभिन्न ढंग हैं, जिनमें लोगों का विश्वास है कि आर्थिक जनतंत्र उनके द्वारा स्थापित किया जा सकता है; कुछ वे हैं जिनका विश्वास है कि समाजवादी राज्य आर्थिक जनतंत्र की स्थापना के लिए उत्तम रूप है; कुछ ऐसे भी हैं, जो विश्वास करते हैं कि पूंजीवादी राज्य आर्थिक जनतंत्र की स्थापना के लिए उत्तम ढंग है; और कुछ वे लोग हैं, जिनका विश्वास है कि आर्थिक जनतंत्र का सबसे पूर्ण रूप साम्यवादी विचार है।" वस्तुत: डॉ. अम्बेडकर ने इन विकल्पों को स्वीकार नहीं किया। उन्होंने बड़े ही बुद्धिमत्तापूर्ण ढंग से भावी पीढ़ी को यह स्वतंत्रता सौंपी कि वह परिस्थितियों के अनुसार कोई भी उत्तम आर्थिक मॉडल विकसित कर सकती है। इसीलिए उन्होंने कहा:

"अब इस तथ्य को ध्यान में रखते हुए कि ये विभिन्न ढंग हैं, जिनके द्वारा आर्थिक जनतंत्र की स्थापना की जा सकती है, हमने जानबूझ कर ऐसी भाषा प्रयुक्त की है कि नीति-निर्देशक सिद्धान्तों में, कुछ ऐसा है, जो निश्चित या कठोर नहीं है। हमने चिन्तन के विभिन्न रूपों से सम्बन्धित लोगों के लिए पर्याप्त स्थान छोड़ दिया है आर्थिक जनतंत्र के आदर्श तक पहुंचने के लिए, अपने ढंग से प्रयास करने हेतु, निर्वाचन-मण्डल को राजी करने के लिए कि आर्थिक जनतंत्र तक पहुंचने के लिए यही उत्तम ढंग है कि जिस ढंग से वे काम करना चाहते हैं उस रूप में उन्हें काम करने का सम्पूर्ण अवसर मिले।" [2]

स्पष्टत: डॉ. अम्बेडकर ने संविधान में किसी निश्चित विचारधारा पर आधारित 'आर्थिक ढांचा' खड़ा करने के लिए भारतीय नागरिकों को संवैधानिक कानून द्वारा बाध्य नहीं किया, हालांकि व्यक्तिगत रूप में उन्होंने 'राज्य-समाजवाद' को कानूनी रूप देने का विचार अलग से प्रस्तुत किया था। सभी संविधान निर्माताओं की भावनाओं को ध्यान में रखते हुए, वह वैचारिक आर्थिक ढांचे से प्रतिबद्ध नहीं हुए। इतना अवश्य है कि वह निर्धन, पद्दलित एवं पिछड़ों के जीवन स्तर को ऊंचा उठाने के वास्ते राज्य की भूमिका को भारत जैसे देश में महत्वपूर्ण मानते थे। 'समाजवादी' गणतंत्र शब्द संविधान की उद्देशिका में लगभग चार दशकों के बाद कुछ राजनीतिक कारणों से जोड़ा गया, और उस दिशा में भी सत्ताधारी लोग आंशिक रूप से चलने में असमर्थ रहे। तथ्यत: डॉ. अम्बेडकर ने तो भारतीय जनता को अपने आर्थिक विकास के मॉडल को स्वयं निर्धारित करने के लिए पूर्ण स्वतंत्रता प्रदान की, जैसा कि उनका कहना था:

"उसे जो कठोर नहीं है, जो मूलत: परिवर्तनशील है, एक निश्चित, कठोर रूप प्रदान करने में कोई लाभ नहीं है, और परिस्थितियों तथा कालों के अनुकूल, उसे

परिवर्तनशील ही रखना चााहिए। इसीलिए ऐसा कहने में कोई फायदा नहीं है कि नीति-निर्देशक सिद्धान्तों का कोई महत्व नहीं है। मेरे निर्णयानुसार, नीति-निर्देशक सिद्धान्तों का बड़ा महत्व है, क्योंकि वे यह निर्धारित करते हैं कि हमारा आदर्श आर्थिक जनतंत्र है। चूंकि हमने सरकार के संसदीय रूप को ही मात्र संविधान में प्रदत्त विविध प्रावधानों द्वारा स्थापित करना नहीं चाहा, इस निर्देशन के बिना कि हमारा आर्थिक आदर्श क्या हो, हमारी समाज व्यवस्था कैसी है, इसलिए हमने जानबूझ कर अपने संविधान में नीति-निर्देशक सिद्धान्तों को सम्मिलित किया है। मैं सोचता हूं, यदि वे मित्र, जो इस प्रश्न को लेकर आन्दोलित हैं, उसे ध्यान में रखें, जो कुछ मैंने अभी कहा है, कि इस संविधान के निर्माण में हमारा लक्ष्य वास्तव में द्वि-पक्षीय है: (1) राजनीतिक जनतंत्र की व्यवस्था स्थापित करना; और (2) यह स्थापित करना कि हमारा आदर्श आर्थिक जनतंत्र है तथा यह भी निर्धारित करना कि प्रत्येक सरकार, जैसी भी सत्ता में हो, आर्थिक जनतंत्र की स्थापना की दिशा में प्रयास करेगी, तो बहुत कुछ गलतफहमी, जिसे लेकर अधिकांश सदस्य श्रम कर रहे हैं, समाप्त हो जायेगी।''[3]

उक्त उद्धरण से स्पष्ट है कि डॉ. अम्बेडकर ने प्रत्येक सरकार के समक्ष, जो भी सत्ता में आए, 'आर्थिक जनतंत्र' का आदर्श रखा ताकि वह उसकी सम्पूर्ति की दिशा में प्रयास करती रहे। यहां तक कि यदि सरकार के समक्ष कुछ भी कठिन परिस्थितियां हों, नीति-निर्देशक सिद्धान्तों की भावनानुसार, उसे आर्थिक जनतंत्र की दिशा में प्रयासरत रहना है। वैसे बाध्यता नहीं, पर सरकार को यह बहाना कर कि उसके समक्ष बुरी परिस्थितियां हैं, उसके पास पर्याप्त धन नहीं है अथवा संकटकाल चल रहा है, आर्थिक जनतंत्र के आदर्श का मार्ग धूमिल एवं अवरुद्ध नहीं करना है। इसलिए यह बहुत जरूरी है कि जन प्रतिनिधियों द्वारा सरकार के आर्थिक सुधार कार्यक्रम सम्बन्धी नीतियों एवं कामकाज की दिशा तथा प्रकृति की गम्भीर समीक्षा की जाए। डॉ. अम्बेडकर ने संसदीय प्रतिनिधि सरकार के रूप को इसी कारण पसंद किया था कि प्रबुद्ध प्रतिनिधि जातिगत व वर्ग हितों की राजनीति से ऊपर उठकर ईमानदारी तथा स्वतंत्र होकर सरकार की आर्थिक उपलब्धियों एवं असफलताओं का निरीक्षण तथा समीक्षा करें ताकि संविधान में, जिस 'आर्थिक स्वतंत्रता' एवं 'सामाजिक मुक्ति' के आदर्श निहित हैं, उन्हें साकार बनाया जा सके।

जैसा कि डॉ. अम्बेडकर ने कहा था कि भावी पीढ़ी विद्यमान परिस्थितियों के अनुसार अपनी अर्थव्यवस्था में सुधार ला सकती है, पर उन्होंने जिस योजनाबद्ध विकास की प्रक्रिया का पूर्णतः समर्थन किया था, उसका भलीभांति संचालन नहीं किया गया।

उदारीकरण एवं निजीकरण की प्रक्रियाओं को जो इतना महत्व दिया जा रहा है, वह भारतीय राष्ट्र के निर्माताओं की आशा एवं आकांक्षओं के अनुकूल नहीं जान पड़ता, क्योंकि सत्ताधारी दल व सरकार की ओर से आर्थिक सुधार के जो नये मॉडल्स प्रस्तुत किये जा रहे हैं, उनसे अनेक समस्याएं उभरकर आ रही हैं, जिनके व्यापक सामाजिक, आर्थिक तथा राजनीतिक आयाम हैं। भारत में स्वतंत्रता के पश्चात् सरकारी क्षेत्र में पूंजी निवेश को महत्व दिये जाने के कारण गैर सरकारी उद्यम का भी विकास हुआ है और बहु-आयामी औद्योगिक ढांचे का निर्माण भी सम्भव हो सका। न केवल सार्वजनिक क्षेत्र ने अच्छा विकास किया, अपितु निजी क्षेत्र का आर्थिक योगदान भी सराहनीय रहा, और साथ में संयुक्त क्षेत्र की धारणा भी विकसित हुई। आर्थिक प्रगति के इतने विकल्प होते हुए भी अब अचानक योजनाबद्ध ढंग को नजरअंदाज करके, उदारीकरण तथा निजीकरण पर सम्पूर्ण ध्यान केन्द्रित क्यों किया जा रहा, यह एक विचारणीय बिन्दु है, गम्भीर समीक्षा का एक विषय है।

डॉ. अम्बेडकर जैसे आर्थिक विचारकों ने पूंजीवादी व्यवस्था को नियंत्रित रूप में विकसित होने पर बल दिया ताकि उससे होने वाली गम्भीर असमानताएं और अधिक न बढ़ें। परन्तु आज देश में उदारीकरण व निजीकरण की नीतियों की आड़ में पूंजीवाद, जिस तेजी से बढ़ रहा है, उसके आर्थिक, सामाजिक तथा राजनीतिक दृष्टि से अपने परिणाम होंगे, जो आम आदमी की मूल समस्याओं के समाधान को उपेक्षित कर देंगे। यह कहना कि अकुशल सरकारी उद्यम को बदलना जरूरी है, किसी सीमा तक उचित हो सकता है, किन्तु उसके स्थान पर कुछेक घरानों का पूंजीवाद अथवा मित्र देशों का पूंजीवाद भारत में स्थापित न हो जाए। अब भारतीय अर्थव्यवस्था का जो रूप बनता जा रहा है, उससे लगता है कि नये ढंग के पूंजीवाद अर्थात् स्वदेशी और विदेशी के भारी भरकम पूंजी निवेश पर आधारित पूंजीवादी की जड़ें सुदृढ़ होती जा रही हैं। कुछ कारणों से योजनाबद्ध विकास अथवा सार्वजनिक क्षेत्र का उद्यम धीमी गति से चला, हालांकि उससे आम जनता को लाभ हुआ। फलत: ऐसी स्थिति का लाभ स्वदेशी तथा विदेशी निहित-स्वार्थों वाले लोगों ने उठाया; उन्होंने स्वतंत्र बाजार एवं निवेश को बढ़ावा दिया, जो अब संरचनात्मक सुधार कार्यक्रम के रूप में बदल चुके हैं। इसी आधार पर भारतीय अर्थव्यवस्था का भूमण्डलीकरण और गैर-सरकारीकरण किया जा रहा है। इससे विशुद्ध पूंजीवादी व्यवस्था का आधार सुदृढ़ होता जा रहा है। लेकिन देश के राजनेताओं को यह ध्यान रखना चाहिए कि ऐसे पूंजीवाद के अन्तर्निहित दोष भी हैं जैसे मुद्रास्फीति में वृद्धि, बेरोजगारी और उसकी नैतिक रिक्तता जो आर्थिक न्याय की प्रतिरोधी है।

उक्त आर्थिक सुधारों के खतरनाक परिणाम आम जनता को भोगने पड़ेंगे, क्योंकि स्वदेशी तथा विदेशी पूंजीवाद का अर्थ-तंत्र इतना प्रभावशाली बन जाएगा कि उससे संविधान में परिलक्षित किये गये 'आर्थिक जनतंत्र' तथा 'सामाजिक मुक्ति' के आदर्श पृष्ठभूमि में चले जाएंगे। डॉ. अम्बेडकर की दृष्टि से 'आर्थिक जनतंत्र' का मतलब स्वदेशी एवं विदेशी पूंजीपतियों की एकदम स्वतंत्र बाजार व्यवस्था की स्थापना नहीं था, और न ही वह आर्थिक और राजनीतिक स्वतंत्रता को बेलगाम छोड़ना चाहते थे। आर्थिक स्वतंत्रता से उनका तात्पर्य था कि आम आदमी, विशेषकर 85 फीसदी कमजोर, पद्दलित एवं पिछड़े लोगों की मूल समस्याओं के समाधान की दिशा में प्रयास करना। उनके जीवन स्तर को ऊंचा उठाना, उन्हें वे सुख-सुविधाएं उपलब्ध कराना, जो आधुनिक युग में सामान्य तथा अनिवार्य हैं, और उन्हें सम्मानजनक सामाजिक जीवन जीने की ओर अग्रसर करना। क्या स्वदेशी तथा विदेशी पूंजीवादी अर्थव्यवस्था ऐसा करने में रुचि लेगी? क्या वह चिरकालिक आर्थिक समस्याओं के समाधान का प्रयास करेगी? क्या यह उभरता नया पूंजीवाद समाज की दयनीय स्थितियों से श्रमिक वर्ग को मुक्ति दिलाएगा?

हमारी चिरकालिक समस्यायें कौन सी हैं? इनमें मुख्य समस्यायें हैं, निर्धनता, दरिद्रता, निरक्षरता, भूमि सुधार की उपेक्षा, मिट्टी की ऊपजाऊ शक्ति के संरक्षण का अभाव, ग्रामीण स्वास्थ्य एवं शिक्षा सेवाओं की भारी कमी, अभूतपूर्व जनसंख्या वृद्धि तथा व्यापक बेरोजगारी, पद्दलित वर्ग का निम्न सामाजिक स्तर, श्रमिकों की दयनीय आर्थिक स्थिति आदि। इन्हीं समस्याओं को ध्यान में रखकर ही अम्बेडकर, नेहरू तथा लोहिया जैसे समाजवादी चिन्तकों ने सरकारी भूमिका को अत्यधिक महत्व दिया था कि उसके माध्यम से अपेक्षित सामाजिक एवं आर्थिक उत्थान संभव हो सकेगा, और उस दिशा में सराहनीय काम भी हुए, अनेक योजनाएं प्रारम्भ की गईं और बहुत सी आर्थिक तथा राजनीतिक संस्थाएं स्थापित की गईं, जो इन निर्धन, पद्दलित तथा पिछड़े वर्गों के हितों की देखभाल कर रही हैं। उक्त समस्याओं को हल करने के लिए सरकार ने प्राथमिकताएं एवं योजनाएं निर्धारित की थीं, हालांकि उनको प्रशासनिक अरुचि, उद्यमरत मशीनरी की आंशिक अकुशलता, नौकरशाही की भ्रष्ट प्रवृत्ति और राजनीतिक उपेक्षा के कारणों से पूर्णत: सफलीभूत नहीं बनाया जा सका। परन्तु भारतीय एवं विदेशी उद्योगपतियों में जो सहयोग व समझौते हो रहे हैं और सरकारी प्रोत्साहन मिल रहा है, उसका मुख्य परिणाम निजी लाभ ही होगा। धन-सम्पत्ति का कुछ ही विशिष्ट परिवारों के बीच संकेन्द्रीकरण बढ़ता जाएगा। स्वदेशी तथा विदेशी पूंजीवाद का स्पष्ट उद्देश्य

मुनाफा कमाना है, न कि सामाजिक सेवाओं को सुदृढ़ बनाना और सार्वजनिक कल्याण में वृद्धि करना।

पूंजीवादी आर्थिक व्यवस्था में एक ओर जहां श्रम शक्ति का शोषण किया जा रहा है, वहीं दूसरी ओर उपभोक्ता पर अतिरिक्त आर्थिक भार डाला जा रहा है। उपभोगवाद की संस्कृति को सुदृढ़ किया जा रहा है। साथ में सामाजिक प्राथमिकताओं और दायित्वों की उपेक्षा की जा रही है। डॉ. अम्बेडकर ने आर्थिक जनतंत्र को सामाजिक सुधार कार्यक्रम से जोड़ा था ताकि भारतीय नागरिकों का चहुंमुखी विकास हो सके, किन्तु उभरती पूंजीवादी व्यवस्था में बहुराष्ट्रीय कम्पनियों का बढ़ता हुआ प्रभुत्व देश के सामाजिक पुनरुत्थान तथा आर्थिक विकास को उस ओर नहीं ले सकता, जिस ओर संविधान निर्माताओं ने कल्पना की थी। ये कम्पनियां अपने हितों की सुरक्षा कर रही हैं अर्थात् अपनी टेक्नोलॉजी के उपयोग, वित्तीय प्रबंध, बाजार पर नियंत्रण, अपनी पूंजी की सुरक्षा, लाभ की गारण्टी और अपने कर्मचारियों के लिए आवासीय व्यवस्था के सम्बन्ध में उनकी लगभग सभी शर्तें भारत में स्वीकृत की जा रही हैं। निश्चय ही स्वदेशी और विदेशी उद्यमियों के बीच जो सहयोग एवं सहभागिता बढ़ रही है, और सरकार अपने निर्धारित योजनाबद्ध विकास तंत्र को ढीला करती जा रही है, उससे एक नये ढंग का विशिष्ट पूंजीवाद यहां जन्म ले चुका है, जिसके भरण-पोषण हेतु अनेक सामाजिक तथा आर्थिक हितों का बलिदान अवश्यम्भावी है, क्योंकि वर्तमान आर्थिक सुधारों की प्रक्रिया में भारतीय बाजार, अंधाधुंध विज्ञापन, श्रम शक्ति और प्राकृतिक संसाधनों के दोहन की कुछ नियमों के ढांचे के अन्तर्गत खुली छूट इन बहुराष्ट्रीय कम्पनियों को दे गई है। इस प्रकार बहुराष्ट्रीय कम्पनियों को भारत के सार्वजनिक उद्योगों का स्थान लेने के अवसर प्रदान किये जा रहे हैं, जो अतंत: निर्धन एवं पद्दलित लोगों को वहीं छोड़ देगा, जहां वे सदियों पूर्व थे।

अब उन लोगों की आर्थिक समस्याओं का सिंहावलोकन भी किया जाए, जो गत चार-पांच दशकों से 'सामाजिक समता' और 'आर्थिक न्याय' के लिए संघर्ष कर रहे हैं। समाज के सभी कमजोर वर्गों, विशेषकर दरिद्र, पीड़ित व पद्दलित लोगों के लिए विकास व न्याय के समान अवसर प्रदान करने पर सभी राजनेताओं, दलों और सुधारकों ने अत्यधिक बल दिया था। क्या इनकी स्थितियों में सुधार हुआ है? क्या उन्हें एक सम्मानजनक जीवन स्तर मिला पाया है? वस्तुत: इनकी आर्थिक एवं सामाजिक स्थितियों में उतना सुधार नहीं हुआ है, जितनी कि अपेक्षा की गई थी। सरकार ने कुछ योजनाबद्ध ढंग से, उन्हें आगे बढ़ाने के प्रयास किए, किन्तु वे आज भी उत्पीड़न, शोषण तथा अन्याय के शिकार हैं, और अनेक सामाजिक, शैक्षाणिक एवं आर्थिक समस्याएं

उनके साथ जुड़ गई हैं। भारत की समस्त आबादी का 80 प्रतिशत हिस्सा निर्धन, पद्दलित तथा पिछड़े लोगों का है। इनमें उन जनजातियों के लोग भी सम्मिलित हैं, जिनके पास पर्याप्त भोजन नहीं है, न्यूनतम आवास व्यवस्था तथा वस्त्र नहीं हैं। अधिकांशतः वे बेरोजगार रहते हैं, और जंगल से सम्बन्धित संसाधनों से अपनी आजीविका कमाते हैं। देश के समस्त मजदूरों का 60 फीसदी भाग खेतिहर मजदूर है, जिन्हें पर्याप्त रोजगार और मजदूरी नहीं मिलती। बिहार, मध्यप्रदेश, उड़ीसा तथा अन्य प्रदेशों के अनेक हिस्सों में रोजाना की न्यूनतम मजदूरी केवल 3/- मात्र है। यह आश्चर्य है कि खेतिहर मजदूरों ने कृषि सम्बन्धित धंधों जैसे पशु व भेड़ पालन, फल खेती, साग-सब्जी उत्पादन, फूल उत्पादन तथा मुर्गीपालन को अधिक आय के साधनों के रूप में गम्भीरता से नहीं लिया है। देश की आर्थिक गतिविधियों में समाज के कमजोर, पद्दलित एवं पिछड़े लोगों की सहभागिता का स्तर न के बराबर है। इनकी मध्यम स्तर के उद्योगों में तो कोई सहभागिता नहीं है सिवाय इसके कि वे कम वेतन पर अधिक समय तक काम करते हैं।

सामान्य स्थिति यह है कि ग्रामीण क्षेत्रों के इन कमजोर, पद्दलित तथा अधिक पिछड़े और निर्धन अल्पसंख्यकों को राष्ट्रीयकृत बैंकों से कृषि उत्पादन, पैतृक धन्धों के प्रसारण हेतु, नये काम-धंधों की स्थापना के लिए, मकान मरम्मत व निर्माण, वाहन खरीदने जैसे आर्थिक विकास के साधनों के लिए आसानी से ऋण नहीं मिलते। शहरी क्षेत्रों में भी उन ही लोगों को वित्त निगमों तथा सरकारी संस्थाओं से ऋण मिलते हैं, जिनका सम्बन्ध ऊंचे अधिकारियों अथवा सत्ताधारी नेताओं से है। सहकारी समितियों में भी जमींदारों और ताकतवर लोगों का ही बोलबाला होता है। अपनी अन्तर्निहित अयोग्यताओं के कारण, जो उनके सामाजिक तथा आर्थिक पिछड़ेपन, निरक्षरता, अज्ञान, अंधविश्वास, अत्यधिक गरीबी से पैदा होती है, वे समाज की विभिन्न शैक्षणिक, वैज्ञानिक एवं तकनीकी गतिविधियों से वंचित हैं। वे शिक्षा, प्रशिक्षण तथा अन्य आर्थिक कार्यक्रमों से अनभिज्ञ हैं। अतः मूल प्रश्न यह है कि यदि केन्द्रीय सरकार और राज्य सरकारें इन लोगों के जीवन स्तर को उन्नतिशील नहीं बनाएंगी, उनके आर्थिक उत्थान, सामाजिक सुरक्षा, शिक्षा-स्वास्थ्य आदि की चिंता न करेंगी, तो फिर कौन सी सत्ता उनके हितों एवं अधिकारों की संरक्षा करेगी? क्या स्वदेशी तथा विदेशी सहयोग एवं सहभागिता के कारण उभरती नयी पूंजीवादी अर्थव्यवस्था में उनका जीवन स्तर ऊंचा उठ सकेगा? क्या उनकी मूल आवश्यकताएं-रोटी, कपड़ा और मकान समुचित ढंग से संतुष्ट हो पाएंगी? क्या निर्धन तथा कमजोर बच्चों को शिक्षा, चिकित्सा और पौष्टिक आहार मिल पाएंगे?

डॉ. अम्बेडकर के आर्थिक विचारों को ध्यान में रखते हुए, उक्त प्रश्नों का उत्तर हमें उन आर्थिक सुधारों में मिलना कठिन है जिन्हें उदारीकरण, निजीकरण तथा भूमण्डलीकरण के नामों से गतिशील बनाया जा रहा है, क्योंकि भारत की राजनीतिक व्यवस्था, संविधान के नीति-निर्देशक सिद्धान्त, मौलिक अधिकार और 80 प्रतिशत निर्धन व पद्दलित, शोषित तथा पिछड़ी जनता-ऐसी परिस्थितियों की अपेक्षा करती है, जिनमें समाजवादी समाज का निर्माण निरन्तर गतिशील बना रहे। कुछ प्रदेशों में 1994 के विधानसभाओं के चुनावों के परिणामों से यह स्पष्ट हो चुका है कि आम आदमी को सस्ती दाल, रोटी, कपड़ा, मकान, शिक्षा, चिकित्सा आदि चाहिए, न कि वातानुकूलित कारें, हवाई यात्राएं, सर्वोच्च तकनीकी द्वारा उत्पन्न इलेक्ट्रोनिक सुविधाएं, भड़कीले विज्ञापनों की भरमार आदि। सरकार आज जो अरबों रुपयों का ऋण ले रही है, भारी-भरकम निवेश को आमंत्रित कर रही है, स्वतंत्र बाजार व्यवस्था स्थापित कर रही है और भूमण्डलीय व्यापार के अर्थ-तंत्र में सहभागी हो रही है, उनको सफलीभूत बनाने के लिए, उसी नौकरशाही तथा बनियावादी व्यवस्था पर आश्रित होगी, जो निकृष्ट रूप से भ्रष्ट तथा बेईमान है। हमारी नौकरशाही, राजनीति और व्यापारी वर्ग ने, यदि योजनाबद्ध आर्थिक विकास, समाजवादी निर्माण, गरीबी उन्मूलन जैसी प्रक्रियाओं को विफलता की स्थिति में ला पटका है, तो क्या वे उदारीकरण, निजीकरण तथा भूमण्डलीकरण अथवा स्वदेशी-विदेशी गठबंधन पर आधारित पूंजीवादी व्यवस्था को निर्धन, कमजोर, पद्दलित, अत्यधिक पिछड़े और दरिद्र अल्पसंख्यकों के हित में फलने-फूलने देंगे? इस प्रश्न का उत्तर अभी उपलब्ध नहीं हो सकता, तो आगामी एक-दो दशकों के पश्चात् अवश्य मिल पाएगा।

डॉ. अम्बेडकर आर्थिक-भौतिक प्रगति की अंधी दौड़ को एक अतिवादी विचार मानते थे। वह पाश्चात्य देशों की भौतिक सम्पन्नता को एक ओर अतिवादी दृष्टिकोण मानते थे, तो दूसरी ओर वह भारत की विकट निर्धनता से चिन्तित थे। इसलिए उन्होंने कहा कि "आदमी को भौतिक तथा आध्यात्मिक दोनों रूपों में साथ-साथ समृद्धि करनी चाहिए" और "मोटे सूअर होने के दर्शन का" अनुकरण नहीं करना चाहिए। डॉ. अम्बेडकर भौतिक या आर्थिक उन्नति और समृद्धि के विरुद्ध नहीं थे, बल्कि वह मानव मूल्यों के जीवन की भी समृद्धि चाहते थे ताकि आदमी सांस्कृतिक रूप में भी जीवन-यापन कर सके। उन्होंने 'संतोष परमधनम्' को मानव जीवन का सर्वोत्तम आदर्श माना। आर्थिक व्यवस्था, कुछ भी हो, समाजवादी या पूंजीवादी, यदि आदमी को संतोष नहीं है, भागम-भाग में व्यस्त रहता है, भ्रष्ट तथा बेईमान ढंग से अपना धन एकत्रित कर लेता है, मानसिक शान्ति नहीं, तो उसका समस्त जीवन निरर्थक है। इस प्रकार डॉ.

अम्बेडकर भोगवादी तथा उपभोगवाद पर आधारित जीवन को कोई महत्व नहीं देते थे। फिर भी उन्होंने आम आदमी और समाज को निर्धनता, अशिक्षा और पराश्रित स्थिति से उभरने के लिए प्रोत्साहित किया ताकि सभी मानव प्राणी सम्मानजनक जीवन-यापन कर सकें। इसलिए आवश्यकता इस बात की है कि जो भी आर्थिक सुधार चल रहे हैं, उन्हें लोगों को समर्थ बनाना चाहिए ताकि वे अपनी असंगठित शक्ति को सुसंगठित करके सामाजिक गतिशीलता एवं सहभागितावादी दृष्टिकोण को अपने लक्ष्यों की प्राप्ति के लिए आगे बढ़कर अपनाएं।

डॉ. अम्बेडकर का मानववादी विश्व-दृष्टिकोण, जिसके अधीन, उन्होंने अपने आर्थिक विचारों को समग्र रूप दिया, एक विशिष्ट अर्थव्यवस्था का द्योतक है। इसके अन्तर्निहित निष्कर्ष इस प्रकार हैं:

1. भौतिक जगत् की वास्तविकता के साथ-साथ, मानवता अन्तिम वास्तविकता है, और मनुष्य जीवन के महत्व, अस्तित्व तथा सर्वोत्तम लक्ष्यों का अनुसरण इसी व्यावहारिक मानव समाज में ही हो, न कि किसी ऐसी दुनिया में, जिसकी कोई यथार्थता ही नहीं है। अत: जीवन में किये गये श्रम का फल विद्यमान स्थिति में ही मिलता है, और यदि नहीं, तो उसके लिए संघर्ष करना चाहिए; अदृष्ट की कृपा पर उसे टालना न्यायसंगत नहीं होगा।
2. आधुनिक अर्थव्यवस्था में जातिगत तथा पैतृक व्यवसायों के पूर्वाग्रहों को त्यागना आवश्यक है। व्यक्ति को जो भी धंधा रुचिकर लगे, जिसमें वह अपनी प्रतिभा व सामर्थ्य को दिखा सके, उसे अपनाने में स्वतंत्र होना चाहिए, और कुछ धंधों के साथ ऊंच-नीच, छोटे-बड़े, छुआछूत के भेदभावों को जोड़ना अन्यायपूर्ण विचार तथा व्यवहार है; इसे कानूनी दृष्टि से समाप्त किया जाना चाहिए।
3. उस अर्थ-तंत्र का अनुसरण करना, जिनमें सामाजिक असमानता, वर्ग विशेष के हितों का संरक्षण, राजनीतिक अधिनायकत्व, हिंसा व हत्या, पूंजीपतियों का एकछत्र प्रभुत्व हो और आर्थिक असुरक्षा का भय व्याप्त हो, अहितकर है। आर्थिक उन्नति के समान अवसर जहां हो, आर्थिक जनतंत्र हो, वहां पारस्परिक सहयोग एवं सहभागिता के आधार पर आगे बढ़ने का प्रयास करना चाहिए। आर्थिक शोषण व अन्याय पर निर्मित किसी भी आर्थिक व्यवस्था के विरुद्ध संघर्ष करना, आम आदमी का मौलिक अधिकार तथा दायित्व है।
4. प्रजातंत्र, समाजवाद तथा संसदीय व्यवस्था को मानव जीवन को सुविधाजनक बनाने का साधन-मात्र समझना चाहिए। आर्थिक दौड़ में, आदमी को स्वतंत्रता तथा समानता जैसे सामाजिक आदर्शों का त्याग नहीं करना चाहिए। स्वतंत्र

पूंजीवादी और तानाशाही जैसी अतियों को टालकर, एक सम्मानजनक जीवन जीने का प्रयास करना सामाजिक एवं वैयक्तिक दोनों दृष्टियों से श्रेयस्कर है।

5. जिस समाज में चिरकालिक निर्धनता, निरक्षरता, अशिक्षा, बेरोजगारी, जातिवाद, छुआछूत, कृषीय पिछड़ापन जैसी समस्याएं हों, वहां राज्य-समाजवाद अर्थात् सरकार की रचनात्मक भूमिका, एक सुनिश्चित पुनर्निर्माण के लिए अनिवार्य है, अन्यथा उसके अभाव में, योजनाबद्ध विकास के बिना, गरीब, कमजोर, पद्दलित और सभी अत्यधिक पिछड़े लोग, अपनी-अपनी दयनीय आर्थिक-सामाजिक स्थितियों में घिसटते रहेंगे।

6. किसी भी अर्थव्यवस्था को भारत में सफलीभूत बनाने के लिए यह अनिवार्य है कि जन्म-दर को नियंत्रित किया जाए, मद्यनिषेध की नीति को त्यागा जाए, श्रमिक विरोधी विचारों को तिलांजलि दी जाए, संयुक्त क्षेत्र को योजनाबद्ध रूप में विकसित किया जाए ताकि स्वदेशी एवं विदेशी पूंजीपतियों का गठबंधन अर्थात् 'नया पूंजीवाद' हावी न हो पाए।

7. भारत की चिरकालिक निर्धनता एवं बेरोजगारी की समस्याओं का एकमात्र समाधान औद्योगीकरण है, और साथ में समस्त श्रमिकों की संख्या के 60 फीसदी खेतिहर मजदूरों की खुशहाली के लिए कृषि को उद्योग का रूप देकर, उसे विभिन्न उद्योगों की दृष्टि से विकसित किया जाए। अत: औद्योगीकरण एवं कृषि सुधार में सामंजस्य स्थापित किया जाना अधिक लाभकारी सिद्ध होगा।

8. आर्थिक जनतंत्र को भारत की अर्थव्यवस्था का लक्ष्य मानकर, श्रम संगठन, श्रम सुरक्षा एवं श्रम कल्याण का पूर्णत: ध्यान रखा जाए, और समान कार्य के लिए समान वेतन वाले सिद्धान्त को व्यावहारिक बनाकर महिला वर्ग के साथ होने वाले आर्थिक अन्याय को समाप्त किया जाए, और यह भी ध्यान दिया जाए कि बाल श्रम जहां आवश्यक हो, वहां उत्तम सुविधाएं प्रदान करके उसे सक्षम एवं प्रशिक्षित किया जाए।

9. देश की नयी उभरती समाज व्यवस्था एवं आर्थिक उन्नति की प्रक्रिया में जीवन बीमा तथा अन्य प्रकार के बीमा प्रावधानों को अनिवार्य बनाना आवश्यक है ताकि संकटकाल में पारिवारिक सुरक्षा हो सके, असहाय नर-नारी एवं बच्चे आर्थिक अभाव के कारण भिक्षा आदि के शिकार न हों। समस्त बीमा व्यवसाय का सार्वजनिक क्षेत्र में होना, आम आदमी के हित में होगा।

10. भारत की अर्थव्यवस्था में अति-निर्धन, पद्दलित, निर्बल और अति-पिछड़े लोगों के न्यायसंगत हितों की संरक्षा होना बहुत ही आवश्यक है अन्यथा जनतांत्रिक

संसदीय व्यवस्था के मुख्य आदर्श–न्याय, स्वतंत्रता, समता एवं भ्रातृत्व का भविष्य अंधकारमय हो जाएगा। अत: अर्थव्यवस्था का केन्द्र बिन्दु ऐसे ही स्त्री-पुरुष होने चाहिए, क्योंकि वे भारतीय राजनीतिक व्यवस्था की मूल जड़ें हैं।

11. राष्ट्रीय जीवन की मुख्यधारा के सभी पक्षों–सामाजिक, राजनीतिक, आर्थिक एवं प्राकृतिक–को ध्यान में रखते हुए, यहां के 80 फीसदी निर्धन, निरक्षर, अपंग, असहाय, पीड़ित, पद्दलित तथा पिछड़े बहुजनों की अभावग्रस्त स्थितियों से सम्बन्धित आर्थिक सुधारों को, भले ही वे सार्वजनिक क्षेत्र में हों, निजी या फिर संयुक्त क्षेत्र में, संचालित करना ही श्रेयस्कर तथा हितकारी होगा। इनकी दयनीय दशाओं को सुधारे बिना, देश की कोई भी अर्थव्यवस्था सार्थक एवं समुन्नत नहीं होगी।

यह स्मरण कराना उचित होगा कि डॉ. अम्बेडकर और अन्य विचारकों ने भारत में जो समाजवादी समाज की नींव डाली थी, वह आंशिक रूप से अंकुरित एवं सुदृढ़ हुई। वह न्यायसंगत एवं भारतीय परिस्थितियों के अनुकूल थी; अतिवाद से दूर, उसमें साम्यवादी कठोरता तथा तानाशाही नहीं थी, और न ही उसमें गांधीवादी अराजकता एवं अव्यावहारिकता थी। डॉ. अम्बेडकर ने पहले तो 'राज्य-समाजवाद' की स्थापना पर बल दिया था, किन्तु संविधान निर्माण की प्रक्रिया के दौरान, उन्होंने विभिन्न मतों के विद्वान सदस्यों के साथ विचार-विमर्श करके, 'समाजवादी समाज' की न्यूनतम शर्तों को अभिव्यक्त किया, जिन्हें भारतीय संस्कृति एवं सभ्यता की परम्परा तथा स्थिति में साकार बनाना कोई कठिन काम नहीं है। डॉ. अम्बेडकर ने समाजवादी समाज के मौलिक आधारों को नीति-निर्देशक सिद्धान्तों में प्रविष्ट करवा दिया था ताकि राज्य उनका व्यवहार में अनुसरण करे। राज्य एवं समाजवाद के बीच तो अटूट सम्बन्ध है ही, जिसे कोई सामान्य समाजवादी विचारक नकार नहीं सकता। इसलिए डॉ. अम्बेडकर ने राज्य को यह दायित्व सौंपा कि:

"राज्य अपनी नीति का, विशिष्टतया, इस प्रकार संचालन करेगा कि सुनिश्चित रूप से:

1. पुरुष और स्त्री सभी नागरिकों को समान रूप से जीविका के पर्याप्त साधन प्राप्त करने का अधिकार हो;
2. समुदाय की भौतिक सम्पदा का स्वामित्व और नियंत्रण इस प्रकार बंटा हो जिससे सामूहिक हित का सर्वोत्तम रूप से साधन हो;
3. आर्थिक व्यवस्था इस प्रकार चले जिससे धन और उत्पादन के साधनों का सर्वसाधारण के लिए अहितकारी केन्द्रीयकरण न हो; और

4. पुरुषों और स्त्रियों दोनों का समान कार्य के लिए समान वेतन हो।"

इन्हीं आधारभूत समाजवादी तत्वों की पुष्टि करते हुए डॉ. अम्बेडकर ने संविधान सभा में कहा था:

"न्यूनाधिक मात्रा में कुछ अन्य अंग भी इसी प्रकार की शक्ति के हैं। मैं जो कुछ पूछना चाहता हूं...वह है: यदि वे नीति-निर्देशक सिद्धान्त, जिनकी ओर मैंने ध्यानाकर्षित किया है, अपनी दिशा में और अपनी विषय-वस्तु में समाजवादी नहीं हैं तो मैं यह समझने में असमर्थ हूं कि इससे अधिक समाजवाद क्या हो सकता है।"[4]

क्या ऐसी समाजवादी अर्थव्यवस्था संभव नहीं है जो गरीबी उन्मूलन को आसान बनाए? सरकार ने जिन आर्थिक नीतियों को आज उदारीकरण तथा भूमण्डलीकरण के नाम से अपना रखा है, वे उक्त लक्ष्य की पूर्ति में निष्फल होती लगती हैं। वास्तविकता यह है कि उत्पादन और आय के वितरण की गति ऐसी है जिसके कारण आय का केन्द्रीयकरण हो रहा है और मूल्यों का भी भूमण्डलीकरण होता जा रहा है। गत चार वर्षों में सरकार एवं सत्ताधारी दल ने जो आर्थिक नीतियां अपनाई हैं उनका लाभ समाज के निर्धन व कमजोर लोगों को नहीं, बल्कि उन कुछेक लोगों को मिल रहा है जिनमें बढ़ते मूल्यों के साथ वस्तुओं के खरीदने की क्रय शक्ति है। डॉ. अम्बेडकर ने बहुत पहले कहा था कि अपने राजनीतिक प्रजातंत्र को आर्थिक प्रजातंत्र से भी जोड़ना चाहिए जिससे उनका मतलब था कि जो निर्धनतम तथा अति-कमजोर लोग हैं वे भूख-प्यास तथा बेरोजगारी के भय से मुक्त हो जाएं। लेकिन आज जो आर्थिक स्थितियां उत्पन्न हो गई हैं उनसे अर्थव्यवस्था को आर्थिक प्रजातंत्र की ओर अग्रसर करना कठिन हो गया है और गरीबी को समाप्त करना भी कोई आसान काम नहीं रहा है। वर्तमान में उसका मुख्य कारण राजनीति का अपराधीकरण, नेतृत्व की भ्रष्टता तथा शीर्ष नेतागणों की आर्थिक घोटालों में संलग्नता और नौकरशाही की उदासीनता के साथ-साथ राष्ट्रीय आय के वितरण की दोषयुक्त व्यवस्था है।

यह तथ्य विस्मृत नहीं होना चाहिए कि भारत के कर्णधारों को दलगत स्वार्थ, राजनीति तथा वोट बैंक से ऊपर उठकर राष्ट्रीय हित को देखना है। 1990 के पश्चात् केन्द्रीय सरकार ने जो बाजारोन्मुखी नीति अपनाई है, उसकी वजह से न तो सामाजिक दृष्टि से समाजवादी आर्थिक विकास की वृद्धि हुई है और न ही अल्प आय वाले अथवा निर्धनतम तथा अति-कमजोर लोगों को कोई लाभ हुआ है। इसका लाभ केवल उन पूंजीपतियों को हुआ है जो पहले से ही साधन-सम्पन्न थे। उद्योगपतियों तथा व्यापारियों को बाजार के शोषण का आसान अवसर उपलब्ध हो गया है और इसके

माध्यम से वे अपना लाभांश बढ़ा रहे हैं। डॉ. अम्बेडकर को यही भय था कि यदि सत्ता में काबिज तत्व न्याय एवं इन्सानियत के प्रति निष्ठावान् नहीं रहे, जिसकी ओर संविधान संकेत करता है, तो पूंजीवाद के काले बादल राजनीतिक प्रजातंत्र को भी धूमिल कर देंगे। इसलिए उनका कहना था कि आर्थिक नीतियों को संविधान में उल्लिखित नीति-निर्देशक सिद्धान्तों के अनुरूप बनाना चाहिए और राज्य के नियंत्रण द्वारा आम जनता की आर्थिक खुशहाली की वृद्धि करनी चाहिए। वास्तविकता तो यह है कि आम जनता की आवश्यकताओं और आकांक्षाओं का कोई महत्व सरकारी नेतृत्व की निगाह में नहीं रह गया है। यह हमारी समस्त व्यवस्था के संचालन में राजनीतिक दूरदर्शिता एंव दृढ़-संकल्प के अभाव का स्पष्ट संकेत है जिसकी ओर डॉ. अम्बेडकर ने संविधान निर्माण के समय देशवासियों और उनके द्वारा गठित राजनीतिक दलों को आगाह किया था कि वे राष्ट्र की एकता तथा सुदृढ़ता को बनाये रखने के लिए आम आदमी की खुशहाली तथा समृद्धि का ध्यान अपनी राजनीतिक, सामाजिक और आर्थिक नीतियों में अवश्य रखें अन्यथा जो प्रजातंत्र का महल हमने बड़े परिश्रम से निर्मित किया है, वह ढह जायेगा। क्या हमें ऐसा अवसर आने देना चाहिए? स्पष्टत: भारत में राजनीतिक समानता तो हो गई है, किन्तु अभी सामाजिक और आर्थिक जीवन में अनेक विषमताएं शेष हैं, जिन्हें समाप्त किया जाना सम्पूर्ण राष्ट्र की एकता, अखंडता और अभिवृद्धि के लिए आवश्यक है। डॉ. अम्बेडकर के आर्थिक विचार हमें इसी दिशा में काम करने तथा आगे बढ़ने के लिए सम्प्रेरित करते हैं।[5]

---

1. डॉ. बाबासाहेब अम्बेडकर-रायटिंग्स एण्ड स्पीचेज, खण्ड 13, 1994, पृ.1214-18.
2. बी.आर. अम्बेडकर: स्टेट्स एण्ड मायनॉरिटीज, 1947, (विस्तृत जानकारी हेतु देखें)।
3. वही., पुस्तक।
4. वही., पुस्तक।
5. विस्तृत अध्ययन के लिए लेखक की पुस्तक-डॉ. अम्बेडकर के आर्थिक विचार, 1996 पढ़ें।

अध्याय-12

अनिवार्य शिक्षा के अग्रदूत

मानव जीवन में शिक्षा का कितना महत्व है, यह बात डॉ. अम्बेडकर को उस समय मालूम हुई जब वह स्वयं शिक्षा जगत् में प्रविष्ट हुए। उनके पिता मिलिट्री में होने के नाते भलीभांति शिक्षित थे। इसीलिए वह चाहते थे कि उनके बच्चे अच्छी शिक्षा प्राप्त करें, क्योंकि शिक्षा आदमी के व्यक्तित्व को सबल एवं ज्ञानवान् बनाती है। आदमी और पशु दोनों ही प्राकृतिक रूप में जीव होते हैं, पर शिक्षित होकर आदमी पशु समान नहीं रहता और वह अपनी बौद्धिक क्षमता तथा सक्रियता को सशक्त बना लेता है। इस बात का अहसास डॉ. अम्बेडकर को स्कूली शिक्षा ग्रहण करने में ही हो गया था। शूद्रों तथा अछूतों को शिक्षा से दूर रखने का मतलब था कि उन पर ब्राह्मण, क्षत्रिय एवं वैश्यों का वर्चस्व बना रहे और वे इन्हें शिक्षा के द्वार व प्रकाश से दूर रखना चाहते थे ताकि उनसे बेगार ली जाती रहे, उनका शोषण एवं उत्पीड़न करते रहें।

इस अध्याय में भारतीय शिक्षा नीति और संविधान में शिक्षा संबंधी प्रावधानों की स्थिति का विवरण है जो यह तथ्य उजागर करता है कि राजनैतिक आजादी के दशकों पश्चात् भी अनिवार्य शिक्षा अभी भी अधूरी है और यदि आज डॉ. अम्बेडकर जीवित होते तो उन्हें बड़ा ही दुःख होता कि करोड़ों दलित बच्चे वर्तमान भारत में अनिवार्य शिक्षा से वंचित हैं। उनका यह नारा कि "शिक्षित बनो, संगठित रहो और संघर्ष करो"

अधिक साकार नहीं हो पाया है। शिक्षा के बजाय देश में राजनीति तथा अर्थनीति हावी हैं जो बड़ी ही दु:खद स्थिति है। संविधान की मूल शिक्षा-नीति उपेक्षित है। दलित तथा कमजोर वर्ग के कुछ सम्पन्न लोग भी शिक्षा के प्रसार में कम और राजनीति में अधिक रुचि रखते हैं। फिर भी यह उन्हें ध्यान रखना चाहिए कि शिक्षा के बिना कोई समाज आगे नहीं बढ़ सकता। शिक्षा से इन्सान जाग्रत होता है और एक नये समाज का निर्माण भी होता है।

डॉ. अम्बेडकर ने स्कूली तथा उच्च शिक्षा प्राप्त करने के पश्चात् हिन्दू समाज के धर्म ग्रंथों का मंथन किया और यह पाया कि इस देश में वेदाध्ययन ही विद्या का आधार माना जाता था। ब्राह्मण, क्षत्रिय, वैश्य को ही वेदाध्ययन का अधिकार था और केवल ब्राह्मण को अध्यापन का अधिकार था। शूद्र और स्त्रियों के लिए वेदाध्ययन वर्जित था। शूद्रों के लिए वेदाध्ययन केवल वर्जित ही नहीं, बल्कि दण्डनीय अपराध भी घोषित था। गौतम धर्म सूत्र के अनुसार दण्ड का यह प्रावधान था कि यदि शूद्र जानबूझकर वेद सुने तो उसके कानों में पिघला हुआ शीशा डाल दिया जाए। यदि वह वेद मंत्र का उच्चारण करे तो उसकी जीभ काट ली जाए। यदि वह वेद मंत्र को याद कर ले तो उसके शरीर के दो टुकड़े कर दिए जाएं। शिक्षा के ब्राह्मणीकरण के कारण शूद्र वर्ण अशिक्षित ही रह गया। देश की आधी आबादी स्त्रियों को वेद पढ़ने का अधिकार न होने के कारण अशिक्षा का अन्धकार फैल गया। इसका सबसे अधिक प्रतिकूल प्रभाव महिला वर्ग, शूद्र तथा अछूतों पर पड़ा जो एक दु:खद इतिहास है।

जैसा कि मैंने कहा, शिक्षा से ही मनुष्य को विवेक का बोध होता है और विवेकहीन मनुष्य पशुतुल्य होता है। मानवीय मूल्यों की परिकल्पना शिक्षा द्वारा ही सम्भव है। शिक्षा से सदाचार और शील का विकास होता है। शिक्षा से इंसानियत और राष्ट्रीयता का बोध होता है। शिक्षा, रोटी, कपड़ा और मकान ही नहीं, बल्कि सम्मान प्राप्त करने का साधन है। डॉ. अम्बेडकर ने यह स्पष्ट किया कि शिक्षा से ही समता, स्वतन्त्रता, बन्धुता और देशप्रेम की भावना का जन्म होता है, जिसे ब्राह्मणी शिक्षा पद्धति ने पूर्ण रूप से नकार कर अज्ञानता में वृद्धि की। इंसान को इंसान से जोड़ने और मनुष्य की सामाजिक शैक्षिक अज्ञानता में वृध्दि की। इंसान को इंसान से जोड़ने और मनुष्य के सामाजिक, शैक्षिक, राजनैतिक, मानसिक, आर्थिक, वैज्ञानिक और नैतिक विकास की शिक्षा के अपेक्षाकृत मोक्ष प्राप्ति की कामना के लिए इंसान को भगवान् से मिलाने की आध्यात्मिक, चमत्कारिक, अंधविश्वासी, भाग्यवादी, पुनर्जन्मवादी और ईश्वरवादी शिक्षा का प्रचार-प्रसार अधिक किया गया जो डॉ. अम्बेडकर के 'सामाजिक मानववाद' के प्रतिकूल है।

अशिक्षा का हमारे देश पर बहुत बुरा प्रभाव पड़ा । अशिक्षा के कारण यह देश मुगलों और अंग्रेजों का गुलाम बना। अशिक्षा के कारण भारत की जनसंख्या में निरंतर वृद्धि होती गई। स्त्रियों को शिक्षा और सम्पत्ति का अधिकार न होने के कारण स्त्री भ्रूण हत्या में वृद्धि हुई और स्त्री-पुरुष अनुपात निरंतर कम होता गया, जिससे महिलाओं पर अत्याचारों की घटनाओं में भी वृद्धि हुई और स्त्री-पुरुष अनुपात निरंतर कम होता गया। अशिक्षा के कारण देश की निर्धनता में भारी वृद्धि हुई। अशिक्षा के कारण अनुसूचित जाति, अनुसूचित जनजाति, अन्य पिछड़ा वर्ग और धार्मिक अल्पसंख्यकों की बहुत दुर्गति हुई। द्विजों की निरंकुशता के कारण और सभी वर्णों को शिक्षा का समान अधिकार न होने के कारण हिन्दू समाज की दुर्गति हुई।

डॉ. अम्बेडकर से पूर्व शिक्षा के महत्व को ध्यान में रखकर राष्ट्र निर्माता ज्योतिबा फूले ने 1848 में शूद्रों के लिए और 1852 में उनकी जीवन संगिनी श्रीमती सावित्री बाई फूले ने महिलाओं के लिए देश में प्रथम पाठशाला खोली, जिससे शूद्रों और महिलाओं में शिक्षा का सूत्रपात हुआ। ज्योतिबा फूले, कबीर और बुद्ध की शिक्षाओं से प्रेरणा लेते हुए डॉ. अम्बेडकर ने भारत का संविधान निर्माण करके लोक कल्याणकारी गणराज्य की स्थापना की। 26 जनवरी 1950 को भारत का संविधान लागू होने से दलितों, आदिवासियों, पिछड़ों और धार्मिक अल्पसंख्यक वर्गों की आजादी का मार्ग प्रशस्त हुआ। जो अंग्रेजों से तो आजाद हो गए थे, लेकिन द्विजों की गुलामी से आजाद होने का कोई कानून उनके पक्ष में नहीं था।

भारतीय संविधान के अनुच्छेद 21 में प्राण और दैहिक स्वतन्त्रता का संरक्षण करने लिए प्रत्येक नागरिक को अनिवार्य शिक्षा पाने का मूल अधिकार प्रदान किया। अनुच्छेद 45 में अशिक्षा को दूर करने के उद्देश्य से राज्य को 14 वर्ष तक के सभी बालकों को निःशुल्क और अनिवार्य शिक्षा देने के लिए उपबन्ध करने का निर्देश दिया। सामाजिक अन्याय और शोषण से मुक्ति दिलाने के लिए अनुच्छेद 46 द्वारा राज्य को समाज के दुर्बल वर्गों के विशेषतया अनुसूचित जातियों, अनुसूचित जनजातियों की शिक्षा तथा अर्थ सम्बन्धी हितों की विशेष सावधानी से अभिवृद्धि करने और सामाजिक अन्याय तथा सब प्रकार के शोषण से उनकी रक्षा करने का उपबन्ध किया।

डॉ. अम्बेडकर के अनुसार अनिवार्य शिक्षा के प्रावधानों को लागू करने में आने वाली वैधानिक बाधाएं दूर करने के लिए संविधान के अनुच्छेद 13 के अनुसार मूल अधिकारों से असंगत या उनका अल्पीकरण करने वाली, संविधान के लागू होने के ठीक पहले, भारत में प्रवृत्त विधियां शून्य घोषित कर दी गईं अर्थात् भारत में विधि का बल परखने वाला कोई भी अध्यादेश, आदेश, उपविधि, नियम, उपनियम, अधिसूचना, रूढ़ि

अथवा प्रथा आदि शून्य घोषित कर दी गईं तथा यह भी उपबन्ध किया गया कि राज्य भविष्य में भी ऐसी कोई विधि नहीं बनाएगा जो संविधान द्वारा प्रदत्त मूल अधिकारों को छीनती हो, या न्यून करती हो। किसी नागरिक के विरुद्ध असमानता का व्यवहार करने से रोकने के लिए संविधान के अनुच्छेद 15 के अनुसार धर्म, मूलवंश, जाति, लिंग, जन्मस्थान के आधार पर भेदभाव का प्रतिशोध किया। राज्य को स्त्रियों तथा बच्चों के लिए विशेष उपबन्ध करने तथा सामाजिक एवं शैक्षणिक दृष्टि से पिछड़े वर्गों या अनुसूचित जाति, अनुसूचित जनजातियों की उन्नति के लिए विशेष उपबन्ध करने का अधिकार देकर शैक्षाणिक संस्थाओं में आरक्षण का प्रावधान किया।

देश के शिक्षा जगत् में डॉ. अम्बेडकर ने एक क्रांतिकारी बदलाव लाने में बड़ी भूमिका अदा की। शिक्षा का आर्थिक उपयोग करने और रोजगार से जोड़ने के लिए अनुच्छेद 16 द्वारा पद और अवसर की समता प्रदान करने तथा देश का पिछड़ापन दूर करने के उद्देश्य से राज्य को पिछड़े हुए नागरिकों के वर्ग के लिए जिसे राज्याधीन पदों पर पर्याप्त प्रतिनिधित्व न मिला हो, सरकारी सेवाओं में नियुक्तियों या पदों के आरक्षण का प्रावधान करने की शक्ति प्रदान की। अनुच्छेद 338 द्वारा अनुसूचित जातियों और अनुसूचित जनजातियों के लिए, अनुच्छेद 340 के अन्तर्गत पिछड़े वर्गों के लिए, अनुच्छेद 350 ख के अन्तर्गत भाषागत अल्पसंख्यक वर्गों के लिए प्रावधान किया गया कि राष्ट्रपति को इन वर्गों की दशाओं और उनकी कठिनाइयों को दूर करने के उपायों के बारे में अनुसंधान करने के लिए आयोग की नियुक्ति करने की शक्ति प्रदान की जिसमें आयोग इन वर्गों की कठिनाइयों को दूर करने के उपायों के बारे में अनुसंधान करेगा और उसकी रिपोर्ट राष्ट्रपति को भेजेगा। राष्ट्रपति आयोग द्वारा दिए गए प्रतिवेदन को उस पर की गई कार्यवाहियों सहित संसद के प्रत्येक सदन के समक्ष रखवाएगा।

ब्राह्मणी तत्वों ने पूर्वाग्रहों से ग्रसित होने के कारण संविधान को विफल करने का निश्चय किया। पहली लोकसभा के चुनाव में 3.5 प्रतिशत आबादी वाले ब्राह्मणों को 60 प्रतिशत टिकट देकर 56 प्रतिशत ब्राह्मणों को चुनकर संसद में भेजा, जिससे राजनीति का ब्राह्मणीकरण हो गया। उच्चतम और उच्च न्यायालयों के न्यायाधीशों की नियुक्तियों में उच्च न्यायालयों के 588 न्यायाधीशों में 478 न्यायाधीश ब्राह्मण, कायस्थ, शेख, सैयद, राजपूत और भूमिहारों आदि की नियुक्ति की गई। इस प्रकार लोकतंत्र के आधार स्तम्भ विधायिका, न्यायपालिका और कार्यपालिका का द्विजीकरण होने के कारण लोकतन्त्र खतरे में पड़ गया। ऐसे हालात में द्विजों से न्याय की अपेक्षा निराधार साबित हुई।

आज यह एक दु:खद स्थिति है कि शिक्षा के निजीकरण का मार्ग खोलकर शिक्षा को महंगी शिक्षा में परिवर्तित कर दिया, जिससे शिक्षा का वैश्वीकरण हो गया। बात

यहीं समाप्त नहीं हुई, बल्कि मूल अधिकारों से असंगत विधियां जो संविधान द्वारा शून्य घोषित कर दी गई थीं, उनकी पुस्तकें बाजार में बिकने और प्रकाशन पर प्रतिबन्ध के अपेक्षाकृत उन्हें विद्यालयों में पढ़ाने के लिए अनुदान भी दिया जाने लगा और वे बाजारों में धड़ल्ले से बिकने लगीं। इससे कार्यपालिका और विधायिका की भी पोल खुलती है कि आजादी के पचास वर्षों में वे निरक्षरों की संख्या में कमी नहीं कर पाई।

वस्तुतः अशिक्षा के कारण और अवसर उपलब्ध नहीं होने के कारण अनुसूचित जाति और अनुसूचित जनजाति के लोग लम्बे अर्से तक मेडिकल और इंजीनियरिंग कॉलेजों में भरती होने से वंचित रहे। फिर शिक्षित होने पर उपलब्ध होने के बाद भी योग्य नहीं होने का झांसा देकर लम्बे अर्से तक उच्च शिक्षाओं में आने पर रोक जारी रही। योग्य उम्मीदवार मिलने पर सरकार ने अनुसूचित जाति, अनुसूचित जनजाति, अन्य पिछड़े वर्ग और अल्पसंख्यक वर्ग को मेडिकल और इंजीनियरिंग कॉलेजों में प्रवेश हेतु 68 प्रतिशत आरक्षण का प्रावधान किया था, जिनकी संख्या देश में 90 प्रतिशत से अधिक थी। कुछ छात्रों ने इस शासनादेश की विधिमान्यता को चुनौती दी। उच्चतम न्यायालय ने बालाजी बनाम मैसूर राज्य (ए.आई.आर.1963, एस.सी.649) के मामले में जनसंख्या के अधिकतम भाग को पिछड़े वर्गों में शामिल करना न्यायोचित नहीं माना। उच्चतम न्यायालय को पिछड़े वर्गों के लिए शिक्षण संस्थाओं में पचास प्रतिशत से अधिक स्थानों पर प्रवेश पाने पर रोक लगा दी। दूसरे शब्दों में सम्पन्न वर्गों के 10 प्रतिशत लोगों के लिए 50 प्रतिशत का आरक्षण प्रदान किया। उच्चतम न्यायालय ने पिछड़ेपन का आधार सामाजिक, शैक्षिक और राजनैतिक स्तर की अपेक्षाकृत राजनैतिक स्तर कर दिया जो कि सर्वथा असंवैधानिक था।

यह बताना सार्थक होगा कि मोहिनी जैन बनाम कर्नाटक राज्य [(1992)3 एस.सी.सी. 666] के मामले में उच्चतम न्यायालय के दो न्यायाधीशों की खण्डपीठ ने यह अभिनिर्धारित किया कि शिक्षा पाने का अधिकार मूल अधिकार है और कॉलेजों द्वारा कैपिटेशन फीस लेना नागरिकों को इस अधिकार से वंचित करता है। कैपिटेशन फीस के कारण निर्धन छात्र शिक्षा पाने से वंचित रह जाता है, तथा धनी और अयोग्य छात्र उसे प्राप्त कर लेता है। अतः यह अवैद्य है। प्रत्येक नागरिक को शिक्षा उपलब्ध कराना राज्य का संवैधानिक दायित्व है। बिना शिक्षा के कोई भी नागरिक अपने पूर्ण अधिकारों का उपयोग नहीं कर सकता है, लेकिन यूनीकृष्णन् बनाम आन्ध्र प्रदेश राज्य [(1993)ए.एस.सी.सी 645] के मामले में न्यायालय की 5 न्यायाधीशों की खण्डपीठ ने 3-2 के बहुमत से निर्णय दिया कि शिक्षा पाने का अधिकार मूल अधिकार है, लेकिन सभी को शिक्षा उपलब्ध कराना राज्य का उत्तरदायित्व है, जो 14 वर्ष तक के बच्चों के

लिए ही सीमित है। मेडिकल और इंजीनियरिंग शिक्षा का बढ़ता व्यय राज्य नहीं दे सकता। निजी शिक्षण संस्थाएं आज की आवश्यकताएं बन गई हैं। कॉलेजों में स:शुल्क और नि:शुल्क दो प्रकार के स्थान निश्चित किए गए और कैपिटेशन फीस को वैद्य ठहराकर शिक्षा का वैश्वीकरण कर गरीबों की योग्यता का गला घोंट दिया गया।

कुमारी के.एस. जैश्री बनाम केरल राज्य [(1977)3 उम.नि.प. 360] के मामले में याचिकादाता आरक्षण के कोटे में आती थी फिर भी उसे इस आधार पर मेडिकल कॉलेज में प्रवेश नहीं दिया गया, क्योंकि उसके परिवार की आय 10,000 रुपये से अधिक थी, अर्थात् कम आय वाले पिछड़े वर्ग उच्च शिक्षा का व्यय वहन नहीं कर सकते थे और उचित आय वाले पिछड़े वर्गों को न्यायपालिका ने प्रवेश लेने पर पाबन्दी लगा दी। उच्चतम न्यायालय ने आरक्षण के प्रयोजनार्थ पिछड़े वर्ग को (पिछड़े वर्ग और अधिक पिछड़े वर्ग) में वर्गीकृत करके क्रीमीलेयर वर्ग को आरक्षण की सुविधा से वंचित कर दिया। यह अनुसूचित जाति, अनुसूचित जनजाति और पिछड़े वर्गों को उच्च शिक्षा से वंचित करके पुन: गुलाम बनाने की मिली-जुली साजिश है। ऐसे हालात में जहां निर्णय ही मिलने में इतना विलंब होता हो, वहां न्याय मिलने की अपेक्षा कैसे की जा सकती है।

जैसा कि डॉ. अम्बेडकर ने पाया, मनुस्मृति के अनुसार ब्राह्मण और वैश्य कन्या से उत्पन्न पुत्र को अम्बष्ठ कहा जाता था, जिसका व्यवसाय जन्म होते ही चिकित्सा करना निर्धारित था। आज के अनुसूचित जाति और अनुसूचित जनजाति अभ्यर्थी मेडिकल कॉलेजों में प्रवेश पाने के लिए कम से कम इण्टरमीडिएट तो उत्तीर्ण होते हैं, जो मनुस्मृति के आरक्षण की तुलना में श्रेष्ठ हैं। इस प्रकार यह स्वत: साबित हो जाता है कि कार्यपालिका, न्यायपालिका और विधायिका एवं जनसंचार माध्यमों ने देश के पिछड़े व अति पिछड़े नागरिकों को शिक्षित करने के विरुद्ध अपनी भूमिका दर्ज की। जब कोई कार्यपालिका आदेश शिक्षा के सम्बन्ध में पारित हुआ तब न्यायपालिका ने उसे लागू नहीं होने दिया और जब न्यायपालिका ने शिक्षा के पक्ष में कोई निर्णय लिया तो कार्यपालिका ने उसे उलट दिया। अन्य पिछड़ा वर्गों को 1990 तक मान्यता प्राप्त न होने के कारण उनके अलग से आंकड़े उपलब्ध नहीं होते। बड़े खेद का विषय है कि 2001 में हुई जनगणना में भी उनकी जनसंख्या अलग से दर्शाने का प्रावधान नहीं किया गया, जिससे अन्य पिछड़े वर्गों के बारे में सम्पूर्ण जानकारी प्राप्त हो सके और उनकी दशाओं को सुधारने के लिए प्रयास किया जा सके। विशेष बात तो यह है कि अन्य पिछड़े वर्गों और उनके राजनैतिक प्रतिनिधियों ने भी अपनी दशा सुधारने के लिए न तो कोई आवाज उठाई और न ही कोई संघर्ष किया।

हमारे संविधान के प्रावधानों के फलस्वरूप प्राथमिक तथा उच्च प्राथमिक विद्यालयों की संख्या जो 1950–51 में 2.23 लाख थी वह 1999–2000 में बढ़कर 8.39 लाख और अध्यापकों की संख्या 6.24 लाख से बढ़कर 32.17 लाख हो गई। आज देश की 94 प्रतिशत ग्रामीण आबादी को एक किलोमीटर के क्षेत्र में कम से कम एक प्राथमिक विद्यालय और 84 प्रतिशत ग्रामीण आबादी को तीन किलोमीटर के क्षेत्र में एक उच्च प्राथमिक विद्यालय उपलब्ध है। 1950–51 में प्राथमिक विद्यालय और उच्च प्राथमिक विद्यालय में प्रवेश प्रतिशत 52.60 प्रतिशत था, वह प्रवेश प्रतिशत 1999–2000 में बढ़कर 94.90 प्रतिशत हो गया।

ऑपरेशन ब्लैकबोर्ड के माध्यम से 1987–1988 से 2000–2001 के दौरान देश के 522902 प्राथमिक और 138009 उच्च प्राथमिक विद्यालयों हेतु 149146 पद दूसरे शिक्षक के रूप में, 83045 पद तीसरे शिक्षक के रूप में और 77610 पद अतिरिक्त शिक्षक के रूप में स्वीकृत किए गए। 2000–2001 के दौरान 7.92 लाख प्राथमिक विद्यालयों में 10.51 करोड़ बच्चे अध्ययनरत् थे। बीच में ही विद्यालय छोड़ने वाले बच्चों की संख्या में कमी लाने के लिए अभिभावकों में जागरूकता और सामुदायिक प्रेरणा पैदा करना, समुदायों की भागीदारी, आर्थिक प्रोत्साहन और स्कूल चलाने की प्रक्रिया में सुधार करना, जिला प्राथमिक शिक्षा कार्यक्रम, प्राथमिक शिक्षा के लिए पौष्टिक आहार, सहायता के लिए राष्ट्रीय कार्यक्रम की रणनीति विकसित की गई जिससे प्राथमिक स्तर पर स्कूली शिक्षा बीच में छोड़ने वाले बच्चों की दर 1960–61 में 65 प्रतिशत के स्थान पर 1997–98 में घट कर 39 प्रतिशत रह गई।

अनौपचारिक शिक्षा के क्षेत्र में 2.92 लाख अनौपचारिक शिक्षा केन्द्र देश के 25 राज्यों व केन्द्र शासित प्रदेशों में 73 लाख बच्चों को शिक्षित कर रहे हैं। जिनमें 1.15 लाख केन्द्र केवल बालिकाओं के लिए हैं। माध्यमिक स्तर के शिक्षा संस्थान जो 1950–51 में मात्र 7416 संस्थान थे, वे 1998–99 तक बढ़कर 1.10 लाख संस्थान और उसमें प्रवेश की संख्या 15 लाख से बढ़कर 2.78 करोड़ हो गई। व्यावसायिक शिक्षा के क्षेत्र में देश भर में 6486 स्कूलों में 18719 व्यावसायिक पाठ्यक्रमों को स्वीकृति दी गई जिससे लगभग 9.35 लाख विद्यार्थियों को व्यावसायिक पाठ्यक्रमों में प्रवेश देने की क्षमता सृजित हो गई। राष्ट्रीय मुक्त विद्यालय के क्षेत्र में देश भर में 900 से अधिक अध्ययन केन्द्र हैं और 4 लाख से अधिक विद्यार्थी शिक्षारत् हैं। महिलाओं ने भी शिक्षा के क्षेत्र में पुरुषों को बहुत पीछे छोड़ दिया है, जिन्होंने उनके शिक्षा ग्रहण करने के अधिकार पर पाबन्दी लगाई थी।

नवोदय विद्यालय पूरे देश में 446 हैं, जिनमें 1.27 लाख विद्यार्थी शिक्षा ग्रहण कर रहे हैं। केन्द्रीय विद्यालयों की श्रंखला में देश में 874 केन्द्रीय विद्यालय हैं, जिनमें से एक काठमाण्डू और एक मास्को में है, तथा उनमें एक समान पाठ्यक्रम अपनाया जा रहा है। इन्दिरागांधी राष्ट्रीय मुक्त विश्वविद्यालय में 2001 में 1.91 लाख छात्रों का पंजीकरण कराया गया, जिसके 44 क्षेत्रीय केन्द्र और 626 अध्ययन केन्द्र देश के विभिन्न भागों में स्थित हैं। उच्च शिक्षा के क्षेत्र में देश में 259 विश्वविद्यालय हैं, जिनमें विद्यार्थियों की संख्या 74.18 लाख है और अध्यापकों की संख्या 3.42 लाख है। यह आंकड़ों पर आधारित शिक्षा जगत् स्पष्टत: बतलाता है कि डॉ. अम्बेडकर ने जो शैक्षणिक परिकल्पना की थी, उसमें अभी भी दलित वर्ग पिछड़ा हुआ है।

आज शिक्षा जगत् में इतने क्रांतिकारी परिवर्तन हो गये हैं जिनके लाभ आम जनता, विशेषकर दलित एवं कमजोर वर्गों को मिलना कठिन हो गया है। उस पर भी वैश्वीकरण, निजीकरण, पूंजीवाद (मुक्त व्यापार) की मार इन्हीं दलित तथा कमजोर वर्गों पर ही पड़ रही है। शिक्षा, व्यावसायिक प्रशिक्षण, कम्प्यूटर ट्रेनिंग आदि इतने महंगे होते जा रहे हैं कि ये वर्ग उनका खर्चा वहन नहीं कर पाते। फलतः इनमें बेरोजगारी, निराशा, अनिश्चित भविष्य एवं प्रगति का संकट उत्पन्न हो गया है। इसीलिए डॉ. अम्बेडकर ने दशकों पूर्व कहा था कि राज्य का दायित्व है कि वह दलित व कमजोर वर्गों को शिक्षित करने और उन्हें रोजगार उपलब्ध कराने का काम करे अन्यथा देश में निरक्षरता, बेरोजगारी, अपराध, निर्धनता, भुखमरी, बीमारी आदि का प्रकोप बढ़ता जाएगा। आम जनता को शिक्षा सुलभ कराना, राज्य का ही मुख्य कर्तव्य है। दलित समाज में शिक्षा की ओर ध्यान तो है, पर शिक्षित नवयुवकों को बेरोजगार, निराश तथा निरीह देखकर उनके माता-पिता दु:खी रहते हैं। लेकिन इसका मतलब यह कतई नहीं है कि उन्हें अशिक्षित ही रखा जाए। शिक्षित बनो, और शिक्षित बनाओ, अधिकाधिक शिक्षा से ही समस्याओं के समाधान निकलेंगे। ऐसा मानना ही डॉ. अम्बेडकर के मानववादी दर्शन का रहस्य अथवा आधार है।

अनिवार्य शिक्षा की उपेक्षा

आधुनिक भारत में हमारी सबसे बड़ी निष्क्रियता शिक्षा के क्षेत्र में रही। दुनिया में कोई देश ऐसा नहीं, जहां निरक्षरता दर ऊंची हो लेकिन वह आर्थिक दृष्टि से समृद्ध हो। भारत के अंदर केरल जैसे राज्य हैं, जहां साक्षरता तो काफी है लेकिन लोग समृद्ध नहीं हैं। डॉ. अम्बेडकर की मान्यता थी कि साहसिक एवं उत्कृष्ट मानव जीवन और समृद्धता के लिए साक्षरता और अच्छी शिक्षा निहायत जरूरी है, हालांकि यह राष्ट्रीय समृद्धि और सत्ता के लिए पर्याप्त नहीं है, जैसा केरल के उदाहरण से स्पष्ट है। साम्यवादी शासन

वाले देशों में जो भी खामियां या अमानवीय व्यवहार की शिकायतें रही हों, उनकी एक बड़ी उपलब्धि यह थी कि उन्होंने बहुत कम समय में ही सबको साक्षर बना दिया और जनता के एक बड़े हिस्से को उच्च स्तर की शिक्षा प्रदान की। पूर्व सोवियत संघ, पूर्वी यूरोप के देशों, चीन, उत्तरी कोरिया, क्यूबा और वियतनाम ने साम्यवादी क्रांति के थोड़े से समय में ही 90 प्रतिशत से अधिक साक्षरता हासिल कर ली। दक्षिण और दक्षिण-पूर्व एशिया में मलेशिया, इंडोनेशिया और श्रीलंका जैसे देशों ने भी 85 प्रतिशत साक्षरता को हासिल कर लिया है, हालांकि ये देश भी भारत की तरह औपनिवेशिक शासन से बुरी तरह बर्बाद हुए थे। उनकी प्रति व्यक्ति आय भी भारत से ज्यादा है; दरअसल, मलेशिया की प्रति व्यक्ति आय भारत से करीब 20 गुनी है।

स्वतंत्र होने के बाद भारत के राजनीतिक दलों और नेताओं की घोर विफलताओं में एक है देश में शिक्षा की उपेक्षा करना। भारत में करीब 35 करोड़ लोग निरक्षर हैं। विश्व में किसी अन्य देश में इतनी संख्या में निरक्षर नहीं हैं। यह शर्मनाक तथ्य है और चुनौती भी। नेहरू और इंदिरा गांधी के समय समाजवाद और अन्य लोक-लुभावन बातें खूब की गईं। कम दरों पर अनाज, कम दरों पर बिजली, सस्ते आवास, गरीबों और वृद्धों को पेंशन, गरीबों और अल्पसंख्यकों को ऋण देने जैसे वायदों की होड़ भी खूब चली। संक्षेप में कहें तो 'आगे बढ़ो हम सुविधा देंगे।'

गरीब और निरक्षर लोगों को रियायती दर पर अनाज दिया गया। इस तरह निरक्षर लोगों को बिना किसी कार्य के कल्याणकारी योजनाओं का भरोसा दिला कर वोट बटोरने की कोशिश की गई। इसका नतीजा यह है कि शिक्षित और सम्पन्न तबकों के परिवारों में तो एक या दो बच्चे ही हैं। उन्हें सर्वोत्तम शिक्षा मिल रही है और उनमें से अनेक विदेश जा रहे हैं। बाहर जा कर अन्य देशों में धन कमा रहे हैं। निरक्षरों और गरीबों के पांच-पांच बच्चे हैं, वे सदा गरीबी में रहने को अभिशप्त हैं। उनकी परेशानी, हताशा, कुंठा और रोष का इस्तेमाल लोक-लुभावन राजनीति करने वाले वोट बटोरने के लिए करेंगे।

एक आश्चर्यजनक तथ्य यह है कि भारत का विज्ञान और तकनीक स्नातकों की संख्या के लिहाज से विश्व में दूसरा स्थान है। पहला अमरीका का है, सोवियत संघ दूसरे स्थान पर था, लेकिन उसके विघटन के बाद रूस अब तीसरे स्थान पर है। हमारे विश्वविद्यालयों में 80 लाख छात्र हैं। भारतीय प्रौद्योगिकी संस्थान और भारतीय प्रबंध संस्थान विश्व स्तर के इंजीनियर और मैनेजर तैयार कर रहे हैं। लेकिन देश में ऐसे संस्थानों की संख्या पचास से कम है जबकि देश में कुल विश्वविद्यालयों की संख्या करीब 270 है। अगर भारत को ऐसे स्नातकों की आवश्यकता हो, जो देश में समृद्धि ला

सकें तो हमें विश्वविद्यालयों की संख्या बढ़ानी होगी। उससे भी ज्यादा जरूरी बात है कि स्नातकों के स्तर को सुधारना होगा। भारत में तैयार किए गए वैज्ञानिक शोध पत्रों और विश्व के अन्य देशों में उनके उल्लेख, उन्हें संदर्भ के रूप में पेश किए जाने की संख्या लगातार कम होती गई है। विज्ञान और तकनीक के क्षेत्र में विश्व-स्तरीय शोध पत्रों को प्रस्तुत करने की दृष्टि से भारत का दर्जा लगातार कम ही होता गया है। इसका सीधा अर्थ यह है कि हम ज्ञान के सृजन में योगदान नहीं कर रहे हैं।

कुछ समय पूर्व लंदन के इक्नॉमिस्ट ने शिक्षा, विज्ञान और तकनीक के क्षेत्रों का एक विश्वव्यापी सर्वेक्षण छापा था। उसमें विश्व के राष्ट्रों को तीन श्रेणियों में बांटा गया था। पहली श्रेणी में वे देश थे जो ज्ञान का सृजन कर रहे हैं, उसका व्यापक उपयोग कर समृद्ध हो रहे हैं। इनमें पश्चिमी यूरोप, अमरीका, जापान, कोरिया, आस्ट्रेलिया और न्यूजीलैण्ड शामिल हैं। ये सभी देश आर्थिक सहयोग और विकास संगठन(ओईसीडी) के सदस्य हैं।

दूसरी श्रेणी में वे देश हैं जो ज्ञान का सृजन नहीं करते, लेकिन उसका उपयोग करने में समर्थ हैं और इस कारण तेज गति से समृद्धि की ओर बढ़ रहे हैं। इन देशों में सोवियत गुट से अलग होने वाले पूर्वी यूरोप के देश, ताईवान, मलेशिया, थाईलैण्ड, चीन के कुछ हिस्से और भारत शामिल हैं। हमारे देश में भी इस श्रेणी में छह राज्य ही माने जा सकते हैं। वे हैं: तमिलनाडु, कर्नाटक, आंध्रप्रदेश, महाराष्ट्र, गुजरात और केरल। शेष भारत तीसरी श्रेणी में है। इसी श्रेणी में अफ्रीकी और अरब देश भी शामिल हैं। इन देशों में न तो ज्ञान का सृजन होता है और न ही उसका उपयोग कि समृद्धता बढ़े।

तीसरी श्रेणी में सभी बड़े हिन्दी राज्यों का होना शर्म की बात है। इन्हीं राज्यों में साक्षरता कम है और परिवारों का आकार अधिक है। इन राज्यों की जनसंख्या वृद्धि दर भी अखिल भारतीय औसत के मुकाबले 50 प्रतिशत से भी ज्यादा है। शिक्षा के प्रसार से जनसंख्या वृद्धि में कमी आती है, इसका ज्वलंत उदाहरण केरल है। वहां कुल आबादी का 40 प्रतिशत ईसाई या मुसलमान हैं, फिर भी जनसंख्या वृद्धि की दर भारत में सबसे कम है, इतनी भी नहीं कि मृत्यु दर की बराबरी कर सके। लेकिन यह भी एक तथ्य है कि हर आय-समूह में गैर-हिन्दू, खास कर मुसलमान, परिवारों में बच्चों की संख्या ज्यादा होती है और शिक्षा की तरफ ध्यान कम दिया जाता है।

शिक्षा पूंजी जुटाने के लिए बहुत आवश्यक है, चाहे उधार की हो या अनुदान के रूप में मिली हो, इसका उदाहरण जर्मनी और जापान हैं। जर्मनी में द्वितीय महायुद्ध के दौरान चप्पे-चप्पे पर बम गिराए गए। उसके उद्योग, बिजलीघर और सभी आधारभूत सुविधाएं नष्ट हो गईं। लेकिन उसने पांच वर्षों में ही युद्ध के पहले का उत्पादन स्तर

प्राप्त कर लिया और जल्दी ही अमरीका को छोड़ शेष पश्चिमी राष्ट्रों से आगे निकल गया। अमरीका और जापान के बाद उसे गिना जाने लगा। इसका कारण बहुत सीधा-सा है। जर्मनी के लोग बहुत शिक्षित और तकनीकी दृष्टि से कुशल थे। वे उद्यमी और परिश्रमी थे। अमरीका ने मार्शल योजना के तहत जर्मनी के आधारभूत ढांचे और उद्योगों के पुनर्निर्माण के लिए पांच अरब डालर का ऋण दिया था। उच्च शिक्षा वाले और कुशल जर्मन लोगों में उद्यमिता की कमी नहीं। उन्होंने अमरीका से मशीनों जैसे पूंजीगत सामानों का आयात किया और काम में लग गए। अपने ज्ञान और कौशल से उन्होंने औद्योगिक ढांचे और कारखानों का पुनर्निर्माण कर दिया। उन्होंने पूरे ऋण का भी उपयोग नहीं किया। अमरीका को ऋण की एक चौथाई राशि धन्यवाद सहित वापस कर दी।

द्वितीय महायुद्ध के दौरान जापान पर भी भारी बमबारी हुई थी। उसका भी उद्योग और आधारभूत ढांचा तबाह हो गया था। लेकिन बमबारी से जापान की जनता की शिक्षा और उससे पैदा हुई योग्यता, दृष्टि और सूझबूझ तो नष्ट नहीं हुई, हो भी नहीं सकती थी। जर्मनी की ही भांति उसने भी अपने अर्थतंत्र को बहुत कम समय में ही पुन: खड़ा कर दिया। उसने न सिर्फ ब्रिटेन और फ्रांस जैसी अतीत की साम्राज्यी शक्तियों को पीछे छोड़ दिया बल्कि तकनीकी क्षेत्र में महारत वाले जर्मनी से भी आगे निकल गया। उसे अमरीका के बाद विश्व का सबसे बड़ा अर्थतंत्र माना जाता है। हमारे सीखने के लिए सबक बहुत कुछ हैं। इसीलिए डॉ. अम्बेडकर ने कहा था कि राष्ट्र में सभी को साक्षर होना चाहिए, शिक्षा विश्वस्तरीय हो, लोगों में उत्साह, सूझबूझ और उद्यमी संस्कृति होनी चाहिए। हमारे देश के परिवारों में माता-पिता को चाहिए कि वे घर में बच्चों के लालन-पालन में इन मूल्यों को सिखाएं। स्कूल और कॉलेजों में दी जाने वाली शिक्षा में भी इस तरफ ध्यान दिया जाना चाहिए। यह हमारे देश के नेतृत्व के लिए सोचने की बात है। सोच हो तो अच्छी, बड़ी और व्यापक हो। डॉ. अम्बेडकर ने कहा था कि "शिक्षा एक ऐसी विधा है जो हरेक की पहुंच तक हो...स्कू ली शिक्षा सबको सुलभ हो और उच्च शिक्षा भी इतनी सस्ती हो कि हरेक नर-नारी उसे प्राप्त कर सके ।" [1] संक्षेप में, शिक्षा ही किसी देश को समुन्नत एवं समृद्ध बनाती है।

सारांशत: डॉ. अम्बेडकर हिन्दू समाज व्यवस्था को 'अप्रगतिशील चरित्र' का समाज मानते थे। उनकी दृष्टि से यह बहुत ही दुख:द स्थिति थी और आज भी लगभग वही अवस्था है। इसलिए उन्होंने एक महत्वपूर्ण नारा दिया था कि "शिक्षित बनो, संगठित रहो और संघर्ष करो।" ऐसा होने पर ही सभी सामान्य स्त्री-पुरु ष विशेषत: दलित व उपेक्षित वर्ग, बराबरी का दर्जा हॉसिल कर पाएंगे और समान अधिकारों को

प्राप्त करने में सक्षम हो सकेंगे। इसी दिशा में अग्रसर होकर वे समाज का प्रगतिशील चरित्र सुदृढ़ बनाने में सफल होंगे। वर्तमान स्थिति तथा संभावित परिवर्तनों की दृष्टि से जब तक एक लम्बी एवं बेहतर सोचवाली शिक्षा नीति निर्धारित नहीं होगी, तब तक वांछित लक्ष्य पाना मुश्किल होगा। यदि सरकार सही शिक्षा नीति नहीं अपनाएगी, उपयुक्त कदम नहीं उठाएगी तो स्थिति बदलेगी भी नहीं। डॉ. अम्बेडकर की राय में यह सरकार का दायित्व है कि प्रारंभिक शिक्षा सभी बच्चों को सुलभ हो।

---

1. डॉ. बाबासाहेब अम्बेडकर–रायटिंग्स एण्ड स्पीचेज, खण्ड 2, 1982, पृ. 40–41.

अध्याय-13

सामाजिक दायित्व के उत्प्रेरक

यह कहना न्यायसंगत होगा कि डॉ. अम्बेडकर जीवनभर 'एक प्रखर विद्रोही' की भूमिका समय-समय पर निभाते रहे। जहां कहीं उन्होंने 'सामाजिक दायित्व' के प्रति उदासीनता देखी, वह अपनी प्रखरता को दबा नहीं पाए। अपने विचारों को अभिव्यक्ति देना ही उन्होंने उचित समझा, भले ही वह किसी व्यक्ति अथवा संस्था को अरुचिकर लगा हो। 'सामाजिक दायित्व के उत्प्रेरक' की सीख उन्होंने कहां से गृहण की? इसका उत्तर तो आसान नहीं है, पर मैं अपनी समझ की सीमाओं को मानते हुए निम्नांकित व्यक्तियों अथवा संस्थाओं के नामों को उद्धृत करूंगा, जो डॉ. अम्बेडकर के व्यक्तित्व एवं कृतित्व को 'सामाजिक दायित्व' के प्रति समर्पित करने में सक्षम सिद्ध हुए:

1. जब डॉ. अम्बेडकर ने हिन्दू समाज व्यवस्था की पीड़ाओं को स्कूली शिक्षा प्रारंभ करने के बाद झेलना शुरू किया तब उन्होंने पाया कि वर्ण, जाति और छुआछूत की त्रयी का त्रिशूल किस प्रकार उनके मन एवं शरीर को छेदता चला गया। उन्होंने अनुभव किया कि ऐसे संस्थागत ढांचे में न जाने कितने शूद्र-अछूत तबाह हो गये और अंधकार, अशिक्षा, अज्ञान, अत्याचार तथा अनाचार की आग में जलते रहे। यहां तक कि जब वह अमेरिका, इग्लैंड तथा जर्मनी में शिक्षा प्राप्ति के बाद भारत वापस आए तब भी उन्होंने वर्ण, जाति एवं छुआछूत के शिकार होने के कटु अनुभवों का सामना किया।

डॉ. अम्बेडकर ने भलीभांति समझ लिया कि ऐसी त्रयी को समाप्त करना उनका परम कर्तव्य होगा। उन्होंने बड़ी प्रखरता से हिन्दू समाज एवं धर्म की आलोचना ही नहीं, अपितु उसके प्रति विद्रोह का मार्ग अपनाया जो जीवनभर एक सशक्त अभियान बनता चला गया। डॉ. साहेब अपने 'सामाजिक दायित्व' का सभी प्रकार से निर्वाह करते रहे और मरणोपरांत भी उनकी विचार-काया किसी न किसी रूप में गतिशील है।

2. कुछ ऐसे भी मध्यकालीन संत हुए जिन्होंने डॉ. अम्बेडकर को सामाजिक दायित्व की प्रेरणा दी जैसे चक्रधर, कबीर, एकनाथ, तुकाराम, रविदास तथा चोखामेला। इन संतों ने सामाजिक सुधार के रूप में समानता तथा स्वतंत्रता का बिगुल बजाया जिसे डॉ. अम्बेडकर ने पुनः प्रारंभ किया। वह उनके दृष्किोण को सामाजिक स्तर पर ही साकार होने की आकांक्षा से बड़े ही अविभूत हुए, हालांकि वह पारलौकिक मोक्ष की अवधारणा से सहमत नहीं थे। डॉ. अम्बेडकर ने इन संतों के जाति उन्मूलन अभियान की बड़ी प्रशंसा की और यह संकल्प लिया कि वह भी वर्ण, जाति तथा छुआछूत को समाप्त करने में अपने सामाजिक दायित्व को निभाएंगे। उनके पिता रामजी सकपाल 'कबीर पंथ' के समर्थक थे, क्योंकि कबीर ने निर्भीक होकर जातिगत हिन्दू समाज व्यवस्था का विरोध किया था।

3. राजा राममोहन राय (1772-1833) ने सामाजिक पीड़ा को उस समय समझा जब अपनी भाभी को अपने पति की चिता की भवकती आग में जलते देखा जो सती-प्रथा का एक हृदयविदारक चित्रण था। वह निश्चय ही ऐसे समाज सुधारक हुए जिनका प्रभाव सबको छूने लगा। उन्होंने ब्राह्मणवाद की कटट्रता, अंधविश्वास तथा कुरीतियों के विरुद्ध विद्रोह का झंडा फहराया। डॉ. अम्बेडकर भी राममोहन राय से प्रभावित हुए। लेकिन इनसे भी अधिक वह महात्मा ज्योतिराव फूले (1827-1890) से प्रभावित हुए जिन्होंने पूना में 1848 में अछूतों को शिक्षित करने हेतु एक स्कूल प्रारंभ किया। महात्मा फूले की प्रतिक्रियावादियों ने जमकर आलोचना की, उनका मजाक उड़ाया और समाज से बहिष्कार भी कर दिया, पर फूले और उनकी पत्नी ने अछूत तथा महिलाओं को शिक्षित करना कतई नहीं छोड़ा। माली परिवार में जन्मे महात्मा फूले डॉ. अम्बेडकर के अन्तरतम में रम गये। फलतः वह फूले को अपना प्रेरणा-स्त्रोत मानने लगे और उनकी भूरि-भूरि प्रशंसा भी की।

4. सामाजिक दायित्व के उत्प्रेरक बनने की प्रक्रिया में डॉ. अम्बेडकर ने जाटव परिवार में जन्मे उत्तर प्रदेश के स्वामी अछूतानंद (1879-1933) और स्वामी क्षमानंद (1882-1965) को भी अपना प्रेरणा स्त्रोत स्वीकार किया, क्योंकि इन दोनों महापुरुषों ने अछूत समुदाय के स्त्री-पुरुषों को समझाया कि वे मरे हुए पशुओं की खालों को न

छीलें और न ही उनके मांस को खाएं। उन्होंने यह भी कहा कि वे अपने को चमार न कहें, बल्कि वे स्वयं को 'जाटव' कहें जो मान-सम्मान का सूचक है। वे बेगार न करें, मरे हुए पशुओं को न उठाएं, बाल-विवाह न करें और न ही वे अपने आप को नीच-अछूत व चमार समझें। जब इन दोनों महापुरुषों की मुलाकात डॉ. अम्बेडकर से हुई तो वह उनके सामाजिक एवं धार्मिक सुधार कार्यों से बहुत ही प्रभावित हुए और उन्हें सम्मान भी दिया।

5. डॉ. अम्बेडकर दक्षिण भारत के ट्रावनकोर स्टेट में रामास्वामी नायकर द्वारा चलाए जा रहे अछूतों के अधिकारों हेतु अभियान से भी प्रभावित हुए, क्योंकि नायकर एक गैर ब्राह्मणी नेता थे जो वैकाम क्षेत्र के दलितों पर ढाये जा रहे अत्याचारों तथा अन्यायों के प्रति एक प्रखर विद्रोही बने। वह ब्राह्मणवाद के प्रति विद्रोही स्वर में अपनी आवाज बुलंद करके उनमें मान-सम्मान व समानता की भावना पैदा करने में काफी सीमा तक सक्षम हुए। उनको अपने न्यायोचित अधिकारों के प्रति सजग किया और ब्राह्मणों को ललकारा कि वे अछूतों पर जुल्म न करें अन्यथा ईंट का जबाव पत्थर से दिया जायेगा। 'जैसे को तैसा' नायकर की नीति *थी*। उनके अभियान का प्रभाव दूर-दूर तक पहुंचा जो डॉ. अम्बेडकर को भी अच्छा लगा।

6. जब डॉ. अम्बेडकर अमेरिका में विद्याध्ययन कर रहे थे, तब वह निश्चित ही कई चीजों से प्रभावित हुए। प्रथम, अमेरिका का संविधान था, विशेषकर उसका चौदहवां संशोधन जिसमें नीग्रो स्त्री-पुरुषों के लिए 'स्वतंत्रता' का प्रावधान किया गया था। द्वितीय, डॉ. अम्बेडकर बुकर टी. वाशिंगटन के जीवन से बड़े प्रभावित हुए, क्योंकि वह नीग्रो समुदाय के लिए एक महान् मुक्तिदाता तथा शिक्षक बने, उन्हें जाग्रत किया और उन्होंने 'टसकिगी इंस्टीट्यूशन' की स्थापना की जिसका मुख्य ध्येय एवं संकल्प नीग्रो लोगों में शिक्षा का प्रसार करना था। इस प्रकार वाशिंगटन ने उन नीग्रो स्त्री-पुरुषों को दासता की जंजीरों से मुक्त किया जो सदियों से गुलामी एवं अंधकार का जीवन जी रहे थे। यद्यपि वाशिंगटन का देहांत सन् 1915 में हो गया था, पर आज भी उसे नीग्रो समाज अपना मुक्तिदाता के रूप में स्मरण करता है। तृतीय, डॉ. अम्बेडकर अब्राहम लिंकन से भी प्रभावित हुए, क्योंकि लिंकन ने 1862 में अमेरिका के राष्ट्रपति (कार्यकाल: 4 मार्च, 1861 से 4 मार्च, 1865 तक) होने के नाते 'दासों के लिए स्वतंत्रता की उद्घोषणा' की थी। चतुर्थ, डॉ. साहेब ने 10 नवम्बर, 1483 को जर्मनी में जन्में मार्टिन लूथर से भी कुछ सीखा जिन्होंने स्वार्थी कट्टरपंथियों, रूढ़िवादियों और यथा-स्थिति के समर्थकों का भण्डाफोड़ किया ताकि एक खुले समाज का मार्ग प्रशस्त हो। डॉ. अम्बेडकर ने उक्त तीनों कर्मठ योद्धाओं के कार्यों की प्रशंसा करते हुए अपने

विद्यार्थी जीवन में ही यह संकल्प लिया कि वह भी भारत में दलितों, शूद्र-अछूतों एवं पिछड़ों के अधिकारों–समता व स्वतंत्रता के लिए संघर्ष करेंगे और वास्तव में उन्होंने वैसा ही किया। फलतः उनके सामाजिक दायित्व का ही यह परिणाम है कि आज सबसे कमजोर वर्ग के स्त्री-पुरुष डॉ. अम्बेडकर की संघर्ष एवं विद्रोही भावना से अविभूत होकर गतिशील हैं और अपनी सामाजिक स्थिति सुधारने में संलग्न हैं।

7. डॉ. अम्बेडकर फ्रांस की क्रांति से भी बहुत प्रभावित थे जो जुलाई, 1789 में प्रारंभ हुई जिसमें किसान एवं मजदूर वर्गों की गुलामी के प्रति आवाज बुलंद की गई। क्रांति के सूत्रधारों ने यह नारा दिया कि सबको 'समता, स्वतंत्रता तथा भ्रातृत्व' के सामाजिक मूल्यों से लाभान्वित होने का अधिकार मिले। उन्हें उचित सम्मान दिया जाये, क्योंकि किसान और मजदूर ही आर्थिक खुशहाली के मुख्य स्त्रोत हैं। उन्हें सामन्तों की दासता तथा बेगार से मुक्त किया जाए। डॉ. अम्बेडकर ने उक्त त्रयी–'समता, स्वतंत्रता तथा भ्रातृत्व' को दलित–अछूतों की गुलामी से छुटकारा पाने के लिए उपयुक्त पाया और उसका दासता की जंजीरों को तोड़ने में भरपूर प्रचार-प्रसार किया। लेकिन डॉ. साहेब ने यह भी कहा कि इस त्रयी सिद्धांत का अनुकरण फ्रांस की क्रांति के बजाय उन्होंने बुद्ध के धम्म और दर्शन से किया है। यही कारण है कि वह बुद्ध, धम्म एवं संघ की शरण में चले गये। उनका यह संकल्प कि "मैंने हिन्दू धर्म में जन्म लिया है, यह मेरे बस की बात नही थी; लेकिन मैं हिन्दू धर्म में मरूंगा नहीं", 14 अक्टूबर, 1956 को फलीभूत हुआ जब उन्होंने नागपुर में बौद्ध धर्म अपना लिया।

8. व्यक्तिशः डॉ. अम्बेडकर फ्रांसीसी लेखक, दार्शनिक तथा इतिहासकार वाल्तेयर (1694–1778) से बड़े प्रभावित थे। कहा जाता है कि वाल्तेयर एक नाजायज बालक था जिसे उसकी अज्ञात मां कूड़े के ढेर में डाल गई थी। जब उधर से एक ईसाई पादरी गुजर रहा था तब उसने बालक की आहट सुनी और उसे वह अपने चर्च में ले गया। पादरी ने ही उसका लालन-पालन किया। उसे शिक्षा दिलाई और ईसाई धर्म में दीक्षित किया। जब बालक वाल्तेयर बड़ा हुआ तब उसने ईसाई धर्म में व्याप्त बुराइयों तथा अंधविश्वासों के प्रति प्रखर विद्रोह किया और उसने राज्य का सर्वोत्तम रूप जनतंत्र को ही माना जिसका ईसाई मठाधीशों पर व्यापक सुधारवादी प्रभाव पड़ा, हालांकि वाल्तेयर जीवनपर्यन्त ईसाई धर्म में ही बना रहा। इसलिए डॉ. अम्बेडकर कहा करते थे कि हिन्दू धर्म को सुधारने के लिए वाल्तेयर जैसे अनेक प्रखर विद्रोही पैदा हों तब कहीं जाकर यह धर्म वर्ण, जाति, अस्पृश्यता, उंच-नीच, अंधविश्वास और पाखण्डपन से मुक्ति पा सकेगा।

9. डॉ. अम्बेडकर कॉर्ल मार्क्स (1818-1883) के दर्शन से भी प्रभावित थे और उसे उचित मान-सम्मान भी दिया, पर उसके इस कथन को नहीं माना कि "धर्म अफीम के समान है।" डॉ. अम्बेडकर ने मार्क्स के मानववादी दर्शन की प्रशंसा तो की, किन्तु उसके 'अधिनायकत्व', 'हिंसक क्रांति', 'धर्म विहीन समाज' आदि से असहमति जाहिर की। मार्क्सवाद के स्थान पर डॉ. अम्बेडकर ने बुद्धवाद को प्राथमिकता दी और उसी में से 'सामाजिक दायित्व' की जनतांत्रिक अवधारणा को स्वीकार किया। डॉ. साहेब ने 'बुद्ध और मार्क्स' की तुलना भी की और कहा कि बुद्ध का दर्शन एवं धर्म ही दलित-पीड़ित स्त्री-पुरुषों को भारतीय स्थिति में श्रेयस्कर होगा। डॉ. साहेब ने धर्म को जीवन का एक परमावश्यक अंग माना, किन्तु वे अंधविश्वासों, कुरीतियों तथा पाखण्डों से ग्रसित न हों।

10. निश्चय ही 'सामाजिक दायित्व' निभाना एक टेड़ी खीर है, कर्तव्यनिष्ठ भावना और कुशल कर्म है, पर डॉ. अम्बेडकर ने उसे जीवनपर्यन्त साकार रूप में सम्पन्न किया। उनके व्यक्तित्व एवं कृतित्व पर सबसे अधिक तथा महत्वपूर्ण प्रभाव भगवान् बुद्ध के 'बोधिसत्व' होने की प्रक्रिया का पड़ा जो सामाजिक दायित्व की छाप डॉ. अम्बेडकर के तन-मन में रमा गया। अत: यहां देखते है कि 'बोधिसत्व' कौन होता है? क्यों वह सामाजिक दायित्व की राह पर चलता है? बुद्ध को मार्ग-दाता क्यों माना जाता है?

भिक्षु-संघ का मूल प्रेरणा स्त्रोत, गौतम बुद्ध और उनका बोधिसत्व रूप है। यही संघ का सामाजिक आधार भी है। 'बोधि' का अर्थ है 'मनुष्य के उद्धार का ज्ञान' और उनके लिए प्रयत्न करने वाला 'प्राणी' (सत्व) ही बोधिसत्व है। भगवान् बुद्ध का व्यक्तित्व बड़ा ही आकर्षक, मृदु-भाषी था। उनके सम्पर्क एवं सान्निध्य में आना शांति तथा सेवा का परिचायक था। उनसे कोई प्रभावित हुए बिना चला जाये, कतई संभव नहीं था। पंचवर्गीय भिक्षुओं की घटना यहां एक उपयुक्त उदाहरण है।

सिद्धार्थ गौतम जब बुद्ध होकर वाराणसी के ऋषिपत्तन में पहुंचे तब इन पांच भिक्षुओं ने, जो उन्हीं के साथ तपस्या किया करते थे, उनका आदर-सत्कार करने का विचार त्याग दिया था, क्योंकि गौतम ने, उनकी दृष्टि में सुजाता द्वारा परोसी गई खीर खाकर अपनी तपस्या भंग करली थी। वे पहले ही बुद्ध को छोड़कर वाराणसी आ चुके थे। लेकिन जब इन पांच भिक्षुओं ने, जिन्हें परिव्राजक कहा जाता था, बोधिसत्व का धम्म-मार्ग सुन लिया, तब वे अविभूत हो गये और उनके धम्म उपदेशों में आस्था प्रकट की। यह घटना भिक्षु-संघ के निर्माण का आधार बनी। ऋषिपत्तन में आकर, अनेक उपासकों ने बुद्धोपदेश सुना और वे पंचवर्गीय भिक्षुओं के समान ही संघ में प्रविष्ट हो

गए। इस प्रकार साठ भिक्षुओं का संघ ऋषिपत्तन में तैयार हो गया। भगवान् बुद्ध अपने इस भिक्षु-संघ से बोले:

"मैं गृहस्थी एवं स्वर्गीय पाशों से मुक्त हो गया हूं और आप भी उन पाशों से मुक्त हो गए हैं। तो अब, हे भिक्षुओं, आप लोग बहुजनों के हित के लिए, सुख के लिए, लोगों पर अनुकम्पा करने के लिए, देवों तथा मनुष्यों के कल्याण के लिए धर्मोपदेश देने में प्रवृत्त हो जाइये। एक मार्ग से दो मत जाओ। प्रारंभ में कल्याणप्रद, मध्य में कल्याणप्रद और अन्त में कल्याणप्रद इस धम्म मार्ग का लोगों को उपदेश दीजिए।"

स्पस्ट है कि भिक्षु-संघ की स्थापना बहुजन हित के लिए की गई थी। समस्त मानव समाज इसका कार्य क्षेत्र है। यही कारण था कि भगवान् बुद्ध ने सभी भिक्षुओं को अलग-अलग दिशाओं में भेजा ताकि वे अधिकाधिक लोगों से सम्पर्क कर सकें। भिक्षुओं के कर्तव्य उपासकों के साथ सीधे एवं सरल सम्बन्धों की दृष्टि से निर्धारित किये गये थे। दोनों के सम्बन्ध निरन्तर तथा दिन प्रतिदिन बने रहें बहुजन हित, बहुजन सुख के लिए, यही गौतम बोधिसत्व की आकांक्षा थी। भिक्षु का अर्थ 'मठवासी' (मॉन्क) नहीं है। भिक्षु उपासक को उपदेश देता है, आवश्यकता पड़ने पर उसे अनुशासित करता है, उसे शिक्षित कर भिक्षु उपासक के संदेहों को दूर करता है, और उसे उस मार्ग पर लाने का प्रयास करता है जो बुद्ध द्वारा गृहस्थी के लिए निर्धारित किया गया है। इस दायित्व को भिक्षु उसी स्थिति में निभा सकता है जब वह स्वयं धम्म-मार्ग पर चलते हुए अपने को एक सुयोग्य उदाहरण के रूप में प्रतिष्ठापित करे। उपासक तो सामान्यतः ऐन्द्रिय सुख की ओर अग्रसर होते हैं। उन्हें संमार्ग पर लाना भिक्षु का ही महत्वपूर्ण सामाजिक दायित्व होता है, क्योंकि उसने गृहस्थी-जीवन के सभी आरामों एवं सुखों का त्याग कर दिया होता है।

महान् आदर्शों का कर्म-स्थल व्यक्ति ही होता है। भिक्षु का जीवन अनेक प्रकार के मॉडल्स स्थापित करता है। वह उपासकों को 'प्रयत्न' के लिए उत्साहित करके, अपनी सामाजिक भूमिका एवं दायित्व निभाता है। जब तक भिक्षु जीवित रहते हैं, तब तक वे हिंसा, चोरी, व्यभिचार, झूठ, मदिरा आदि से विरत रहते हैं। वे मध्यम मार्ग का अनुसरण करते हुए दया, करुणा, मैत्री की भावनाओं को साकार रूप देते हैं। अष्टांग मार्ग पर चलना उनका कर्तव्य और निर्वाण उनका ध्येय होता है ताकि वे राग-द्वेष, लोभ-लालच, मोह-माया से दूर रहें। आलस्य, क्रोध, ईर्ष्या आदि का परित्याग करना उनका कर्तव्य होता है। नाच-गाना, ऐशो-आराम, उच्च-शैया से विमुख, भिक्षुओं का जीवन बड़ा ही शिक्षाप्रद माना गया है। उच्च स्तर का नैतिक अनुशासन उन्हें स्थापित करना पड़ता है ताकि उपासक उनका अनुसरण करें और समस्त समाज में नैतिक

व्यवस्था का वातावरण निरन्तर बना रहे। समाज में द्वंद्व तथा हिंसा पर नियंत्रण तभी संभव होगा जब भिक्षु-संघ का उस पर नैतिक प्रभाव बना रहे, और वे शान्ति तथा सद्भाव का आचरण करें। ये सभी आदर्श एवं मूल्य भिक्षुओं के सामाजिक जीवन के पक्ष को प्रदर्शित करते हैं। उनका जीवन त्याग-परित्याग का संगम है, समता एवं भ्रातृत्व का समन्वय और महान् दायित्वों की एक श्रंखला है।

यहां कहना प्रासंगिक होगा कि जब सिद्धार्थ गौतम को बुद्धत्व प्राप्त हुआ, तब उन्होंने उस सामाजिक दायित्व का प्रण लिया जो उनकी पारिवारिक परम्परा में निहित था, अर्थात जन-हित में रुचि लेना, उनके पूर्वजों के प्रशासन की यह एक प्रमुख विशेषता थी। भिक्षु-संघ व्यक्तिगत मुक्ति का धर्म-स्थल नहीं था, अपितु संघ की सामाजिक रुचि का तात्विक आधार था। वह नित्य आत्मा, जो व्यक्ति की मोक्ष का मूल माध्यम थी, बुद्ध ने स्वीकार नहीं की। निर्वाण निजी-स्वार्थी जीवन से दूर एक व्यापक संदर्भ है जहां मानव समाज के हित को सर्वोपरि स्थान दिया गया है। व्यक्तिगत हित के स्थान पर बुद्ध ने बहुजन हित को प्राथमिकता दी जिसका सीधा संबंध उनके दार्शनिक दृष्टिकोण से है। नित्य आत्मा को अस्वीकार करने का अर्थ है निजी मोक्ष की धारण को हतोत्साहित करना। बुद्धिज्म में सामाजिक संदर्भ ही प्रासंगिक है। भिक्षु-संघ का यह अर्थ कतई नहीं है कि जगत् का निषेध करके, पलायनवाद का सहारा लिया जाए। भिक्षु-संघ का दायित्व सामाजिक संबंधों में ही निहित है, क्योंकि नित्यात्म-मोक्ष और ईश्वरोपलब्धि के लिए, संघ में कोई स्थान नहीं होता। अत: भिक्षु समाज का प्रहरी एवं पथ प्रदर्शक है, न कि मठवासी, तपस्वी या संन्यासी। वे साम्प्रदायिक सद्भाव, शान्ति एवं स्नेह का वातावरण देश में तैयार करने में योगदान कर सकते हैं। यही उस करुणा तथा मैत्री के प्रतीक बुद्ध की सही अर्थों में स्मृति और सुसंगति होगी। संक्षेप में बुद्ध ने भिक्षुओं तथा उपासकों दोनों में समान रूप से 'सामाजिक दायित्व' की उत्प्रेरणा का संचार किया।

यह कहना उचित होगा कि डॉ. अम्बेडकर के 'एक प्रखर विद्रोही' बनने में पूर्व-वर्णित महापुरुषों की सार्थक भूमिका तो थी ही, पर उन्होंने स्वयं दलित-अछूत होने की जिन पीड़ाओं तथा दु:ख-दर्दों को झेला, वे भी उन्हें 'सामाजिक क्रांति' की दिशा में ले गये। उन्होंने शूद्र-अछूतों की स्थिति को स्वयं भोगा और यह महसूस किया कि उन्हें यह अहसास कराया जाए कि "वे अछूत-बहिष्कृत, शूद्र-दास हैं, तभी वे गुलामी की जंजीरों से मुक्त हो सकते हैं।" इस तरह डॉ. अम्बेडकर ने एक प्रखर विद्रोही होने का प्रभाव उन स्त्री-पुरुषों, विशेषकर दलित, कमजोर, पिछड़ों पर अंकित किया जो दासता, पशु-समान, दरिद्रता, अंधकार तथा अज्ञान का जीवन शताब्दियों से जी रहे थे। उन्होंने

उन्हें उस चिर निद्रा से उठाया, जाग्रत किया और उर्जित भी कि वे स्वयं द्वारा संघर्ष के बिना अपने न्यायोचित अधिकारों को प्राप्त नहीं कर पाएंगें। इस प्रकार डॉ. अम्बेडकर के 'प्रखर विद्रोह' ने एक ऐसी 'क्रांतिकारी स्थिति' को पैदा कर दिया जिसे सफलीभूत बनाना स्वतः उन्हीं का दायित्व है। वे डॉ. अम्बेडकर की विचार-काया से अनुप्राणित हों, शिक्षित बनें, संगठित हों और निरन्तर संघर्ष करते रहें ताकि उन्हें प्रगति तथा इन्सानियत के समान अवसर सुलभ हों। संक्षेप में, डॉ. अम्बेडकर ने यह आहवान् किया कि समस्त जनवादी शक्तियों का सुदृढ़ीकरण किया जाये, शोषित स्त्री-पुरु षों की एकजुटता की स्थापना की जाए और सभी को रोटी, कपड़ा और मकान सुलभ हों। ऐसे दायित्व का निर्वहन न केवल आमजन का है, अपितु राज्य का भी है। डॉ. अम्बेडकर द्वारा उद्घोषित सामाजिक क्रांति जितनी भौतिक परिवर्तन एवं संघर्ष की थी, उतनी ही विचारों की। स्वतंत्रता, समानता एवं भ्रातृत्व, शिक्षा, संगठन एवं आन्दोलित होने की भावना, उन्हीं की सार्थक देन है और सच्चे अम्बेडकरवादी-क्रांतिकारी इसकी उपज हैं। अब तो विचार उनके, दायित्व हमारा है कि हम उनका मार्ग अपनाएं।

सारांशतः डॉ. अम्बेडकर लोकशक्ति के प्रबल साधक थे, तभी तो उन्होंने पूर्व वर्णित महान् पुरु षों की शिक्षाओं से बहुत कुछ सीखा और एक सामाजिक क्रांति के प्रखर पक्षधर बनकर स्वयं को प्रतिष्ठित किया। लेकिन यह एक कटु सत्य है कि अब तो सत्ता की राजनीति ही लोगों का ध्येय बन गई है। डॉ. अम्बेडकर की सोशल फिलॉसफी, पावर फिलॉसफी बन गई है और किसी भी कीमत पर सत्ता पाना लोगों का लक्ष्य हो गया है जैसा कि बहुजन समाज पार्टी की राजनीति से स्पष्ट हो गया है, कभी बी.जे.पी. के साथ तो कभी कांग्रेस के साथ। सत्ता प्राप्त व्यक्तियों तथा माफिया संगठनों का बोलबाला है। फ लस्वरूप व्यक्ति-पूजा अर्थात् हीरो-वर्शिप पनप रही है जिसके विरुद्ध थे डॉ. अम्बेडकर, क्यों कि इससे सारा सामाजिक जीवन कलुषित हो जाता है। सत्ता पाने के लिए लोक जीवन में निर्दयता, निष्ठुरता तथा बेरहमी भी पनप रही है। भाईचारा, मित्रता, उदारता, न्याय, समता, समरसता जैसे मानव मूल्यों की महत्ता खत्म सी हो रही है। सत्ता की राजनीति करना और सामाजिक क्रांति की उपेक्षा करना, डॉ. अम्बेडकर की सोशल फिलॉसफी को नकारने के समान है। अतः अम्बेडकरवादियों को चाहिए कि वे पहले 'अम्बेडकर साहित्य' का पूर्णतः अध्ययन-मनन करें, फिर सत्ता को सामाजिक बदलाव का सशक्त साधन बनाएं। सत्ता एवं सामाजिक क्रांति का तालमेल अत्यंत आवश्यक है अन्यथा डॉ. अम्बेडकर के सपनों के भारत (शायनिंग इण्डिया)की स्थापना करना बड़ा ही मुश्किल होगा।

उपसंहार

अब यह कहना उचित होगा कि डॉ. अम्बेडकर जीवन के हर मोड़ पर विद्रोही बने रहे, न कि विद्वेषी, जैसा कि प्रारम्भ में कुछ कट्टर हिन्दू समझते थे। उनका विद्रोही सफर यह प्रमाणित करता है कि हरेक नर-नारी को गतिशीत तथा प्रगतिशील बने रहना चाहिए ताकि समाज को भी जिस परिवर्तन की आवश्यकता है वह रुके नहीं। यह विश्लेषित किया जा चुका है कि डॉ. अम्बेडकर वर्णवाद के विरोधी थे, क्योंकि उसने भारतीय समाज में जातिभेद तथा छुआछूत जैसी बुराइयों को जन्म दिया। उनके अनुसार स्वतः वर्णवाद किसी अन्य वाद की अभिव्यक्ति है जो हिन्दू धर्म ग्रन्थों में मूलतः सन्निहित है। वह वाद ब्राह्मणवाद है। इसलिये डॉ. साहेब ने न केवल वर्णवाद का, बल्कि ब्राह्मणवाद का प्रतिरोध भी किया। वर्णवाद तथा ब्राह्मणवाद एक दूसरे पर आश्रित तथा एक दूसरे के पोषक हैं। दोनों का मूलाधार असमानता है जिसके प्रति ही उनका विद्रोह था। डॉ. साहेब की दृष्टि से ब्राह्मणवाद क्या है? यह समझ लेना आवश्यक है। उन्होंने कहा:

"ब्राह्मणवाद से मेरा तात्पर्य ब्राह्मणों की उस शक्ति, विशेषाधिकारों तथा हितों से नहीं है जो उन्हें एक समुदाय के रूप में मिले हुए हैं। मैं इस अर्थ में इस शब्द का प्रयोग नहीं कर रहा हूं। ब्राह्मणवाद से मेरा मतलब स्वतन्त्रता, समता तथा भ्रातृभाव के निषेध से है। इस अर्थ में वह सभी वर्गों में विद्यमान है, केवल ब्राह्मणों तक ही वह सीमित

नहीं है, हालांकि वे ही इसके जन्मदाता रहे हैं। ब्राह्मणवाद का प्रभाव केवल सामाजिक अधिकारों जैसे–अन्तर–जातीय खान–पान तथा अन्तर–जातीय विवाह तक ही सीमित नहीं है। ब्राह्मणवाद नागरिक अधिकारों का भी निषेध करता है। यहां ब्राह्मणवाद इतना व्यापक है कि वह आर्थिक अवसरों के क्षेत्र को भी प्रभावित करता है।"[1]

स्पष्टत: डॉ. अम्बेडकर की दृष्टि से ब्राह्मणवाद असमानता का दूसरा नाम है। वही जातिभेद, छुआछूत तथा ऊंच–नीच का पोषक है। इसी आधार को लेकर डॉ. अम्बेडकर ने अछूत श्रमिकों से पूछा कि वे अपनी आर्थिक स्थिति के अवसरों की सवर्ण हिन्दू श्रमिकों से तुलना करें, उन्हें बड़ा अन्तर मिलेगा। ऐसे बहुत से विभाग हैं जहां अछूतों की नियुक्ति केवल इसलिये नहीं होती कि वे अछूत हैं। अछूतों को मिलों में बुनाई विभाग में नहीं लगाते, क्योंकि मुंह से धागा काटना पड़ता है, जिसे छूकर सवर्ण हिन्दू श्रमिक अपवित्र हो जाएंगे। रेलवे में उन्हें कुली की जगह नहीं लगाया जाता, क्योंकि कुलियों से स्टेशन मास्टर घरेलू काम–काज करवाते थे। इस प्रकार के आज भी उदाहरण हैं जहां अछूतों या दलितों को इसलिये नौकरी पर नहीं लिया जाता कि वह अछूत है। अत: डॉ. साहेब ने अपने आलोचकों से कहा था कि जब तक वे ब्राह्मणवादी प्रवृत्तियों के विरुद्ध संघर्ष नहीं करेंगे तब तक वे श्रमिकों को संगठित नहीं कर सकते। आर्थिक अवसरों के क्षेत्र में असमानता के रहते हुए, संगठन का सिद्धान्त फलीभूत नहीं हो सकता। अन्य शब्दों में डॉ. अम्बेडकर ने श्रमिकों को सलाह दी कि वे अपने अन्दर से जातिभेद का अन्त करें और असमानता की जड़ ब्राह्मणवाद को उखाड़ फेंके अन्यथा श्रमिक एकता का नारा अधूरा पड़ा रहेगा।

डॉ. अम्बेडकर ने ब्राह्मणों तथा ब्राह्मणवाद में स्पष्ट भेद रखा ताकि ब्राह्मण लोग यह न समझ बैठें कि वह ब्राह्मणों के विरोधी थे। उन्होंने कहा कि यह मानना कि सभी ब्राह्मण अछूतों के शत्रु हैं, बिलकुल गलत है। वह तो उन्हीं लोगों से घृणा करते हैं जिनमें ब्राह्मणवाद की भावना ऊंच–नीच, जाति भेद हैं, क्योंकि ऐसी ही बातें सामाजिक अन्याय तथा असमानता को बढ़ावा देती हैं। अतएव उनकी दृष्टि में, एक गैर–ब्राह्मण, यदि उसमें ऊंच–नीच की भावनाएं हैं तो उतना ही घृणित है जितना कि कोई ब्राह्मण जिसके व्यवहार में भी कोई ऊंच–नीच की भावना है। इस प्रकार डॉ. अम्बेडकर की दृष्टि में ब्राह्मण तथा गैर–ब्राह्मण का भेद नहीं था, बल्कि जिसमें ब्राह्मणवाद की भावना तथा व्यवहार है, वही समाज का शत्रु है, भले ही वह कोई दलित क्यों न हो। एक और दृष्टि से डॉ. साहेब ने कहा कि ब्राह्मणवाद समाजवाद तथा जनतन्त्र का घोर शत्रु है, क्योंकि ऊंच–नीच की भावना जहां हो वहां समाजवादी समाज की स्थापना करना असम्भव है।

ब्राह्मणवाद न केवल सामाजिक अधिकारों का निषेध करता है, बल्कि समान आर्थिक अवसरों का भी निषेध करता है। इसलिये ब्राह्मणवाद सामाजिक, आर्थिक तथा राजनैतिक दृष्टि से अवांछनीय विचारधारा है।

इन आधारों के अतिरिक्त दो अन्य ठोस कारण हैं जिनकी वजह से शूद्र तथा स्त्री जाति के प्रति जो अन्याय किया है वह कहीं भी इतिहास में नहीं मिलता। ब्राह्मणवाद ने इन दोनों ही वर्गों को क्यों इतना दबाया और उन्हीं को क्यों मानवी अधिकारों से वंचित रखा? यह एक विचारणीय प्रश्न है।

लगभग सभी हिन्दू धर्म ग्रन्थों में शूद्र वर्ग की हीनता पर अत्यधिक बल दिया गया है। शूद्र को तो सदैव ताड़ना का पात्र माना गया। शूद्र तथा स्त्री को पशु की पंक्ति में बिठाना, यह ब्राह्मणवाद की ही करामात है। यज्ञ में विभिन्न पशुओं का बलिदान होता था। मृत पति की चिता पर जीवित स्त्री को जलाया जाता था और हिन्दू समाज में शूद्र की निरन्तर शोषण की स्थिति का अनुमोदन यह ब्राह्मणवाद ही करता रहा। हिन्दू समाज में यदि स्त्री को घर की चारदीवारी में बन्दी बनाये रखा तो शूद्रों को उच्च तीन वर्णों की सेवा में अर्पित कर दिया। ब्राह्मण-धर्म के नाम पर उनको अपवित्र, नीच आदि माना गया, क्यों? क्या वे मानव प्राणी नहीं थे? आखिर इन्हीं दो वर्गों को ब्राह्मणवाद ने क्यों इतना दबाया? डॉ. साहेब ने ये महत्वपूर्ण प्रश्न उठाए।

मनु-विधान के अनुसार, स्त्री चाहे बालिका हो, युवती अथवा वृद्धा अपने घर में भी कोई काम स्वतन्त्रतापूर्वक नहीं कर सकती। बाल्यावस्था में उसे पिता के, यौवनकाल में पति के और पति के न रहने पर उसे अपने पुत्रों के आधीन रहना चाहिए। स्त्रियां स्वभाव से ही दुर्गुणी होती हैं। मनु के विधान में स्त्री को निम्नतम स्थान प्रदान किया गया है। पुरुष की तुलना में स्त्री को कोई अधिकार ही नहीं मिले। उसे पुरुष पर जितना आश्रित हमारे समाज में बनाया गया उतना कहीं अन्यत्र नहीं देखा गया। डॉ. साहेब ने यह पूछा कि मनुस्मृति में आखिर स्त्रियों और शूद्रों पर इतनी अयोग्यताएं क्यों थोपी गयीं? इसका प्रमुख कारण यह है कि बौद्ध काल में समाज के दो वर्ग (स्त्रियां एवं शूद्र) ही बौद्ध धर्म को ग्रहण कर रहे थे, जिसके कारण वर्णवाद तथा ब्राह्मणवाद की नींव ही हिली जा रही थी। चूंकि मनुस्मृति की रचना भगवान् बुद्ध के बाद हुई, इसलिये इन दोनों वर्गों को नाकाम करने के लिये उन पर कठोर पाबन्दियां तथा अयोग्यताएं थोप दी गयीं ताकि ये बौद्ध धर्म की ओर और अधिक न झुकें।

शूद्रों को तो इसलिये भी दबाया गया कि वे ब्राह्मणवादी समाज के प्रति कहीं विद्रोह न कर बैठें। सामाजिक क्रांति के साधनों के द्वार तो उनके लिये सदैव बन्द रखे गये जैसे ज्ञानार्जन, हथियार तथा व्यापार-धन-संचय। शूद्रों को पढ़ने का अधिकार नहीं

था और न ही वे कोई धन-सम्पत्ति इकट्ठी कर सकते थे। शस्त्रादि तक तो उनकी कोई पहुंच नहीं थी। उन्हें उन सभी साधनों से वंचित रखा गया जिनके द्वारा वे कोई विरोध तथा विद्रोह करते। इसलिये डॉ. अम्बेडकर ने ब्राह्मण धर्म और ब्राह्मणवाद का सबल एवं प्रखर विरोध किया।

बुद्ध के पश्चात् जितने भी हिन्दू धर्म ग्रन्थ लिखे गये उनमें स्त्रियों तथा शूद्रों पर जितनी अयोग्यताएं लादी गयीं उतनी उनके पूर्व हिन्दू धर्म ग्रन्थों में नहीं थीं, हालांकि ये अयोग्यताएं एकदम नई नहीं थीं। डॉ. अम्बेडकर ने कहा कि ये सब ब्राह्मणों तथा ब्राह्मणवाद की विचारधारा का प्रतिनिधित्व करती हैं। मनुस्मृति के पूर्व ये सब विचार सामाजिक मान्यताओं के रूप में विद्यमान थे। मनुस्मृति ने तो उन मान्यताओं को धर्मशास्त्रों, राज-विधान में स्थान देकर ब्राह्मणवाद को सुदृढ़ बनाया। डॉ. अम्बेडकर ने एक ही पंक्ति में आने वाले ब्राह्मण धर्म, ब्राह्मणवाद, जातिवाद, छुआछूत, ऊंच-नीच आदि का घोर विरोध किया और कहा:

"जिस धर्म में एक वर्ग विद्याध्ययन करे, दूसरा शस्त्र धारण करे, तीसरा व्यापार करे और चौथा सिर्फ सेवा करे ऐसा कहा गया है, वह धर्म मुझे स्वीकार नहीं। जो एक को विज्ञ बनाये रखने के लिये दूसरे को अज्ञ बनाये रखता है, वह धर्म नहीं है, बल्कि लोगों को बौद्धिक गुलामी में रखने का षडयन्त्र है। जो धर्म एक के हाथ में शस्त्र देकर, दूसरे को निःशस्त्र करता है वह धर्म नहीं है, बल्कि एक के द्वारा दूसरे को पराधीनता में रखने की चालाकी है। जो धर्म कुछ लोगों को धन-सम्पत्ति रखने का अधिकार देता है और शेष लोगों को जीवन निर्वाह के लिये अन्य पर आश्रित रहने के लिये कहता है वह धर्म नहीं, बल्कि स्वार्थ परायणता है। हिन्दू धर्म का चातुर्वर्ण्य ऐसा है।" [2]

डॉ. अम्बेडकर के अनुसार यही ब्राह्मणवाद का असली रूप है जो असमानता तथा पराधीनता के विचारों का पोषण करता है। अतः ब्राह्मण धर्म में अछूतों की उन्नति कदापि नहीं हो सकती। डॉ. अम्बेडकर की दृष्टि से व्यक्ति को आत्मोन्नति के लिये अन्य बातों के अतिरिक्त तीन बातों की अति आवश्यकता होती है–सहानुभूति, समता और स्वतन्त्रता। ब्राह्मण धर्म में इन तीनों ही बातों का अभाव है। अतः डॉ. साहेब ने अपने दलित भाइयों की उन्नति के लिये बुद्ध मार्ग सुझाया जिसमें सहानुभूति, समता तथा स्वतन्त्रता के मूल्य कूट-कूट कर भरे पड़े हैं। उन्होंने यह स्पष्ट घोषणा की:

"जिस ब्राह्मण धर्म में मनुष्य को मनुष्यता से व्यवहार करना मना है वह धर्म नहीं है–उद्दण्डता का प्रदर्शन है। जिस धर्म में मानव की मानवता को पहचानना अधर्म माना जाता है वह धर्म नहीं, बल्कि एक रोग है। जिस धर्म में पशु को छूत और मनुष्य को

अछूत समझा है वह धर्म नहीं है, एक पागलपन है। जो धर्म एक ही वर्ग से यह कहे कि वह विद्याध्ययन न करे, धन संग्रह न करे और शस्त्र धारण न करे वह धर्म नहीं, मानव जीवन के साथ खिलवाड़ है। वह धर्म जो अशिक्षितों से कहे अशिक्षित रहो; निर्धनों से कहे निर्धन रहो; वह धर्म नहीं वरन् सजा है।''[3]

इस प्रकार जिस ब्राह्मणवाद, ब्राह्मण धर्म या वर्णाश्रम धर्म में स्त्री और शूद्र दोनों को दासी तथा दास माना गया, दोनों को विद्या पढ़ने, वेदशास्त्र सुनने और धार्मिक कर्मकाण्ड का अधिकार नहीं दिया गया, उसका प्रतिरोध डॉ. अम्बेडकर जैसे मनीषी द्वारा न होता, कल्पना नहीं की जा सकती। उन्हें धनार्जन करके स्वतंत्र जीवन निर्वाह करने, और अपना अनाश्रित अस्तित्व कायम रखने की आज्ञा नहीं देकर ब्राह्मण धर्म ने इसकी जो अधोगति की वह कल्पना के बाहर है। यही कारण है कि डॉ. अम्बेडकर ने इन दो वर्गों को उन्नति के पथ पर लाने के लिये जीवन-भर संघर्ष किया। ब्राह्मणवादी विचारधाराओं का तो उन्हें विरोध करना ही था, क्योंकि उनका जीवन-दर्शन मूलत: असमानता, अन्याय तथा शोषण के प्रति एक विद्रोह है जो आज भी उतना ही सजीव है जितना पहले था।

संविधान के मुख्य निर्माता के रूप में डॉ. अम्बेडकर ने उन मानवी अधिकारों को दलितों तथा शूद्रों के लिये सुलभ बनवाया जिनका उनके लिये ब्राह्मणवाद ने निषेध कर रखा था। उन नागरिक अधिकारों को स्वीकृत करवाया जिन्हें सदियों से अछूत वर्गों से छीन लिया गया था। स्त्री-शूद्र के प्रति जो स्मृति धर्म में अन्यायपूर्ण विधान था उसको धराशायी किया। इसी प्रकार डॉ. अम्बेडकर महिला वर्ग के प्रति हो रहे अन्याय के विरुद्ध हिन्दू कोड बिल द्वारा मौलिक सुधार लाना चाहते थे। अपनी हठधर्मिता के कारण यद्यपि सवर्ण हिन्दुओं ने उनके मन्त्रीकाल में उसे पास नहीं होने दिया, परन्तु बाद में उस बिल की मुख्य धाराएं किसी न किसी रूप में पास कर दी गई हैं। कुछ भी हो महिला वर्ग के प्रति न्याय, उत्थान तथा समानता की प्रेरणा तो डॉ. अम्बेडकर ने ही दी थी। वह समान अधिकार, समान अवसर, स्वतन्त्र आजीविका, स्वतंत्र व्यक्तित्व तथा सामाजिक बन्धुत्व जैसे विचारों के समर्थक एवं पोषक थे। ये ही मूल्य उनके समाज-दर्शन के मौलिक तत्व हैं जो सिद्धान्ततः नकारात्मक दृष्टि से ब्राह्मण धर्म, ब्राह्मणवाद, वर्णवाद, पुरोहितवाद, जातिवाद, छुआछूत, ऊंच-नीचवाद, अन्याय तथा शोषण के कट्टर विरोधी हैं।

जैसा कि स्पष्ट है, डॉ. अम्बेडकर एक विख्यात विद्वान, विशिष्ट शिक्षाविद, पारंगत राजनेता, प्रभावशाली वक्ता, साहसी त्राता, प्रामाणिक संविधानवेत्ता, योग्य

प्रशासक, क्रांतिकारी परिवर्तनों के पक्षधर और दलितों के निर्भीक हिमायती थे। उनके स्वभाव में संस्कृति, विवेक, व्यंग्य, मानवता, तर्कशक्ति, बुद्धिवाद, असमानता के विरुद्ध विक्षोभ और अन्याय तथा अंधविश्वास के प्रति रोष का सही संतुलन था। उनकी प्रतिभा बहुमुखी थी। फिर भी उनकी विचारधारा में एक ही मूल तत्व सदैव चलता रहा जो मानववाद था।

बाबासाहेब ने उन महापुरुषों को बड़ा महत्व दिया जो मानववाद के हिमायती रहे। डॉ. अम्बेडकर के प्रेरणास्रोत तीन महापुरुष रहे। उनमें पहले कबीर, दूसरे महात्मा ज्योतिबा फूले और तीसरे गौतम बुद्ध थे। कबीर ने उन्हें भक्ति भावना प्रदान की। ज्योतिबा फूले ने उन्हें ब्राह्मण विरोध के लिए प्रेरित किया, सामाजिक परिवर्तन का विचार दिया और शिक्षा तथा आर्थिक उत्थान का संदेश दिया। बुद्ध से उन्हें मानसिक और दार्शनिक पिपासा बुझाने वाला अमृत मिला और अछूतों के उद्धार का मार्गदर्शन प्राप्त हुआ। अम्बेडकर ने महात्मा फूले के सिद्धान्तों को आत्मसात् कर लिया था। वह एक ऐसे समाज के स्वप्न दृष्टा थे जिसमें समानता, स्वतन्त्रता तथा भ्रातृत्व का साम्राज्य हो। बाबासाहेब ने जो सामाजिक संघर्ष छेड़े उनका उद्देश्य हिन्दू समाज में सवर्ण हिन्दुओं द्वारा अछूतों के साथ किए जाने वाले अन्यायपूर्ण दुर्व्यवहार का मुंह तोड़ जवाब देना था। उन्हें ब्राह्मणवाद से लोहा लेना था और उसके लिए हिन्दुओं के विरुद्ध सामाजिक लड़ाई लड़नी थी। वह चाहते थे कि समाज के सभी वर्गों का धार्मिक और आर्थिक सभी क्षेत्रों में समान स्थान हो तथा उनको जीवन में ऊपर उठने के अवसर दिये जाएं। प्रत्येक सामाजिक संघर्ष के पीछे, जो कि अछूतों ने डॉ. अम्बेडकर के नेतृत्व में जातीय साम्प्रदायिक अत्याचारों के विरोध में छेड़े थे, यही मौलिक भावनाएं थीं, क्योंकि जीवन के प्रारम्भ से अन्त तक बाबासाहेब को मिला था तिरस्कार, अपमान तथा असहयोग, द्वेष, ईर्ष्या तथा असमानता का वातावरण जिसमें घुटन, पीड़ा और असन्तोष के अतिरिक्त कुछ था ही नहीं। ऐसी परिस्थितियों में उनका अशान्त मन विद्रोही हो उठा। असहाय एवं संतप्त व्यक्ति चाहे वह कितना ही प्रतिभाशाली क्यों न हो प्रतिक्रियास्वरूप विद्रोही हो ही जाता है। डॉ. अम्बेडकर का विद्रोह किसी व्यक्ति विशेष के प्रति नहीं, बल्कि उस व्यवस्था के विरुद्ध था जिसने मनुष्य-मनुष्य के बीच घृणा की, विभेद की, असमानता की, हीनता की गहरी खाई का निर्माण कर मानव समता, एकता व भाईचारे की भावनाओं को समूल नष्ट कर दिया था। पण्डित नेहरू ने भी लोकसभा में कहा था कि "हिन्दू धर्म में उत्पीड़न के विरुद्ध डॉ. अम्बेडकर विद्रोह के प्रतीक के रूप में जाने जाएंगे।"

कट्टर हिन्दुओं ने उनके साथ जो अपमानजनक व्यवहार किया, संस्कृत और वैदिक ज्ञान से उन्हें वंचित रखा, बड़ौदा सरकार की नौकरी के दौरान की प्रतिकूल असहनीय परिस्थितियों और बम्बई न्यायालय के उनके कटु अनुभव, सब बातों ने मिलकर बाबासाहेब पर यह छाप डाल दी थी कि हिन्दू धर्म और समाज में अछूतों को कभी भी न्याय मिल ही नहीं सकता। उन्हें विश्वास था कि हिन्दू धर्म और समाज में अछूतों की व्यक्तिगत या सामाजिक रूप में गतिशीलता बहुत मुश्किल है। वह धर्म के तो समर्थक थे, पर धर्म के नाम पर वितंडावाद के विरुद्ध थे। उन्होंने टिप्पणी की थी कि जिस धर्म में अपने ही अनुयाइयों के बीच भेदभाव है वह धर्म नहीं पक्षपात है, जो धर्म अपने ही करोड़ों अनुयाइयों को कुत्तों और अपराधियों से बदतर मानता है और उन पर नारकीय मुसीबतें बरसाता है वह धर्म हो ही नहीं सकता। वह ऐसे धर्म की तलाश में थे जिसमें आध्यात्मिक विवेक हो, जो अखिल विश्व के लिए समान हो और जो सभी देशों और सभी नस्लों के लिए शाश्वत हो। अन्ततोगत्वा उन्होंने बुद्ध धर्म को चुना जिसे कुछ भ्रमित हिन्दू विद्वानों ने हिन्दू धर्म की ही एक शाखा माना, बस उसमें जातिवाद और महन्तवाद को स्थान नहीं दिया गया। लेकिन डॉ. साहेब ने बौद्ध धर्म को एक स्वतंत्र, समतावादी और मानववादी धर्म की संज्ञा दी जो सभी के लिए हितकारी है।

वह बौद्ध धर्म की ओर इसके समानता के नैतिक आधार, न्याय और व्यापक मानवीयता के कारण आकृष्ट हुए। यह धर्म उनके मानवीय महत्व, स्वतंत्रता, समानता और सहानुभूति के सिद्धांतों के अनुकूल था। वह सोचते थे कि बौद्ध धर्म की दीक्षा लेकर पद्दलितों में आत्मसम्मान की भावना बढ़ेगी और उनका अलग अस्तित्व होगा। 1935 में येवला, नासिक जिले की पब्लिक कांफ्रेंस में उन्होंने अछूतों से हिन्दू धर्म त्याग कर कोई और धर्म अपनाने का आह्वान किया। मुसलमान और ईसाई मिशनरियों ने इस अवसर का लाभ उठाने का बड़ा प्रयास किया। मालावार के पच्चीस लाख इशावा और थिया बहुत असन्तुष्ट थे। डॉ. अम्बेडकर के धर्म परिवर्तन के सुझाव का यह परिणाम हुआ कि उनमें ईसाई बनने वालों की संख्या तेजी से बढ़ी। पंजाब में बहुत से पद्दलित सिक्ख बन गये। 1921 से 1931 के मध्य वहां पद्दलितों की संख्या अट्ठाइस लाख से घटकर तेरह लाख रह गयी, ठीक इसी अनुपात में सिक्खों की संख्या में वृद्धि हुई थी। शक्तिशाली चर्च भी इस स्थिति का लाभ उठाने से नहीं चूका। उदाहरणार्थ केवल तेलगू भाषी जिलों में ही उस समय तक आठ लाख अस्सी हजार पद्दलितों ने ईसाई धर्म स्वीकार कर लिया था। महाराष्ट्र में, जहां कि महार जाति का बाहुल्य था, उन्होंने बहुत बड़ी संख्या में बौद्ध धर्म ग्रहण कर लिया। इस भयावह स्थिति को देखते हुए महामना

मालवीय ने हरिजनों से अनुरोध किया कि वे हिन्दू धर्म की रक्षा करें, इसे त्यागें नहीं और हम उनके चरणों की धूल मस्तक पर चढ़ाएंगे। इस प्रकार सवर्ण हिन्दू सचेत हुए व दलित वर्ग के प्रति उन्होंने उदार दृष्टिकोण अपनाना प्रारम्भ कर दिया।

यह एक ऐतिहासिक घटना है कि 12 नवम्बर, 1930 को हुए गोलमेज सम्मेलन के प्रथम अधिवेशन में ब्रिटिश सरकार की कटु आलोचना करते हुए डॉ. अम्बेडकर ने कहा था कि अंग्रेजों ने अपने डेढ़ सौ साल के शासन के दौरान दलितों के गले में पड़े फांसी के फन्दे को काटने के लिए कुछ भी तो नहीं किया। उन्होंने मांग की कि चुनाव की दृष्टि से दलित जातियों को अलग समुदाय माना जाए तथा उन्हें समान नागरिकता, नागरिक अधिकारों के मुक्त उपभोग और विधायिकाओं, सरकारी सेवाओं तथा मन्त्रिमण्डल में उचित प्रतिनिधित्व मिले। उन्होंने अछूतों के लिए पृथक् निर्वाचन मण्डलों की भी मांग की। पृथक् निर्वाचन क्षेत्रों की मांग के पीछे अम्बेडकर का यह विचार था कि अछूत अपने भाग्य निर्धारण जैसे विषयों में हिन्दुओं की इच्छा पर ही पूर्ण रूप से निर्भर न रहें। उनका मानना था कि चुनाव सदा साम्प्रदायिक होता है। केवल साम्प्रदायिक बहुसंख्या के आधार पर बहुसंख्यक समुदाय स्थान को जीत लेता है। अल्पसंख्यकों को विवश किया जाता है कि वे बहुसंख्यक उम्मीदवार के पक्ष में मतदान करें। अल्पसंख्यकों के मत कम होते हैं और बड़े सम्प्रदायों के मतदाता अल्पसंख्यक समुदाय के उम्मीदवारों को कभी मत नहीं देते जबकि अल्पसंख्यक समुदाय का मतदाता बहुसंख्यक समुदाय के उम्मीदवारों को वोट देने में गौरव अनुभव करता है। बाबासाहेब के प्रयासों के कारण ही अछूतों को 'कम्युनल अवार्ड' दिया गया जिसमें अछूतों को अलग समुदाय माना गया तथा पृथक् निर्वाचन मण्डलों की मांग स्वीकार कर ली गयी। गांधीजी द्वारा कम्युनल अवार्ड के विरोध में उपवास प्रारम्भ कर दिया गया जिसे बाबासाहेब ने राजनीतिक पाखण्ड बताते हुए कहा कि "महात्मा कोई अमर नहीं है, और न ही कांग्रेस अमर है। बहुत से महात्मा आए और चले गये, परन्तु अछूत अछूत ही बने रहे।" बाद में उन्होंने गांधीजी की जीवन रक्षा करने के लिए पूना पैक्ट पर हस्ताक्षर कर दिये जिसमें अछूतों के लिए आरक्षित सीटों का कोटा तो बढ़ा दिया गया, लेकिन पृथक् निर्वाचन मण्डलों का अधिकार छीन लिया गया। आज हम शेड्यूल कास्ट्स की स्थिति में जो भी सुधार देख रहे हैं वह डॉ. अम्बेडकर के अथक् प्रयासों का ही परिणाम है। उनका विचार था कि केवल राजनीतिक शक्ति ही दलित वर्ग की बीमारियों के लिए रामबाण औषधि साबित नहीं हो सकती। उनकी वास्तविक उन्नति उनके सामाजिक उत्थान में ही निहित है।

वस्तुतः बाबासाहेब स्पष्ट कहते थे कि जब तक जन-जन की वैयक्तिक स्वतन्त्रता सुनिश्चित नहीं की जायेगी तब तक राष्ट्रीयता का अर्थ होगा-आंतरिक दासता, जबरन मजदूरी और गरीबों पर नियोजित अत्याचार। उनकी दृष्टि में सही राष्ट्रवाद है जाति भावना का परित्याग, क्योंकि जातिभावना गहन साम्प्रदायिकता का ही रूप है। उन्होंने कहा था कि राष्ट्रवाद तभी औचित्य ग्रहण कर सकता है जब मानव-मानव के बीच जाति, नस्ल या रंग का अन्तर भुलाकर उसमें सामाजिक भ्रातृत्व को सर्वोच्च स्थान दिया जाए।

बाबासाहेब बड़े ही स्पष्ट और खुले विचारों के धनी थे। एक बार कुछ लोगों ने उनसे भारत के संविधान की भूमिका में प्रयुक्त 'भारत के लोग' शब्द पर आपत्ति की। वे इसके स्थान पर 'भारत राष्ट्र' लिखे जाने के पक्ष में थे। तब डॉ. अम्बेडकर ने उनसे पूछा कि 'हजारों जातियों में बंटे लोग एक राष्ट्र कैसे हो सकते हैं?' उन्होंने कहा कि जितनी जल्दी हम यह समझ जाएंगे कि सामाजिक तथा मनोवैज्ञानिक दृष्टि से अभी हम एक राष्ट नहीं हैं उतना ही अच्छा है। संविधान के प्रवर्तन के समय बाबासाहेब ने स्पष्ट किया था कि भारत में राजनैतिक समानता की व्यवस्था तो हो गयी है, परन्तु अभी सामाजिक और आर्थिक जीवन में विषमताएं शेष हैं। उन्होंने कहा था कि "छब्बीस जनवरी उन्नीस सौ पचास को हम एक विरोधाभासपूर्ण जीवन में प्रवेश करने जा रहे हैं। राजनैतिक क्षेत्र में हम में समानता होगी, परन्तु सामाजिक व आर्थिक क्षेत्र में असमानता। राजनीति में हम 'एक व्यक्ति एक मत तथा एक मत एक मूल्य' के सिद्धान्त को मान्यता देंगे, परन्तु अपने सामाजिक एवं आर्थिक जीवन में अपने सामाजिक व आर्थिक ढांचे के कारण 'एक व्यक्ति एक मूल्य' के सिद्धान्त को नकारते रहेंगे। कितने समय तक हम यह विरोधाभासपूर्ण जीवन जीते रहेंगे? कब तक हम आर्थिक व सामाजिक जीवन में समानता के सिद्धान्त को नकारते रहेंगे? हमें इस विसंगति को शीघ्रताशीघ्र दूर करना होगा अन्यथा हमारा लोकतंत्र खतरे में पड़ जाएगा और वे लोग जो सताए हुए हैं, राजनीतिक लोकतंत्र की धज्जियां उड़ा देंगे जिसे इस संविधान सभा ने बड़ी मेहनत से तैयार किया है।" संक्षेप में, संवैधानिक नैतिकता एवं राजनैतिक संस्कृति के अच्छे एवं उदार मूल्य स्थापित होना अनिवार्य है अन्यथा देश की स्थिति अराजकता व अस्थिरता में बदल जाएगी।

डॉ. अम्बेडकर सदैव हिन्दू समाज की क्रूरता तथा बुराइयों से जूझते रहे। वह निडर एवं निर्भीक थे। 2 मार्च, 1929 को नासिक के कालाराम मन्दिर में प्रवेश, सत्याग्रह के अवसर पर बाबासाहेब डॉ. भीमराव अम्बेडकर ने लोगों को समझाते हुए

कहा था कि हम मन्दिर प्रवेश तथा भगवान् की मूर्ति के दर्शन इसलिए नहीं कर हैं कि इनको पूजने, दर्शन करने, व धन चढ़ावा चढ़ाने से हमारी गुलामी, गरीबी या दरिद्रता दूर हो जायेगी, ऐसी इनमें कोई चमत्कारिक शक्ति नहीं, परन्तु मानवता के नाते सभी को ये अधिकार होने चाहिए कि हर एक मनुष्य कहीं भी आ, जा, उठ-बैठ सके, इसलिये मन्दिर प्रवेश मानव अधिकारों की बात है।

बाबासाहेब ने देववाद तथा ईश्वरवाद को नहीं माना। इन भगवानों, देवी-देवताओं के दर्शनों तथा पूजने से यदि गुलामी, दरिद्रता, असमानता व गरीबी दूर हो गई होती तो आज दलित-शोषित समाज गुलाम, लाचार व गरीब न होता। कितनी हास्यास्पद बात है कि जिस देश में अरबों रुपया हर वर्ष दीपावली आदि त्योहारों पर रोशनी, पटाखों, मिठाइयों, सजावट आदि पर इसलिए फूंका जाता है कि धन की देवी लक्ष्मी हमारे घर में रात को आएगी और हमारे घरों को अन्न व धन से भरकर माला-माल कर देगी। कितनी गलत धारणा इस मनुवादी व्यवस्था के लोगों ने इस देश में पैदा कर रखी है। इसमें लाभ केवल ब्राह्मण तथा बनियों को होता है। बाकी तो अपनी गरीबी समाप्त करने के चक्कर में अपना धन व समय बरबाद कर स्वयं गरीब होते चले आ रहे हैं। यदि इन त्योहारों पर इतना रुपया न फूंका गया होता तो भारत देश के समान आज कोई प्रगतिशील देश न होता, यह कटु सत्य है।

वैज्ञानिकता तथा आधुनिकता की होड़ में जबकि भारत देश में शिक्षा का विस्तार हुआ है, अन्धविश्वास तथा अज्ञानता समाप्त होने चाहिए थे, परन्तु ऐसा हुआ नहीं। इसका प्रमुख कारण भारत में ब्राह्मणवादी लोगों के हाथों में प्रचार व प्रसार के माध्यम घर-घर में टी.वी., रेडियो, अखबार तथा राजनैतिक सत्ता का प्रचार माध्यमों पर वर्चस्व है। जैसा कि टी.वी. पर रामायण, महाभारत में ब्राह्मणवाद को बढ़ा-चढ़ा कर पेश करना जिसके कारण आज रामायण, महाभारत में राम, लक्ष्मण, सीता, हनुमान, कृष्ण, अर्जुन आदि कलाकारों के उपरोक्त भगवानों एवं देवताओं के रूप में कलेण्डर पोस्टर सारे देश में प्रचलित हो गए हैं और अन्धविश्वासी हिन्दू उन्हें ही पूजने लगे।

बाबासाहेब ने मनुवादी व्यवस्था का गहन अध्ययन किया, अध्ययन के लिये हिन्दुओं के धर्म ग्रन्थों का अवलोकन जरूरी था, धर्म ग्रन्थ सभी संस्कृत भाषा में थे। संस्कृत भाषा पर ब्राह्मणों का कब्जा था। अछूत होने के नाते कोई ब्राह्मण बाबासाहेब को संस्कृत सिखाने को तैयार नहीं था, तब उन्होंने संस्कृत से मिलती-जुलती फारसी भाषा का अध्ययन किया, तब अनुभव किया कि जो व्यवहार शूद्रों के साथ हो रहा है वह सब तो इनके धर्म ग्रंथों में कानून के रूप में लिखा हुआ है और यह अहसास किया कि जब

तक इस देश में मनु का विधान मनुस्मृति और उस पर आधारित व्यवस्था में चारों वर्णों की सीमा रेखा बनी रहेगी तब तक अछूत अछूत ही, गुलाम लाचार व दरिद्र बने रहेंगे। अतः इस देश पर लागू मनु का विधान बदलना आवश्यक है। ब्राह्मणवादी व्यवस्था भारत के सभी धर्मों पर हावी है। जैन धर्म पूर्णतया हिन्दू धर्म में विलीन है, इस्लाम और सिक्ख धर्म में पेशे व जाति के आधार पर रोटी बेटी के सम्बन्ध होते हैं। अतः स्पष्ट होता है कि ब्राह्मणवाद पूर्ण रूप से इस देश के हर धर्म व मानव पर हावी है जिसका प्रतिरोध आवश्यक है।

जैसा कि पहले ही कह चुके हैं, 20 मार्च, 1927 को चॉवदार तालाब सत्याग्रह बाबासाहेब ने जब शुरू किया उस समय देश में पानी के लिये वर्षा पर निर्भर रहना पड़ता था। तालाब व पोखरों का प्रयोग होता था। पक्के कुंए बहुत कम थे जो चन्द लोगों तक सीमित थे। पानी का संकट पड़ गया जिससे छोटे-मोटे तालाब पोखर सूखे गये, बड़े तालाबों पर सवर्णों का कब्जा था, तब शूद्र लोग प्यास से मरने लगे और पानी के लिये भी सवर्णों की दया पर निर्भर रहना पड़ता था। बाबासाहेब भी बचपन में स्कूल में पानी सवर्णों द्वारा दूर से पिलाने की घटना भूले नहीं थे। तालाब सत्याग्रह शुरू करने के लिये बाबासाहेब अपने काफिले के साथ चॉवदार तालाब की ओर चले जा रहे थे, उनके साथ उनका प्यारा कुत्ता भी था जो अपने साथ ले आए थे, वह भी दो दिनों से प्यासा था। चॉवदार तालाब के पास पहुंच कर उसे छोड़ दिया, कुत्ते ने तालाब के अन्दर घुस कर पानी पिया, अन्य जीव-जन्तु भी इसी तरह पानी पीकर नहाकर बाहर निकल आते थे।

बाबासाहेब ने सबको पानी पीने से पहले छुआछूत, भेदभाव पर बोलते हुए कहा कि शूद्रों व दलितों को पशुओं तथा दासों से भी बदतर दर्जा देना मनुवादी व्यवस्था की देन है। कुत्ते-बिल्ली गन्दगी खाकर सवर्णों के बर्तनों को चाट लें तो धोकर रख देना कोई बात नहीं, परन्तु यदि भूल से शूद्र का हाथ ही लग जाए तो बर्तन अपवित्र हो जाता तो कच्चा होता तो फोड़ देते, पक्का व धातु का होने पर आग में तपा कर प्रयोग में लाते। देहातों में आज भी इसके उदाहरण बहुत मिल जाएंगे। इस प्रकार से दलितों को भी मानव अधिकार मिलने चाहिए। इसलिये हम इसी तालाब से पानी पिया करेंगे और जैसे ही बाबासाहेब के साथ कई लोगों ने पानी पिया तो सवर्णों में हाहाकार मच गया और चारों तरफ शोर मच गया, अछूतों ने तालाब अपवित्र कर दिया, हमारा धर्म नष्ट कर दिया और काफी संघर्ष हुआ जिसमें बाबासाहेब को भी चोटें आईं।

इस सत्याग्रह के बाद बाबासाहेब ने हिन्दू धर्म त्यागने का फैसला कर लिया और अपने समाज के लोगों को तैयार करने लगे। हिन्दू धर्म चार वर्णों पर आधारित है और

चारों वर्णों में घोर असमानता है। चौथे वर्ण शूद्र को इस धर्म में गुलाम व लाचार बनाकर रखने के लिए हिन्दू धर्म का कानून मनुस्मृति दोषी है। अत: उन्होंने सरे आम मनुस्मृति की होली जलाई और घोषणा की कि "मैं इस भारत देश को अवसर मिलने पर एक नया संविधान दूंगा।" तभी से बाबासाहेब दूसरे देशों के संविधान तथा व्यवस्था के बारे में भी ज्ञान प्राप्त करने के लिये विदेशों में जाते रहे। आजादी के बाद बाबासाहेब ही सबसे अधिक शिक्षित व्यक्ति थे और उन्हें ही संविधान तैयार करने की जिम्मेदारी निभानी पड़ी। इस प्रकार स्वतंत्र भारत को एक शूद्र ने संविधान दिया।

उन्होंने भेदभाव, असमानता, ऊंच-नीच, छुआछूत और गुलामी पर आधारित हिन्दू धर्म त्यागने का फैसला कर लिया था और घोषणा की थी कि "मैं हिन्दू धर्म में पैदा हुआ, यह मेरे बस की बात नहीं थी, परन्तु मैं हिन्दू धर्म में मरूंगा नहीं।" उन्होंने भारत में ही जन्मे समानता, मानवता, अहिंसा, बन्धुत्व पर आधारित गौतम बुद्ध द्वारा चलाए गए बौद्ध धर्म को ही अपनाने का फैसला लिया तथा बड़े पैमाने पर लोगों को इसके लिये तैयार किया और 14 अक्टूबर, 1956 को लाखों अनुयाइयों के साथ बाबासाहेब ने बौद्ध धर्म ग्रहण किया और दीक्षा ली। बाबासाहेब ने भविष्यवाणी की थी कि बौद्ध धर्म की लहर पूरे विश्व में फैलेगी, भारत पूर्णरूप से बौद्ध धर्म का जनक होगा और ब्राह्मण सबसे अन्त में बौद्ध धर्म अपनाएंगे, इस तरह से पाखण्डवाद, मनुवाद, मूर्ति व भगवान् पूजा, मन्दिरों, पण्डों, पुजारियों पर आधारित ब्राह्मणवाद का अन्त होकर आर्थिक व सामाजिक समानता तथा बन्धुत्व पर आधारित जाति तथा वर्ग विहीन समाज की रचना होगी तथा देश पूर्ण विकसित व उन्नति करेगा।

देश एवं समाज की परिस्थितियां उनके अनुकूल न होने के कारण 24 सितम्बर, 1932 को बाबासाहेब ने मजबूरन 'पूना पैक्ट' करते हुए दु:खी मन से कहा था कि यदि मेरा दलित शोषित समाज आज संघर्ष के लिये तैयार होता तो चाहें लाखों गांधी मर गये होते परन्तु मेरा समाज मुझे यह जलील सौदा हरगिज न करने देता। "फिर भी मैं इस दलित-शोषित समाज को एक ऐसा रास्ता, एक ऐसी दिशा, एक ऐसी सोने की चाबी (आरक्षण तथा वोट का अधिकार) दे चला हूं, हे मेरे दलित-शोषित समाज के लोगों आज अपनी दीवारों पर लिख लो तुम इस देश के फिर से शासक बनोगे।" इस बात पर लोग हंसते थे, कि हमारे तो टोकरों में घर रहते हैं, जमीन व झोपड़ी भी नहीं और बात दीवारों पर लिखने की वह भी इस देश के शासक बनने की। जमीदारी प्रथा, बन्धुआ मजदूरी व बेरोजगारी के कारण कोई निश्चित रहने की जगह नहीं थी, न ही रोजगार था, न जमीन थी, जमीदार ने ज्यादा सताया तो रातों-रात टोकरों में सामान उठाया और पहुंच

गये दूसरे जमीदार की शरण में। जमीदारी प्रथा खत्म करा कर सबको रहने के लिए जगह मिल गई। आज सबके पास प्राय: जमीनें हैं, पक्के मकान हैं।

यहां यह कहना उचित होगा कि डॉ. अम्बेडकर न केवल दलित अधिकारों के पक्षधर थे, बल्कि वह सभी के लिए मानवाधिकारों के सशक्त समर्थक भी थे। उनके समकालीन, प्रसिद्ध राजनीतिक विचारक लॉस्की ने कहा था, "अधिकार सामाजिक जीवन की वे परिस्थितियां हैं, जिनके बगैर सामान्यत: कोई व्यक्ति अपने व्यक्तित्व का पूर्ण विकास नहीं कर सकता।" मनुष्य को प्रकृति द्वारा उसके जन्म से ही कुछ अप्रत्याहरणीय सुविधाएं एवं साधन प्रदत्त होते हैं, वहीं दूसरी ओर समाज एवं राष्ट्र से भी उसे कुछ सुविधाएं अपेक्षित होती हैं। जब इन्हीं सुविधाओं एवं साधनों को समाज एवं राज्य की मान्यता मिल जाती है, तो ये अधिकार का स्वरूप धारण कर लेते हैं, जिनका देशकाल एवं परिस्थितियों के अनुरूप स्वरूप परिवर्तित होता रहता है।

सारांशत: बाबासाहेब की दृष्टि से अधिकारों के क्रम में जब हम मानवाधिकारों की बात करते हैं तो पाते हैं कि मानवाधिकारों की यह अवधारणा 'अधिकारों' की अपेक्षा अधिक व्यापक है। 'मानवाधिकार' मनुष्य के वे अधिकार हैं जो प्रत्येक व्यक्ति को मिलने ही चाहिए। मानवाधिकारों से तात्पर्य उन सब परिस्थितियों व पर्यावरण से होता है जो मानव को मानव के रूप में अपने अस्तित्व को कायम रखने व व्यक्तित्व के विकास तथा निर्माण के लिए अनिवार्य होती हैं। इस दृष्टि से मानवाधिकारों की परिधि में केवल प्राकृतिक उपहार जैसे–हवा, जल इत्यादि ही नहीं आते, बल्कि इनके साथ-साथ ससम्मान जीने, पोषण व रक्षण प्राप्त करने सहित वे सब उपागम जो व्यक्तित्व के विकास के लिए अपरिहार्य हैं जैसे–रोटी, कपड़ा, मकान, चिकित्सा, शिक्षा, संस्कृति आदि सभी आवश्यकताओं को सम्मिलित किया जा सकता है। लोकतांत्रिक राष्ट्रों ने अपने नागरिकों के विकास के लिए अनिवार्य समझते हुए अपनी--अपनी सामाजिक, सांस्कृतिक एवं राजनीतिक परिस्थितियों के अनुरूप अपने यहां की राजनीतिक व्यवस्थाओं एवं मूलभूत कानून में स्थान दिया है, जिन्हें मूलभूत अधिकारों के नाम से जाना जाता है। यहां हमें यह बात समझ लेनी होगी कि 'मूलभूत अधिकारों' एवं 'मानवाधिकारों' में बुनियादी रूप से कुछ भेद है। सभी मूल अधिकारों को मानवाधिकार नहीं माना जा सकता, जबकि सभी मानवाधिकारों को मूल अधिकारों की श्रेणी के अन्तर्गत रखा जा सकता है। उदाहरणार्थ मत देने का अधिकार, विचार अभिव्यक्ति की स्वतन्त्रता का अधिकार इत्यादि मूलभूत अधिकार हैं न कि मानवाधिकार, क्योंकि इन अधिकारों के बगैर भी मनुष्य अपना अस्तित्व कायम रख सकता है, जैसा कि समाजवादी देशों में होता था। इनके विपरीत जीने एवं सुरक्षा प्राप्त करने के अधिकार

मूलभूत अधिकार हैं और मानवाधिकार भी, क्योंकि इनके अभावों में मनुष्य का जीवन खतरे में पड़ सकता है।

आज देश में राजनैतिक लोकतन्त्र के पचास वर्ष पूरे होने पर भी हमें वही दिखाई दे रहा है, जो पचास वर्ष पूर्व था। डॉ. बाबासाहेब अम्बेडकर ने कहा था, "हम आज भी सामाजिक और आर्थिक असमानता और अन्तर्विरोधों के दलदल में फंसे हैं", इसी क्रम में आगे कहा कि "यदि हम इसी तरह सामाजिक और आर्थिक क्षेत्र में समानता को नकारते रहेंगे तो निश्चित ही हमारा राजनैतिक लोकतन्त्र खतरे में पड़ जाएगा, यदि हम जल्द से जल्द इस सामाजिक-आर्थिक असमानता को समाप्त नहीं करेंगे तो वह लोग जो असमानता और अन्तर्विरोधों का जीवन जी रहे हैं, इस राजनैतिक लोकतन्त्र के ढांचे को ध्वस्त कर देंगे, जिसे इस संविधान सभा ने बड़ी मेहनत से बनाया है।"

भारतीय संविधान की समीक्षा के लिए एक आयोग का गठन किया जाना एक पूर्व नियोजित षडयन्त्र है, ये हमें उन बुनियादी मूल्यों के बारे में सोचने पर विवश करता है, जो भारत की ही नहीं संसार के किसी भी लोकतांत्रिक राष्ट्र की शासन व्यवस्था में निहित हैं। भूतपूर्व राष्ट्रपति के.आर. नारायणन ने कहा कि संविधान की समीक्षा के नाम पर संसदीय लोकतंत्र को समाप्त करने की जो साजिश की जाने वाली है, वह अत्यन्त खतरनाक है, हमें उससे चौकन्ना रहना चाहिए। भूतपूर्व राष्ट्रपति ने स्पष्ट कहा कि हमें इस बात पर विचार करना होगा कि हम संविधान की वजह से विफल हुए हैं या हमने संविधान को विफल किया है। उन्होंने बताया कि चरित्रवान्, निष्ठावान और योग्य व्यक्ति त्रुटिपूर्ण संविधान का भी बढ़िया इस्तेमाल कर सकते हैं, लेकिन यदि व्यक्तियों में निष्ठा की कमी हुई, और उसको व्यवहार में लाने वाले सदस्य अच्छे न हों तो अच्छे से अच्छा विधान भी देश के लिए बुरा साबित हो सकता है। सारांशतः बाबासाहेब ने कहा कि "यदि हम लोकतंत्र की स्थापना चाहते हैं तो हमें अपने और आर्थिक आदर्शों को अहिंसात्मक उपायों से ही प्रतिष्ठापित करना होगा; स्वतंत्रता, समता तथा बन्धुता के आधार पर स्थापित जीवन ही लोकतंत्र कहलाता है, भारत में समता का पूर्ण अभाव रहा है। राजनीति में हमें समानता मिली, परन्तु सामाजिक तथा आर्थिक जीवन में विषमता का ही बोल-बाला है।"

मनु ने मनुस्मृति में कर्म के आधार पर ब्राह्मण, क्षत्रिय, वैश्य, शूद्र के रूप में हिन्दू समाज में वर्ण-व्यवस्था की स्थापना की थी, लेकिन स्वार्थ और झूठे सम्मान के लोभी तथाकथित उच्च जातियों एवं वर्णों के लोगों ने उसे जन्म पर आधारित बना दिया। क्रांतिसूर्य, युगपुरुष, दलितों के मसीहा बाबासाहेब डॉ. भीमराव अम्बेडकर ने भारत के

संविधान की रचना कर मनुस्मृति की वर्ण-व्यवस्था को लगभग समाप्त प्राय: कर दिया था, लेकिन देश के चतुर ब्राह्मण, क्षत्रिय और वैश्यों ने जाति-पांति और वर्ण-व्यवस्था को कायम रखने के लिए बड़ी चतुराई से अपने लिए और शूद्रों के लिए एक पृथक् सामाजिक, आर्थिक व सांस्कृतिक संविधान की रचना करके हिन्दू समाज को विभक्त किए रखा। परिणामत: जाति और संस्कार के नाम पर मनुष्य और समाज के विभाजन की विभीषिका ही हमारे देश की बड़ी कमजोरी बन गई।

भारत की कुल आबादी का एक चौथाई भाग देश की गरीब व अशिक्षित अनुसूचित जातियों और जनजातियों का है। संविधान में इनके विकास और उत्थान की समुचित गारंटी दी गई है। राजकीय स्तर पर अनेक कानूनी, आर्थिक एवं योजनाबद्ध प्रावधान किए गए। छात्रवृति, आरक्षण, बैंक-ऋण, भूमि-आवंटन, आवास आदि की प्राथमिक सुविधाएं भी दी गईं। परन्तु इन जातियों का विकास अंशत: ही हो पाया है। इनका चहुंमुखी विकास नहीं हो सका। देश की मुख्यधारा में भागीदारी निभाने का अवसर उन्हें आज तक नहीं मिल सका।

क्या कारण है कि स्वतंत्रता के पचास साल बाद भी दलित एकमात्र ऐसा भारतवासी है जो कथित भगवान् को मंदिर के बाहर से ही शीश झुका सकता है। मंदिर में प्रवेश के बजाय बाहर से ही कलश देखकर संतोष करके विवश है। देश में बिहार जैसे कई राज्य दलितों पर जुल्म और अत्याचार के अखाड़े बन गए हैं। वहां दलित गुलामी और मौत के बीच जूझ रहे हैं। रोज कहीं न कहीं दलितों की पिटाई होती है, उनका नृशंस कत्लेआम होता है। दलितों की बहन-बेटियों को निर्वस्त्र कर गांवों में सरेआम नंगा घुमाया जाता है। उनके साथ बलात्कार होते हैं। दलितों की झोपड़ियां जलाई जाती हैं और उनकी जमीनें छीन ली जाती हैं।

दलित हत्याकाण्ड आज राजनैतिक हथियार बन गए हैं। डॉ. अम्बेडकर की प्रतिमा का अपमान, दलितों की बहू-बेटियों को बेइज्जत करना, दलितों की नृशंस हत्याएं करवाना वर्तमान राजनीति के संशोधित नये फार्मूले हो गए हैं। आज सरकारें बनती हैं तो दलितों के नाम पर और गिरती हैं तो दलितों के कत्लेआम पर। राजनीति के दांवपेचों में बेचारे गरीब दलितों का कत्लेआम क्यों? दलितों की चिताओं पर राजनैतिक रोटियां सेकना निहायत ही शर्मनाक है। दलित नरसंहारों का ये अंतहीन सिलसिला आखिर कब तक चलेगा? क्या दलित इन्सान नहीं?

दलितों की दासता आज भी ज्यों की त्यों बरकरार है। वेद, पुराण, उपनिषद्, गीता, रामायण, महाभारत, गुरुवाणी-गुरुग्रंथ जैसे धर्मग्रंथ पढ़ने के बाद भी मनुष्य-मनुष्य में छूत-अछूत, ऊंच-नीच, छोटे-बड़े का भेद क्यों होता है। कैसी रणनीति है कि दलितों

की भूख, गरीबी, अशिक्षा व अज्ञानता को शोषण और राजनीति का भोजन बनाया जाता है। दलितों के प्रति हिन्दू मठाधीशों की संकीर्ण मानसिकता का यह स्पष्ट प्रमाण है। क्या यह लोकतंत्र, समाजवाद और धर्मनिरपेक्षता का सरासर उल्लंघन नहीं? हिन्दू समाज कितना ढोंगी है। संत कबीर, रैदास, नामदेव, मलूकदास, दादूदयाल के दोहे व पदों को तो मंदिर में जोर-जोर से अलापा जाता है, पर मंदिर में दलित-प्रवेश का विरोध होता है। रामायण में केवट और भीलनी की चौपाइयों को तो मंदिर में बड़े प्रेम से हिन्दू गाता है, पर एक दलित को अपनी रसोई में नहीं जाने देता। मंदिर में कौआ, कबूतर, कुत्ता, बिल्ली, सुअर जैसे पशु-पक्षी व जानवर जा सकते हैं, पर दलित (मनुष्य) क्यों नहीं? क्या यह चिरंतन सत्य नहीं कि मृत मवेशियों व जानवरों की जिस खाल को दलित उतारता है उसी खाल के बने जूते, बटुए, थैले, अटैची व कोट ये सवर्ण जाति के लोग बड़ी शान से पहने घूमते हैं। चमार जिन जूतों को गांठता-बनाता है उन्हें पालिश कर सब लोग घर, दफ्तर, मंदिर में सब जगह पहने घूमते हैं। मरे जानवरों की तांत से दलित जिन तारों को बनाता है उन्हें सवर्ण वीणा में बड़े मग्न होकर बजाते हैं। शूद्र सूअर के जिन बालों को उखाड़ कर टूथब्रुश और सफाई ब्रुश बनाते हैं उन्हें सवर्ण रोज काम में लेते हैं।

यह बात स्पष्ट है कि घर व मंदिर बनाने वाले, खेतों में हल चलाकर अन्न उगाने वाले, कारखानों, फैक्ट्रियों में कपड़ा बुनने वाले, गांवों में जन्म के समय जच्चा-बच्चा की देखभाल करने वाली, दलित नहीं तो और कौन हैं, क्या ये पंडे-पुजारी हैं? बदले में उन्हें क्या मिलता है? घृणा, छुआछूत, गालियां, गरीबी, फॉकाकसी, आगजनी, गोली, जुल्म, अन्याय, शोषण, दमन, हत्या, बलात्कार, उत्पीड़न। धर्म में जाति के नाम पर और लोकतंत्र में राजनीति के नाम पर खेले जाने वाला यह नाटक आखिर कब तक चलेगा?

जब समाजवादी ही करोड़पतियों के घरों में कल्पवृक्ष लगा रहे हों, जब धर्मनिरपेक्ष व्यक्ति ही स्वयं मंदिर, मस्जिद, गिरजे, गुरुदारों की घंटियां बजा रहे हों, तो ऐसे में संविधान और लोकतंत्र का क्या अर्थ रह जाता है? तब क्या भाषण, नारों, आश्वासनों, नियम-अधिनियम, कानूनों से समाज की सोच को, धारणा को, मानसिकता को बदला जा सकता है? धर्म गुरु अपने गले में किसी संत और नाथ की कंठी बांधकर दलितों को राजनीतिक इस्तेमाल की चीज मात्र मान बैठे हैं। इसमें कोई दो राय नहीं कि यदि दलितों को उनके वोट का इस्तेमाल स्वतंत्र रूप से करने की छूट मिल जाए, और वे पैसे, शराब इत्यादि के लालचों से बचे रहें तो देश की मुख्य चेतना में उनके वोट समस्या नहीं, समाधान साबित हो सकते हैं। वे अपने भाग्य का फैसला खुद करने में सक्षम हो सकते हैं। छुआछूत, भेदभाव, शोषण, उत्पीड़न, अन्याय का शिकार होने से बच सकते हैं। अपने अधिकारों की लड़ाई बखूबी लड़ सकते हैं।

कैसा होगा इक्कीसवीं सदी का वह समय जब समाज से जाति-पांति, वर्ण-व्यवस्था, भेदभाव, ऊंच-नीच की परम्परा समूल नष्ट हो जाएगी और एक भी नागरिक दलित या पिछड़ी जाति का नहीं होगा। सभी एक समान होंगे। कोई भूखा-प्यासा नहीं रहेगा। रोटी, कपड़ा और मकान की हर सहूलियत सबको समान रूप से मिलेगी। सब का सम्मान और स्वाभिमान एक समान होगा। सब भाई-भाई होंगे। तब कोई किसी के खून का प्यासा नहीं होगा। अभी भी समय है कि हम खुद इस सच्चाई को मान लें। समय की नजाकत को पहचानें। समय की आवाज है कि हिन्दू धर्म के नेता इस ओर अपने हर कदम की रफ्तार तेज कर दें, वरना इस पहेली को शायद दलित खुद ही सुलझाएगा। इक्कीसवीं सदी का वह समय दूर नहीं जब दलित एक नया इतिहास बनाएगा। हमारी हर ख्वाइश पूरी होगी। इक्कीसवीं सदी दलितों की होगी।

आज यह स्पष्ट हो चुका है कि डॉ. बाबासाहेब ने देश-विदेशों में एक मुसाफिर की तरह घूम-घूमकर जो परिवर्तन का बिगुल बजाया था, उसी का यह प्रतिफल है कि भारत में सामाजिक चेतना की किरण दिखने लगी है। भारत के प्रदेश हरियाणा से ऊंच-नीच का जातिगत भेदभाव सकारात्मक प्रयासों से मिटाने की जो खबर अभी आई है, वह संपूर्ण भारत के सामाजिक ताने-बाने के लिए गहरी दिलचस्मी की है। लगभग हर सरकार के पास दलितों और पिछड़ों को आगे बढ़ाने के लिए बाकायदा एक दलित एजेंडा है, लेकिन व्यावहारिक धरातल पर इसे और अधिक सामाजिक समर्थन की जरूरत है। हरियाण सरकार के पास भले ही इतना व्यापक दलित एजेंडा न हो, लेकिन दलितोद्धार के लिए सामाजिक समर्थन का अनुकरणीय मॉडल सामने आया है।

हरियाण प्रदेश के शहर करनाल से खबर आई है कि वहां सामाजिक रूप से सुस्थापित सवर्ण नवयुवक नरेश नांदल जो कि एक स्कूल के संचालक भी हैं, ने अपना विवाह-संस्कार संपादित करने के लिए अपने ही स्कूल की एक दलित छात्रा मनीषा त्रिमूर्ति को चुना जो धारा प्रवाह संस्कृत-मंत्रोच्चार में पारंगत है। इस नवयुवक ने दूल्हा बनकर परंपरागत घोड़ी की सवारी न करके मोटरसाइकिल की पिछली सीट का विकल्प स्वीकार किया। उनका कहना है कि दलितों को समाज में बराबरी का महत्व दिलवाने के लिए ही उन्होंने दलित कन्या से विवाह-संस्कार सम्पन्न करवाया है, जबकि दलित वर्ग के अधिकारों की हिमायत करने के लिए ही वे स्वयं घोड़ी पर नहीं बैठे। याद रहे कि जातीय विद्वेष बहुल इस इलाके में दलित दूल्हों को घोड़ी की सवारी वर्जित है। अभी हाल ही इस प्रदेश में पांच दलितों की निर्मम हत्या केवल इसलिए कर दी गई थी कि वे मृतक पशु का चमड़ा निकाल रहे थे। इस पर एक कथित हिंदूवादी संगठन ने प्रतिक्रिया व्यक्त की थी कि एक गाय तो पांच दलितों से बढ़कर है। हमारे प्रदेश के कुछ

भागों में अभी भी जातिगत विद्वेष हावी है। सरकार ने दलितों के सर्वतोमुखी विकास के लिए दलित एजेंडा बनाया है जिसमें दलितों को प्राथमिकता के आधार पर शिक्षण-प्रशिक्षण, रोजगार, पदोन्नति, भूमि आदि देना शामिल है। दलितों द्वारा संचालित उद्योग-धंधों को उनका उत्पाद खरीदकर प्रोत्साहित करने का सरकार का निर्णय भी है, लेकिन इसके बावजूद समाज में दलित उत्पीड़न की घटनाएं घटती रहती हैं। भूमिहीन-दलितों को जमीन देने जैसी क्रांतिकारी योजना का तो कहीं-कहीं हिंसक विरोध भी होता है जिसके खिलाफ सरकार को कड़ी कार्रवाई करनी पड़ती है। जाहिर है कि सरकार के स्तर पर दलितोद्धार के लिए जो प्रतिबद्धता और संवेदना है, पर सामाजिक स्तर पर उस चेतना का अभाव है। करनाल जैसे उक्त उदाहरण इसी सामाजिक संवेदना और चेतना के प्रतीक हैं जिसके बिना दलितोद्धार नहीं हो सकता।

यहां यह कहना उचित होगा कि उपर्युक्त एक-दो उदाहरण से यह प्रमाणित नहीं होता कि हिंदू समाज का सवर्ण वर्ग उदार तथा उन्नतशील बन गया है। समूचे देश में दलित, पीड़ित, अछूत आदि सभी प्रदेशों में निवास करते हैं, पर उन्हें समानता का अहसास नहीं होता, क्योंकि उन पर किसी न किसी रूप में अत्याचार एवं जुल्म ढाये जाते हैं। उनसे बेगार ली जाती है, उन्हें अभी भी निम्न जाति का समझा जाता है। उनके बच्चे स्कूली शिक्षा से वंचित हैं और उनकी थोड़ी-बहुत जमीनों पर सवर्ण जाति-ठाकुर, ब्राह्मण, गुर्जर, राजपूत-के सम्पन्न लोगों ने कब्जे कर रखे हैं। इन कब्जों को मुक्त कराने में सरकारी अधिकारी भी असमर्थ नजर आते हैं। फिर भी, जैसा कि डॉ. अम्बेडकर ने कहा था, राज्य का ही यह दायित्व है कि दलित व शोषित वर्गों को परम्परावादी जंजीरों से मुक्त कराए। सामाजिक चेतना का भी महत्वपूर्ण योगदान परिवर्तन ला सकता है। हिन्दू समाज में नयी संस्कृति और संस्कार पैदा हों यही डॉ. अम्बेडकर का सपना था।

यह प्रश्न पूछना स्वाभाविक है कि क्या डॉ. अम्बेडकर वास्तव में एक प्रखर विद्रोही थे? क्या वह क्रांतिदृष्टा थे अथवा एक युग-पुरुष? इन प्रश्नों का उत्तर आसान नहीं है, क्योंकि समाज का हर वर्ग उन्हें अपनी-अपनी दृष्टि से मूल्यांकित करता है। जहां तक मैंने उनके साहित्य, व्यक्तित्व एवं कृतित्व का अध्ययन किया है, मेरा विश्वास है, मुझे यही विचार तथा तथ्य मिले कि वह निश्चय ही एक प्रखर विद्रोही थे। वह बचपन से लेकर जीवन के अन्त तक सक्रिय रहे। वह छुआछूत, वर्ण-व्यवस्था, जातिवाद, ब्राह्मणवाद, धर्मान्धता, पुरोहितवाद, गुलामी, भेदभाव, नीच-ऊंच की भावना, शोषण, उत्पीड़न, अन्याय, अत्याचार आदि से जूझते रहे। उन्होंने उन सभी बुराइयों,

कुरीतियों, बंधनों, परम्पराओं, संस्कारों आदि के विरुद्ध कड़ा संघर्ष किया जो आदमी को आदमी से अलग करते हैं, जो इन्सानियत को दरकिनार करते हैं। डॉ. अम्बेडकर भटके नहीं, वह उसी अभियान में संलग्न रहे, निरन्तर गतिशील रहे, जो विद्रोह के स्वर बिखेरता गया और जिनको दुनिया ने ठुकराया, दलित, अछूत, शूद्र, दरिद्र बनाया उन्हें डॉ. अम्बेडकर ने गले लगाया। यह एक प्रखर विद्रोही ही कर सकता है, अन्य कोई नहीं। इस प्रकार वह क्रांतिदृष्टा अथवा एक युग-पुरुष कहलाने के हकदार हो गए। वह हर तरह से एक प्रखर विद्रोही थे जिनके स्वभाव में ही अन्यायपूर्ण परम्पराओं को तोड़ना निहित था।

अन्त में इस तथ्य एवं स्थिति की ओर ध्यान देना होगा कि अम्बेडकरी कारवां कैसे चल रहा है। बुद्ध के थेरवादी मौलिक धर्म-दर्शन को कमजोर करने के उद्देश्य से, उसे कई सम्प्रदायों में विभाजित किया गया, लेकिन मानव को वह सब कुछ नहीं मिल पाया जो अपने धर्म से बुद्ध उन्हें देना चाहते थे। ऐसा प्राय: सभी महान् विभूतियों के बाद देखा गया है चाहे वे किसी भी जीवन के पक्ष से संबंध रखते हों।

देश की स्वतंत्रता के 57 वर्षों से ठीक उसी तरह अम्बेडकरी कारवां भी वंचित एवं शोषितों को मुक्ति दिलाना तो क्या, उन्हें राष्ट्रीय मुख्यधारा में नहीं जोड़ सका। उसकी बागडोर कुछ ऐसे असक्षम और स्वार्थी हाथों में पड़ती रही जिन्होंने इस कारवां को अपने निर्धारित मार्ग से ही भटका दिया और वे अपनी-अपनी स्वार्थ सिद्धि में लगे रहे। फलत: बहुजनों की मुक्ति का पैगाम न बनकर, आज वह चन्द चालाक लोगों की तृष्णा पूर्ति का एक माध्यम ही बन कर रह गया है। मिशन नहीं व्यापार बना दिया उसे। उसके इन संचालकों ने अपनी सुविधा और लाभ के लिए, कारवां की अनेकों मनचाही और बाजारू व्याख्याएं रच दीं। राजनेताओं को इसमें केवल सत्ता की कुंजी नजर आई, तो धार्मिक आयाम वालों को इसका ध्येय मात्र बौद्धमय भारत के निर्माण तक ही सीमित बना रहा। कुछ दूसरे भी भाष्यकार हैं, जो अपना अलग ही राग अलापते हैं। संघर्ष करो और मुक्ति पाओ समझकर वे सेनाएं ही खड़ी करते रहे। दूसरे कुछ ऐसे भी हैं जिन्हें यह कारवां किसी अल्लादीन के चिराग जैसा दिखता है। कारवां मेहरबान बना रहे तो बस उसकी छाया के तहत धन, उच्च शिक्षा और बड़े पदों पर काबिज होकर ये लोग मौज-मस्ती करते रहें। इनकी मान्यता है कि धन और ऊंची कुर्सी यदि मिल जाए तो सब कुछ उपलब्ध हो जाए।

कांग्रेसी शासन में जो वैचारिक टकराव गांधीवादियों और अम्बेडकरवादियों में बना रहा, भाजपा के राज में आज वह मनुवाद व अम्बेडकरवाद के टकराव में बदल

चुका है। मनुवाद सवर्णों का सदा पोषक रहा है तो अम्बेडकरवाद मानव हितों का समर्थक । इस परिप्रेक्ष्य में अम्बेडकरी कारवां की स्थिति का मूल्यांकन करने के लिये हमें उन संस्थाओं की शक्तियों का मूल्यांकन करना होगा जिनके हाथों में अम्बेडकरवाद और मनुवाद इन दो परस्पर विरोधी विचारधाराओं की आज कमान है। आर.एस.एस. मनुवाद के संचालन और संरक्षण की एक सर्वोपरि संस्था है। अपने उद्देश्य की पूर्ति के लिये यह संस्था पूर्ण समर्पण के साथ पिछले 76 वर्षों से कार्यरत है। अम्बेडकर दर्शन से नंगा बने मनुवाद की साख को पुनर्स्थापित करने के लिये संघ ने सभी प्रमुख कार्यक्षेत्रों में शनैः शनैः 75 से अधिक संगठनों का निर्माण एवं संचालन कर लिया है। आपसी समन्वय से संघ ने समस्त सवर्ण समाज में अपने प्रति इतनी आस्था एवं विश्वास स्थापित कर लिया है कि संघ की इस शक्ति के आगे उसके कैडरबद्ध प्रधानमंत्री तक को घुटने टेकने पड़ते हैं। अम्बेडकरवादियों ने संगठन तो खड़े किए, पर उनके अन्दर आपसी ताल-मेल आज तक नहीं बन सका। अपने पूर्वाग्रहों के वशीभूत रहकर वे एक-दूसरे की बात को तवज्जो देना तो दूर उसे सुनने की जहमत उठाना तक नहीं चाहते। इन संगठनों से संचालकों एवं पदाधिकारियों की सुप्रीम कमाण्ड भी सदा ऐसी सख्शियतों के हाथों में थमाई जाती है जो राजनीति से दूर बने रहकर देश की राजनीति को अपने मिशन की पूर्ति के लिये सदा नियंत्रित करते रहें। अम्बेडकर संगठनों में अधिकांश की स्थापना, संरक्षण एवं संचालन राजनेताओं द्वारा किया जाता है जो राजनैतिक सत्ता को ही अहमियत देते हैं। उनके लिए सामाजिक तथा धार्मिक क्रांति की महत्ता कुछ नहीं है, जो बहुत ही दुर्भाग्यपूर्ण स्थिति है।

डॉ. अम्बेडकर के जीवन-संघर्ष अथवा विद्रोह का सार यह है कि बचपन से अन्त तक वह क्रांतिकारी थे, न कि कोई उपद्रवी, उन्होंने कभी उपद्रव नहीं किया और गलत परम्पराओं तथा कुरीतियों के प्रति विद्रोह ही किया, भले ही कुछ आयाम बदल और गहरे हो गए हों। उनके सम्पूर्ण साहित्य एवं कृतित्व में अन्वेषण एवं बगावत का ही स्वर मिलता है। वही खोज, वही चिनगारी अभी भी उनके करोड़ों अनुयायियों में मिलती है। अगर डॉ. अम्बेडकर ने स्वतंत्रता एवं समता की मांग की तो हिन्दू कट्टरपंथियों को उपद्रव लगा, उसमें बगावत नजर आई, जो दोषपूर्ण आकलन था। उन्हें तो विद्रोह से प्रेम था। उनका धर्म तो विद्रोह ही था।

वस्तुतः डॉ. अम्बेडकर वास्तविकता के धरातल पर जीते थे। वह सपनों के धनी अवश्य थे, पर कल्पना उन्हें थोथी लगती थी जिसमें कोई जीवन मूल्य नहीं होते। वह कल्पना में जीना पसंद नहीं करते थे। वह तो यथार्थवादी व मानववादी थे। कितना ही डॉ. अम्बेडकर ने बोला, कितना ही लिखा, पर थोड़े से ही नर-नारी उनके पद चिन्हों पर

चल पाए हैं। अभी तक लोग उनके धर्म परिवर्तन को ठीक तरह समझ नहीं पाए हैं। बहुत से लोग मानते हैं कि धर्म त्याग है, जीवन से पलायन है, अथवा जीवन से विरक्ति है। डॉ. अम्बेडकर के अनुसार धर्म कोरा त्याग, पलायन, संन्यास नहीं है, एक सत्य है। धर्म अच्छे ढंग से जीने का एक मार्ग है। स्वार्थी धर्म-पंडितों ने धर्म को निषेध, नकारात्मक स्थिति की भांति लिया; उन्होंने जीवन को संन्यास बना दिया और व्यापक पुरोहितवाद तथा अलौकिकता में बदल दिया। ऐसे ही लोगों ने धर्म को भ्रष्ट बनाकर अपने-अपने स्वार्थों को सिद्ध किया।

उपर्युक्त धर्म की धारणा के प्रति ही डॉ. अम्बेडकर ने विद्रोह किया और बतलाया कि धर्म वह है जो आदमी को आदमी से अच्छे संबंधों के बीच आबद्ध कर जीवन को सुगम बनाता है। चाहे धर्म हो, विधि-विधान हो अथवा रीति-रिवाज सभी धर्म के सहायक तत्व हैं। यही कारण है कि अपने मानववादी तथा यथार्थवादी दर्शन की दृष्टि से डॉ. अम्बेडकर ने बौद्ध धर्म को अंगीकार किया जो जीवन को कुशलतापूर्वक जीने का मार्ग है। अत: उनके कृतित्व एवं साहित्य में, उनके भाषणों में, कोई राग-लगाव नहीं था। वह स्पष्टवादी प्रवक्ता, सच्चे विद्रोही, न्यायसंगत पथ-प्रदर्शक थे। मेरे सम्पूर्ण विश्लेषण से यही सिद्ध होता है कि डॉ. अम्बेडकर एक यथार्थवादी दार्शनिक, रचनात्मक विद्रोही और मानववादी विश्लेषक थे। सारांशत: संसार में ही पाप है, पुण्य तथा मोक्ष है अथवा बुद्धत्व मनुष्य को यहीं उपलब्ध होता है, कहीं अन्यत्र नहीं।

डॉ. अम्बेडकर एक शिक्षक भी रहे, वह उच्च शिक्षा से सुसज्जित शिक्षा मात्र प्राप्त करने नहीं, वह तो उन नर-नारियों को जगाने आए थे जो गहरी नींद में सोए हुए थे। उन्होंने अनेक विचार दिये, पर उन्हें साकार बनाने के भारी प्रयास किए, क्योंकि जब तक विचार व्यवहार में उतारे नहीं जाएं तब तक वे स्वप्न ही बने रहते हैं। विचार का कोई मूल्य तथा महत्व नहीं होता यदि उन्हें जीवन में न उतारा जाए। डॉ. अम्बेडकर मात्र विद्रोही नहीं, वह एक दार्शनिक भी थे जिन्होंने उन मतों को तोड़कर सच्चाई की गुफा में प्रविष्ट किया जहां से वह सत्य, धर्म, न्याय, सहयोग, समता, स्वतंत्रता, भ्रातृत्व आदि बाहर लाए ताकि उन्हें आमजन में बिखेरा जा सके और उनके माध्यम से आदमी आदमी के बीच सम्यक् संबंध स्थापित किए जा सकें।

वस्तुत: डॉ. अम्बेडकर द्वारा दशकों पूर्व संचालित 'नारी उत्थान' के अभियान का प्रभाव अब स्पष्टत: सामने आने लगा है। जब हम स्वतंत्र नारी आंदोलन की बात करते हैं, तो इसके दो पहलू उभरते हैं-एक है राजनीतिक और दूसरा संगठनात्मक। 1970 के आखिर और 1980 के दशक के शुरुआती दिनों में जो महिला संगठन स्वायत्त समूह के रूप में काम कर रहे थे उनकी समझ थी कि महिलाओं के शोषण की जड़ पुरुष और

महिलाओं के असामान्य रिश्तों में ही है। उनका मानना था कि इसी का विश्लेषण होना चाहिए और इसमें सुधार कर ही महिलाओं की स्थिति में सुधार किया जा सकता है। उस समय महिला आंदोलन के भीतर यह बहस चली थी कि गरीब महिलाओं की जो स्थिति है, जो महिलाएं जाति उत्पीड़न की शिकार हैं और जो महिलाएं समाज में विशेष भेदभाव का शिकार बनती हैं, उनकी स्थिति में कैसे सुधार होगा। आज 20 साल बाद जब हम देश के नारी आंदोलन को देखते हैं, तो पता लगता है कि यह एक जिंदा और गतिशील आंदोलन है। इसने अपने स्वतंत्र अनुभव के आधार पर अपना रास्ता तय किया है। घरेलू शोषण, पुरुष-महिला के असामान्य रिश्ते और पुरुष प्रधान समाज में महिलाओं के शोषण का मुद्दा आंदोलन की चिंता का विषय है, लेकिन इसकी जड़ें सामाजिक व आर्थिक विषमताओं में खोजनी हैं। जहां तक संगठनात्मक स्वतंत्रता का सवाल है तो मेरे विचार से अभी तीन तरह से महिला संगठन काम कर रहे हैं। पहले, वे छोटे संगठन हैं जो गैर-सरकारी संगठनों से जुड़े हुए हैं और जिनका काम परियोजना आधारित होता है।

वस्तुतः ये संगठन किसी खास मुद्दे पर, किसी खास हिस्से में और खास अवधि तक काम करते हैं। ये संगठन महत्वपूर्ण होते हैं, पर इनकी पहुंच सीमित है। दूसरे महिला संगठन वे हैं जो बड़े जन संगठन के रूप में काम कर रहे हैं, जैसे हमारा अखिल भारतीय जनवादी महिला संगठन (एडवा)। हमारा अपना संविधान है। यह सही है कि हम लोगों में से बहुत सारे किसी न किसी राजनीतिक पार्टी से जुड़े हैं, लेकिन अपने फैसले हम खुद करते हैं, अपना लक्ष्य हम खुद तय करते हैं और उसे हासिल करने के लिए तरीका भी हम खुद ही चुनते हैं। तीसरे, राजनीतिक पार्टियों के महिला संगठन हैं। भारतीय जनता पार्टी, कांग्रेस आदि दलों के महिला प्रकोष्ठ भी महिला संगठन के रूप में काम करते हैं, लेकिन इनमें सिर्फ पार्टी के सदस्य ही शामिल होते हैं। पहले और दूसरे तरह के संगठनों के बीच साझा आंदोलन चलते रहे हैं।

यह कहना उचित होगा कि आर्थिक-सामाजिक मुद्दों, महिला एकता, महिलाओं के खिलाफ हिंसा, महिलाओं से जुड़े कानून, दहेज विरोधी कानून आदि के मुद्दों पर दोनों संगठनों ने एक साथ मिल कर काम किया है। इन दोनों के बीच साझा गतिविधियों का चलते रहना महिला आंदोलन के लिए जरूरी है, लेकिन राजनीतिक दलों के जो महिला संगठन हैं, उनके और देश के महिला आंदोलन के बीच बुनियादी अंतर है, क्योंकि ऐसे महिला संगठनों का मकसद अपनी पार्टी की विचारधारा का प्रचार करना है। जिस तरह से कोई भी आम महिला हमारे संगठन में शामिल हो सकती है, वैसा इन संगठनों में नहीं है। पार्टी की विचारधारा से जुड़ी महिलाएं ही इनकी सदस्य बन सकती

हैं। भारतीय जनता पार्टी के महिला प्रकोष्ठ का काम राष्ट्रीय स्वयंसेवक संघ की विचारधारा का प्रसार करना है। कांग्रेस का महिला संगठन भी आरक्षण के सवाल को छोड़ कर मोटे तौर पर पार्टी की विचारधारा का ही प्रसार कर रहा है। अभी तक अपने यहां यह गलत समझ थी कि महिलाओं में अपने आप ही एकता हो सकती है। यह माना जाता था कि महिलाओं में एक किस्म की जैविक समानता है और इसलिए उनमें एकता के प्राकृतिक गुण मौजूद हैं। पूरी दूनिया में महिलाओं के बहनापे (सिस्टरहुड) की अवधारणा फैल रही है, पर हिंदुस्तान के अनुभव से पता चलता है कि यह अवधारणा कितनी गलत है। देश के कई हिस्सों से खबर मिल रही है कि दलित महिलाओं का उत्पीड़न ऊंची जाति की महिलाएं करती हैं। गुजरात का अनुभव हमारे सामने है। वहां महिलाओं ने अल्पसंख्यक महिलाओं के साथ संघ परिवार के अत्याचार का समर्थन किया। महिला आंदोलनों के सामने यह एक बड़ी चुनौती है। महिलाओं की एकता के लिए सिर्फ महिला होना काफी नहीं है। महिलाओं की राजनीतिक और सामाजिक समझ व आर्थिक स्थिति पर भी बहुत कुछ निर्भर करता है।

अगर हम महिलाओं के बारे में संघ परिवार के विचार को देखें, तो तीन बातें साफ-साफ उभर कर सामने आती हैं। पहली, महिलाओं के सशक्तिकरण के लिए जिस एकता की जरूरत है, वे वह एकता नहीं बनने देना चाहते। वे यथास्थिति को बनाए रखना चाहते हैं और इसके लिए वे धर्म के आधार पर महिलाओं की एकता तोड़ने का काम कर रहे हैं, जो एक दु:खद स्थिति का संकेत है। दूसरी, उनके विचार से आदर्श महिला वह है जो परिवार की मौजूदा स्थिति को बनाए रखे। अगर कोई महिला परिवार की मौजूदा स्थिति को मंजूर नहीं करती है, तो उस पर यह आरोप लगाया जाता है कि वह परिवार तोड़ रही है। वे महिलाओं को हर जुल्म सहने की सलाह देते हैं। संघ परिवार की यह सोच अभी हाल ही में सरकार द्वारा पास किए गए घरेलू हिंसा विधेयक (डोमेस्टिक वायलेंस बिल) में देखने को मिली है। इसमें सरकार ने प्रावधान किया है कि महिलाओं को मारने के आरोप में उसी पुरुष को दोषी ठहराया जाएगा जो आदतन ऐसा करता हो। आदतन क्या होता है, इसकी परिभाषा कौन तय करेगा? दूसरा प्रावधान यह है कि अगर कोई पुरुष अपनी संपत्ति की रक्षा के लिए किसी महिला को मारता है तो ठीक है। दुनिया का यह पहला देश है जहां महिलाओं को मारना कानूनी रूप से जायज ठहराया जा रहा है। स्वयं महिलाओं द्वारा इस स्थिति का डटकर प्रतिरोध करना चाहिए।

तीसरा पहलू है कामकाजी महिलाओं के बारे में संघ परिवार का विचार। संघ परिवार का मानना है कि 90 फीसदी कामकाजी महिलाएं बदचलन होती हैं। कांची के

शंकराचार्य ने सार्वजनिक रूप से यह कहा भी है। भारत देश में 40 फीसदी परिवार ऐसे हैं, जिनमें महिलाएं अगर काम न करें तो उनके घर का खर्च नहीं चलेगा। ऐसे देश में कामकाजी महिलाओं को बदचलन ठहराना, महिलाओं के प्रति इनकी संकुचित सोच को दर्शाता है। देश में जितनी भी महिला विरोधी परंपराएं हैं उन्हें ही ये लोग अपनी गौरवशाली परंपरा के रूप में देखते हैं। सती प्रथा और दहेज की प्रथा को ये लोग अपनी परंपरा मानते हैं। अभी नरेंद्र मोदी ने बयान भी दिया था कि किसानों को चाहिए कि वे दहेज में पंप सेट दें। उन्हें पता ही नहीं है कि कानूनी रूप से उनका यह बयान आपराधिक है। इनके लिए लोक-लाज की परिभाषा यह है कि अगर किसी महिला के साथ बलात्कार होता है तो वह चुप रहे और इसकी रिपोर्ट नहीं करे। वे अभी भी इस मनुवादी अवधारणा के साथ जीते हैं कि सारी महिलाओं को पूरी उम्र किसी न किसी पुरुष के अधीन होना चाहिए। यही समझ उनके केन्द्र में है। संघ परिवार की इस किस्म की प्रतिक्रियावादी अवधारणाएं महिला आंदोलन के सामने सबसे बड़ी चुनौती है जिसका मुकाबला स्वयं महिलाओं को आगे आकर करना है। उन्हें शिक्षित होना चाहिए, संगठित रहने का संकल्प करना चाहिए और अपने आंदोलन को सशक्त एवं सार्थक बनाना चाहिए। यही डॉ. अम्बेडकर के नारी उत्थान का मानववादी दर्शन है। उनके नारी उत्थान सम्बन्धी विचारों में विश्वास करना सभी जाति-धर्म की महिलाओं का पुनीत कर्तव्य है, क्योंकि डॉ. अम्बेडकर उन्हें बराबरी का दर्जा दिलाने के प्रबल पक्षधर थे। वह चाहते थे कि महिलाओं को पुरुषों के समान अधिकार, समान अवसर तथा सुविधाएं हॉसिल हों ताकि वे अपने जीवन को निर्भीक, आत्म-निर्भर एवं समृद्ध बना सकें। महिलाओं को अपने आन्दोलन को प्रभावशाली ढंग से संचालित करने की आवश्यकता है।

यहां यह कहना प्रासंगिक होगा कि डॉ. अम्बेडकर मात्र दूसरों के गलत रीति-रिवाजों अथवा संकुचित विचारों तथा निरर्थक निर्णयों के प्रति ही अपना प्रखर विरोध नहीं जताते थे, बल्कि स्वयं भी अपने विचारों एवं कार्यों की समीक्षा करने में नहीं चूकते थे। यही कारण है कि उहोंने 2 सितम्बर, 1953 को राज्यसभा में यह कहा था, ''लोग मुझसे सदैव यह कहते रहते हैं, 'वाह, आप तो संविधान निर्माता हैं।' मेरा उत्तर है, मैं तो एक भाड़े का टट्टू था। मुझसे जो कुछ करने को कहा गया, उसे मैंने अपनी इच्छा के विरुद्ध बहुत कुछ किया। श्रीमान्, मेरे मित्र मुझे बताते हैं कि मैंने संविधान बनाया है। लेकिन मैं यह कहने को बिलकुल तैयार हूं कि मैं प्रथम व्यक्ति हूंगा जो उसे जलाएगा। मैं उसे नहीं चाहता। यह किसी के लिए अनुकूल नहीं है।'' [4] अपनी स्वयं

निर्भीक समीक्षा करना केवल कोई प्रखर विद्रोही, साहसी एवं ईमानदार व्यक्ति ही कर सकता है।

इसी प्रकार डॉ. अम्बेडकर 24 सितम्बर, 1932 को हुए 'पूना-पैक्ट' से प्रसन्न नहीं थे और कुछ समय पश्चात् उन्होंने यह महसूस किया कि पूना-पैक्ट एक भूल थी। अनुसूचित जाति तथा जनजाति के लिए किए गए 'आरक्षण प्रावधानों' से डॉ. साहेब ने जो चाहा था वह संभव नहीं हो पाया। जब उन्होंने यह देखा कि आरक्षण के अन्तर्गत चुने जाने वाले जन-प्रतिनिधि कांग्रेस पार्टी के 'बंधुआ मजदूर' अथवा गुलाम बन गए जैसे और नौकरियां प्राप्त करने वाले लोग मात्र अपने-अपने पेट पालने तक सीमित हो गए; उनकी 'सामाजिक सुधार' में कोई रुचि नहीं है, तो डॉ. अम्बेडकर आरक्षण व्यवस्था के प्रति विरोधी स्वर में आलोचना करने लगे और कहने लगे कि कम से कम राजनैतिक आरक्षण समाप्त कर देना चाहिए ताकि हमारे जन-प्रतिनिधि भाड़े के टट्टू न बनें, वे अन्याय तथा उत्पीड़न के विरुद्ध स्वतंत्र होकर अपनी आवाज और लेखनी बुलन्द करते रहें।

डॉ. अम्बेडकर ने अपने प्रखर विद्रोह की परिधि में उन तमाम बुराइयों, दोषों तथा गलतियों को समाहित किया जिनसे आम जनता, विशेषकर दलित वर्ग, का अहित हुआ, भले ही वह स्वयं उत्तरदायी हों अथवा अन्य कोई। अम्बेडकर निर्भीक आलोचक, प्रखर विद्रोही और गंभीर समीक्षक की भूमिका अपने जीवन के अंतिम दिनों तक निभाते रहे। साथ ही साथ वह राष्ट्र-हित, समाज उत्थान, धर्म-निरपेक्ष राजनीति, आर्थिक खुशहाली, धार्मिक स्वतंत्रता, समान अवसर, कुशल प्रशासन, गरीबी उन्मूलन, सार्वभौम प्राइमरी शिक्षा, जातिविहीन समाज, अनिवार्य बीमा योजना, व्यावसायिक स्वतंत्रता, देशभक्ति, मानवीय मूल्यों और मानवाधिकारों की सशक्त वकालत भी करते रहे ताकि उनका अभियान गतिशील बना रहे। वह आगे नहीं तो पीछे भी न जा पाए। यह अम्बेडकर अभियान में जुटे कार्यकर्ताओं को भलीभांति समझ लेना चाहिए।

डॉ. अम्बेडकर ने न केवल दलित समाज की शिक्षा एवं प्रगति के लिए अपितु सम्पूर्ण भारतीय समाज के सर्वतोमुखी विकास हेतु अपना सारा जीवन अर्पित कर दिया ताकि भारत सतत समृद्धि की ओर बढ़ता चले। यही कारण है कि उन्होंने क्रांतिकारी परिवर्तन को आवश्यक माना और इस बात पर बल दिया कि समता, स्वतंत्रता, भ्रात्वभाव, नारी उत्थान तथा जनकल्याण आदि सामाजिक आदर्श के निर्धारक तत्वों पर ध्यान केन्द्रित किया जाए। सबके लिए प्राइमरी शिक्षा अनिवार्य बनाई और सस्ती उच्च शिक्षा सुलभ कराई जाए। लेकिन वर्तमान समय में गरीब, दलित और अन्य उत्पीड़ित

लोगों के पुत्र-पुत्रियों को उच्च शिक्षा से बेदखल किया जा रहा है। इसका मुख्य कारण निर्धनता तो है ही, पर उच्च शिक्षा को इतना महंगा बना दिया है कि वे उस स्थिति का बोझ उठाने में असमर्थ महसूस करते हैं। फलतः स्नातक एवं स्नातकोत्तर कक्षाओं में निरन्तर घटती उनकी संख्या एक अप्रिय स्थिति का द्योतक है जो डॉ. अम्बेडकर के सपनों पर कुठाराघात के समान है। दूसरी ओर दलित स्त्री-पुरुषों का नेतृत्वकारी वर्ग आम दलितों के दुखः-दर्दों से कोई रिश्ता नहीं रखता। उसका काम तो चल निकला है। उसके बच्चे अंग्रेजी स्कूलों में पढ़ते हैं। यह नेतृत्वकारी वर्ग के लोग बड़ी-बड़ी बातें करते हैं और निहायत बेईमानी के साथ अपने को अम्बेडकरवादी कहते हैं; डॉ. अम्बेडकर की मूर्ति लगाते हैं; उस पर फूल चढ़ाते हैं और आम दलितों से तालियां बजवाकर प्रसन्न होते हैं। वे कैसे अम्बेडकरवादी हैं? यह समझना एक गूढ़ पहेली है।

यह कहना भी प्रासंगिक होगा कि जिस जातिगत प्रथा अथवा व्यवस्था के प्रति डॉ. अम्बेडकर ने अपना जो प्रखर विद्रोह प्रारंभ किया था, वही जातिवाद, ब्राह्मणवाद, ऊंच-नीच का व्यवहार और भेदभाव जीवन के प्रायः सभी क्षेत्रों को विपरीत दिशा में ढकेल रहा है। बाबासाहेब ने एक बार यह कहा था कि "यदि जातिवाद प्रशासन में आ गया, तो भारतीय समाज में अराजकता तथा संकुचित मानसिकता का बोलबाला हो जाएगा।" ऐसी स्थिति के लक्षण हमें स्पष्टतः दिखाई दे रहे हैं। आज जाति व्यवस्था का रूप विध्वंसक होने लगा है। हरेक जाति के लोग अपने-अपने संकुचित दायरे में सिमटते जा रहे हैं। जाति व्यवस्था ने प्रशासन को पंगु कर दिया है। समस्त राजनीति जाति एवं धर्म के आधार पर संचालित हो रही है। अतः डॉ. अम्बेडकर के सपनों का भारत ओझल होता जा रहा है। यह एक कटु सत्य है। यदि वह आज जीवित होते, तो उन्हें अपने 'प्रखर विद्रोह' में तीव्रता तथा जीवन्तता लाने की आवश्यकता महसूस होती, पर क्या करें?, स्वयं तथाकथित अम्बेडकरवादी भी अपनी-अपनी जाति में सिमट रहे हैं। प्रबल जातिवाद, विकृत राजनीति, संकुचित मानसिकता, साम्प्रदायिकता, भ्रष्टाचार आदि की शैतानियत सम्पूर्ण भारतीय शासन तंत्र और मानवी सम्बन्धों को अपने शिकंजे में लेकर, राजनीति, लोक प्रशासन, जनप्रतिनिधित्व तथा आर्थिक व्यवस्था के नए खलनायकों को पैदा कर रही है जिनके सामने आम आदमी निरीह, भयभीत एवं चिंतित तो है, परन्तु क्रांतिकारी सोच तथा कड़े संघर्ष के प्रति उदासीन है; असमर्थ और असहाय है।

सारांशतः यदि हम डॉ. अम्बेडकर की दृष्टि से, अपनी समाज, संविधान और प्रशासन व्यवस्था का मूल्यांकन करें, तो हमें डॉ. अम्बेडकर जैसे अनेक 'प्रखर'

विद्रोहियों की आवश्यकता महसूस होगी जो निहायत ईमानदार, सच्चे क्रांतिकारी और त्यागी-लगनशील व्यक्तित्व के धनी हों; भेदभाव एवं तृष्णा से दूर, समरसता तथा देशभक्ति व राष्ट्रप्रेम से ओत-प्रोत हों; और उदार जनतंत्र एवं मानवीय मूल्यों के कट्टर पक्षधर हों। डॉ. अम्बेडकर की तरह प्रखरता, विद्रोही स्वर और आम जनता के उत्थान के प्रति समर्पित हों, तो हमें विश्वास है कि वे सामाजिक न्याय, संवैधानिक नैतिकता तथा क्रांतिकारी बदलाव के ऐतिहासिक मानव होंगे। ऐसे ही नर-नारी जननायक हो पाएंगें जो अपने निहित स्वार्थों से दूर, समाज सेवा के प्रति दृढ़ संकल्पित होकर 'सुनहरे मानववाद' की पताका उनके हाथों में लहराए, भले ही यह एक सपना लगता हो, पर सपने संजोना सार्थक जिज्ञासा का दिग्दर्शन तो है ही जो हमें जीवन्त एवं सक्रिय बना सकता है। डॉ. अम्बेडकर जीवन के हर क्षेत्र में उस 'उत्कृष्ट मानववाद' के हिमायती थे जिसे उन्होंने अपने 'मार्ग-दाता', महाकारुणिक, भगवान् बुद्ध से गृहण किया था जो उनके ग्रन्थ-'भगवान् बुद्ध और उनका धम्म', (द बुद्धा एण्ड हिज धम्म, 1957) में सुनहरे शब्दों में अंकित है।[5] डॉ. अम्बेडकर की निम्नलिखित पंक्तियों को हमें सदैव ध्यान में रखना चाहिए:

"इस पृथ्वी की अच्छी-अच्छी चीजें आसमान से नहीं गिरतीं। प्रत्येक प्रगति की कीमतों का अपना ही एक बिल होता है और जो इसका भुगतान करते हैं वे ही उस प्रगति को प्राप्त करते हैं।"[6]

---

1. द टाइम्स ऑफ इंडिया, 14 फरवरी, 1938 (धनन्जय कीर की पुस्तक: डॉ. अम्बेडकर-लाइफ एण्ड मिशन, 1962, में उद्धृत, पृ. 302).
2. बी.आर. अम्बेडकर: एनिहिलेशन ऑफ कास्ट, 1944, पृ. 42-50.
3. धनन्जय कीर: डॉ. अम्बेडकर-लाइफ एण्ड मिशन, 1962, (में उद्धृत), पृ. 273-74.
4. डॉ. बाबासाहेब अम्बेडकर-रायटिंग्स एण्ड स्पीचेज, खण्ड 15, 1997, पृ. 860, 862.
5. इसी विषय की अभिव्यक्ति लेखक की अंग्रेजी में प्रकाशित पुस्तक-द बुद्धा एण्ड हिज फिलॉसफी, 2004 करती है।
6. बम्बई लेजिस्लेटिव काउंसिल डिबेट्स, 20 फरवरी, 1927.

आधार-ग्रन्थ

1. कास्ट्स इन इण्डिया: देअर मेकेनिज्म, जीनिसिस एण्ड डिवेलॅपमेण्ट, (एक शोधपूर्ण आलेख), इण्डियन एन्टीक्वरी पत्रिका, खण्ड XXVI, 1917.
2. स्मॉल होल्डिंग्स इन इण्डिया एण्ड देअर रिमेडीज, जर्नल ऑफ इक्नॉमिक सोसाइटी, खण्ड 1, नं. 3, 1918.
3. प्रॉब्लम ऑफ द रूपी: इट्स ऑरीजिन एण्ड इट्स सेल्यूसन, पी.एस. किंग एण्ड सन्स, लंदन, 1923.
4. द इवॉल्यूशन ऑफ प्रॉविंसियल फाइनेन्स इन ब्रिटिश इण्डिया, पी.एस. किंग एण्ड सन्स, लंदन, 1925.
5. बम्बई लेजिस्लेटिव काउंसिल डिबेट्स, अनेक विषयों पर भाषण एवं वाद-विवाद, 1926-1934.
6. अध्यक्षीय भाषण, ऑल इण्डिया डिप्रेस्ड क्लासेज कान्फ्रेंस, नागपुर, भारतभूषण प्रेस, बम्बई, 1930.
7. गोलमेज परिषदों में दिए गए भाषण, 1930-1932.
8. एनिहिलेशन ऑफ कास्ट, सेल्फ पब्लिकेशन, नई दिल्ली, 1936.
9. इन्डिपेण्डेण्ट लेबर पार्टी: इट्स फॉरमेशन एण्ड इट्स एम्स, एक इश्तहार, द

टाइम्स ऑफ इण्डिया, अगस्त 15, 1936.
10. फेडरेशन वर्सेस फ्रीडम, आर.के. टॉटनिस, बम्बई, 1939.
11. मि. गांधी एण्ड द इमेन्सीपेशन ऑफ द अण्टचेबिल्स, (प्रथम संस्करण 'द अण्टचेबिल्स एण्ड द इण्डियन कांन्सटीट्यूशन' नाम से प्रकाशित हुआ), थेकर एण्ड कम्पनी, बम्बई, 1943.
12. रानाडे, गांधी एण्ड जिन्ना, थेकर एण्ड कम्पनी, बम्बई, 1943.
13. व्हॉट एल्स द वर्ल्ड टुडे, इण्डियन रीडर्स डाइजेस्ट, जुलाई, 1943.
14. पाकिस्तान ऑर द पार्टीशन ऑफ इण्डिया, (थॉट्स ऑन पाकिस्तान, 1940 का संशोधित संस्करण), थेकर एण्ड कम्पनी, बम्बई, 1945.
15. कम्यूनल डैडलॉक एण्ड ए वे टू सोल्व इट, पी. एण्ड ओ. प्रिटिंग प्रेस, दिल्ली, 1945.
16. व्हॉट कांग्रेस एण्ड गांधी हैव डन टू द अण्टचेबिल्स, थेकर एण्ड कम्पनी, बम्बई, 1945.
17. हू वर द शूद्राज?, थेकर एण्ड कम्पनी, बम्बई, 1946.
18. स्टेट्स एण्ड मॉइनारिटिज, थेकर एण्ड कम्पनी, बम्बई, 1947.
19. हिस्ट्री ऑफ इण्डियन करैंसी एण्ड बैंकिंग, थेकर एण्ड कम्पनी, बम्बई, 1947.
20. महाराष्ट्र एज ए लिंग्विस्टिक प्रॉविन्स, थेकर एण्ड कम्पनी, बम्बई, 1948.
21. प्राक्कथन लिखा, (द ईसेंस ऑफ बुद्धिज्म, 1948, लेखक पी.एल. नरसू), पॉपूलर प्रकाशन, बम्बई, 1948.
22. केस फॉर द हिन्दू कोड, बेकन इनफॉरमेशन एण्ड पब्लिकेशंस, 1949.
23. बुद्धा एण्ड द फ्यूचर ऑफ हिज रिलीजन, (एक लघुकृति), 1950.
24. द राइज एण्ड फॉल ऑफ हिन्दू विमेन, जर्नल ऑफ महाबोधी सोसाइटी ऑफ इण्डिया, मई-जून नं. 5-6, 1951.
25. कन्डीशन्स प्रिसीडेण्ट टू द सक्सैज ऑफ पार्लियामेण्ट्री डिमॉक्रेसी, बी.बी. गोगाटे द्वारा प्रकाशित, पूना, 1953.
26. थॉट्स ऑन लिंग्विस्टिक स्टेट्स, आर.के. प्रिंटिंग प्रेस, बम्बई, 1955.
27. बुद्धा एण्ड कॉर्ल मार्क्स, (एक भाषण), कान्फ्रेंस ऑफ वर्ल्ड फैलोशिप ऑफ बुद्धिस्ट्स, काठमण्डू, 20 नवम्बर, 1956.
28. व्हाई आई लाइक बुद्धिज्म?, (एक वार्ता), बी.बी.सी. लंदन द्वारा प्रसारित, मई, 1956.
29. प्रॉस्पेक्ट्स ऑफ पार्लियामेण्ट्री डिमॉक्रेसी इन इण्डिया, (एक वार्ता), बी.बी.सी.

लंदन द्वारा प्रसारित, 20 मई, 1956.

30. द बुद्धा एण्ड हिज धम्म, पीपुल्स एज्यूकेशन सोसाइटी, बम्बई, 1957.
31. डॉ. बाबासाहेब अम्बेडकर-रायटिंग्स एण्ड स्पीचेज, खण्ड 1-15, महाराष्ट्र सरकार द्वारा प्रकाशित, बम्बई, 1979-1997.

लेखक की अन्य पुस्तकें

- विश्व धर्म और अम्बेडकर
- डॉ. अम्बेडकर का विधि-दर्शन
- डॉ. अम्बेडकर: संविधान के मुख्य निर्माता
- डॉ. अम्बेडकर: भारतीय दर्शन के समीक्षक
- डॉ. अम्बेडकर के आर्थिक विचार
- डॉ. अम्बेडकर के समाजशास्त्रीय विचार
- गांधी, लोहिया और अम्बेडकर
- डॉ. अम्बेडकर का समाज-दर्शन
- डॉ. अम्बेडकर का राजनीति-दर्शन
- डॉ. अम्बेडकर का नैतिक-दर्शन
- डॉ. अम्बेडकर के आलोचक
- राष्ट्रीय आन्दोलन में डॉ. अम्बेडकर की भूमिका
- मेरा सफर, मेरी मंजिल (एक आत्मकथा)
- बुद्ध और बौद्ध धर्म-दर्शन
- डॉ. अम्बेडकर: व्यक्तित्व एवं कृतित्व
- डॉ. अम्बेडकर का धर्म-दर्शन
- सामाजिक न्याय का सिद्धान्त
- डॉ. अम्बेडकर और मार्क्सवाद
- डॉ. अम्बेडकर के त्रयी-सिद्धान्त
- डॉ. अम्बेडकर का मानववादी चिन्तन
- भारतीय समाज एवं संविधान
- भगवान् बुद्ध और कॉर्ल मार्क्स
- भारतीय सामाजिक विचारधाराएं
- प्रमुख पाश्चात्य दार्शनिक
- भारतीय दर्शन
- सामाजिक एवं मानववादी विचारक
- पाश्चात्य दर्शन का समीक्षात्मक विश्लेषण
- धर्म-दर्शन की रूप रेखा
- नीतिशास्त्र के प्रमुख सिद्धान्त